Políticas de Cidadania e Educação Fiscal na Lusofonia

Políticas de Cidadania e Educação Fiscal na Lusofonia

2019

Coordenação:
Clotilde Celorico Palma

ALMEDINA

POLÍTICAS DE CIDADANIA E EDUCAÇÃO FISCAL NA LUSOFONIA

COORDENAÇÃO
Clotilde Celorico Palma

EDITOR
EDIÇÕES ALMEDINA, S.A.
Rua Fernandes Tomás, nºs 76-80
3000-167 Coimbra
Tel.: 239 851 904 · Fax: 239 851 901
www.almedina.net · editora@almedina.net

DESIGN DE CAPA
FBA.

PRÉ-IMPRESSÃO
João Jegundo

IMPRESSÃO E ACABAMENTO
Vasp - DPS

Abril, 2019

DEPÓSITO LEGAL
454666/19

ALMEDINA | GRUPOALMEDINA

BIBLIOTECA NACIONAL DE PORTUGAL – CATALOGAÇÃO NA PUBLICAÇÃO

POLÍTICAS DE CIDADANIA E EDUCAÇÃO FISCAL NA LUSOFONIA

Políticas de cidadania e educação fiscal na Lusofonia /
coord. Clotilde Celorico Palma
ISBN 978-972-40-7917-2

CDU 336

Dedicamos este livro à nossa Querida Ana Maria Rodrigues, que tanto se empenhou neste Projecto e que, entretanto, faleceu prematuramente, deixando-nos um eterno legado do seu saber e da sua sempre contagiante alegria de viver.

NOTA INTRODUTÓRIA

Este livro resulta do trabalho de investigação científica levado a cabo no âmbito do um projecto ganho no contexto do Programa Portugal 2020 para a implementação de um Programa de Cidadania e Educação Fiscal nos países lusófonos entre 2017 e 2019 – Projecto Educação e Cidadania Fiscal (ECF) apoiado pelo Sistema de Apoio à Investigação Científica e Tecnológica (Aviso Nº 02/SAICT/2016 Educação e Cidadania Fiscal LISBOA-01-0145-FEDER-023491).

A coordenadora do projecto é a Professora Doutora Clotilde Celorico Palma, sendo investigadores: da parte do Instituto Superior de Contabilidade e Administração de Lisboa (ISCAL), a coordenadora, a Professora Ana Cristina Lino Marques, o Professor Especialista Jesuíno Alcântara Martins e o Professor Doutor Paulo Nogueira da Costa; da parte do Instituto de Direito Económico, Financeiro e Fiscal/IDEFF da Faculdade de Direito da Universidade de Lisboa e do Centro de Investigação em Direito Económico, Financeiro e Fiscal/CIDEFF da mesma Faculdade – a coordenadora, o Professor Doutor Eduardo Paz Ferreira, o Professor Doutor António Carlos dos Santos e a Engenheira Joana Fernandes e, da parte do Instituto Superior do Vale do Cávado/IPCA, a Professora Doutora Liliana Pereira.

Resulta de um trabalho apoiado pela Secretaria de Estado dos Assuntos Fiscais, pela Secretaria de Estado do Ensino Superior, pela Autoridade Tributária e Aduaneira e pela Ordem dos Contabilistas Certificados, bem como por diversas entidades a quem prestamos o nosso agradecimento: a Faculdade de Economia de Coimbra (FEUC), o Instituto Politécnico de Coimbra (ISCAC), o Instituto Superior de Ciências Económicas e Empresariais de Cabo Verde (ISCEE), a Faculdade de Direito da Universidade Agostinho Neto em Luanda, a Escola Superior de Gestão Corporativa e Social de Moçambique, o Instituto Pernambucano de Direito Tributário, a Universidade da Amazónia, a Universidade de Marília, a Autoridade Geral Tributária de Angola, a Autoridade Tributária de Cabo Verde e a Autoridade Tributária de Moçambique.

NOTA DE ABERTURA DO SECRETÁRIO DE ESTADO DOS ASSUNTOS FISCAIS

Como qualquer outra relação (jurídica ou não), a relação jurídica tributária assenta numa complexa rede de direitos e deveres, com destaque, do lado da Autoridade Tributária e Aduaneira ("AT"), para o direito de cobrança dos tributos (com recurso a poderes coercivos se necessário), o qual atua como contraponto do dever de cumprimento da lei e respeito pelos princípios gerais do procedimento tributário (igualdade, proporcionalidade, justiça, imparcialidade e celeridade), e, do lado do contribuinte, para os direitos e garantias de qualquer contribuinte (seja no acesso à informação ou no acesso a meios graciosos e judiciais de contestação das decisões que lhe sejam prejudiciais), os quais atuam como contraponto do dever de cumprimento pontual das suas obrigações tributárias.

No entanto, a relação jurídica tributária tem uma particularidade que é própria das relações jurídicas de direito público e que resulta da inevitável (mas cada vez mais reduzida) assimetria de informação existente entre o sujeito ativo da relação (i.e. a AT) e o sujeito passivo da relação (i.e. o contribuinte). Essa assimetria gera, naturalmente, conflitos e, sedimenta um histórico (e infelizmente cultural) sentimento geral de desconfiança e hostilidade dos contribuintes para com a atividade da AT.

Ao decisor político cabe identificar as situações que referi e ser capaz de as interpretar, direcionando a sua atuação no sentido da sua mitigação. Em pleno século XXI, seja pela facilidade do acesso à informação, pela maior e melhor qualificação e educação da população em geral ou até mesmo das idiossincrasias e particularidades do desenvolvimento social das novas gerações, a relação entre as instituições públicas e os cidadãos evoluiu, pelo que as soluções de ontem muitas vezes não se aplicam aos problemas de hoje, muito menos aos desafios do amanhã.

O espartilho da burocracia e do distanciamento entre a administração fiscal e o contribuinte não são conciliáveis com a conceção moderna de cidadania fiscal. Se algo se tornou claro para mim do exercício de funções enquanto secretário de Estado dos Assuntos Fiscais, foi que a melhoria e simplificação da relação entre a AT e os contribuintes é benéfica para ambas as partes.

O estudo da composição amigável de litígios, a análise da perceção e das interações dos contribuintes com as diversas plataformas de atendimento da AT, bem como a relação com as instituições de ensino numa perspetiva de disponibilização de informação para produção científica são, à data em que escrevo este texto, projetos em execução, reconhecimento de que há um trabalho que nunca está acabado no sentido de melhorar uma relação que historicamente nunca foi fácil.

Num outro plano, a informação e a educação dos cidadãos para os temas da fiscalidade traduzem um corolário da conceção moderna de cidadania (e não exclusivamente da sua vertente fiscal). A sensibilização do indivíduo para a sua função na engrenagem social é um reflexo da modernidade da civilização. Ao Estado devemos exigir a capacidade de incutir nos seus cidadãos o sentimento e o conhecimento do seu papel social, bem como das consequências das suas ações num contexto de sociedade plural.

A informação e a educação dos cidadãos sobre matérias de fiscalidade não terão outra consequência que não seja alcançar maiores níveis de cumprimento voluntário de obrigações tributárias, seja porque se evitam as situações de incumprimento fundadas no erro ou desconhecimento, mas também porque a sensibilização para a função de arrecadação de receita para fazer face a despesas gerais do Estado diminui os níveis de fraude e de evasão.

Esta conceção moderna de cidadania fiscal é já uma realidade nos dias de hoje. O padrão do contribuinte nacional, mais do que ser cumpridor voluntário das suas obrigações tributárias, é hoje de um cidadão mais informado e esclarecido acerca dos seus direitos e obrigações. Cumpre-nos continuar esta missão e reconhecer o papel que a Professora Clotilde Palma tem assumido na vanguarda de diversos projetos de esclarecimento e educação na área da fiscalidade, não se resguardando apenas no "conforto" dos bancos das Universidades mas oferecendo a sua experiência e conhecimento a diversas iniciativas que promove junto da sociedade civil.

António Mendonça Mendes
Secretário de Estado dos Assuntos Fiscais

As Políticas de Educação e Cidadania Fiscal – O caso de Portugal e do Projecto de Educação e Cidadania Fiscal

CLOTILDE CELORICO PALMA*

1. Nota Introdutória

A Educação Fiscal, sendo o ponto de partida para a construção de uma consciência voltada ao exercício da Cidadania participativa e consciente por parte dos cidadãos, tem como fim sensibilizar os contribuintes quanto à função do Estado de arrecadar impostos e, também, quanto à importância do dever de contribuir.

Sobretudo nos tempos de crise económica que grassa a nível internacional, a adopção de programas para a Cidadania e Educação Fiscal tem assumido cada vez maior acuidade, sendo recomendados pelas diversas instâncias internacionais tais como na União Europeia (UE) e na Organização para a Cooperação e o Desenvolvimento Económico (OCDE).

Neste artigo fazemos uma análise ao conceito de Cidadania e Educação Fiscal e abordamos algumas técnicas implementadas para o efeito nos mais diversos países, terminando por apresentar o Projecto de Investigação Científica de Educação e Cidadania Fiscal na Lusofonia do qual somos coordenadoras.

* Professora Universitária ISCAL, IDEFF e FEUC, Coordenadora do Projecto de investigação científica ECF.

2. Conceito de Educação Fiscal e objectivos gerais

A Educação Fiscal consiste num método de ensino e aprendizagem que tem em vista consciencializar o cidadão sobre a função social do tributo, de como este pode promover a justiça social, incentivando-o a participar na aplicação, arrecadação e fiscalização do dinheiro público, podendo ser entendida em sentido estrito e em sentido lato (PALMA, Clotilde Celorico, 2015 e PALMA, Clotilde Celorico e PITA, Mónica, 2015).

Num sentido estrito, reporta-se à abordagem educativa com o intuito de compreender a arrecadação de receitas e os gastos públicos, de modo a que o contribuinte se consciencialize de que o tributo é o preço que pagamos para uma sociedade civilizada, apelando à justiça, transparência, honestidade e eficiência. Num sentido amplo, deverá tratar da compreensão do que é o Estado, das suas funções e financiamento, da estrutura e funcionamento da Administração Pública nos seus diversos níveis.

A adopção de uma boa política de Educação Fiscal permite aos cidadãos tomar consciência quanto à necessidade de financiamento do Estado através da arrecadação de impostos e do seu dever de participar na aplicação, arrecadação e fiscalização dos dinheiros públicos.

O Estado para realizar a sua função principal necessita de angariar recursos financeiros, que são na maior parte provenientes da arrecadação de tributos e que devem ser aplicados na melhoria da qualidade de vida dos cidadãos.

Nos nossos dias, é consensual que o cumprimento das obrigações tributárias tendo em vista o pagamento de impostos é, mais do que uma obrigação, um dever moral e fundamental de cidadania (CASALTA, Nabais, 2005).

A nossa sociedade necessita cada vez mais da transparência das acções do governo e para tal é da maior relevância uma participação activa dos cidadãos para a construção de uma sociedade mais justa, igualitária e democrática, onde todos exerçam a cidadania.

Ora, a Educação Fiscal pode e deve transformar a relação entre o Estado e o cidadão.

A relação controversa que existe entre o Estado e os cidadãos provoca situações de grande instabilidade e constrangimentos e uma ideia errada do sistema fiscal, podendo ser muitas vezes influente ao ponto de alterar o comportamento dos contribuintes na decisão de cumprir ou não cumprir com o pagamento dos impostos. Esta decisão depende da vontade dos contribuintes de pagar ou não pagar os impostos e do grau dos seus conhecimentos sobre o cumprimento das obrigações fiscais.

Como se concluiu na 45ª Assembleia Geral do Centro Interamericano de Administrações Tributárias (CIAT), realizada de 4 a 7 de Abril de 2011 em Quito, *"As administrações tributárias devem introduzir e fortalecer, sempre que possível, o conceito de cumprimento tributário mediante a contínua melhoria e realização consistente de programas de educação e assistência tributárias"*.

Neste contexto, uma política de Educação Fiscal orientada para o cumprimento cabal das obrigações fiscais deve necessariamente:

- Identificar os distintos bens e serviços públicos;
- Dar a conhecer o valor económico e a repercussão social dos bens e serviços públicos;
- Identificar as distintas fontes – principalmente, as tributárias – de financiamento dos bens e serviços públicos;
- Fazer interiorizar as atitudes de respeito pelo que é público, ou seja, financiado por todos e utilizado em benefício comum;
- Assimilar a responsabilidade fiscal como um dos valores em que se organiza a convivência social numa cultura democrática, identificando o cumprimento das obrigações tributárias como um dever cívico;
- Fazer compreender que a tributação, na sua dupla vertente de receitas e gastos públicos, deve atender aos valores de equidade, justiça e solidariedade nas sociedades democráticas.

Importa fazer a ligação entre o civismo fiscal e a cidadania e os valores que fundamentam a responsabilidade colectiva e a vida da sociedade em democracia. Este objectivo implica que se insista na explicação da forma como o dinheiro público é gasto e nos efeitos prejudicais que a fraude e a corrupção têm no país e nos seus cidadãos.

Uma coisa é certa, há uma estreita ligação entre a denominada moral fiscal – a percepção que os cidadãos têm das questões fiscais – e a percepção que têm quanto à qualidade das despesas públicas. As pessoas que beneficiam de serviços públicos de boa qualidade estão mais predispostas a pagar os seus impostos. O Estado tem que cumprir os seus compromissos sociais para poder exigir aos cidadãos os impostos adequados, caso contrário sofre sérios efeitos na cobrança das receitas e não consegue oferecer serviços condignos. É um círculo vicioso que se pode repetir. Uma baixa taxa de satisfação quanto ao funcionamento dos serviços públicos, da democracia e das principais instituições do Estado, põe seriamente em causa o civismo e a disciplina fiscal, dando origem a fenómenos crescidos de fraude e evasão fiscal e a práticas de corrupção.

Por ex., na América Latina os cidadãos acham que mais de metade dos seus concidadãos não pagam os impostos que deviam e apenas 47% entendem que o pagamento do imposto é uma componente essencial da cidadania (Corporación Latinobarómetro, 2010), 34% pensam que a evasão fiscal nunca é justificável e 20% compreendem as suas razões, contra respectivamente 62% e 7% de cidadãos da OCDE (OCDE, 2012).

3. Metodologias e acções da Política da Cidadania e Educação Fiscal – uma experiência comparada

3.1. As diversas metodologias e acções

Existe uma transformação da relação entre o Estado e os cidadãos e uma alteração cultural nas administrações fiscais, sendo crescente a preocupação na divulgação de mensagens e acções positivas para o pagamento dos impostos. No fundo, os programas e planos de Cidadania e Educação Fiscal mais não são do que uma estratégia que visa o aumento das receitas fiscais, procurando explicar o porquê do pagamento dos impostos, aprofundando o compromisso a favor do interesse geral e sublinhando a relevância social do imposto e a sua ligação com a despesa pública.

Os Programas para a Cidadania e Educação Fiscal começaram por surgir nos países do Norte da Europa e nos Estados Unidos da América.

A maioria dos programas de Educação e Cidadania Fiscal existentes na América Latina e em África surgiram na última década, contudo, apesar da sua história recente, assumem um papel muito relevante, representando, cada vez mais, uma das prioridades estratégicas das administrações fiscais.

Os planos e programas sobre Educação e Cidadania Fiscal pretendem, em geral, incutir nos diversos cidadãos uma cultura de cumprimento do imposto, através de múltiplas acções pedagógicas que visam sensibilizar para a importância dos tributos, explicando as suas funções, para que servem, o porquê do pagamento e incentivando directamente ao seu pagamento, nomeadamente através da concessão de prémios.

A Fiscalidade, a Contabilidade e as Ciências Sociais devem estar associadas neste tipo de programas. O sucesso deste tipo de acções implica o envolvimento de diversos parceiros quer à escala nacional quer internacional, devendo associar os Ministérios das Finanças e da Educação e, eventualmente, o Ministério da Cultura, bem como entidades privilegiadas relacionadas como, no caso português, a Ordem dos Contabilistas Certificados. A educação dos contribuintes implica uma grande variedade de actividades e de actores, desde programas públicos até esforços realizados por associações profissionais para mobilização e representação dos interesses dos seus associados sobre as questões fiscais.

Há que explicar de forma didáctica a todos os cidadãos, independentemente da sua idade, de formas distintas, que os impostos que pagamos são o preço da civilização, como dizia o juiz Holmes na sua frase que ficou célebre.

As formas de o fazer são diversas e existem muitos países, sobretudo ditos emergentes ou em vias de desenvolvimento, que desenvolveram diversas acções específicas tendo em vista uma maior arrecadação de tributos. Como refere a OCDE, a importância que a economia informal assume nestes países é um motivo suplementar que justifica a peculiar importância desse tipo de acções nesses países.

Algumas dessas acções estão integradas em denominados Planos ou Programas para a Cidadania e Educação Fiscal mas, invariavelmente, são idênticas, sendo desenhadas em função do seu público-alvo.

Uma das faixas etárias preferenciais costuma ser a das crianças e dos adolescentes, existindo diversas acções especificamente concebidas para consciencializar os mais jovens para a relevância ética e financeira do adequado pagamento dos tributos. Para além de representarem o amanhã, o certo é que representam desde logo o hoje, desempenhando um relevante papel junto das suas famílias e círculo social.

Existe toda uma miríade de metodologias e de acções dirigidas aos mais novos.

Desde logo, a inclusão de programas educacionais obrigatórios inseridos nos currículos académicos desde a primária e a formação de professores especificamente para o efeito (ex. Brasil e Cabo Verde), até concursos de redacções sobre o pagamento de impostos (ex. Angola, Brasil e Cabo Verde), feitura de livros e realização de teatros (ex. Angola, Brasil, Cabo Verde e Portugal), realização de filmes (ex. Angola, Brasil e Cabo Verde), jogos (ex. Malásia e Portugal), etc.

Existem diversos programas integrados para a Educação Fiscal das crianças com a criação de figuras específicas para chegarem ao seu público-

-alvo das mais diversas formas, como é o caso do Justinho em Angola e, mais recentemente, da Joaninha e do Fisquinho em Portugal.

Estas acções, naturalmente, devem ser devidamente pensadas em função do contexto especial do país, sendo que algumas resultam menos bem em determinados contextos sócio culturais. Por todo o mundo têm surgido técnicas inovadoras para construir uma cultura de civismo fiscal, tendo-se este esforço acentuado em tempos de crise, por motivos facilmente compreensíveis.

Um dos países com mais tradição neste tipo de acções é reconhecidamente o Brasil, cujo modelo tem inspirado diversos países.

Da experiência comparada de vinte e oito Administrações Fiscais em colaboração com o *EURO social (Programme Régional de l' Union européenne pour la cohésion sociale en Amerique Latine)*, o *Institute of Development Studies* (IDS) e o *Forum sur Administration Fiscale* (FAF), a OCDE lançou uma interessante publicação em 2015 – *Edifier une culture fiscale du civisme et de citoyenneté – Un document de referénce global de l''éducation des contribuables.*

Na Zâmbia há um programa de rádio, o TAX Chat, que permite aos contribuintes o diálogo em directo com a administração fiscal.

Como acções dirigidas para a Educação e Cidadania Fiscal podemos apontar exemplificativamente as seguintes:

i) Sensibilizar os contribuintes e facilitar a vida – Por ex., na África do Sul existem veículos itinerantes que se deslocam às zonas rurais para explicarem aos cidadãos como podem cumprir as suas obrigações fiscais.

A Coreia dá cursos sobre o funcionamento do sistema fiscal aos particulares e às pequenas empresas.

Na Nigéria existe uma série televisiva sobre Educação Fiscal – *Binding Duty.*

No Bangladesh instituiu-se um Dia Nacional do Imposto sobre o Rendimento – dia 15 de Setembro, antes da data limite da entrega das declarações fiscais – 30 de Setembro, no qual se pratica uma espécie de administração fiscal aberta, concentrando-se postos de atendimento para esclarecimento das dúvidas fiscais.

No Butão existem gabinetes de Contabilidade destinados especificamente a pequenas empresas.

Na Guatemala existe um festival anual de Cidadania com concertos, concursos de artistas amadores e peças de teatro.

No Ruanda existe um Dia dos Contribuintes no qual o Presidente atribui prémios aos melhores contribuintes.

No Senegal fazem Jornadas nacionais de informação fiscal para os contribuintes.

São diversas as administrações que têm gabinetes de ajuda aos contribuintes para a utilização de novas tecnologias.

A Colômbia lançou uma campanha de informação para explicar aos contribuintes a utilização da assinatura electrónica para efeitos de oposição na sua declaração *online*. Na Estónia criaram um serviço *online* de informações sobre o pagamento de impostos.

ii) Combate ao sector informal – No Burundi constituíram grupos de estudantes que auxiliam os pequenos comerciantes no cumprimento das suas obrigações fiscais, desde logo para obterem um número de identificação fiscal.

iii) Sensibilização dos mais novos

- Na escola – As acções junto dos jovens são cada vez mais frequentes, assumindo-se que na entrada na escola atravessam uma fase decisiva da sua vida. É uma aposta numa alteração cultural a longo prazo. Por exemplo, na Jamaica existe desde 2012 o STEP – *Schools Tax Education Programme*, que abrange todo o tipo de estabelecimentos de ensino desde a primária, e compreende todo um conjunto de actividades lúdicas cativantes.

  O Quénia lançou também em 2012 um programa idêntico, o *Schools Outreach Programme*, bem como as Maurícias.

  Em Marrocos desde 2000 que fazem cursos de educação fiscal e concursos de eloquência.

  Na Malásia existem campos de educação fiscal, concursos de eloquência e um Gabinete Fiscal Júnior junto da Kidzania.

  No Perú, desde 2009, que se ministram cursos aos professores sobre educação fiscal.

  No Uruguai o *Plano Ceibal* pretende que cada criança tenha um computador com diversas funcionalidades relacionadas com a educação fiscal.

Ensinar Educação e Civismo Fiscal pode ser uma actividade lúdica, realizada através de jogos intercactivos, peças de teatro, jogos de vídeo e séries televisivas.
A Costa Rica criou um espaço chamado "*O meu país: o imposto que lhe devo*", no *Museo de los Ninos de San José*, que pretende sensibilizar as crianças para a relevância do pagamento de impostos, ensinando-as a preencher as declarações, decidindo como utilizar as receitas públicas simulando uma sessão parlamentar ou simulando ser funcionários da administração fiscal.
No Chile têm desenhos animados específicos, o *Ivo le chinchillla*.
Na América Latina nove países integraram a Educação Fiscal nos programas escolares e fizeram documentos pedagógicos conjuntamente com os ministérios da educação.

- Na universidade – No Brasil, nos Centros de Assistência de Contabilidade e Fiscalidade, os estudantes prestam assistência aos contribuintes com menos recursos e às micro e pequenas empresas.
No México a administração fiscal assinou um acordo com a *Universidad Nacional Autónoma de México* para ensinar a cultura fiscal no âmbito de uma disciplina de Formação e Educação Fiscal.
Em Salvador criaram um diploma de educação fiscal para professores que funciona online, bem como portais online para estudantes sobre Educação Fiscal.
Em 2010, Moçambique lançou a campanha *Juntos fazemos Moçambique* para sensibilizar para o pagamento dos impostos.
De salientar a recente iniciativa da União Europeia ao lançar, a 21 de Novembro de 2017,o Portal *Taxedu,* uma iniciativa conjunta da Comissão Europeia e do Parlamento Europeu no âmbito do *Programa Fiscalis 2020.*(o portal encontra-se sob o endereço electrónico https://europa.eu/taxedu).
Este meritório projecto, cuja finalidade consiste na consciencialização e formação das crianças e jovens sobre as questões fiscais de uma forma divertida e interactiva, foi lançado em 22 idiomas em Bruxelas na Bibliotéque Solvay, tendo sido liderado pelas Administrações Fiscais da Áustria e da Bélgica, com a adesão dos principais países da União Europeia em estreita ligação com as autoridades tributárias nacionais.
São apenas alguns exemplos de acções neste domínio, sendo a faixa preferencial a dos mais jovens. Registamos, contudo, que igual-

mente será desejável conceber acções específicas para a terceira idade, como, por exemplo, o esclarecimento do sistema fiscal e a ajuda no cumprimento das obrigações tributárias.

3.2. O caso português

Como salienta Domitília Soares, os cidadãos em Portugal têm pouca consciência cívica no que respeita ao cumprimento das obrigações fiscais, pelo que conclui que deve existir uma *"colaboração entre a Administração Fiscal e o Ministério da Educação com o objectivo de fomentar a consciência cívico – fiscal, nas faixas etárias mais jovens da população"* (Soares, Domitília, 2004:201).

No tocante a programas integrados de Educação Fiscal, poderemos afirmar que Portugal tem uma experiência muito reduzida.

Em 2007, a então Direcção-Geral das Contribuições e Impostos começou a desenvolver o Projecto de Educação Fiscal, pretendendo-se aumentar a consciência cívico-fiscal dos cidadãos.

Apelou-se, deste modo, aos valores da cidadania para que a sociedade portuguesa estivesse consciente das suas obrigações fiscais.

Todavia, este projecto não veio a ser implementado, não tendo passado da fase de lançamento.

Sublinhe-se que este Projecto teve como público-alvo os jovens, futuros contribuintes. Realizou-se uma exposição temática sob a coordenação do Dr. João Paulo Paiva Boléo (disponível para consulta em http://info.portaldasfinancas.gov.pt/pt/quem_somos/noticias/news_070209_edu_fiscal.htm), que percorreu diversos pontos e escolas do país e foram também produzidos materiais gráficos de apoio e complemento ao projecto, como por exemplo um jogo de tabuleiro "Tax Bem! – o jogo da educação fiscal", com vista a sensibilizar os mais jovens sobre questões da fiscalidade e para a importância social e fiscal do cumprimento das obrigações fiscais, um livro original de banda desenhada – *Os pesadelos fiscais de Porfírio Zap* e um livro destinado a um público mais infantil intitulado *Era uma vez no Planeta do respeito por todos.*

Actualmente está em curso um projecto que teve a sua génese numa linha de investigação do Instituto Superior de Contabilidade e Administração de Lisboa (ISCAL), do Instituto de Direito Económico, Financeiro e Fiscal/IDEFF da Faculdade de Direito da Universidade de Lisboa e do Centro de Investigação em Direito Económico, Financeiro e Fiscal/CIDEFF da mesma Faculdade e do Instituto Superior de Ciências Económicas e Empresariais de Cabo Verde (ISCEE), conjuntamente com o Instituto Superior de Contabilidade e Administração de Coimbra (ISCAC) e a Faculdade de Economia de Coimbra (FEUC), e, mais tarde, o Instituto Superior do Vale do Cávado/IPCA, com o patrocínio da Ordem dos Técnicos Oficiais de Contas (OCC) e do Governo de Angola – o projecto de investigação sobre Lusofonia e Educação Fiscal. Pretende-se lançar um projecto de investigação sobre Lusofonia e Educação Fiscal e trocar experiências sobre tão relevante matéria, bem como apresentar um projecto de Plano para a Cidadania e Educação Fiscal em Portugal, pretendendo-se, para o efeito, celebrar protocolos com os Ministérios das Finanças e da Educação.

No âmbito da linha de investigação científica criada sobre Educação e Cidadania Fiscal, a subscritora começou por escrever um livro para crianças –*A Joaninha e os impostos – Uma história de educação fiscal para crianças*, que acabou por ganhar o prémio de recohecimento de actividades com relevância na Comunidade, na área das ciências sociais, concedido em Maio de 2017 pelo Instituto Politécnico de Lisboa, pelos relevantes serviços prestados no contexto da Cidadania e Educação Fiscal.

O livro foi inserindo numa triologia patrocinada pela Ordem dos Contabilistas Certificados – *A Joaninha e os impostos – Uma história de educação fiscal para adolescentes*, da Professora Ana Maria Rodrigues da FEUC e *A Joaninha e os impostos – Uma história de educação fiscal na Universidade*, da Professora Cidália Lopes do ISCAC (todos Ed. OCC, Almedina, Lisboa, 2017).

Os livros foram distribuídos gratuítamente em três Conferências internacionais que se realizaram em Lisboa, Porto e Coimbra, com o patrocínio da Ordem dos Contabilistas Certificados, da Autoridade Tributária e Aduaneira de Portugal e de Angola e foram posteriormente colocados à venda pela Livraria Almedina em 2017, a um preço de venda simbólico, revertendo parte da venda para a operação Nariz Vermelho (.trata-se de uma Instituição Particular de Solidariedade Social, sem vinculações políticas ou religiosas, oficialmente constituída a 4 de Junho de 2002, cujo principal propósito é assegurar de forma contínua um programa de intervenção dentro dos serviços pediátricos dos hospitais portugueses, através da visita de palhaços profissionais que trabalham em estreita colaboração com os profissionais de saúde, realizando actuações adaptadas a cada criança e a cada situação).

4. O Projecto Educação e Cidadania Fiscal na Lusofonia

O Projecto Educação e Cidadania Fiscal (ECF) apoiado pelo Sistema de Apoio à Investigação Científica e Tecnológica (Aviso Nº 02/SAICT/2016 Educação e Cidadania Fiscal LISBOA-01-0145-FEDER-023491), nasce precisamente da tomada de consciência da extrema relevância da adopção de políticas para a Cidadania e Educação Fiscal.

Como vimos, a necessidade da adopção destas políticas tem sido, cada vez mais, salientada pelas instâncias internacionais, nomeadamente ao nível da OCDE e da UE.

Sobretudo em tempos e crise (crise de valores muito para além das crises económicas), torna-se premente consciencializar os cidadãos para a relevância do tributo, importando começar por explicar o que é, para que serve e, muito importante, que assenta numa relação de reciprocidade entre o Estado e o cidadão que deve sentir a satisfação das necessidades públicas como uma obrigação a cumprir com padrões de qualidade. Neste complexo binómio direito dever é que deve ser explicada e entendida a Cidadania Fiscal.

É neste contexto que a academia, nas suas várias componentes, numa acção comum a docentes e discentes, se deve envolver, encetando estudos, aprofundando outros e adoptando iniciativas proactivas que levem juntos dos cidadãos a importância das políticas para a Cidadania e Educação Fiscal.

É particularmente relevante a cooperação das diversas entidades neste domínio, começando pelas entidades públicas como os Ministérios das Finanças, da Educação, da Cultura, passando pelas ordens profissionais como a Ordem dos Contabilistas Certificados/OCC, sendo particularmente importante o papel das Escolas desde o ensino primário ao universitário.

As acções neste domínio devem ser transversais e implicar todas as faixas etárias da população. Se ensinar Cidadania e Educação Fiscal se revela particularmente relevante nas gerações mais novas incutindo-lhes o papel de agentes para uma Cidadania Fiscal, mostra-se igualmente relevante, como já enfatizámos, levar a cabo acções junto da população mais idosa, nomeadamente explicando de forma didáctica quais e como as obrigações fiscais a cumprir.

Neste âmbito assume-se particularmente significativa a elaboração e execução de um Plano Nacional para a Cidadania e Educação Fiscal que contenha as linhas gerais programáticas de acção para um política activa e efectiva.

É dentro destas linhas de orientação que surge o Projecto Educação e Cidadania Fiscal financiado com fundos da União Europeia pelo programa Portugal 2020, nascendo da ideia de associar a necessidade de implementar as políticas de Educação e Cidadania Fiscal em particular nos países da Lusofonia, dados os laços que nos unem e a relevância que estas políticas podem e devem assumir.

Em Portugal, com o envolvimento das autoridades nacionais, em especial dos Ministérios das Finanças e da Educação, da academia e de agentes económicos (como a Ordem dos Contabilistas Certificados), pretendeu-se apresentar uma proposta de Plano Nacional para a Cidadania e Educação Fiscal e adoptar diversas iniciativas, como a realização de Conferências, publicações didácticas sobre impostos e finanças públicas dirigidas a todas as faixas etárias (desde a infância à terceira idade), trabalhos académicos e a realização de um filme e de um jogo digital.

O Projecto ECF envolve directamente como instituições de ensino proponentes o Instituto Superior de Contabilidade e Administração de Lisboa/ISCAL, o Instituto de Direito Económico, Financeiro e Fiscal/IDEFF da Faculdade de Direito da Universidade de Lisboa, o Centro de Investigação em Direito Económico, Financeiro e Fiscal/CIDEFF da mesma Faculdade e o Instituto Superior do Vale do Cávado/IPCA.

Mas várias foram as instituições de ensino que se envolveram de diversas formas neste projecto quer a nível interno quer a nível internacional, nomeadamente o Instituto Superior de Ciências Económicas e Empresariais de Cabo Verde/ISCEE, a Faculdade de Direito da Universidade Agostinho Neto em Luanda, a Escola Superior de Gestão Corporativa e Social de Moçambique, o Instituto Pernambucano de Direito Tributário, a Universidade da Amazónia e a Universidade de Marília.

Tendo em vista a promoção do saber da Instituição junto da Comunidade em geral e em especial junto dos países da Lusofonia, e a natureza eminentemente prática do ensino que caracteriza o ensino superior politécnico, tal como referimos, começámos por criar em 2015 uma linha de investigação em Cidadania e Educação Fiscal no ISCAL, envolvendo como parceiros, inicialmente, a Ordem dos Contabilistas Certificados, o CIDEFF, a Faculdade de Economia da Universidade de Coimbra/FEUC e o Instituto Politécnico de Coimbra/ISCAC

A linha de investigação denomina-se Educação e Cidadania Fiscal na Lusofonia, pretendendo-se desenvolver uma rede de investigação, conceber e trocar ideias e projectos nos países da Lusofonia, envolver alunos e professores (foram já realizadas teses de Mestrado no ISCAL e em Cabo Verde sobre o tema, bem como outros trabalhos) e apresentar um Plano Nacional para a Cidadania e a Educação Fiscal.

O projecto passa por uma forte actuação junto da comunidade lusófona, prevendo acções junto de todas as faixas etárias da população, tendo já sido realizadas Conferências com o patrocínio da Autoridade Tributária e Aduaneira de Portugal, da OCC e das autoridades nacionais de Angola, de Cabo Verde e de Moçambique e de das diversas instituições de ensino mencionadas, a saber:

- "I Congresso Internacional para a Educação e Cidadania Fiscal", ocorrido a 23 de Novembro de 2015 em Lisboa;
- "II Congresso Internacional para a Educação e Cidadania Fiscal", OCC/ISCAL/IDEFF/ISCAC/FEUC, ocorrido a 1 de Março de 2016 em Coimbra;
- "III Congresso Internacional para a Educação e Cidadania Fiscal", OCC/ISCAL/IDEFF/ISCAC/FEUC, ocorrido a 28 de Abril de 2016 no Porto;

  "Conferência Joaninha e os Impostos – A Cidadania e a Educação Fiscal na infância, na adolescência e na universidade", proferida em parceria com as Professoras Doutoras Ana Maria Rodrigues e Cidália Mota Lopes, ocorrida na Associação Fiscal Portuguesa em Lisboa a 23 de Fevereiro de 2017.
- "I Congresso Internacional para a Educação e Cidadania Fiscal na Lusofonia", ocorrido a 5 de Dezembro de 2016 na Cidade da Praia/Cabo Verde, com o patrocínio dos governos de Cabo Verde e de Angola e da AT de Portugal e do Instituto Superior de Ciências Económicas e Empresariais de Cabo Verde;
- "II Congresso Internacional para a Educação e Cidadania Fiscal na Lusofonia", ocorrido a 28 de Novembro de 2017 em Maputo, com o patrocínio da AT de Portugal e da Corporate Business School/CBS da Escola Superior de Gestão Corporativa e Social de Moçambique – Este Congresso foi patrocinado ao abrigo de um prémio de investigação científica concedido ao projecto de Cidadania e Educação

Fiscal em Moçambique ganho no Instituto Politécnico de Lisboa em 2017 (2ª edição IDI&CA - Concurso Anual para Projetos de Investigação, Desenvolvimento, Inovação e Criação Artística).

- "III Congresso Internacional para a Educação e Cidadania Fiscal na Lusofonia", ocorrido a 10 de Junho de 2018 no Recife, com o patrocínio do Instituto Pernambucano de Direito Tributário;
- "IV Congresso Internacional para a Educação e Cidadania Fiscal na Lusofonia", ocorrido a 12 de Setembro de 2018 em Luanda, com o patrocínio da Universidade Agostinho Neto e da AT de Portugal;
- "V Congresso Internacional para a Educação e Cidadania Fiscal na Lusofonia", ocorrido a 3 de Outubro de 2018 no Mindelo, com o patrocínio da Autoridade Tributária de Cabo Verde e da AT de Portugal.

Pretende-se proceder a um levantamento da situação existente nestes países sobre a Educação Fiscal e a Cidadania, bem como fazer uma publicação final com análises e propostas de professores alunos, funcionários das Administrações e operadores económicos.

No Projecto ECF o livro *A Joaninha e os impostos – Uma história de educação fiscal para crianças*, foi adaptado à realidade fiscal dos países da Lusofonia. Já foi feita a adaptação ao Brasil pelo Professor Rodrigo Pessoa da Universidade da Amazônia, a adaptação a Moçambique pela Dra Natércia Sílvia Manhenje, da Autoridade Tributária de Moçambique, a Angola, pela Dra Alice Neves, ex. Directora Geral da Autoridade Geral Tributária de Angola, e a Cabo Verde pela Dra. Odete Andrade, Directora na Direcção Nacional de Receitas do Estado em Cabo Verde e pela Dra. Dulce Sequeira. A publicação e distribuição de exemplares de cada um dos livros foi financiada pelo Projecto ECF, tendo sido lançados nas Conferências Internacionais.

A matéria da Educação Fiscal foi inserida na Unidade Curricular de Direito Fiscal Internacional nos Cursos de Mestrado em Fiscalidade do ISCAL e do ISCEE, tendo já sido realizados mais de 20 trabalhos académicos abrangendo diversas faixas etárias – desde a infância à terceira idade, com recurso a diversas técnicas, nomeadamente, a realização de inquéritos e entrevistas. Os principais resultados destes trabalhos irão ser apresentados pelos próprios alunos e comentados pelos professores numa Conferência Internacional final a ocorrer em Lisboa no fecho do projecto, sendo publicados num livro.

Em Setembro de 2018 formalizámos a cooperação com a Autoridade Tributária e Aduaneira de Portugal mediante a celebração de um protocolo de cooperação entre a AT e o Projecto ECF. Em Novembro de 2018 foram realizados, com o patrocínio da OCC um filme para crianças baseado no livro *A Joaninha e os impostos – Uma história de educação fiscal para crianças* e um jogo digital que irão ser disponibilizados no site da AT, bem como todos os livros elaborados no contexto do Projecto ECF.

A ideia é distribuir gratuitamente o filme e o jogo pelas Escolas através do Ministério da Educação.

Este projecto mereceu especial atenção junto de diversas instituições públicas e privadas em Portugal, bem como em África.

Temos ainda sido contactados para a realização de diversas iniciativas junto de Escolas e empresas.

Pretendemos, essencialmente, promover a investigação e a prática sobre Cidadania e Educação Fiscal e consciencializar os cidadãos em geral para a relevância dos impostos. Começámos neste projecto pelos países lusófonos mas não nos ficaremos por aqui.

Em suma, pretende-se inicialmente alcançar soluções conjuntas no espaço da Lusofonia, disseminando-se e partilhando-se conhecimentos envolvendo professores e alunos, dirigentes, técnicos, e a comunidade em geral, tratando-se de uma temática pouco tratada em Portugal sobre a qual a OCDE muito tem chamado a atenção nos últimos tempos, sobretudo atendendo às necessidades decorrentes da crise económica mundial, tendo a União Europeia muito recentemente criado um site sobre a matéria com especial preocupação quanto às crianças e jovens.

Note-se que, recentemente, em 2018, recebemos um prémio de investigação científica para a concretização de um projecto Ibérico de Literacia Financeira e Fiscal em parceria com a Universidade da Extremadura ganho no Instituto Politécnico de Lisboa (3ª edição IDI&CA - Concurso Anual para Projetos de Investigação, Desenvolvimento, Inovação e Criação Artística), ao abrigo do qual pretendemos, desta feita, prosseguir esta acção em Espanha. A adaptação do livro Joaninha e os Impostos, uma história d Educação Fiscal para crianças, foi feita por Juan Calvo Vérgez.

Mas, como dissemos, não nos quedaremos por aqui!

Principal bibliografia consultada

AAVV, SANTOS, António Carlos dos Santos e LOPES, Cidália, org., *Fiscalidade outros olhares*, Vida Económica Editorial, 2013.

CORPORACIÓN LATINOBARÓMETRO – *Latinobarómetro Report*, Santiago de Chile, 2010.

LOPES, Cidália – *Quanto custa pagar impostos em Portugal? Os custos de cumprimento da tributação do rendimento*, Almedina, 2008.

NABAIS, Casalta – *Por um Estado Fiscal suportável – Estudos de Direito Fiscal*, Coimbra, Almedina, 2005.

OCDE – *What drives tax morale?*, OCDE Working Papers, nº315, Éditions OCDE, Paris, 2012.

Edifier une culture fiscale du civisme et de citoyenneté – Un document de referénce global de l''éducation des contribuables, 2015.

PALMA, Clotilde Celorico – "Para uma Política de Educação e Cidadania Fiscal em Portugal", Revista TOC nº 187, Outubro de 2015.

PALMA, Clotilde Celorico e PITA, Mónica – "Para uma Política de Educação e Cidadania Fiscal – Os casos do Brasil, de Espanha e de Portugal", em co-autoria com Mónica Pita, Revista de Finanças Públicas e Direito Fiscal, Ano VIII, nº2, 2015.

SOARES, Domitília – *Percepção Social da Fiscalidade em Portugal*, Almedina, 2004.

Pagar Impostos é Comprar Civilização

Eduardo Paz Ferreira*

1. Impostos e Opinião Pública

Deve-se a Benjamin Franklin, um grande sábio e um dos *founding fathers* dos Estados Unidos – que se tornaram independentes largamente por razões de natureza fiscal – uma frase que ficou sempre presente em quantos se preocupam com impostos – só há duas coisas certas na vida: a que vamos morrer e a que vamos pagar impostos.

A partir daqui tornou-se extremamente vulgar fazer piadas sobre o imposto que hoje enchem sites na Internet- umas mais engraçadas, outras menos.

John Marshall, por exemplo, afirmou que o poder de tributar é o poder de destruir e Einstein, a propósito do preenchimento da declaração de rendimentos, opinou que a questão é excessivamente complexa para um matemático: deveriam pedir um filósofo, porque a coisa mais difícil do mundo é compreender a taxa sobre o rendimento. Barry Goldwater proclamou que "o imposto sobre o rendimento criou mais criminosos do que qualquer outro acto do governo". Para Churchill" não existe uma coisa chamada um bom imposto". Reagan não podia estar ausente desta lista e considerou que o contribuinte é alguém que trabalha para o Estado, mas não tem de fazer exame de entrada.

Entre nós é especialmente feliz a ironia de um distinto antigo funcionário da Secretaria de Estado dos Assuntos Fiscais – José Carlos Gomes dos Santos – ao intitular um livro de crónicas: *Não digam à minha mãe que sou funcionário dos impostos.*

Criticar os impostos é uma tarefa simples e popular, sobretudo em tempos de desagregação social e de egoísmo e que vai de encontro à perda de sentido de dever cívico, ou faz de bengala a um pensamento globalmente contra a intervenção do Estado como o de Ronald Reagan, para quem o Estado não é a solução, mas o problema.

O pagamento dos impostos é que permite ao Estado cumprir as suas missões e se, naturalmente, se não deve nem pode evitar a discussão sobre o seu valor ou sobre as modalidades, o mesmo não deve ser dito sobre a sua legitimidade.

2. Um breve olhar pela história

A análise dos impostos corresponde, de resto, a uma longa história e à luta por uma melhor sociedade e pela defesa contra a prepotência que caracterizou longos períodos.

Se olharmos para a Antiguidade Clássica e nos detivermos brevemente nos cerca de mil anos que durou aquilo que se convencionou chamar de Antiga Roma encontramos as mais variadas experiências com impostos e, também, com outras formas de receita pública, ao mesmo tempo que verificamos que muito do que, então, se fez em matéria tributária e se perderia depois da queda do império romano se aproxima da problemática e da própria tipologia de impostos com que nos debatemos hoje.

Se se pode considerar que, em determinados momentos, Roma criou uma ordem jurídica justa, protectora dos contribuintes, não se poderá ignorar que noutros a fiscalidade romana se exerceu através de formas de violência e opressão particularmente sobre os povos vencidos militarmente.

A sucessão de guerras e expedições militares determinava, aliás, que uma grande parte do esforço de arrecadação de meios se ligasse a esta área e que a manutenção de um nível elevado de receitas para o efeito fosse necessária.

A obtenção de receitas provenientes dos territórios conquistados começa por ser claramente a grande fonte de receita, ficando a cargo dos governadores, que oscilavam muito na dureza com que aplicavam os impostos. Caio Verre, várias vezes denunciado por Cícero e que teve de devolver o que roubara aos sicilianos, explicou-se: "o governador deve extrair três fortunas da sua província: uma para pagar aos seus defensores, outra para corromper os jurados no inevitável processo e uma terceira para si".

Na impossibilidade de reter todas as figuras tributárias recordemos que múltiplas foram as tentativas de obter receitas por esta via: dos impostos sobre trocas comerciais com o exterior, sobre sucessões, sobre a venda de bens, incluindo escravos, sobre o transporte de mercadorias ou até sobre a libertação de escravos.

Num certo anedotário dos impostos romanos é referido o imposto sobre a urina, criado pelo imperador Vespasiano e que incidia sobre a recolha do líquido para fins de detergente.

Genericamente pode dizer-se que os impostos mais importantes eram os que recaiam sobre as pessoas e os fundiários. Que deram origem à instituição do cadastro, onde estavam registadas todas as propriedades.

Pensando na história de Roma, um lugar à parte nesta matéria é ocupado por Ottaviano Augusto, primeiro imperador romano, que se preocupou especialmente com a solidez das instituições financeiras, num quadro de reorganização da administração.

O imperador foi responsável pela criação do fisco, ou seja, a casa das receitas distintas do património pessoal do imperador, manteve o erário (a casa do povo) administrada por dois pretores, mas acrescentou-lhe um erário militar, uma caixa alimentada por um imposto indirecto sobre as vendas e um outro sobre as transmissões em vida ou por morte, destinado a pagar as despesas de um exército permanente e dos veteranos

O império resolveu de uma forma moderna uma questão importante que era a de quem recolhia os impostos.

Durante a república a recolha de impostos ficava a cargo dos publicanos que estipulavam com o senado os termos em que seria feita, tal como outras tarefas como as construções e a gestão do exército.

Em face da indeterminação do montante de impostos, os publicanos aproveitavam-se para cobrar muito mais que o devido. Noutras palavras não se comportavam diversamente dos usurários e justificavam o ódio popular que lhes era dirigido.

Se os impostos, tal como os conhecemos hoje e o seu regime jurídico são essencialmente fruto das revoluções liberais e estruturantes da democracia e do Estado de direito, nem por isso se pode ignorar a luta popular contra o lançamento dos impostos.

Neste longo percurso são instrumentos marcantes a *Magna Carta*, celebrada em Inglaterra entre o monarca e os barões em 1215, sem que se possa dizer que abrangesse os populares.

O *Bill of Rights* viria ter uma profunda influência nas colónias britânicas da América do Norte e a influenciar a Declaração de independência dos Estados Unidos, que afirma sem margem para dúvidas o princípio *no taxation without representation*

Se é certo que, a partir das revoluções liberais se passou a dispor de um enquadramento que exigia a aprovação parlamentar de qualquer novo imposto, não se pode ignorar que o sentido dessa aprovação era bastante reduzido, uma vez que estávamos em presença de assembleias eleitas segundo um sufrágio censitário, que garantia que as classes ricas e proprietárias não deixariam os impostos subir nem as despesas ganharem expressão nas áreas onde a intervenção do Estado era mais necessária.

A evolução para o sufrágio universal, o aparecimento de novas ideologias no sentido de uma maior intervenção do Estado veio alterar profundamente as coisas e criar aquilo que se pode designar por um pacto fiscal entre o Estado e o cidadão, o primeiro forçado a munir-se da necessária autorização e o segundo obrigado ao pagamento dos impostos.

3. A moderna fiscalidade

No início do século XX, uma figura singular e brilhante da magistratura norte-americana – país profundamente ligado à estruturação dos impostos, mas onde estes são, hoje, olhados com especial antipatia -Wendell Holmes – surpreendeu todos ao declarar: "gosto de pagar impostos. Com eles compro civilização".

O serviço de cobrança fiscal norte-americano aproveitou e ainda hoje usa essa máxima inscrita no edifício onde está instalado: "Taxes are what we pay for civilized society".

Anos mais tarde, Franklin Roosevelt sublinhava que "a tributação de harmonia com o rendimento é o instrumento mais efectivo até agora concebido para obter uma contribuição justa daqueles que a podem suportar e evitar uma sobrecarga pesada junto das grandes massas populares"

Isabel do Carmo que, como poucos sabe da matéria, testemunhou sobre os impostos e o Estado Social recentemente no *Público*:"(....) o Serviço Nacional de Saúde (SNS) e a escola pública funcionam como almofada de segurança. Para estes serviços existirem têm que ser financiados pelo Orçamento Geral do Estado e, portanto, pelos impostos. É o que resta do Estado Social, que não é o Estado Caritativo, mas o Estado da redistribuição. No após II Guerra Mundial, nos países europeus das democracias foi desenvolvido um novo paradigma em relação aos impostos. Deixaram de ser apenas para sustentar o aparelho da administração pública e da defesa e segurança, para serem também uma forma de redistribuição tornando a desigualdade de nascimento menos desigual. Foi uma conquista que veio dos mais pobres, dos trabalhadores e que não chegou à Península Ibérica senão no final dos anos 70 do século XX. No entanto, a explicação para este novo paradigma da utilização dos impostos raramente é explicada e é feita pouca pedagogia cidadã nesse sentido. Em Portugal, se uma pessoa tiver uma situação de doença aguda é socorrida independentemente da sua classe social. Se alguém partir uma perna não fica endividado para o resto da vida. Se alguém tiver uma doença crónica como diabetes, hipertensão arterial ou cancro tem medicamentos que ao doente custam pouco. Já o mesmo não se pode dizer para os cidadãos da Grécia ou dos Estados Unidos da América, para falar de dois exemplos "ocidentais". Os mais velhos talvez ainda se lembrem de um tempo em que em Portugal não havia médicos nem para passar as certidões de óbitos e quando as mulheres pariam como Deus dava, em 1000 crianças morriam 93. Foi ontem."

Entre as posições libertárias e as posições conservadoras pode-se dizer que os impostos têm estado sujeitos a uma barreira de críticas intensas, reveladoras de uma grande insensibilidade social.

Muito raras são declarações como a do grande economista Tommasio Padoa-Schiopa, então ministro das finanças de Romano Prodi que, em entrevista à RAI 3, em 2007, declarou "«a polémica contra os impostos é irresponsável. Devemos ter a coragem de dizer que os impostos são uma coisa belíssima e civilizadíssima, um modo de contribuirmos todos juntos para bens indispensáveis como a saúde, a segurança, a instrução e o ambiente"

A afirmação levantou uma viva crítica da direita, que a considerou exemplar de um governo com uma visão penitencial e punitiva da vida e uma opinião generalizada – que é um alarmante sinal dos tempos – de que se tratava de um político que se não se apoiava num guru da comunicação. "Como não pensar que definir as taxas como "belíssimas" não é propriamente o melhor modo de recolher a simpatia dos italianos?"

Trata-se de uma afirmação que, na boçalidade e ignorância que transmite, ilustra bem a perigosa transformação da política numa mera actividade de propaganda, destituída de qualquer valor ideológico.

Um bom comentário foi, no entanto, produzido em *excite.it/* : " Será tão escandaloso aquilo que o ministro disse? Para além das inevitáveis polémicas (...) são na realidade partilháveis. Não são os impostos através dos quais é possível ter saúde e educação para todos. Os impostos são "belos" porque é belo saber que se pode andar ao hospital mesmo sem uma lira e ser tratados. Qual seria a alternativa? Não pagar os impostos mas pagar até ao último euro qualquer coisa de que se tivesse necessidade. Ouvir perguntar como primeira coisa no ingresso no pronto socorros se dispõe de um seguro de saúde? A polémica desvia-se, então dos impostos para as modalidade de utilização dos impostos e, de facto, o ministro precisa *"que pode haver insatisfação sobre a qualidade dos serviços que se recebem em troca mas não uma oposição de principio ao facto de existirem impostos e deverem ser pagos. E qual é o escândalo nestas* palavras com efeito é difícil compreendê-lo".

De algum modo, o recente movimento de protesto em França vem da ausência de percepção daquilo que é recebido do Estado e como seria bem mais caro pagar provadamente todos esses serviços. Segundo o *Le Monde,* uma sondagem revela que apenas 54% da população tem essa compreensão.

Se olharmos, no entanto, para o Relatório das Nações Unidas sobre o índice de felicidade, verificamos que os países com maiores níveis de felicidade são, em geral, países onde a carga fiscal é mais pesada.

Torna-se necessário um esforço para tornar compreensível dos cidadãos a dimensão do esforço do Estado. A perspectiva sobre o futuro da fiscalidade impõe, todavia, que se procurem lições no passado.

Numa obra monumental publicada no início dos anos 70 do século passado – *Histoire de l'Impôt,* Gabriel Ardant fornece um precioso elemento de estudo sobre a evolução da tributação ao longo dos séculos e das várias civilizações, ilustrando a importância que a questão fiscal teve no desenvolvimento e nas quedas de impérios e como o imposto tendeu a prevalecer sobre outras formas de financiamento, designadamente de natureza patrimonial.

Escreve Ardant: "o imposto é uma técnica, uma das técnicas da vida em sociedade, mas a sua história é algo mais do que a enumeração dos diversos procedimentos inventados pelos governos para se apropriarem dos rendimentos dos contribuintes. A história do imposto está profundamente ligada à história geral, à história económica com certeza, mas também e mais do que se pensaria à história política. Há poucas instituições que tenham marcado mais profundamente a vida dos homens, as suas relações e o seu progresso

Encontramos o imposto na origem de grandes acontecimentos que transformaram a condição humana".

A opção pelo imposto afasta outros procedimentos, a corveia, a requisição de serviços, o serviço militar, a regulamentação económica e, nesse sentido, pode dizer-se que ao longo da história vai ser uma instituição liberal, ainda quando começam a surgir algumas preocupações sociais com ele relacionadas

Ainda assim não falta quem critique os impostos e veja neles uma ameaça aos Estados. Significativo deste tipo de posicionamento é o das instituições que, um pouco por todo o mundo, se ocupam a determinar o dia da liberdade dos impostos, entendido como o dia em que o cidadão já conseguiu rendimento para pagar todos os impostos.

O conceito de Dia da Liberdade dos Impostos, que também chegou a Portugal foi desenvolvido em 1948 por um negociante da Florida. Dallas Hostetler, que fez o cálculo do dia durante vinte anos, até o passar, em 1971, para a Tax Foundation.

O crescimento das carga fiscal, mesmo que tenha ocorrido em estados que figuram à cabeça das classificações internacionais sobre a qualidade de vida, determinou um fenómeno de alergia fiscal que realmente se liga a uma concepção totalmente diferente das relações entre o Estado e os contribuintes.

Mesmo para aqueles que pretendem estados minimalistas coloca-se a questão da forma para assegurar o seu financiamento. Por definição quem se coloca nessa posição é oposto a um financiamento através de receitas patrimoniais que implicariam uma presença muito forte do Estado na economia.

Restaria, então, a possibilidade de aproximar maximamente o funcionamento do Estado dos mecanismos da economia privada através do pagamento de taxas, correntemente definidas como prestações bilaterais do Estado que implicam uma contrapartida para quem os paga[1].

Uma solução deste tipo implicaria que o Estado renunciasse à possibilidade de intervir na economia, cumprindo funções que lhe estão normalmente associadas.

Por outro lado, não responderia à necessidade de fazer a provisão de bens públicos como a segurança, a defesa nacional ou a justiça, uma vez

[1] Maioritariamente consideradas receitas tributárias e aproximadas de impostos, há, de resto, quem como Teixeira Ribeiro as qualifique de preço autoritariamente fixado, *Lições de Finanças Públicas*5ª edição, refundida e actualizada, Coimbra Editora, 1997, pp. 252 e segs.

que se trata de bens que asseguram a satisfação de um conjunto de necessidades que não podem ser individualizadas e que, como tal, são insusceptíveis de financiamento através das taxas.

Está, pois, longe de ser indiferente o modelo de financiamento porque se opta e os seus reflexos sobre a relação entre o Estado e os cidadãos.

É possível afirmar que vivemos, hoje, em Estados fiscais, assentes numa carga tributária que tende a organizar-se sempre no mesmo modelo, o que sendo compreensível como resultado da globalização, não é, todavia, necessariamente uma boa solução, porque as especificidades de diversos estados poderiam justificar diferentes soluções.

Com esta internacionalização de um modelo fiscal único também se poderia avançar para uma solução em que as receitas fossem recolhidas por uma organização internacional que depois as afectasse a cada Estado, aproveitando para fazer alguma redistribuição.

Mas tudo isso situa-se no domínio das hipóteses teóricas que esbarram frontalmente com a realidade da política existente e com dificuldade experimentadas a nível internacional nos últimos tempos

Naturalmente que as receitas públicas por excelência são os impostos e as taxas. Restam, depois, as nações onde a importância dos recursos naturais atribui uma importância grande às *royalties* e os outros em que o fraquíssimo desenvolvimento económico determina uma importância fundamental da ajuda externa.

4. Imposto e Cidadania

Afastada a utopia de um Estado baseado em rendimentos patrimoniais, no moderno capitalismo, como na Antiga Roma, o imposto é a figura claramente dominante.

O pagamento de impostos torna-se, assim, um dever de cidadania, mas também um direito. Pagamos impostos porque queremos ter uma palavra na orientação dos negócios públicos e beneficiar da actuação, tantas vezes pouco visível do Estado e da máquina administrativa.

Note-se, no entanto, que o pagamento de impostos só se justifica se eles forem criados e administrados nos termos da lei, incorporando a autorização dada pelos nossos representantes.

É, por isso, fundamental criar os mecanismos de garantia dos contribuintes, mas sobretudo transmitir desde cedo a necessidade de pagar impostos e como eles são uma parte integrante e decisiva da nossa cidadania e gostaria de sublinhar o grande esforço feito pela professora Clotilde Palma e a sua equipa.

Naturalmente que a educação para o pagamento dos impostos envolve, do mesmo modo, a transmissão dos instrumentos que permitam compreender a justiça e a legalidade, assim como a ideia de que há um direito de resistência contra os impostos que não cumpram a Constituição e a lei.

A Constituição de 1976 é, aliás, clara no reconhecimento deste direito de resistência nos nºs 2 e 3 do artigo 103, que tem por epígrafe "sistema fiscal.

> 2. Os impostos são criados por lei, que determina a incidência, a taxa, os benefícios fiscais e as garantias dos contribuintes.
> 3. Ninguém pode ser obrigado a pagar impostos que não hajam sido criados nos termos da Constituição, que tenham natureza retroativa ou cuja liquidação e cobrança se não façam nos termos da lei.

Mas para que se possa legitimamente esperar que os cidadãos cumpram os seus deveres fiscais é necessário montar os mecanismos necessários à determinação da boa utilização dos fundos cedidos ao Estado. Gastos excessivos, errados, ou desviados por efeito de corrupção minam a legitimidade do sector público para nos pedir cooperação.

Nos Estados Unidos esteve sempre presente que a noção de *tax payer* envolvia o direito a que fosse garantida a responsabilidade financeira e é, pois, um factor extremamente positivo que o Tribunal de Contas se preocupe cada vez mais com assegurar essa responsabilidade financeira, do mesmo modo que o é a circunstância de, para além da consideração dos aspectos jurídicos, o tribunal avance no sentido de multiplicar as auditorias que apreciam a eficiência e eficácia da despesa pública.

Para que possa falar de uma educação fiscal é necessário assegurar que a evasão fiscal é erradicada ou reduzida a mínimos irrelevantes. O trabalho da Administração Tributária é essencial, assim como o é o de muitas iniciativas da sociedade civil.

Creio que é razoável dizer que nos últimos anos a tolerância cidadã para com a evasão fiscal se reduziu muito e que estão ultrapassados os tempos em que a fuga ao fisco era uma actividade encarada com uma certa bonomia ou mesmo admiração.

Há – é certo – quem pense que a perseguição à fuga fiscal é muito mais determinada em relação aos pequenos contribuintes do que aos grandes que, muitas vezes, aproveitam os mecanismos que permitem fugas lícitas ou beneficiam de uma ordem fiscal internacional mal estruturada.

Naturalmente que a aceleração tecnológica dos últimos anos, a par com a globalização, veio trazer questões novas que se prendem com a erosão da base tributável e ameaçam o financiamento dos Estados.

Vito Tanzi, um dos mais importantes economistas e fiscalistas da segunda metade do século XX e das primeiras décadas do século XXI, professor honorário da Faculdade de Direito de Lisboa, trabalha há vinte anos um conceito extremamente importante – as térmitas fiscais – sobre o qual escreveu em 2018 um excelente livro[2].

Trata-se de proceder ao levantamento de um conjunto de factores que estão a provocar a erosão da base tributável nos estados, impossibilitando-os de garantir o pacto social.

Sinteticamente são eles o comércio a as trasacções electrónicas, a moeda electrónica, os custos de transferência dentro do mesmo grupo, associados a sub e sobre facturações, os paraísos fiscais, os derivados e *hedge funds* e as compras no estrangeiro.

As várias tentativas de por cobro à evasão fiscal têm conhecido um muito escasso sucesso. Vivemos uma união europeia onde não há união fiscal e há um concorrência fiscal *beggar thy neighbourg* e, a nível mundial, a evasão fiscal atinge números brutais, como vem sendo denunciado por autores como Thomas Picketty ou Gabriel Zuckman

Zuckman calcula que da inteira riqueza do Mundo estimada em US$95.5 triliões in 2014, 8 per cent, ou seja, $7.6tn, está guardada em países fiscais, o que significa que se perdem $200 billiões em impostos.

O cálculo de Zuckerman é um dos mais conservadores, mas deixa a angústia de saber o que se poderia fazer com esse dinheiro: cobrar menos impostos? Ter um estado melhor?

Uma coisa parece-me certa a cidadania fiscal seria bem mais fácil.

[2] *Termites of the State*, Cambridge University Press.

Interrelações entre Cidadania e Fiscalidade. Cidadania e Educação Fiscal em Contexto Democrático

António Carlos dos Santos*[1]

1. De que falamos quando falamos de cidadania fiscal? Que relação tem existido, ao longo dos tempos, entre cidadania e fiscalidade? E qual a relação da cidadania fiscal com a cultura fiscal, com a consciência fiscal, com a educação fiscal ou o combate à iliteracia fiscal? Este é o objeto da presente artigo.

A noção de cidadania está historicamente vinculada a um estatuto (*status*) de pertença a uma comunidade política organizada que possui uma certa vivência permanente e identidade em comum.

Neste sentido, esta noção tem raízes antigas. Mas, ao longo da história, têm existido diversos entendimentos do que significa cidadania, a partir essencialmente de dois vetores: a) o *conteúdo do estatuto de cidadão* (o peso

* Docente do IDEFF, Investigador do Projecto de investigação científica ECF.

[1] Licenciado em Direito (Universidade de Coimbra) e em Ciência Político-Sociais (ISCSP, Lisboa). Mestre em Ciências Jurídico-Comunitárias (UCP, Lisboa). Doutor em Direito (Universidade de Lovaina-a-Nova, Bélgica). Professor associado, docente e membro do IDEFF/FDL, investigador do SOCIUS/ISEG e do Centro *Ratio Legis*/UAL, árbitro do CAAD em matérias tributárias. Este artigo tem por base uma comunicação apresentada e difundida, respetivamente, a 12 de setembro e a 9 de outubro de 2018, nas cidades de Luanda e do Mindelo, retomando e aprofundando anteriores textos e intervenções, a maioria dos quais disponíveis na página da internet antoniocarlosdossantos.com.

relativo de direitos e deveres ou obrigações; o acentuar das dimensões política, jurídica ou ética da cidadania); b) o tipo de comunidade política em questão (polis grega, império, cidades-estado, Estado moderno, comunidade humana) e de regime em que essa comunidade se organiza.

2. Esquematizando, de forma necessariamente simplificadora, podem detetar-se tendências de evolução na noção de cidadania. Num sentido mais político, a noção de cidadania remonta à *polis* da Grécia clássica, tendo por modelo a democracia ateniense do tempo de Péricles (século V a.C.). O conceito não abrangia os estrangeiros (metecos), os escravos e as mulheres e crianças (umas e outras cingidas ao espaço privado da *óikos*), antes se restringia aos habitantes da *polis*, os filhos de pai e mãe atenienses dotados de direitos e obrigações que integravam a comunidade política e participavam no autogoverno da cidade. Embora em Atenas se reconhecesse a liberdade individual dos cidadãos, esta era vista como sendo menos importante do que a participação na esfera pública (a chamada liberdade dos antigos). Aristóteles (384-322 a.C.), um defensor da aristocracia, defendia que os governantes deveriam ser simultaneamente bons cidadãos e homens de bem. O ideal seria a coexistência no governante das condições de bom cidadão (*status* político) e de homem de bem (*status* ético). A virtude central de quem governa ou decide era a prudência, virtude que deveria ser cultivada. Afirmava também o estagirita que não pode mandar bem quem não tenha obedecido. Já aos governados (os cidadãos comuns) bastaria serem bons cidadãos e buscarem a verdade. Em qualquer caso, como ninguém nasce virtuoso, para Aristóteles, era central o papel da educação pública (*paideia*) na formação do caráter do bom cidadão e do homem de bem.

Assim, a noção da cidadania tem na Grécia antiga um conteúdo essencialmente político e ético. Mas este conteúdo não incluía a cidadania fiscal, pois mau grado o elevado volume das despesas efetuadas pelo estado ateniense, o sistema de receitas poupava, em condições normais, os respetivos cidadãos ao pagamento de impostos (Santos, J.A., 2003, p. 32). Os impostos exprimiam uma pura relação de poder.

3. Em Roma, a noção de cidadania assume um cunho mais jurídico do que político, designando um estatuto definido por lei (*juris societas*), que abrange as noções de liberdade (*libertas*) vista como proteção contra a dominação de terceiros e de acesso à justiça (*jus*), ou seja, em termos

modernos, de igualdade perante a lei. No fundo, cidadão era o filho de romanos que se encontrava protegido pelo Direito Romano, disfrutando por isso de certos privilégios e estando submetido a certas obrigações. Na República (509 aC- 44 aC), caracterizada por um governo chefiado por dois cônsules eleitos anualmente pelos cidadãos e aconselhados pelo senado, a cidadania enfatizava as obrigações e a obediência à lei, sendo compatível com privilégios políticos de base elitista (Fierro, 2017, p. 68). Nos cerca de 500 anos seguintes em que durou o Império Romano, a cidadania foi estendida por Caracala a todos os habitantes do Império considerados livres. A exemplo de Aristóteles, um dos maiores pensadores romanos, Cícero (106 a.C.- 43 a.C.) enfatizava a relação entre cidadania e virtudes cívicas. No entanto, também em Roma não tinha sentido falar de cidadania fiscal, uma vez que "o encargo dos impostos incidia, predominantemente, sobre os habitantes das províncias conquistadas, o que permitia aos cidadãos romanos beneficiarem de uma fiscalidade mínima" . Ser sujeito de um imposto direto simbolizava, aliás, uma desonra incompatível com o ideal de um cidadão livre" (Santos, J. A., 2003, pp. 32 e 48-49). Também em Roma os impostos traduziam uma simples relação de poder.

4. Durante o longo período da história da Europa conhecido por *Idade Média* iniciado com a queda do Império Romano do Ocidente (séculos V a XV) podemos observar várias tendências, todas no sentido de perda de importância da noção de cidadania.

O *feudalismo* carateriza-se pelo desmembramento do poder e da propriedade com inexistência de um verdadeiro centro político, onde a figura do rei não passa de um *primus inter pares*. Neste contexto, a noção de cidadania é substituída pela contraposição entre suserano e vassalos. Do mesmo modo, o imposto, como receita pública que alimenta os cofres do poder político, torna-se secundário. O rei não recorre aos impostos salvo em situações de emergência nacional. Cresce a resistência ao lançamento de impostos, bem documentada no Édito de Paris (614)[2]. Alguns séculos depois, com a Magna Carta (1215), desponta o princípio do autoconsentimento

[2] O Édito de Paris, proclamado no tempo do rei merovíngio Clotário II, além de ter concedido aos bispos alguns privilégios fiscais, estabeleceu a possibilidade de investigar e abolir novos tributos que tenham sido dolosamente introduzidos (Santos, J.A, 2014, p. 94).

da tributação, não pelos cidadãos ou pelo povo, mas pelos estratos nobres e possidentes[3].

Um outro aspeto a considerar é o da predominância da *esfera religiosa*. A Igreja transcendia as fronteiras das ordens políticas territoriais. A nova fronteira passava a ser ente fiéis e infiéis, entre crentes e não-crentes, clivagem central na ação da Inquisição. Neste contexto, a noção de cidadania ligava-se mais a privilégios dos diversos estamentos, nomeadamente do clero e da nobreza. Como refere SANTOS, J.A. (2003, p.71) "Só a Igreja assegura, pela arrecadação da dízima, uma espécie de parafiscalidade de ordem nacional". Por outro lado, ainda que de modo limitado, a comunhão com o sagrado, sendo a-territorial, antecipava o tema (hoje atual) da chamada cidadania cosmopolita.

Entretanto, a partir do século XI, com o incremento do comércio, ganha expressão a *economia urbana* e com ela a noção de *burguês*, o habitante dos burgo dedicado ao comércio, à troca mercantil, à construção, à usura e ao lucro, testemunho da importância crescente da dimensão económica sobre as restantes esferas da vida social. Surge então a fiscalidade local. Mas é sobretudo com as cidades-estado italianas do Renascimento (séculos XV e XVI) que surgem importantes traços da fiscalidade moderna, mormente da fiscalidade indireta, ainda que tais impostos não obedeçam aos princípios hodiernos da generalidade e da igualdade. É então que "o súbdito tende a transformar-se em contribuinte" (SANTOS, J.A., 2003, p. 88). O relançamento da noção de cidadania dá-se como um *status* essencialmente ligado a certas condições sociais e ao pagamento de impostos.

Diferente é a situação do *Estado absoluto*, uma forma de Estado patrimonial em que o poder político se concentra nas mãos do monarca absoluto, considerado por uns como um estado de transição para o capitalismo e por outros como o primeiro estado capitalista. Aqui a noção de cidadão é substituída pela de súbdito, visto como alguém desprovido de direitos. O que não impede que, na ausência de direitos, não exista pela negativa uma certa forma de igualdade (Hobbes).

[3] A Magna Carta foi proclamada em Londres, cidade sob domínio protestante, dando expressão à revolta dos barões que forçaram o Rei João Sem-Terra a conter uma política tributária baseada na alta de impostos para financiar a guerra contra a França. Este documento determinava que os poderes dos reis ingleses fossem limitados e garantia que os impostos só fossem aumentados mediante nova lei, aprovada por um conselho formado por nobres.

5. É, pois, necessário esperarmos pelos filósofos do *Iluminismo* e pelas *Revoluções burguesas*, em particular a americana e a francesa, para que saltasse de novo para a ribalta uma perspetiva política da cidadania, ainda que com caraterísticas bem mais restritivas do que as de hoje. Assim ocorre com a Declaração de Independência dos Estados Unidos da América, a Declaração de Direitos de Virgínia (1776), em que a proclamação solene de direitos não se estendia aos escravos e às mulheres[4]. Ou com a Declaração de Direitos do Homem e do Cidadão (1789) [5]onde, apesar da República Francesa ter entronizado os valores da liberdade, igualdade e fraternidade como virtudes supremas e de a Convenção (1793) ter proibido as palavras *madame* e *monsieur*, substituindo-as por cidadãos e cidadãs, foi consagrada na lei a distinção entre cidadãos *ativos* (a elite que elegia e podia ser eleita, que possuía bens e pagava impostos) e cidadãos *passivos*, constituindo estes a maioria da população (em 1791, cerca de 84%). Deste modo, a realidade contradizia a retórica das Declarações de Direitos: nos EUA continuou a florescer a escravatura e, mais tarde, após a guerra civil e a formal alforria dos escravos, persistiu um estatuto de menoridade política e social das comunidades negras e índias e das próprias mulheres brancas; na França, a democracia, restringida pelos sufrágios censitário e capacitário, deixava de fora a maioria da população, desprovida de qualquer influência política por via legal. Já em Tocqueville, aliás, era visível uma enorme desconfiança perante o papel das massas populares, em especial dos mais pobres. Como refere Machpherson (1978, p. 17), "a principal tradição ocidental até aos séculos XVIII e XIX era não-democrática ou antidemocrática".

6. Desde os primórdios, afirma-se uma certa tensão (alguns dirão mesmo, incompatibilidade) entre democracia e liberalismo (não apenas

[4] O princípio *no taxation without representation* é enunciado no art. VI do seguinte modo: "Que as eleições de representantes do povo em assembleia devem ser livres, e que todos os homens que deem provas suficientes de interesse permanente pela comunidade, e de vinculação com esta, tenham o direito de sufrágio e *não possam ser submetidos à tributação* nem privados de sua propriedade por razões de utilidade pública *sem seu consentimento*, ou o de seus representantes assim eleitos, nem estejam obrigados por lei alguma a que, da mesma forma, não hajam consentido para o bem público".

[5] Eis a redação do art. 14º: "Todos os cidadãos têm *direito de verificar*, por si ou pelos seus representantes, *da necessidade da contribuição pública*, de consenti-la livremente, de observar o seu emprego e de lhe fixar a repartição, a coleta, a cobrança e a duração".

o liberalismo económico, mas igualmente o político)[6]. O Estado liberal visava sobretudo a proteção do direito de propriedade, o primeiro dos direitos civis, um direito considerado natural, anterior à organização política (à Constituição) do Estado, contra a maioria dos não proprietários. O Governo do Estado liberal fundava-se num universo restrito, assente no voto de reduzidas parcelas da população. O Estado liberal não nasceu assim como Estado democrático, mas como Estado elitista. A democracia, mesmo na sua faceta representativa, não é um derivado lógico do liberalismo, mas um produto de múltiplas lutas sociais e políticas. E, como tal, é algo de frágil, nunca plenamente conseguido e, menos ainda, garantido. Procurou-se superar a tensão entre liberalismo e democracia mediante a construção da *democracia liberal*, ajustando uma estrutura democrática a uma ordem económica capitalista e a uma sociedade dividida em classes. Tal tensão contudo nunca foi superada, embora tenha sido apaziguada, nomeadamente, com a introdução de limites à soberania popular e de modos de regulação da democracia através dos sufrágios restritos e da noção de Estado de Direito e, mais tarde, da criação de autoridades administrativas independentes que colocam sectores e atividades económicas fundamentais à margem da decisão democrática. Hoje, o frágil compromisso existente assenta na noção de Estado constitucional e no primado jurídico (nem sempre efetivo) da Constituição.

A tradição liberal clássica privilegiava a afirmação da liberdade individual, vista como não ingerência dos poderes públicos (liberdade dos modernos ou liberdade negativa), ao mesmo tempo que desvalorizava a liberdade dos antigos (a liberdade positiva, centrada na participação na esfera política), ou seja, defendia o primado da autonomia individual sobre a autodeterminação coletiva. Simultaneamente, exaltava os direitos, em especial os civis, incluindo o direito de propriedade entendido como um direito natural inerente à personalidade e anterior à esfera pública, sobre os deveres, responsabilidades ou obrigações que se cingiam ao cumpri-

[6] A literatura sobre o tema é muito vasta. Retenhamos, a título de exemplo, três autores com distintas perspetivas, todos, porém, dando conta do mal-estar da relação entre democracia e capitalismo: no contexto da recente crise, Posner, Richard A. (2010), *The Crisis of Capitalist Democracy*, Harvard: President and Fellows of Harvard College; anteriormente, Sapir, Jaques (2002), *Les économistes contre la démocratie. Pouvoir, mondialisation et démocratie*, Paris: Albin Michel, e Bouc, Alain (1981), *Le libéralisme contre la démocratie. Les procédés politiques du capitalisme libéral*, Paris: le Sycomore.

mento das leis, à prestação do serviço militar e ao pagamento de tributos. Estes eram, porém, vistos como uma agressão ao património dos indivíduos, como um mal necessário: daí uma conceção odiosa do imposto, visto como um cerceamento à liberdade individual e não como uma condição de uma sociedade civilizada, com a consequente redução do Estado fiscal a um Estado mínimo. A noção de cidadania orientada para o bem público é, neste quadro mental, alheia à tradição liberal. Sendo a sociedade vista como mero agregado de indivíduos e de interesses individuais, a vida boa é uma questão da esfera privada (família, amizades, vizinhança, trabalho e esfera produtiva). Sobretudo a partir de SCHUMPETER[7], que via no Estado um parasita da economia privada, a democracia tenderá a ser vista como um método, como um procedimento de escolha de governantes entre candidatos em competição ou entre empresas partidárias em concorrência, deixando de lado a ideia (substantiva, material) de democracia como "uma autêntica condição social, como um *status* social que coloque o povo, isto é, todos, em situação de participar igualmente no governo da comunidade" (CERRONI, 1972, p. 183). A participação política é aqui secundarizada, sendo mesmo criticado o seu excesso. A apatia política passa a ser valorizada como sinal de que tudo corre normalmente e de que é positivo que os cidadãos desocupem o espaço público, preocupando-se essencialmente com a vida privada. O cidadão tende a ser submergido pelo consumidor económico ou político.

7. O liberalismo clássico desvalorizava pois a participação cívica, pondo o acento tónico na autonomia individual, na liberdade dos indivíduos sem restrições (ou sujeita a um mínimo de restrições). Esta liberdade abrangia essencialmente a esfera pessoal (civil), laboral e empresarial (livre iniciativa económica, desvinculada de pretensões éticas, como se deduz da célebre

[7] Em 1942, SCHUMPETER (*Capitalismo, Socialismo e Democracia*, Rio de Janeiro: Zahar Editores, 1961.pp. 304-5),configura a democracia não como um fim em si mesma, mas sim como um método para tomada de decisões. Baseado numa analogia com o mercado (*mercado político*), ela cinge-se à livre concorrência pelo voto dos eleitores. A resultado similar chega POPPER (*The Open Society and its Enemies*, 1945): ao desligar a democracia da noção de soberania popular, vai defini-la por via negativa, como simples mecanismo que possibilita a destituição dos governos. A este modelo é usual contrapor-se a fórmula de LINCOLN ("governo do povo, pelo povo e para o povo"). Esta fórmula confronta-se, porém, com a dificuldade de identificar o que se entende por povo.

fábula das abelhas de Mandeville)[8]. Os deveres e as obrigações para com a comunidade política eram vistos como coerções e potencialmente danosos para a liberdade. Desde Benjamin Constant (1849)[9], passando por Isaiah Berlin[10], o liberalismo afirmava a primazia (se não o exclusivismo) da chamada liberdade dos modernos (liberdade negativa, não interferência) contra a liberdade dos antigos (liberdade positiva, centrada na participação cívica e na autodeterminação coletiva). Esta última liberdade entendida como não dominação era mesmo considerada perigosa.

O liberalismo clássico afastava-se assim das conceções da política e da governação que tinham por objeto o bem comum e a busca do interesse geral, noções que lhe são estranhas. A virtude cívica, necessariamente ancorada nos textos constitucionais, não integrava o leque dos valores do homem liberal. Neste quadro, a noção liberal de cidadania é pobre e limitada. O egoísmo como fonte de virtudes públicas prolonga-se, no plano epistémico, pelo individualismo metodológico. No limite, como recentemente afirmava Margaret Tatcher, a sociedade não existe, o que existe são indivíduos e famílias. A construção de uma esfera económica distinta das demais surge desvinculada de valores éticos, como esfera "supostamente livre do peso de ter de se justificar moralmente". Nesta esfera, "as pessoas podem falar sem constrangimentos sobre os seus interesses pessoais e egoísticos. É "legítimo" se comportar assim na economia, Essa foi uma dura conquista histórica para este campo de atividade contra os limites impostos pela ética religiosa que, por exemplo, proibia expressamente a "usura", a cobrança de juros. Tamanha liberdade de ação e de expressão não se deu de um dia para o outro. Foi necessário o trabalho incansável de incontáveis intelectuais e pensadores que apostaram seu prestígio em defesa dessa liberdade. A busca do lucro e do ganho tem que ser livre, posto que assim ganhamos todos. O "vício" individual gera uma "virtude

[8] A fábula das abelhas narra, num discurso irónico, como os vícios de cada abelha contribuíam para a prosperidade económica de toda a colmeia, constituída por dois grupos, os canalhas assumidos e os dissimulados. Os vícios individuais existentes na colmeia (inveja, avareza, egoísmo. ganância, etc.) traziam algum benefício coletivo. Sem tais vícios, não haveria competição, nem justiça nem avanço tecnológico, nem mesmo circulação económica.

[9] Constant, B. (1997), "De la Liberté des Anciens comparée à celle des Modernes", *Ecrits politiques*, Paris: Gallimard, p.593 e ss.

[10] Berlin, I (2002) "Dois conceitos de liberdade." In: Hardy, H. e Hausheer, R. (orgs.), *Isaiah Berlin: Estudos sobre a Humanidade*, São Paulo: Companhia das Letras, 2002.

coletiva". Como toda a ação humana tem que ser justificada, a transparência extraordinária da atividade económica está vinculada a uma legitimação de segundo grau: ao fim e ao cabo todos nós ganhamos se os negócios e as transações económicas se realizarem usando seu próprio nome, sem se dizer que uma coisa está sendo feita quando na realidade se faz outra muito diferente" (Souza, 2016, p. 21). Só muito mais tarde, temas como a ética nos negócios e a responsabilidade social das empresas penetram o liberalismo económico, não raro com a pretensão de substituir a regulação jurídica democrática por formas de autorregulação neocorporativa.

8. A tradição liberal afirmava o primado dos direitos, em especial dos civis, em detrimento da noção de responsabilidades (deveres, obrigações). Estas eram vistas como cerceamento às liberdades e só admitidas na estrita medida do necessário para o funcionamento da comunidade política. Os deveres admitidos eram essencialmente o de acatar as leis existentes, o de pagar tributos mínimos e o de prestar serviço militar. Só tardiamente, alguns liberais igualitários, como Marshal (1950), preocupados com a questão social, fizeram integrar no elenco dos direitos de cidadania os direitos de natureza social (os direitos de 2ª geração), entre os quais sobressai o direito à educação[11]. Mas, na maioria dos casos, os liberais passaram a encará-los como direitos fracos ou subalternos, dependentes de condicionalismos económicos, como se apenas os direitos sociais tivessem custos.

De facto todos os direitos têm custos. Não apenas os direitos da terceira e da quarta gerações mas os próprios direitos civis e políticos. Circular livremente nas ruas tem custos (segurança, iluminação noturna, etc), exercer direitos políticos em democracia também (votações, financiamento de partidos, definição de sistemas eleitorais, etc), como custos tem o acesso à independência dos Estados pós-coloniais (diplomacia, exército perma-

[11] Marshall analisou o desenvolvimento da cidadania a partir do século XVIII, como desenvolvimento dos *direitos civis*, nascidos no século XVIII, seguidos no século XIX pelos *direitos políticos* (no conjunto, vistos como direitos da 1ª geração) e dos *direitos sociais* (direitos da 2ª geração). A 3ª geração de direitos é mais heterogénea, decorrendo de reivindicações difusas por parte de movimentos e grupos sociais (por exemplo, o respeito por minorias étnicas, pelos direitos da mulher, dos idosos e das crianças, a proteção do meio ambiente ou hoje os relativos aos riscos decorrentes das novas tecnologias). Como refere Gonçalves, M. E. (2001, p. 341), estes direitos têm sido muito influenciados ou mesmo formulados num contexto internacional. A cidadania plena exige, porém, os três tipos de direito.

nente, participação em organizações internacionais, etc.). Ora num Estado não patrimonial estes custos são financiados, em primeiro lugar, por impostos e, complementarmente, por outros tributos, como taxas, contribuições ou empréstimos forçados (compulsórios) ou por receitas provisórias decorrentes da dívida pública. Os Estados modernos são assim essencialmente Estados fiscais, cuja base financeira são os impostos. Na perspetiva liberal dominante, a função reditícia dos impostos deve estar fundamentalmente ao serviço das funções realengas do Estado. Os impostos devem basear-se na justiça comutativa, que via neles a contrapartida devida ao Estado pelos serviços por este assegurados (conceção do *imposto-troca*). Neste contexto, o recurso à noção de cidadania fiscal (a exemplo do que ocorre com a noção de Estado fiscal) é vista, na retórica jurídica do liberalismo, essencialmente como um limite acrescido ao poder de tributar.

9. Esta visão é, porém, questionada por outras tradições de pensamento mesmo no quadro liberal (como o liberalismo igualitário de RAWLS ou de SEN) ou por outras correntes de pensamento reformistas (republicanismo, comunitarismo, etc.)[12]. O mesmo ocorre com as várias tradições do pensamento socialista, mais ou menos críticas da ordem económica capitalista, que denunciam as desigualdades sociais existentes para além da igualdade formal entre os cidadãos, sendo, para este efeito, as mais importantes aquelas que se preocuparam em aprofundar uma teoria do Estado e do Direito que não reduza os fenómenos políticos e jurídicos a meros epifenómenos da economia. Tem existido, aliás, um acentuado desinteresse da generalidade do pensamento socialista revolucionário pela teoria fiscal (CHANEL, 202, p. 67), o qual advém do facto de preconizar o desaparecimento do Estado no comunismo e a coletivização da economia (o Estado patrimonial do capitalismo monopolista de Estado) num período transitório, politicamente configurado como ditadura do proletariado, como oposição à ditadura da burguesia existente. Deste modo, o imposto ora era visto como uma técnica de expropriação, ora como um instrumento transitório, a exemplo do que ocorreu, em 1921, com a Nova Política Económica em que, num contexto de liberdade de comércio na circulação económica local, o imposto representava "um modo de elevar as forças produtivas do campesinato,

[12] Para uma primeira aproximação a estes paradigmas, vide a coletânea organizada por ROSAS, J. Cardoso (2008), *Manual de Filosofia Política*, Coimbra: Almedina.

substituindo as requisições pelo imposto em espécie"(LENINE, 1921)[13]. Mais tarde, porém, com a introdução do cálculo económico nas empresas estatais dos Estados coletivistas, a tributação assumiu uma outra importância, passando a técnica fiscal, através de um imposto sobre as empresas, a substituir a entrega direta de lucros dessas empresas ao orçamento a qual constituía uma receita patrimonial (não tributária).

Hoje é visível que, de um modo ou de outro, todas estes distintos e conflituais ideários confluíram na revalorização da participação política (democracia participativa, democracia deliberativa) e da educação cívica, da afirmação da importância dos deveres e obrigações dos cidadãos, incluindo os de natureza tributária, e, muito em particular, da defesa da imprescindibilidade da criação de condições económicas, sociais, culturais e éticas para o exercício ativo da cidadania. Sem essas condições, o estatuto de cidadão será incompleto e frágil, não existirá verdadeira coesão social, nem haverá antídotos à anomia e disrupção sociais manifestas ou latentes.

10. Aqui chegados, é tempo de nos interrogarmos sobre a relação entre cidadania e fiscalidade hoje expressa na noção de *cidadania fiscal*[14]. A expressão é curiosa, pois pressupõe estarmos perante um conceito dinâmico e amplo, o de cidadania, divisível em várias vertentes, como a cidadania ambiental ou a cidadania cultural, todas apelando para a exigência de formação cívica ou de educação para o exercício da própria cidadania. Assim, por exemplo, a expressão "cidadania ambiental" liga-se à promoção do exercício de boas práticas e à participação pública, individual e coletiva para as questões do ambiente e do desenvolvimento sustentável, através da conceção e desenvolvimento de estratégias de informação e comunicação, assim como de educação e formação, com recurso aos canais e aos meios considerados mais adequados, levando em consideração as exigên-

[13] E o mesmo autor (*ibidem*) prossegue: "O imposto em espécie é uma das formas de transição dum «comunismo de guerra» peculiar, imposto pela extrema miséria, pela ruína e pela guerra, para uma troca socialista regular de produtos. E esta última é, por sua vez, uma das formas de transição do socialismo, com as particularidades originadas pelo predomínio do pequeno campesinato entre a população, para o comunismo".

[14] NABAIS, J. C. (2005, p. 58) define-a como "a qualidade dos indivíduos que, enquanto membros ativos e passivos de um estado-nação, são titulares ou destinatários de um determinado número de direitos e deveres universais e, por conseguinte, detentores de um específico nível de igualdade".

cias da sociedade de informação e da formação ao longo da vida. Estamos perante uma noção que transcende assim os tradicionais planos económico e jurídico.

De facto, no *plano económico e financeiro*, a fiscalidade costuma recorrer sobretudo à noção de *contribuinte* enquanto, no plano jurídico, sobressai a de *sujeito passivo*, por vezes, sendo usadas indistintamente as duas expressões.

Contribuinte é um termo com origens na tradição liberal. Em França, em 1811, foi publicado o *Code des Contributions* que positivou a atual distinção entre impostos diretos e indiretos (Zilveti, 2017, p. 225). Em Portugal o termo esteve presente na designação de alguns tributos (v.g., Contribuição Industrial, Contribuição Autárquica), bem como do própria administração fiscal (Direção-Geral das Contribuições e Impostos). Apelar para a noção de contribuição (*apporter sa part*; *répartir entre les tribus*), transmite a ideia ou a sensação de uma participação financeira livremente consentida. A qualidade de contribuinte voluntário era, tal como a de mecenas, vista como uma honra e não como um castigo. Hoje a noção de contribuição, em alguns casos, tende a ser reservada para certos tributos tradicionais (as contribuições especiais) ou para uma nova espécie de tributos (as contribuições financeiras). No geral, porém, no século XX, a noção de contribuição foi. no plano jurídico, substituída pela de imposto com as caraterísticas de prestação coativa unilateral (sem contrapartida imediata) e definitiva destinada ao financiamento geral – e não específico – das despesas do Estado, com expressão na regra financeira da não consignação das receitas[15].

Atualmente a noção de contribuinte ora ganha uma *conotação política* – aquele que, por sustentar o orçamento do Estado, pagando os seus impostos, goza de direitos sobre a forma de arrecadação dos impostos e de controlo sobre a despesa pública –, ora se aproxima de um *sentido jurídico*, distinguindo-se então entre contribuinte indireto ou direto, ou noutra formulação, entre contribuinte de facto (real) e de direito, sendo o primeiro aquele que, em virtude da repercussão suporta economicamente o imposto e o segundo aquele a pessoa em relação à qual se verifica o pressuposto de facto do imposto (Nabais, 2017, p. 248).

No *plano jurídico*, a partir da estruturação da relação entre fisco e contribuintes com base na técnica da relação jurídica em detrimento da relação

[15] Sobre a evolução etimológica do termo, vide Agron (2000), p. 224 e ss.

administrativa, configurada como relação de poder, vai ganhar terreno, para designar o lugar do submetido a imposto, daquele sobre quem recai a obrigação tributária, a noção de sujeito passivo, tendencialmente em posição de igualdade com a do sujeito ativo ou credor de imposto[16]. Como é fácil de ver, as noções de sujeito passivo e de contribuinte não coincidem com a de cidadão. Embora, de uma forma ou de outra, todos os cidadãos sejam contribuintes (mas não necessariamente sujeitos passivos), há obviamente contribuintes e sujeitos passivos de imposto que não são cidadãos, como é o caso das pessoas coletivas, em particular de certos entes de facto, das empresas (embora se possa afirmar que quase sempre a tributação recairá, em última instância, sobre indivíduos) e dos estrangeiros residentes no território de uma comunidade política que, sendo cidadãos de outros Estados, podem, no Estado de residência, ser tributados enquanto trabalhadores, profissionais liberais ou empresariais, importadores ou consumidores. Ou, como atualmente ocorre em Portugal, usufruírem de benefícios fiscais, quando se apresentem na qualidade de residentes não habituais. Tal facto não impede, porém, que a maioria dos contribuintes (e dos sujeitos passivos) seja constituída por cidadãos nacionais e que a maioria dos cidadãos nacionais seja constituída por efetivos contribuintes, nem que seja por via da tributação indireta, à qual, como lembrava BALEEIRO, nem os mendigos escapam.

11. Decorre de tudo o que foi dito que a noção de cidadania fiscal é, antes de tudo, uma noção essencialmente política. Ela liga-se às noções de poder constituinte e de soberania popular, sendo a sua principal função a de contribuir para o reforço da legitimação do imposto. Ela é igualmente uma noção ética que visa reforçar comportamentos cívicos em sede de tributação, não só para o cumprimento do dever fundamental de pagar impostos, mas também para o dever das administrações tributárias reconhecerem os direitos e garantias inerentes ao estatuto de contribuinte.

A necessidade de novas formas de legitimação do imposto decorre do facto de a legitimação parlamentar ter deixado de ser suficiente, uma vez que o Estado pós-liberal dissociou Parlamento e Razão. O princípio da não

[16] A situação é mais complexa se tivermos em conta o elenco das obrigações acessórias ou deveres instrumentais existentes, cuja observação se traduz em custos de cumprimento. Sobre o tema, LOPES, C. M. (2008).

existência da tributação sem representação esgota-se frequentemente em simples autorizações legislativas aos executivos, verdadeiros detentores de facto do poder de tributar, quando não às próprias administrações tributárias, cujo papel na formulação de propostas legislativas ou no controlo das propostas de outros se tornou fulcral. Tornam-se então necessárias novas formas de legitimação, como o recurso à concertação social, a pactos de regime sobre impostos, à democratização do sistema de relações fiscais (que envolve, por exemplo, ordens profissionais, representantes dos contribuintes, associações empresariais e sindicais) ou a aposta na educação para a cidadania fiscal que, em rigor, se refere mais a uma cidadania financeira do que estritamente fiscal[17].

12. De facto, os impostos modernos (*rectius*: os modernos sistemas de impostos) estão ligados, no plano organizativo e funcional, à emergência dessa notável construção feita por legistas, contadores e estatísticos que é o Estado fiscal. A sua existência como entidade relativamente separada da sociedade pressupõe uma aparelho burocrático e administrativo permanente, inclusive militar, recursos humanos e organizacionais constantes e contínuos e, consequentemente, meios de financiamento regulares e sustentáveis, sob a forma de impostos, surgidos agora sob a forma de sistemas fiscais ou mais genericamente, tributários. Não se vislumbrando na época contemporânea o fim do Estado (embora os ideários anarquistas, comunistas e, curiosamente, também os neoliberais o antecipem e a chamada globalização, mormente financeira, restrinja os seus poderes), nem tão pouco o regresso a uma coletivização da atividade económica e empresarial (que, quando prosseguida, raramente tendeu a ser completa), continua a pôr-se a questão do financiamento da máquina estatal.

A fiscalidade moderna nasceu como uma técnica liberal de financiamento do sector público, de transferência de recursos dos setores não públicos para o setor público, mediante uma extração coativa de excedentes monetários. Esta técnica mostrou-se, porém, suficientemente dúctil, quer para poder aplicar-se no quadro dos Estados patrimoniais coletivistas que disponham de um importante sector público produtivo a funcionar em regime de cálculo económico ou em que a coletivização não fosse total,

[17] Provável tradução do inglês *fiscal education* que, em rigor, significa educação financeira.

quer para prosseguir, no quadro do Estado fiscal, fins extrafinanceiros, superando os limites ideológicos do liberalismo clássico.

À tradicional conceção liberal do imposto-troca e crítica do imposto-coerção veio contrapor-se a perspetiva do *imposto solidário*, centrado na busca de uma estratégia de justiça redistributiva. Os modernos impostos passam a ser vistos como o preço de uma sociedade civilizada (Holmes). Configuram-se como sistema (sistema jurídico tributário, no plano normativo, sistema de relações fiscais, no plano sociológico, sistema reditício e intervencionista, no plano económico e financeiro), como parte do sistema social global e, muito em particular, do sistema político-administrativo. Os impostos modernos exigem máquinas administrativas poderosas, que hoje assentam em avançadas tecnologias de informação e comunicação.

13. Em geral, existe, desde o liberalismo, uma relação umbilical entre cidadania e Estado-Nação. Como escreve um autor "A cidadania implica um conjunto de direitos, que asseguram o vínculo formal à comunidade política, constituída com base no Estado-Nação" (Avendaño, 2017, p. 355). Ou como clarifica um outro "A personificação da Nação traduz-se nomeadamente em matéria fiscal pela conceção da "nação-contribuinte" (Chanel, 2002, p. 55). A construção da cidadania nos Estados fiscais modernos tem vindo assim a ser construída a par com o estatuto de contribuinte.

Muitos autores tendem hoje, porém, a desvincular a cidadania do Estado-Nação, idealizando cidadanias supranacionais ou transnacionais, um patriotismo constitucional (*Verfassungspatriotismus*, Habermas)[18] ou, no limite, uma cidadania cosmopolita. No caso da União Europeia tem-se, até agora, procurado construir uma cidadania europeia desligada de um estatuto europeu de contribuinte (Santos, A.C., 2014). Se no plano puramente jurídico a construção de uma cidadania europeia parece possível ainda que no quadro de uma cidadania limitada ou de segundo grau, mais difícil é aceitar essa separação de estatutos no plano político, caraterizado, na expressão de Gonçalves (2002, p. 344), por um "défice de cidadania", sendo, provavelmente, esta uma das razões da frequente quebra de solidariedade entre Estados membros.

[18] Sobre o tema, cfr. Catroga, Fernando (2008), "Os dilemas do "patriotismo constitucional" de Habermas", *Revista Brasileira de Direito Comparado*, nº 34, pp. 27-46.

Segundo estas correntes, o declínio do Estado-Nação, fruto fundamentalmente da chamada globalização, deslocava a questão do poder, até há pouco, centrado nos Estados para novos atores das relações internacionais (organizações regionais de natureza supranacional, instituições internacionais, organizações não governamentais e mesmo empresas transnacionais estruturadas em rede). A desmaterialização das operações tributáveis e a porosidade das fronteiras nacionais, potenciada pela liberdade de circulação de capitais, tornam vulnerável o território nacional, espaço privilegiado de aplicação do direito fiscal interno. A perda de eficácia das ordens jurídicas tributárias nacionais baseadas num principio de territorialidade possibilitou uma erosão das bases tributárias, fenómeno identificado há quase duas décadas com a conhecida metáfora das térmites fiscais (Tanzi, 2000)[19]. Tudo isto tem sido acompanhado pela disseminação de ideologias defensoras da liberdade e expansão dos mercados sem limites e da contração da ação pública na economia (Hayek, Friedman, entre outros), hoje em merecido refluxo dada a sua inaptidão para preverem e debelarem a violenta crise de 2007.

A conjunção destes fenómenos pôs em causa o modelo de tributação saído do pós 2ª Guerra. Um paradigma alternativo, de cunho neoliberal, tem-se vindo a consolidar, baseado, entre outras coisas, no princípio da neutralidade dos impostos, no primado da equidade horizontal, na desvalorização dos princípios da capacidade contributiva e da progressividade dos impostos, no crescente recurso à fiscalidade indireta, na proliferação das formas de tributação-troca (essencialmente, taxas e contribuições financeiras), na promoção da concorrência fiscal em nome da competitividade entre jurisdições, na ausência de iniciativas políticas consistentes para combater formas sofisticadas de planeamento fiscal ilícito, daí resultando uma tolerância em relação a este fenómeno, etc..

[19] Segundo Tanzi, Vito (2000), *Globalization, Technological Developments, and the Work of Fiscal Termites*, IMF Working Paper, WP/00/181. Exemplos de térmites fiscais são, segundo este autor, o comércio eletrónico, as transações eletrónicas virtuais sem registos, o uso de dinheiro eletrónico e de pagamentos pela *internet* sem rasto contabilístico, a facilidade de colocação de poupanças no exterior, a crescente mobilidade dos agentes económicos, a dificuldade de tributação dos fatores móveis de produção, em especial o capital financeiro, a arbitragem na determinação dos preços de cessão internos. Sobre o tema, vide igualmente Santos, A.C. (2010). Recentemente, Tanzi (2018) alarga o sentido da metáfora, distinguindo entre "térmites do Estado" e "térmites do mercado" (*Termites of the State. Why Complexity Leads to Inequality*, Cambridge University Press, pp. 119-120)

14. Será, porém, manifestamente exagerado falar da morte do Estado-Nação, único espaço onde, até hoje, existe a formação de uma memória coletiva e de uma identidade de grupo. O Estado permanece o sustentáculo da democracia e das políticas públicas de proteção dos cidadãos, sendo no seu território que se gera a maioria das fontes de financiamento disponíveis para tal.

Nos Estados democráticos de direito, a fiscalidade continua a ser formalmente definida, em primeira linha, pelos parlamentos e é usada não apenas como forma de financiamento do aparelho burocrático-institucional, mas também, em maior ou menor grau, como forma de financiamento das funções sociais do Estado. No entanto, o recurso à punção fiscal tem limites, uns definidos pela Constituição e pela lei ou pela ação dos tribunais, outros decorrentes da própria dinâmica económica, política, social e ideológica. Nos Estados que integram a União Europeia, em particular a área do euro, a fiscalidade tem ainda limites decorrentes de tratados e atos comunitários. Acresce a existência de regras internacionais (as regras vinculativas do Tratado Orçamental e, noutro plano, da Organização Mundial do Comércio (OMC, ex-GATT) mas também as regras não vinculativas da OCDE ou os princípios gerais de direito internacional fiscal com origem nesta organização) e de dinâmicas competitivas vigentes no espaço internacional (concorrência fiscal, muitas vezes um novo nome para o *dumping* fiscal). Há limitações de facto, políticas ou mesmo jurídicas, à obtenção das receitas necessárias ao financiamento da organização e funcionamento do Estado, cujo aparelho, aliás, não tem fronteiras totalmente claras e definidas. Onde começa e acaba o Estado (instituição que, como diz Burdeau, nunca ninguém viu) é questão que não recebe nas ordens jurídicas internas uma resposta uniforme[20].

Embora hoje se assista a movimentos internacionais que exigem a resolução de problemas que transcendem as fronteiras nacionais (como a questão ecológica, a evasão fiscal ou o branqueamento de capitais), tem sido (e assim continua a ser) no quadro do Estado-Nação que, fruto de lutas sociais e políticas, foram estendidos os direitos sociais e aprofundada a própria noção de democracia, condensando-se na ideia de Estado Social constitucional essa evolução. Quiçá por instinto de sobrevivência, os Estados procuram resistir à investida da financeirização neoliberal, mediante uma regulação supranacional da fiscalidade internacional. Se o fazem com

[20] A questão torna-se clara quando se procura delimitar o perímetro do Estado, distinto, v.g., para efeitos de IVA, de consolidação orçamental ou de auxílios públicos.

ou sem êxito, é uma outra questão. O que é facto é que a necessidade de financiamento das funções sociais (e das próprias funções regulatórias), tem levado os Estados a defenderem uma maior cooperação e coordenação entre si, em particular no domínio da troca de informações, e a definir regras de "boa governança fiscal" de que são exemplos paradigmáticos o plano anti-erosão das bases fiscais e deslocalização de lucros (BEPS) coordenado pela OCDE e pelo G20, o surgimento de novos princípios de direito internacional fiscal (como ao da afirmação que a tributação deve ocorrer no lugar de produção do valor) ou, no quadro da União Europeia, a aprovação da diretiva antielisão fiscal[21]. Mas, há que reconhecer que, no plano supranacional, estamos muito longe de assistir ao nascimento de uma ordem política e jurídica que satisfaça, ainda que minimamente, os princípios democráticos e de Estado Social Direito afirmados por muitos Estados nacionais. E menos ainda da construção de uma fiscalidade supranacional ou cosmopolita.

15. A cidadania fiscal (*rectius*: financeira) surge fundamentalmente como conceito político de legitimação da tributação moderna e como conceito ético, havendo ainda um longo e difícil caminho a percorrer para que tenha real expressão jurídica, dependente da extensão dos direitos fundamentais à fiscalidade. Pretende consolidar os direitos dos contribuintes (o seu estatuto), afirmando o direito de participação na elaboração e aprovação do orçamento, não apenas através da eleição dos seus representantes políticos, mas também da possibilidade de interferir, em concreto, no destino dos dinheiros públicos, fazendo propostas como ocorre no âmbito do orçamento participativo [22]. Para além disso, o exercício *ativo* de cidadania fiscal implica o controlo cidadão (para além do controlo institucional) da despesa pública, como um novo instrumento de prestação de contas (*accountability*) (Costa, 2015). Mas a cidadania fiscal impõe igualmente obrigações e responsabilidades ao cidadão (dimensão bilateral), não podendo ser uma relação assimétrica em que, ao gozo e usufruto de direitos, não corresponda a existência de deveres, o primeiro dos quais o cumprimento voluntário das obrigações tributárias, de forma a satisfazer o dever fundamental de pagar impostos como forma de financiar os custos dos direitos civis, políticos e sociais.

[21] Sobre o tema, vide, entre outros, Dourado, A. P. (2017) e Santos, A.C. (2017).

[22] Cfr. Santos, B. S. (2002) e Marques, A. C. (2015).

Dito isto, há que reconhecer que o exercício da cidadania fiscal (em contexto democrático) exige a criação de condições não apenas na esfera financeira, mas sobretudo na esfera política e administrativa.

Com efeito, sendo a fiscalidade também um ato social, o exercício da cidadania fiscal depende muito do nível de *cultura fiscal* e da população, incluindo das ideologias fiscais vigentes (por exemplo: em situações pós-coloniais é comum a ideia de que os impostos são uma herança do colonialismo), do civismo e da moralidade fiscais que podem proporcionar sanções de estigmatização social para comportamentos amorais[23]. E a cultura fiscal reflete-se na *consciência fiscal* dos cidadãos, a maioria dos quais não tem ideia de como é formado e funciona um sistema fiscal, de quais são os seus direitos e deveres, de como relacionar-se com a administração tributária, nem tão pouco da carga fiscal que efetivamente suporta. É que a anestesia fiscal inerente à tributação indireta torna pouco transparente a dimensão dos impostos efetivamente suportados. Sem esquecer que a carga tributária (abrangendo taxas e contribuições) é superior à da carga fiscal e não nos é fornecida por indicadores como o nível de fiscalidade[24]. Ora a perceção de uma realidade (mesmo falsa) integra a própria realidade e tem sobre ela importantes consequências. A ideia que todos fogem ao fisco pode ser errónea, mas provoca irreprimíveis efeitos de imitação.

É aqui que entra a *educação fiscal*[25], a educação para uma cidadania fiscal, vista, não como doutrinação do fisco ou como mera formação técnica, mas como processo permanente e persistente de fluxo de informações, através dos mais variados meios, instrumentos e técnicas e junto das mais diversas instituições (escolas, universidades, associações, os próprios funcionários

[23] Alguns sociólogos referem a importância de fatores políticos (a perceção do Estado, visto pelos contribuintes como *nós* ou como *eles*) e religiosos (as diferenças entre a confissão católica e protestante) para explicarem a maior propensão para a evasão fiscal dos povos do Sul da Europa perante do Norte. O tema é aflorado, v.g., em FRANK, Max (1998), pp. 9-10.

[24] O nível de fiscalidade ou coeficiente fiscal exprime-se pela relação entre receitas fiscais (incluindo as da segurança social) e um indicador de rendimento nacional, normalmente o PIB a preços de mercado. Vários fatores condicionam este indicador como a amplitude da base de incidência, a tolerabilidade do sistema e da cultura fiscal à evasão e à fraude fiscal, o nível de benefícios concedidos, o grau de ação económica dos poderes públicos, etc. Em qualquer caso, o nível de fiscalidade não abrange toda a tributação e depende do PIB que não é um indicador fiável de desenvolvimento económico (pode crescer por más razões).

[25] Segundo DELGADO (2013, p. 223) a educação fiscal "tem como objetivo transmitir ideias, valores e atitudes favoráveis à responsabilidade fiscal e contrários às condutas defraudadoras".

da administração) que permita a cada cidadão (atual ou futuro) reduzir o desfasamento entre a situação fiscal real (a sua, a dos seus familiares e a dos outros) e a consciência que dela têm, isto é, combater os problemas de *falsa consciência* fiscal dos cidadãos, possibilitando-lhes tomadas de decisão mais racionais.

A educação fiscal assim encarada, não sendo a panaceia da questão fiscal (não substitui, por exemplo, a prevenção e fiscalização tributária), é um elemento importante (decisivo, talvez) para a construção de uma sociedade decente)[26]. Ela exige, porém, um compromisso forte dos poderes legislativo e executivo no sentido de combater as perversidades dos sistemas fiscais, de modo a fortalecer o elo de confiança com os cidadãos. Evitar comportamentos do poder tributário que, por exemplo, aumentem as possibilidades da fraude, da evasão ou mesmo da elisão fiscal, que não combatam a banalização de amnistias ou perdões fiscais ou de complexidade tal que origine fenómenos rentistas (*rent senking*) [27], que mercantilizem as penas, que discriminem arbitrariamente entre contribuintes residentes e não residentes por razões de arrecadação financeira ou que exijam custos de cumprimento desproporcionados que ponham em causa o direito fundamental dos cidadãos à fruição do seu tempo, é essencial para que o processo de educação fiscal não seja visto como mera doutrinação ou ilusão financeira (PUVIANI) para arrecadar mais receitas, para que os cidadãos, ouvindo as preleções de educação fiscal, não sejam tentados a pensar "bem prega Frei Tomás"...[28]

[26] Isto é, segundo MARGALIT, uma sociedade que não humilha os seus membros. Objetivo difícil de conseguir em Estados sem recursos (FERREIRA, E. Paz, 2016, pp. 11 e 145-150). Entre nós, a educação fiscal, como processo planeado de execução permanente, apesar dos esforços desenvolvidos, mormente no período pós-crise de 2007, é um objetivo ainda longe de ser atingido. Nem sequer existe um levantamento exaustivo das experiências (avulsas e ziguezagueantes) afirmadas após o 25 de Abril. Basta recordar, durante os governos provisórios, a campanha da nota de 100 escudos dividida em parcelas, cada uma das quais mostrando o destino dos dinheiros públicos, o programa televisivo "Nós e os Impostos", a banda desenhada do Zé Olhinhos apelando para a vigilância popular contra a evasão fiscal; mais tarde toda a ação de sensibilização e formação dos cidadãos operada aquando da introdução do IVA; os primórdios da campanha "Peça fatura" equacionada não apenas com base em objetivos fiscais, mas também de proteção do consumidor.

[27] Sobre algumas condutas públicas que podem gerar decisões de incumprimento por parte do contribuinte, vide CARVALHO, C. (2013), p. 233 e ss.

[28] Facto tanto mais plausível quanto, no continente americano, candidatos à Presidência não se coibiram, durante a campanha eleitoral, de fazer o elogio da evasão fiscal.

Bibliografia consultada

AGRON, Laure (2000), *Histoire du Vocabulaire Fiscal*, Paris: LGDJ

AVENDAÑO, «Libertad, participación y obligación», in FIERRO, J. (2017), *La ciudadanía y sus límites*, 2ª ed., p Santiago de Chile: Editorial Universitaria

CANOTILHO, J. Gomes (2003), *Direito Constitucional e Teoria da Constituição*, Coimbra: Almedina

CARVALHO, Cristiano (2013), *Teoria da Decisão Tributária*, São Paulo: Saraiva

CATROGA, Fernando (2008), "Os dilemas do "patriotismo constitucional" de Habermas", *Revista Brasileira de Direito Comparado*, nº 34, pp. 27-46

CERRONI, Umberto (1972), *La libertad de los modernos*, Barcelona: Martínez Roca

CHANEL, Emmanuel de Crouy (2002), " La citoyenneté fiscale", in AFD, nº 46, *L'impôt*, Paris: Dalloz, pp. 39-77

COSTA, Paulo N. (2015), «Estado, democracia, impostos e cidadania fiscal», *Revista de Finanças Públicas e Direito Fiscal*, Ano VIII, nº 2, pp. 63-73

DELGADO, M. Luisa (2013), "La educación fiscal como instrumento de lucha contra el fraude y la evasión fiscal", in SANTOS, A. C. & LOPES, C.M, M (2013), *Fiscalidade Outros Olhares*, Porto: Vida Económica, pp. 217-243

DOURADO, Ana Paula (2017), *Governação Fiscal Global*, Coimbra: Almedina

FERREIRA, Eduardo Paz (2016), *Por uma Sociedade Decente*, Queluz: Marcador

FEIJÓ, Rui Graça (2017), *Democracia. Linhagens & configurações de um conceito impuro*, Porto: Afrontamento

FIERRO, Jaime (2017), *La ciudadanía y sus límites*, 2ª ed., Santiago de Chile: Editorial Universitaria

FRANK, Max (1998), "Au-delà des aspects budgétaires de la fraude et de la sous-estimation fiscales", CRISP, *Courrier hebdomadaire*, nº 1620-1621, pp. 3-56

GONÇALVES, M. Eduarda (2001), «Europeização e direitos dos cidadãos», in SANTOS, B.S., *Globalização: Fatalidade ou Utopia?*, Porto: Afrontamento

GRAPPERHAUS, F.H.M. (1998), *Tax Tales From the Second Millennium*, Amsterdam: IBFD

LENINE, V. I. (1921) "Sobre o Imposto em Espécie. O Significado da Nova Política e as Suas Condições", in LENINE (1977), *Obras Escolhidas*, tomo III, Lisboa: Edições Avante, pp. 492-520

LEROY, Marc (2010), *L'impôt, l'État et la société. La sociologie fiscale de la démocratie interventionniste*, Paris: Economica

LOPES, Cidália M. (2008), *Quanto custa pagar Impostos em Portugal? Os custos de cumprimento da tributação do rendimento*, Coimbra: Almedina

MACPHERSON, C. B. (1978), *A Democracia Liberal. Origens e Evolução*, Rio de Janeiro: Zahar

MARQUES, Ana C. Lino, (2105) "As Finanças Públicas e a Cidadania e a Educação Fiscal" . *Revista de Finanças Públicas e Direito Fiscal*, Ano VIII, nº2, pp. 49-62

MARQUES, Paulo (2011), *Elogio do Imposto. A Relação do Estado com os Contribuintes*, Coimbra: Coimbra Editora

MARSHALL, Thomas H. (1950), *Citizenship and social class and other essays*. Cambridge: CUP. (há tradução castelhana (1998), *Ciudadanía y clase social*, Madrid: Alianza Editorial)

NABAIS, J. Casalta (2017), *Direito Fiscal*, Coimbra: Almedina

NABAIS, J. Casalta (2006), "Solidariedade social, cidadania e direito fiscal", *Estudos jurídicos e económicos em homenagem ao Prof. Doutor António de Sousa Franco*, Vol. II. Coimbra: Coimbra Editora, p.627-659

NABAIS, J. Casalta (2005),"Estado Fiscal, Cidadania Fiscal e alguns dos seus problemas", in *Por um Estado Fiscal Suportável, Estudos de Direito Fiscal*, Coimbra: Almedina, pp. 41-79

NABAIS, J. Casalta (1998), *O Dever Fundamental de Pagar Impostos*, Coimbra: Almedina

NOVAIS, J. Reis (2010), *Direitos Sociais. Teoria Jurídica dos Direitos Sociais enquanto Direitos Fundamentais*, Coimbra: Coimbra Editora

PALMA, Clotilde C. & PITA, Mónica (2015), "Para uma Política de Educação e Cidadania Fiscal – Os casos do Brasil, de Espanha e de Portugal", *Revista de Finanças Públicas e Direito Fiscal*, Ano VIII, nº2, pp. 29-48

ROSAS, J. Cardoso (org.) (2008), *Manual de Filosofia Política*, Coimbra: Almedina

SANTOS, António Carlos dos (2017), "Cooperação, transparência e troca de informações fiscais: estratégia da aranha ou declaração de boas intenções?" in JIMÉNEZ & NOVOA & FERNANDÉZ (org.), *Nueva fiscalidad, Estudios en homenaje a Jacques Malherbe*, Bogotà: Instituto Colombiano de Derecho Tributario

SANTOS, António Carlos dos (2014), "Cidadania Europeia, Contribuinte Europeu. Uma Relação com Futuro?", in HORVAT, E. & CONTII, M. & SCAFF, F.F., Direito Financeiro, Económico e Tributário. Homenagem a Regis Fernandes de Oliveira, São Paulo: Quartier Latin, pp.87-99

SANTOS, António Carlos dos (2013), "As Ciências Sociais e Humanas e a Fiscalidade: o olhar da Ciência política", in SANTOS, A. C. & LOPES, C.M, M (2013), *Fiscalidade Outros Olhares*, Porto: Vida Económica, pp. 15-46

SANTOS, António Carlos dos (2010), "Térmites fiscais e centros financeiros *offshore* e *onshore*: A leste dos paraísos?", in AMORIM; J. Campos, *Planeamento e Evasão Fiscal*, Porto; Vida Económica, pp. 13-27

SANTOS, António Carlos dos (1999), *Da Questão Fiscal à Reforma da Reforma Fiscal*, Lisboa: Rei dos Livros

SANTOS, Boaventura de S. (2002), *Democracia e Participação. O Caso do Orçamento Participativo de Porto Alegre*, Porto: Afrontamento

SANTOS, J. Albano (2014),"O conflito entre o imposto e a propriedade – Uma perspetiva histórica", in SANTOS, A. C. & LOPES, C.M, M (2013), *Fiscalidade Outros Olhares*, Porto: Vida Económica, pp. 85-114

SANTOS, J. Albano (2003), *Teoria Fiscal*, Lisboa: ISCSP

SOARES, D. & MARQUES, R (2014), "A Sociologia Fiscal: Um Esquisso Histórico", in SANTOS, A. C. & LOPES, C.M, M (2013), *Fiscalidade Outros Olhares*, Porto: Vida Económica, pp. 115-162

SOUZA, Jessé (2016), *A Radiografia do Golpe*, Rio de Janeiro: LeYa

TANZI, Vito (2000), *Termites of the State. Why Complexity Leads to Inequality*, Cambridge University Press

TANZI, Vito (2000), *Globalization, Technological Developments, and the Work of Fiscal Termites*, IMF (FMI), Working Paper No. 00/181

VAN PARIJS, P. (2002), "Philosophie de la fiscalité pour une économie mondialisée", in AFD nº 46, *L'impôt*, Paris: Dalloz, pp. 329-348

VASQUES, Sérgio (2008), *O princípio da equivalência como critério de igualdade tributária*, Coimbra: Almedina

VEGA, Maurício A. P. (1995), *El Liberalismo y la Teoría de los Tributos*, Bogotá: Temis

ZILVETI, F. Aurélio (2017), *A Evolução Histórica da Teoria da Tributação. Análise das estruturas socioeconómicas na formação do Sistema Tributário*, São Paulo: Saraiva

Governança Pública e Cidadania Financeira e Fiscal

Paulo Nogueira da Costa*

1. Introdução

Nos últimos anos, o tema da cidadania fiscal tem suscitado crescente interesse.

A transformação das administrações tributárias, designadamente no modo de se relacionar com os contribuintes, tem contribuído para esse interesse.

No mesmo sentido, a academia tem vindo a aproximar o discurso do direito constitucional, em particular o que se refere aos princípios estruturantes e aos direitos fundamentais, do discurso das finanças públicas. Esta aproximação tem conduzido a conceções realistas do direito constitucional e a abordagens humanistas das finanças públicas, com o enriquecimento do conceito de cidadania financeira e fiscal.

Neste quadro, o discurso assente no dever de pagamento do imposto é acompanhado por uma retórica que sublinha os direitos dos cidadãos-contribuintes, não só perante a administração tributária, mas perante toda a administração, pelo uso que esta faz das receitas fiscais.

Deste modo, a cidadania fiscal surge-nos como indissociável da cidadania financeira. E o consentimento material do imposto desloca-se do parlamento para a administração, ganhando centralidade o conceito de

* Professor do ISCAL. Jurista no Tribunal de Contas. Investigador do Projecto ECF.

governança pública. E é aqui se entrecruzam a cidadania financeira e fiscal com a educação fiscal, a consciência fiscal, a moral fiscal e a *compliance* fiscal.

2. Cidadania financeira e fiscal e boa governança pública

A cidadania, enquanto condição da pessoa que vive integrada numa determinada comunidade jurídico-política e social, tem associada a titularidade – e a possibilidade de exercício – de direitos e a sujeição a deveres.

Quando nos referimos à cidadania financeira e fiscal, temos presente o conjunto dos direitos e deveres dos cidadãos de determinada comunidade no âmbito da atividade financeira e fiscal desta.

A condição de pertença a uma comunidade envolve uma dimensão financeira, que se expressa, desde logo, na ideia de autotributação, fundamental para a legitimação do imposto.

Nos últimos anos, tem-se assistido a transformações profundas no funcionamento dos Estados, e na sua relação com os diversos atores da vida pública, as quais convocam o conceito de *governança pública*, e colocam em crise um consentimento meramente formal do imposto.

Michel Bouvier dá, precisamente, nota das transformações recentes no consentimento do imposto, as quais apontam no sentido de um "novo civismo fiscal"[1].

Para este autor, a modernização da administração fiscal francesa, que ocorreu no início do século XXI, levou a que esta se organizasse como uma administração de serviços, mais do que como uma mera administração de controlo, o que implicou a racionalização da gestão, a profissionalização dos seus agentes e uma busca da eficácia e do desempenho[2].

Consequentemente, a administração fiscal, em França, passou a prosseguir objetivos como os de promoção de uma melhor aceitação do imposto, prevenção da evasão fiscal e prestação do melhor serviço ao menor custo[3].

Considera Michel Bouvier que, deste modo, a administração fiscal participa numa tentativa de "reabilitação do civismo fiscal" através da "melhoria da aceitação do imposto". Particularmente enfáticas são as palavras do autor que assinalam que "o consentimento do imposto não mais se joga

[1] Michel Bouvier, *Introduction au droit fiscal général et à la theórie de l'impot*, 9ª ed., Paris, L.G.D.J., 2008, pp. 148 ss.

[2] *Idem*, p. 149.

[3] *Idem*.

unicamente no Parlamento mas também para muitos ao nível da prática administrativa", donde "a administração fiscal se torna o vetor desta aceitação do imposto", concluindo que "o civismo fiscal assume uma dimensão mais administrativa e gestionária que política"[4].

Deste modo, a *cidadania fiscal* postula uma *boa governança fiscal*, e esta, por sua vez, pressupõe o reconhecimento daquela.

O exercício da *cidadania fiscal* requer um certo nível de *consciência fiscal*, na medida que cada cidadão deve ter suficiente conhecimento dos seus direitos e deveres enquanto membro de uma comunidade, organizada sob a forma de Estado, e que requer recursos financeiros para o seu funcionamento.

A ideia de autotributação, inerente às teorias contratualistas, traduz-se numa legitimação originária do Estado para captar recursos financeiros junto dos cidadãos, mediante a cobrança de impostos, tendo em vista a prossecução dos fins que lhe são cometidos.

Daqui decorre que a *consciência fiscal* apenas artificialmente pode ser separada da *consciência financeira*. A arrecadação de receitas não representa um fim em si. Ela constitui apenas uma etapa indispensável à realização dos fins do Estado. A autotributação não se justifica a ela própria, ela justifica-se pelos fins prosseguidos pelo Estado e é instrumental destes.

Assim sendo, mais do que um certo nível de consciência sobre os direitos e deveres do contribuinte – *consciência fiscal* – importa, num Estado democrático, promover um certo nível de consciência sobre os direitos e deveres financeiros dos cidadãos, não só como contribuintes, mas como destinatários dos programas e políticas públicas financiados pela via fiscal – *consciência financeira*.

A legitimidade da cobrança de impostos não se basta com a garantia de intervenção parlamentar, ainda que traduzida numa reserva de lei formal, seja na criação de impostos e na definição dos seus elementos essenciais, seja na aprovação da lei do orçamento em cada ano. Essa legitimidade alicerça-se numa relação de confiança e renova-se, em cada momento, através de uma *boa governança financeira*, pautada por critérios de *legalidade*, *racionalidade* e *integridade*.

[4] *Idem.*

3. Educação fiscal, moral fiscal e *compliance* fiscal

Muito se tem debatido na doutrina, e nos diversos fóruns, a problemática da *compliance* fiscal e do *dever fundamental de pagar impostos*[5].

A *Organização para a Cooperação e Desenvolvimento Económico* (OCDE) e a *Fundação Internacional e Ibero-Americana para a Administração e Políticas Públicas* (FIIAP), no relatório *Building Tax Culture, Compliance and Citizenship: A Global Source Book on Taxpayer Education* (2015), chamam a atenção para os problemas financeiros com que se confrontam os países em desenvolvimento, agravados pela recessão global vivida em anos recentes, os quais colocaram uma pressão adicional sobre os Estados para a obtenção de mais receita fiscal[6].

Importa dar nota, ainda assim, que este não é um problema exclusivo dos países em desenvolvimento. A erosão das bases tributáveis e a pressão a que os Estados estão sujeitos para a obtenção de mais receitas fiscais são problemas notórios também nos Estados desenvolvidos. Isso mesmo ficou patente com a solicitação feita pelo G20, em 2013, à OCDE para a elaboração de um plano de ação global tendo em vista o combate à erosão da base tributável e ao desvio de lucros. Este plano de ação, conhecido pela sigla BEPS (*Base Erosion and Profit Shifting*), foi apresentado em 5 de outubro de 2015, e é constituído por 13 relatórios, com 15 ações a desenvolver pelos Estados. A implantação do BEPS está em curso, e tem-se traduzido na adoção de várias medidas importantes no domínio da fiscalidade, designadamente no âmbito da União Europeia[7].

O quadro sucintamente descrito tem levado os Estados a investir na informação prestada aos contribuintes e no envolvimento destes na promoção de uma *cultura de compliance*, assente em direitos e deveres, na qual os cidadãos vejam o pagamento de impostos como uma dimensão indispensável da sua relação com os respetivos Governos[8]. É neste contexto que

[5] José Casalta Nabais, *O Dever Fundamental de Pagar Impostos – contributo para a compreensão constitucional do Estado fiscal contemporâneo*, 4ª Reimp., Coimbra, Almedina, 2015.

[6] OECD / The International and Ibero-American Foundation for Administration and Public Policies (FIIAPP), *Building Tax Culture, Compliance and Citizenship: A Global Source Book on Taxpayer Education*, Paris, OECD Publishing, 2015.

[7] Jónatas Machado / Paulo Nogueira da Costa, *Manual de Direito Fiscal: perspetiva multinível*, Coimbra, Almedina, 2016, pp 161-163.

[8] *OECD / The International and Ibero-American Foundation for Administration and Public Policies (FIIAPP), Building Tax Culture, Compliance and Citizenship: A Global Source Book on Taxpayer Education,* Paris, OECD Publishing, 2015, p. 16.

a educação fiscal é perspetivada como "a ponte que liga a administração tributária aos cidadãos"[9].

A educação fiscal pode envolver múltiplas atividades e agentes, que vão desde a pedagogia feita nas escolas e universidades, até aos programas governamentais para promoção do cumprimento das obrigações fiscais pelos contribuintes, apenas para dar dois exemplos[10].

Através da *educação fiscal* promove-se a consciência fiscal, que atua como *motivação intrínseca* para o cumprimento das obrigações fiscais pelos cidadãos, ao mesmo tempo que os torna mais exigentes e ativos na reivindicação dos seus direitos. Mas a *consciência fiscal* também é influenciada pela *moral fiscal* – perceção pelos cidadãos dos aspetos relacionados com os impostos – a qual, por sua vez, pode ser influenciada por diversos fatores que atuam como *motivações extrínsecas* e que, assim, afetam os comportamentos dos cidadãos-contribuintes[11].

A OCDE, em vários dos seus estudos, tem assinalado a relação existente entre a *moral fiscal* e as perceções dos cidadãos sobre a qualidade da despesa pública. Pessoas que beneficiam de serviços públicos de boa qualidade têm uma propensão maior para cumprir com as suas obrigações fiscais[12].

Referem ainda a OCDE e a FIIAPP, no mesmo relatório, que "a reduzida moral fiscal não enfraquece apenas o compromisso dos cidadãos com o projeto social comum, mas também reforça um ciclo vicioso: as pessoas justificam o não pagamento dos seus impostos com o fundamento de que o Estado não está a cumprir a sua parte do contrato social; isso leva a receita insuficiente para melhorar os serviços, os serviços deterioram-se e deste modo o ciclo perpetua-se"[13].

O baixo nível de satisfação dos cidadãos, não só com a qualidade dos serviços públicos, mas com o próprio funcionamento da democracia e das

[9] *Idem.*

[10] *Idem.*

[11] Sobre a influência das motivações intrínsecas e extrínsecas no comportamento das pessoas, cfr. Bruno Frey e Matthias Benz, "From Imperialism to Inspiration: A Survey of Economics and Psychology", *Zurich IEER Working Paper No. 118*, maio 2002, p. 4, disponível em: <http://ssrn.com/abstract=316681>, consultado em 05/06/2018.

[12] *OECD / The International and Ibero-American Foundation for Administration and Public Policies (FIIAPP), Building Tax Culture, Compliance and Citizenship: A Global Source Book on Taxpayer Education, Paris, OECD Publishing, 2015, p. 16.*

[13] *Idem* [tradução do autor].

instituições chave do Estado (devido a fatores como a corrupção) tende a enfraquecer a cultura cívica, comprometendo a *compliance* fiscal[14].

As administrações tributárias, conscientes desta realidade, têm vindo a transformar-se, tal como já foi mencionado *supra*. A OCDE e a FIIAPP falam mesmo numa "mudança cultural nas próprias administrações tributárias"[15].

Mas a promoção da educação fiscal e da consciência fiscal, para ser bem-sucedida, não pode ser feita apenas ao nível das administrações tributárias. Ela, para além do contributo fundamental das escolas, da academia e da sociedade civil, deve envolver outras entidades públicas preponderantes na garantia de uma boa governança financeira pública, como é o caso dos tribunais de contas e instituições congéneres.

Mais do que uma estratégia para a arrecadação de um nível superior de receita, a educação fiscal visa fomentar o compromisso dos cidadãos com o bem comum, sublinhar o valor social do imposto e deixar clara a ligação entre tributação e despesa pública[16].

Como é afirmado de forma lapidar no mesmo relatório da OCDE / FIIAPP, "o fracasso de um Estado em socializar os valores éticos baseados na justiça, na solidariedade e no 'bem comum' pode limitar a *compliance*"[17].

A perceção dos cidadãos relativamente às instituições públicas, à qualidade da democracia e ao modo como são utilizadas as receitas fiscais pelo Estado é um fator a considerar quando se pretende elevar o nível da moral fiscal[18].

Assim, uma boa governança financeira, nas suas diversas dimensões, é apta a contribuir para o aumento da moral fiscal e, consequentemente, da *compliance* fiscal.

4. *Accountability*, *value for money* e avaliação

De entre as dimensões do *princípio da boa governança*[19] com maior relevo na promoção da cidadania financeira e fiscal, da moral fiscal e da *compliance*

[14] *Idem.*

[15] *Idem*, p. 17.

[16] *Idem.*

[17] *Idem.*

[18] Christian Daude / Hamlet Gutiérrez / Ángel Melguizo, "What Drives Tax Morale?", OECD Development Center, Working Paper nº 315, Paris, 2012.

[19] Sobre a boa governança como princípio constitucional, cfr. J. J. Gomes Canotilho, *"Brancosos" e Interconstitucionalidade: Itinerários dos Discursos Sobre a Historicidade Constitucional*, Coimbra, Almedina, 2006, pp. 325-334; Paulo Nogueira da Costa, *O Tribunal de Contas e a Boa Governança*, 2ª ed., Lisboa, Petrony, 2017, pp. 181 e seguintes.

fiscal, destacamos a *accountability*, o *value for money* e a avaliação de programas e políticas públicas.

O conceito de *accountability*, no contexto da boa governança pública, remete-nos para a ideia de *prestação de contas* (*answerability*) da Administração pública a um ente externo, *maxime* ao povo.[20]

A prestação de contas à sociedade já se encontrava previsto no artigo 15º da Declaração dos Direitos do Homem e do Cidadão, de 1789, onde se firma que "[a] sociedade tem o direito de pedir contas a todo o agente público pela sua administração".

Esta *prestação de contas* aponta, desde logo, para o dever de apresentação de resultados. Mas para além disso, importa saber se esses resultados respondem às reais necessidades e problemas das populações e, ainda, se foram alcançados em respeito pelas dimensões fundamentais de um Estado de Direito democrático e republicano. Ou seja, a prestação de contas, ínsita no conceito de *accountability*, não dispensa as dimensões de responsividade e de ética na prossecução do interesse público[21].

Isto significa que o conceito de *accountability* reflete valores democráticos e éticos, a par de ideais sociais e de justiça, que impõem à Administração o dever de prossecução dos fins públicos em sintonia com as expectativas legítimas das populações, em ordem a responder aos problemas e necessidades destas.[22]

A *accountability* pública é uma concretização do *princípio democrático,* na medida em que o titular originário dos poderes exercidos pela Administração é o povo. É à luz do princípio democrático, e também do princípio republicano, que se compreende o dever de quem governa prestar contas aos cidadãos, informando, explicando e justificando as medidas adotadas, apresentando resultados, e respondendo fundamentadamente às críticas que lhes sejam feitas. Por esta razão, a *accountability* é apta a promover a "cidadania democrática", na medida em que contribui para a deliberação pública e para a participação dos cidadãos na vida pública.[23]

[20] Melvin Dubnick, "Accountability and the promise of performance: in search of mechanisms", *Public Performance and Management Review*, 28, nº 3, março de 2005, p. 376.

[21] Paulo Nogueira da Costa, *O Tribunal de Contas e a Boa Governança*, (...), p. 238.

[22] Cfr. B. Romzek / M. Dubnick, "Accountability in the public sector, lessons from the Challenger tragedy", *Public Administration Review*, 47, maio/junho 1987, p. 227.

[23] Cfr. Richard Mulgan, *Holding Power to Account: Accountability in Modern Democracies*, Houndmills, 2003, pp. 12-13.

A *accountability* pública é indispensável à permanente legitimação democrática da governança financeira pública.[24] E ela assume também enorme relevância no combate à corrupção e na promoção da transparência na vida pública.[25]

Nos termos da *Recomendação da OCDE para a Integridade Pública*, de janeiro de 2017, a *accountability* constitui um dos pilares de um sistema de integridade e de uma cultura de integridade.

Mas para que a prestação de contas aos cidadãos contribua para elevar a moral fiscal, importa que os *outcomes* dos programas e políticas públicas sejam positivos, isto é, que se traduzam numa real melhoria das condições de vida dos cidadãos com a aplicação dos recursos provenientes dos impostos e demais fontes de receita pública. Ou seja, se a *accountability* revelar uma Administração pública débil, capturada por interesses privados ou ineficiente, o efeito será o de desmoralização fiscal.

Assim, para além da obediência a critérios de legalidade, a Administração deve pautar a sua atuação por critérios de racionalidade e de integridade (os quais constituem limites ao exercício do poder discricionário).

Esta ideia remete-nos para o conceito de *value for money*, o qual, no contexto da governança pública, pode ser definido como a "utilidade social obtida por cada unidade monetária de despesa".[26]

O *value for money* aponta, desde logo, no sentido da vinculação da Administração a critérios de racionalidade gestionária – economia, eficiência e eficácia – pressupondo, ainda, a responsividade às necessidades e problemas das populações[27].

Como tivemos oportunidade de afirmar no nosso estudo sobre *o Tribunal de Contas e a Boa Governança*, "[n]um Estado fiscal, o sacrifício patrimonial imposto aos contribuintes está constitucionalmente legitimado apenas na medida em que seja necessário para assegurar a realização (tendencialmente ótima) dos fins do Estado"[28].

[24] Cfr. Neil McGarvey, "Accountability in Public Administration: A Multi-Perspetive Framework of Analysis", *Public Policy and Administration*, 16 (2), Summer 2001, pp. 17-28.

[25] Cfr. Daniel Kaufman, *Myths and Realities of Governance and Corruption*, Washington, D.C., World Bank, 2005.

[26] Cfr. António de Sousa Franco, *Finanças Públicas e Direito Financeiro*, vol. I, 4ª edição, 2ª reimpressão, Coimbra, 1995, p. 467.

[27] Paulo Nogueira da Costa, *O Tribunal de Contas e a Boa Governança*, (...), pp. 241-243 e 257.

[28] Idem, p. 256.

É neste sentido que alguma doutrina jus-administrativista alemã sustenta que o princípio da eficiência (*Wirtschaftlichkeitsprinzip*), compreendido como maximização da utilidade social atendendo aos recursos disponíveis (*value for money*), deve ser reconhecido como princípio constitucional.[29]

A perceção, pelos cidadãos, de que os seus impostos têm efetiva utilidade social – o que pressupõe a observância do princípio do *value for money* pela Administração – contribui, como já afirmámos, para o aumento da moral fiscal e da *compliance* fiscal.

As considerações anteriores levam-nos ao reconhecimento da indispensabilidade da *avaliação*, tendo em vista a promoção de uma boa governança pública. Particularmente relevante, neste domínio, é a avaliação de programas e de políticas públicas.

Numa aproximação ao conceito de avaliação, a INTOSAI (*International Organisation of Supreme Audit Institutions*), define-a como "a investigação sistemática de uma organização ou instituição, programa ou projeto, ou processo ou política que tem em vista beneficiar a sociedade".[30]

São várias as modalidades de avaliação, incluindo, designadamente, avaliação de processos, a avaliação de *outcomes*, a avaliação de impactos e as análises custo-benefício e custo-eficácia[31].

A avaliação não resulta de um conjunto de apreciações subjetivas da realidade. Nela são utilizados métodos provenientes de uma pluralidade de disciplinas, como a sociologia, a economia, a psicologia, a auditoria, que permitem validar os resultados e fundamentar as conclusões.

Alguns autores perspetivam a avaliação como uma "nova auditoria", que representa uma superação do paradigma positivista do "single audit model"[32].

No mesmo sentido, há quem sugira uma "viragem hermenêutica da auditoria", em que o paradigma positivista e funcionalista de auditoria dê

[29] Cfr. Hans J. Wolff / Otto Bachof / Rolf Stober, *Direito Administrativo*, (trad. António de Sousa), Vol. I, Lisboa, 2006, p. 212.

[30] INTOSAI – Working Group on Program Evaluation, *Program Evaluation for SAI's – A Primer*, Paris, 2010, p. 29.

[31] Cfr. Government Accountability Office, *Performance Measurement and Evaluation: Definitions and Relationships*, Washington, D.C., May 2005, p. 4.

[32] Cfr. Steve Troupin / Vital Put / Katrien Weets / Geert Bouckaert, *"Public Audit Systems: from trends to choices", 6TAD – Sixth Transatlantic Dialogue: Rethinking Financial Management in the Public Sector*, Siena, 24-26 June, 2010, pp. 5 e ss.

lugar a um modelo construtivista de auditoria, no qual é dada mais importância ao resultado da auditoria – apresentar informação relevante acerca do desempenho –, do que ao seu formalismo.[33]

A *avaliação de programas e de políticas públicas* pode incidir sobre uma multiplicidade de aspetos da governança pública. Ela vai para além da avaliação de desempenho, à luz de critérios técnicos de economia, eficácia e eficiência. Na verdade, a avaliação pode considerar outros aspetos, para além da estrita racionalidade gestionária, como sejam a responsividade, a transparência, a coerência, a participação, a sustentabilidade, etc.

Quer isto dizer que, sendo a boa governança pública complexa, também a avaliação o é. Com efeito, se a *governance* é caracterizada pela multiplicidade de atores que intervêm na promoção do interesse público, e se o próprio Estado-administrador adota instrumentos e formas de atuação muitos diversificadas (confundindo-se muitas das vezes os domínios jurídicos público e privado), então a avaliação deve centrar-se mais nos meios e nos resultados do que nas organizações.[34]

Assim sendo, Gomes Canotilho defende "uma interpretação em conformidade com a constituição das novas medidas de direção e de controlo", o que implica a avaliação de organizações, programas, investimentos, riscos e "correção finalística dos gastos".[35]

Os relatórios de avaliação são instrumentos fundamentais de esclarecimento dos cidadãos acerca do destino dos seus impostos e da utilidade social destes. Assim, a *avaliação de programas e de políticas públicas* apresenta-se instrumental da *accountability*, da transparência e do *value for money*. Para além disso, na avaliação pode ser dada voz aos cidadãos, destinatários dos programas ou das políticas públicas em causa, o que constitui uma oportunidade de participação cidadã na promoção de uma boa governança pública. Como se vê, mesmo em matéria financeira pública, caracterizada por uma elevada complexidade técnica, há lugar para a democracia parti-

[33] Cfr. Richard J. Boland, Jr., "Beyond the objectivist and the subjectivist: learning to read accounting as text", *Accounting, Organizations and Society*, vol. 14, 5-6, 1989, pp. 591-604; Jere Francis, "Auditing, hermeneutics, and subjectivity", *Accounting, Organizations and Society*, vol. 19, 3, April 1994, pp. 235-269.

[34] Cfr., R. A. W. Rhodes, *Understanding Governance: Policy Networks, Governance, Reflexivity and Accountability*, Buckingham, 1997, p. 59.

[35] Cfr., neste sentido, J. J. Gomes Canotilho, "O Tribunal de Contas como Instância Dinamizadora do Princípio Republicano", *Revista do Tribunal de Contas*, nº 49, Lisboa, Janeiro-Junho 2008, p. 37.

cipativa e para uma cidadania ativa. O mesmo sucede com outros instrumentos, como é o caso dos orçamentos participativos.

O que não é aceitável, à luz do contrato social, é, ao mesmo tempo, afirmar-se o dever fundamental de pagar impostos e excluir-se os cidadãos da vida financeira pública, seja por ausência de informação e esclarecimento objetivos, credíveis e acessíveis, seja por inexistência de instrumentos que possibilitem uma participação efetiva nas demais vertentes da governança financeira.

5. O papel dos tribunais de contas e instituições congéneres na promoção da cidadania financeira e fiscal

Os tribunais de contas e instituições congéneres, internacionalmente reconhecidos pela designação *Supreme Audit Institutions* (SAI) são, nos dias de hoje, fundamentais na promoção da *accountability* e do *value for money*, através da sua atuação como auditores e como avaliadores, e da comunicação dos resultados aos cidadãos e aos respetivos parlamentos.

A realidade tem evidenciado a tendência de evolução destas instituições, cujo foco se tem deslocado da *accounting* para a *accountability*. Ou seja, os tribunais de contas são cada vez mais instâncias garantidores da *accountability*, e menos entidades fiscalizadoras da contabilidade pública (embora esta papel não possa ser descurado).[36]

A Assembleia Geral das Nações Unidas, nas suas Resoluções de 22 de dezembro de 2011 e de 19 de dezembro de 2014, veio reconhecer o papel relevante desempenhado pelos tribunais de contas (e instituições congéneres) na promoção da transparência, da *accountability* e de uma utilização mais eficaz e eficiente dos recursos financeiros públicos, em benefício dos cidadãos.

O papel das SAI como instâncias garantidoras da *accountability* fica bem ilustrado na alteração da designação da SAI dos Estados-Unidos da América, ocorrida em 2004, que deixou de ser *General Accounting Office*, para passar a ser *Governement Accountability Office*, continuando a ser reconhecida pela sigla GAO, mas assinalando que o seu "core business" é a *accountability*[37]. Como fica bem patente nas palavras do, à data, Auditor geral do

[36] Sobre esta evolução, cfr. Paulo Nogueira da Costa, "Que 'Contas'? – o controlo financeiro externo entre accounting e accountability", *Revista de Finanças Públicas e Direito Fiscal*, Ano VI, nº 2, 2013, pp. 49-69.

[37] As auditorias financeiras representavam apenas 15% do trabalho do GAO.

GAO, David Walker, a esta instituição importa saber se, e em que medida, os objetivos definidos pela Administração estão a ser atingidos, se as necessidades das populações estão a ser satisfeitas, e quais os respetivos custos para os contribuintes[38].

Através da comunicação dos resultados dos trabalhos de auditoria e avaliação realizados, os tribunais de contas informam os cidadãos sobre o modo como estão a ser utilizados os seus impostos e com que resultados, contribuindo para uma maior *consciência fiscal* e *moral fiscal,* bem como para o interesse e envolvimento dos cidadãos na vida financeira pública.

Questão que permanece controvertida em alguns países é a que se prende com o mandato das respetivas SAI para avaliar programas e políticas públicas. A discussão é mais intensa em países em que as SAI têm a natureza de tribunais de contas e integram o poder judicial, como acontece em Portugal.

Entendemos que a avaliação de programas e de políticas públicas não colide com o princípio constitucional da separação e interdependência de poderes, uma vez que os tribunais de contas não intervêm nas escolhas políticas, na definição de objetivos, no design dos programas e das políticas, nem, tampouco, na afetação de recursos financeiros. Mas, uma vez definidos os objetivos e mobilizados os recursos, interessa aos cidadãos saber, e, consequentemente, importa aos tribunais de contas apurar, quais os resultados obtidos com a utilização dos dinheiros públicos. Deste modo, os tribunais de contas dão um contributo valioso na concretização dos princípios democrático e republicano, e assumem-se como peças-chave de um *Estado Responsável.*

E a natureza jurisdicional não constitui impedimento para a avaliação de programas e de políticas públicas pelos tribunais de contas. Sobre este aspeto basta invocar o caso da França, cuja Constituição da República prevê expressamente, desde a sua revisão de 2008, que a *Cour des comptes* assiste o Governo e o Parlamento na avaliação das políticas públicas e que, através dos seus relatórios públicos (de auditoria e de avaliação), contribui para informar os cidadãos[39].

[38] David M. Walker, "GAO Answers the Question: What's in a Name?", 19 de julho de 2004, disponível em <http://www.gao.gov/about/rollcall07192004.pdf>, consultado em 08/06/2018.

[39] O Artigo 47-2 da Constituição Francesa dispõe o seguinte:
« La Cour des comptes assiste le Parlement dans le contrôle de l'action du Gouvernement. Elle assiste le Parlement et le Gouvernement dans le contrôle de l'exécution des lois de finances et de l'application des lois de financement de la sécurité sociale ainsi que dans l'évaluation des politiques publiques. Par ses rapports publics, elle contribue à l'information des citoyens.

Entendemos que "se o desenvolvimento das tarefas fundamentais a que os Estados estão constitucionalmente vinculados, tal como a realização dos direitos fundamentais dos cidadãos, implicam a mobilização de avultados recursos financeiros, então é natural que a avaliação de políticas e de programas públicos tenha, também, uma incidência financeira"[40].

Concordamos, deste modo, com Marc Leroy, quando, aludindo à evolução ocorrida em França, fala na "financiarização da avaliação das políticas públicas"[41].

E são os tribunais de contas que, pela sua natureza, mandato e capacidade técnica, estão em melhores condições para fazer essa avaliação, com garantia de tecnicidade, objetividade e publicidade.

Já aludimos ao relevante papel que os tribunais de contas podem exercer na promoção da consciência fiscal e da moral fiscal (e, consequentemente, da *compliance* fiscal) através do exercício da sua atividade como auditor e como avaliador.

Neste contexto, importa sublinhar que, estando as Administrações sujeitas aos poderes de auditora e avaliação dos tribunais de contas, também as Administrações tributárias podem ser objeto de auditorias, e os programas e políticas tributárias serem sujeitas a avaliação.

Assim, ao auditar e avaliar a Administração tributária e os programas e políticas tributárias, os tribunais de contas podem fornecer contributos muitos relevantes para a melhoria da gestão dos serviços, para o reforço da *accountability* e transparência da Administração tributária e para o aperfeiçoamento dos referidos programas e políticas.

6. Síntese conclusiva

Neste breve estudo sobre *governança pública e cidadania financeira e fiscal* podemos identificar um conjunto de ideias-chave, que agora apresentamos de forma sintetizada:

1) Nos últimos anos, tem-se assistido a transformações profundas no funcionamento dos Estados, e na sua relação com os diversos atores da vida pública, as quais convocam o conceito de *governança*

Les comptes des administrations publiques sont réguliers et sincères. Ils donnent une image fidèle du résultat de leur gestion, de leur patrimoine et de leur situation financière.»

[40] Paulo Nogueira da Costa, *O Tribunal de Contas e a Boa Governança*, (...), p. 273.

[41] Cfr. Marc Leroy, *Sociologie des finances publiques*, Paris, 2007, p. 85.

pública, e colocam em crise um consentimento meramente formal do imposto;

2) A *cidadania fiscal* postula uma *boa governança fiscal*, e esta, por sua vez, pressupõe o reconhecimento daquela;
3) O exercício da *cidadania fiscal* requer um certo nível de *consciência fiscal*;
4) A *consciência fiscal* apenas artificialmente pode ser separada da *consciência financeira*, na medida em que a autotributação não se justifica a ela própria, mas antes pelos fins prosseguidos pelo Estado, sendo instrumental destes;
5) A legitimidade da cobrança de impostos alicerça-se numa relação de confiança e renova-se, em cada momento, através de uma *boa governança financeira*, pautada por critérios de *legalidade, racionalidade* e *integridade*;
6) Através da *educação fiscal* promove-se a consciência fiscal, que atua como *motivação intrínseca* para o cumprimento das obrigações fiscais pelos cidadãos, ao mesmo tempo que os torna mais exigentes e ativos na reivindicação dos seus direitos.
7) A *consciência fiscal* também é influenciada pela *moral fiscal*, a qual, por sua vez, pode ser influenciada por diversos fatores que atuam como *motivações extrínsecas* e que, assim, afetem os comportamentos dos cidadãos-contribuintes.
8) O baixo nível de satisfação dos cidadãos, não só com a qualidade dos serviços públicos, mas com o próprio funcionamento da democracia e das instituições chave do Estado (devido a fatores como a corrupção) tende a enfraquecer a cultura cívica, comprometendo a *compliance* fiscal.
9) Mais do uma estratégia para a arrecadação de um nível superior de receita, a educação fiscal visa fomentar o compromisso dos cidadãos com o bem comum, sublinhar o valor social do imposto e deixar clara a ligação entre tributação e despesa pública.
10) A perceção dos cidadãos relativamente às instituições públicas, à qualidade da democracia e ao modo como são utilizadas as receitas fiscais pelo Estado é um fator a considerar quando se pretende elevar o nível da moral fiscal.
11) Uma boa governança financeira, nas suas diversas dimensões, é apta a contribuir para o aumento da moral fiscal e, consequentemente, da *compliance* fiscal.

12) De entre as dimensões do *princípio da boa governança* com maior relevo na promoção da cidadania financeira e fiscal, da moral fiscal e da *compliance* fiscal, destacam-se a *accountability*, o *value for money* e a avaliação de programas e de políticas públicas.
13) Através da comunicação dos resultados dos trabalhos de auditoria e avaliação realizados, os tribunais de contas informam os cidadãos sobre o modo como estão a ser utilizados os seus impostos e com que resultados, contribuindo para uma maior *consciência fiscal* e *moral fiscal*, bem como para o interesse e envolvimento dos cidadãos na vida financeira pública.
14) Ao auditar e avaliar a Administração tributária e os programas e políticas públicas de imposto, os tribunais de contas podem fornecer contributos muitos relevantes para a melhoria da gestão dos serviços, para o reforço da *accountability* e transparência da Administração tributária e para o aperfeiçoamento dos referidos programas e políticas.

7. Referências bibliográficas

Boland Jr., Richard J., "Beyond the objectivist and the subjectivist: learning to read accounting as text", *Accounting, Organizations and Society*, vol. 14, 5-6, 1989, pp. 591-604.

Bouvier, Michel, *Introduction au droit fiscal général et à la theórie de l'impot*, 9ª ed., Paris, L.G.D.J., 2008.

Canotilho, J. J. Gomes, *"Brancosos" e Interconstitucionalidade: Itinerários dos Discursos Sobre a Historicidade Constitucional*, Coimbra, Almedina, 2006;

–, "O Tribunal de Contas como Instância Dinamizadora do Princípio Republicano", *Revista do Tribunal de Contas*, nº 49, Lisboa, Janeiro-Junho 2008, pp. 23-39.

Costa, Paulo Nogueira da, *O Tribunal de Contas e a Boa Governança*, 2ª ed., Lisboa, Petrony, 2017;

–, "Que 'Contas'? – o controlo financeiro externo entre accounting e accountability", *Revista de Finanças Públicas e Direito Fiscal*, Ano VI, nº 2, 2013, pp. 49-69.

Daude, Christian / Gutiérrez, Hamlet / Melguizo, Ángel, "What Drives Tax Morale?", OECD Development Center, Working Paper nº 315, Paris, 2012.

Dubnick, Melvin "Accountability and the promise of performance: in search of mechanisms", *Public Performance and Management Review*, 28, nº 3, março de 2005, pp. 376-417.

Francis, Jere, "Auditing, hermeneutics, and subjectivity", *Accounting, Organizations and Society*, vol. 19, 3, April 1994, pp. 235-269.

Franco, António de Sousa, *Finanças Públicas e Direito Financeiro*, vol. I, 4ª edição, 2ª reimpressão, Coimbra, 1995.

Frey, Bruno / e Benz, Matthias, "From Imperialism to Inspiration: A Survey of Economics and Psychology", Zurich IEER Working Paper No. 118, maio 2002, disponível em: <http://ssrn.com/abstract=316681>, consultado em 05/06/2018.

Government Accountability Office, *Performance Measurement and Evaluation: Definitions and Relationships*, Washington, D.C., May 2005.

INTOSAI – Working Group on Program Evaluation, *Program Evaluation for SAI's – A Primer*, Paris, 2010.

Kaufman, Daniel, *Myths and Realities of Governance and Corruption*, Washington, D.C., World Bank, 2005.

Leroy, Marc, *Sociologie des finances publiques*, Paris, 2007.

Machado, Jónatas / Costa, Paulo Nogueira da, *Manual de Direito Fiscal: perspetiva multinível*, Coimbra, Almedina, 2016.

McGarvey, Neil, "Accountability in Public Administration: A Multi-Perspetive Framework of Analysis", *Public Policy and Administration*, 16 (2), Summer 2001, pp. 17-28.

Mulgan, Richard, *Holding Power to Account: Accountability in Modern Democracies*, Houndmills, 2003.

Nabais, José Casalta, *O Dever Fundamental de Pagar Impostos – contributo para a compreensão constitucional do Estado fiscal contemporâneo*, 4ª Reimp., Coimbra, Almedina, 2015.

OECD / The International and Ibero-American Foundation for Administration and Public Policies (FIIAPP), *Building Tax Culture, Compliance and Citizenship: A Global Source Book on Taxpayer Education*, Paris, OECD Publishing, 2015.

Rhodes, R. A. W., *Understanding Governance: Policy Networks, Governance, Reflexivity and Accountability*, Buckingham, 1997.

Romzek, Barbara / Dubnick, Melvin "Accountability in the public sector, lessons from the Challenger tragedy", *Public Administration Review*, 47, maio/junho 1987, pp. 227-238.

Troupin, Steve / Put, Vital / Weets, Katrien / Bouckaert, Geert, "Public Audit Systems: from trends to choices", *6TAD – Sixth Transatlantic Dialogue: Rethinking Financial Management in the Public Sector*, Siena, 24-26 June, 2010.

Walker, David M., "GAO Answers the Question: What's in a Name?", 19 de julho de 2004, disponível em <http://www.gao.gov/about/rollcall07192004.pdf>, consultado em 08/06/2018.

Wolff, Hans J. / Bachof, Otto / Stober, Rolf, *Direito Administrativo*, (trad. António de Sousa), Vol. I, Lisboa

A Transparência Orçamental e os Orçamentos Participativos como medidas para estimular a Cidadania Fiscal – o caso de Portugal

Ana Cristina Lino Marques*

1. Introdução

Nos estados democráticos modernos, é fundamental fortalecer as relações entre os cidadãos e os governos. Para isso, e segundo a OCDE, é necessário que os governos divulguem informação sobre as políticas implementadas, realizem consultas públicas e se verifique participação ativa dos cidadãos na formulação de políticas públicas[1]. Se estas três linhas de ação se concretizarem, os governos conseguem satisfazer as exigências de maior transparência e responsabilização, atender às expectativas dos cidadãos de que as suas opiniões serão consideradas, e contrariar o declínio do apoio público. No fundo, é a perspetiva do "governo aberto", cujos pilares são a transparência, a participação e a responsabilização[2].

Mas, apesar destas recomendações da OCDE, em 2001, no Manual sobre Informação, Consulta Pública e Participação Pública na Tomada de Decisão, a realidade é que, em 2016, apenas 42% dos cidadãos na média dos

* Mestre em Economia pela Faculdade de Economia da Universidade Nova de Lisboa. Professora adjunta do ISCAL. Subdiretora do Ramo de Fiscalidade do Curso de Contabilidade e Administração no ISCAL. (aclinomarques@iscal.ipl.pt).

[1] OECD, *Citizens as Partners: OECD Handbook on Information, Consultation and Public Participation in Policy-Making*, OECD Publishing, Paris, 2001, pp. 15-16.

[2] OECD, *Open Government: the global context and the way forward*, OECD Publishing, Paris, 2016, p. 24.

países da OCDE reportava ter confiança nos seus governos nacionais, valor inferior ao obtido antes da crise (45%)[3]. Em Portugal, e para o mesmo ano, o valor é ainda mais baixo – apenas 35% dos cidadãos portugueses assumia ter confiança no governo (o que representou um decréscimo de 10 pontos percentuais em relação a 2006).[4]

A falta de confiança dos cidadãos nos governos nacionais compromete a eficácia e a eficiência das políticas públicas, bem como o desenvolvimento económico.

A confiança no governo é considerada essencial para: (1) um maior cumprimento das leis e de regulamentos, (2) a aceitação de políticas que exijam sacrifícios no curto prazo aos cidadãos, (3) possibilitar o consenso social e político, (4) a participação dos cidadãos em processos de governança aberta e inclusiva.[5]

Os governos portugueses têm de aumentar o nível de confiança que inspiram nos seus cidadãos pois têm uma tarefa árdua entre mãos: a sustentabilidade das finanças públicas no longo prazo. Com efeito, e apesar de o Procedimento dos Défices Excessivos ter sido revogado em junho de 2017[6] e Portugal estar agora ao abrigo da vertente preventiva do Pacto de Estabilidade e Crescimento, as regras orçamentais a que ficou obrigado a cumprir, não são menos desafiantes e correspondem

- à manutenção do saldo orçamental acima de -3% do PIB;
- à garantia de convergência do saldo estrutural[7] em direção ao objetivo de médio prazo[8] (atualmente, fixado num superávite estrutural de 0,25% do PIB);
- ao cumprimento, no período transitório de 2017-2019, de uma regra relativa à redução da dívida pública – regra do ajustamento estru-

[3] OECD, *Government at a Glance 2017*, OECD Publishing, Paris, 2017, p. 11.

[4] Ibidem, p.215.

[5] Ibidem, p. 214.

[6] Decisão 2010/288/UE, de 16 de junho de 2017.

[7] Isto é, o saldo corrigido de variações cíclicas e líquido de medidas temporárias, não recorrentes e de fatores especiais.

[8] O ritmo de ajustamento depende de dois fatores: melhoria do saldo estrutural superior a 0,5 p.p. do PIB e compatibilidade dessa melhoria com uma "trajetória sustentável da despesa, medida em termos da variação do agregado corrigido da despesa (primária) que tem de ser inferior à taxa de referência de crescimento a médio prazo do PIB potencial" in Conselho das Finanças Públicas, *Análise do Programa de Estabilidade 2018-2022*, Relatório do Conselho de Finanças Públicas nº 05/2018, p. 2.

tural linear mínimo[9], e a partir de 2020, de uma redução anual do diferencial da dívida pública em 5%.

No âmbito das finanças públicas, e nos últimos anos, diversas medidas têm sido adotadas pelos governos portugueses para tentar readquirir a confiança dos cidadãos, das quais se destacam a transparência orçamental e os processos de tomada de decisão abertos e participativos. Com estas medidas, pretende-se que os cidadãos exerçam uma cidadania ativa, participativa e solidária, o que só é possível se os cidadãos tiverem consciência fiscal, a qual por não ser inata, tem de resultar da educação fiscal (entendendo-se esta como um processo de ensino e aprendizagem que visa "reforçar as atitudes de compromisso pelo bem comum ao enfatizar o valor social do imposto e a sua ligação com a despesa pública"[10]).

Neste artigo descrevem-se e analisam-se as principais medidas implementadas pelos governos portugueses no sentido de estimular a cidadania fiscal, via aumento da transparência orçamental e formulação de políticas inclusivas, bem como a avaliação da transparência orçamental e da participação pública na orçamentação em Portugal.

2. Aumento da Transparência Orçamental como estímulo para a Cidadania Fiscal

A cidadania fiscal só poderá ser exercida de facto se existir transparência nas finanças públicas, pois ao cidadão não lhe basta a compreensão dos impostos, também tem de saber como são aplicados os dinheiros públicos. Com efeito, a receita fiscal de um país é um bem comum, cuja aplicação é necessário conhecer, controlar e fiscalizar.

Num estado democrático, a transparência orçamental constitui um direito do cidadão e um dever das Administrações Públicas[11]. Este direito

[9] a redução da dívida pública será avaliada "ex-ante e ex-post, comparando-a com um ajustamento estrutural linear mínimo que tem em conta o efeito do ciclo económico e o padrão de referência para a redução da dívida pública" in Conselho das Finanças Públicas, op. cit., p. 2.

[10] OECD/The International and Ibero American Foundation for Administration and Public Choice (FIIAPP), *Building Tax Culture, Compliance and Citizenship – a global source book on taxpayer education*, OECD Publishing, Paris, 2015, p. 13.

[11] Organismos Internos do Controle Interno da CPLP – OECI-CPLP, *Guião de boas práticas para a prevenção e o combate à corrupção na Administração Pública*, novembro 2011, p.17.

à transparência orçamental (e responsabilização) já constava nos artigos 14º e 15ª da Declaração dos Direitos do Homem e do Cidadão de 1798:

> "Artigo 14º: Todos os cidadãos têm o direito de verificar, por si ou pelos seus representantes, a necessidade da contribuição pública, de consenti-la livremente, de observar o seu emprego e de lhe fixar a repartição, a coleta, a cobrança e a duração.
>
> Artigo 15º: A sociedade tem o direito de pedir contas a todos os agentes públicos pela sua administração."[12]

Até meados dos anos 1990 não existia uma definição internacionalmente aceite de transparência orçamental. Atualmente, existem várias, que se podem condensar na seguinte: "o governo deve ser completamente honesto com os cidadãos em termos de como o dinheiro público é arrecadado e utilizado"[13].

Em Portugal, a nova Lei do Enquadramento Orçamental (LEO)[14], à semelhança da anterior[15], consagra no artigo 19º o princípio orçamental da transparência orçamental, o qual é definido como "a disponibilização da informação sobre a implementação e execução dos programas, objetivos da política orçamental, orçamentos e contas do setor das administrações públicas[16], por subsetor."[17] Essa informação deve ser "fiável, completa,

[12] Traduzido de http://www.conseil-constitutionnel.fr/conseil-constitutionnel/francais/la-constitution/la-constitution-du-4-octobre-1958/declaration-des-droits-de-l-homme-et-du-citoyen-de-1789.5076.html, consultado em 1 de junho de 2018, e referido em João Miguel Coelho, *A nova Lei do Enquadramento Orçamental – Controlo de Despesa, Défice e Dívida*, apresentação na Conferência "A Nova Lei do Enquadramento Orçamental", 10 de novembro de 2015, slide 3, UTAO.

[13] OECD, *Budget Transparency Toolkit – practical steps for supporting openness, integrity and accountability in Public Financial Management*, developed by the OECD with the participation of the Global Iniciative for Fiscal Transparency (GIFT) network, July 2017 version, p. 9.

[14] Lei nº 151/2015, de 11 de setembro bem como a primeira alteração a esta Lei (Lei nº 2/2018).

[15] mas de forma substancialmente diferente, pois o princípio de informação era só entre as entidades públicas (artigo 10º da 8ª alteração à Lei do Enquadramento Orçamental).

[16] O setor das administrações públicas abrange todos os serviços e entidades dos subsetores da administração central, regional, local e da segurança social, que não tenham natureza e forma de empresa, de fundação ou de associações públicas" (ponto 1 do artigo 2 da Lei nº 151/2015, de 11 de setembro), bem como as entidades públicas reclassificadas pelo INE, no âmbito do Sistema Europeu de Contas Nacionais e Regionais – SEC 2010 (e cuja lista é publicada até 30 de junho de cada ano civil).

[17] Ponto 2 do artigo 19º.

atualizada, compreensível e comparável internacionalmente, de modo a permitir avaliar com precisão a posição financeira do setor das administrações públicas e os custos e os benefícios das suas atividades, incluindo as suas consequências económicas e sociais, presentes e futuras"[18].

Para a OCDE[19], a transparência orçamental é desejável, por diversos motivos:

- responsabilização – a transparência orçamental constitui um incentivo para que os decisores políticos sejam responsabilizados pela eficácia e eficiência na utilização do dinheiro público;
- integridade – a clareza das contas públicas contribui para evitar a corrupção e manter padrões elevados de integridade na utilização dos fundos públicos;
- inclusão – a transparência orçamental permite um debate informado e inclusivo sobre o impacto do orçamento na vida dos cidadãos;
- confiança – um processo orçamental transparente e aberto promove confiança na sociedade, na medida em que os cidadãos consideram que os seus interesses são respeitados e que o dinheiro público será bem utilizado;
- qualidade – um processo orçamental transparente e aberto consegue maiores receitas fiscais (os cidadãos ficam mais recetivos a pagar impostos, o que diminui a fraude e a evasão fiscais), e políticas públicas mais responsáveis e equitativas.

Segundo um estudo do Banco Mundial[20], os governos (qualquer que seja o nível, bem como os estabelecimentos de prestação de serviços públicos) devem implementar o ciclo de resposta da transparência orçamental, o qual é constituído pelas fases de publicação, simplificação e divulgação do orçamento, da responsabilidade dos governos, a que se seguem as fases de compreensão e análise, discussão e *feedback* onde os atores são os representantes eleitos e os cidadãos. Ou seja, durante este ciclo de trans-

[18] Ponto 3 do artigo 19º.

[19] OECD, *Budget Transparency Toolkit – practical steps for supporting openness, integrity and accountability in Public Financial Management*, developed by the OECD with the participation of the Global Iniciative for Fiscal Transparency (GIFT) network, July 2017 version, p. 9

[20] Harika Masud, Helene Pfeil, Sanjay Agarwal and Alfredo Gonzalez Brisene, *International Practices to Promote Budget Literacy – key findings and lessons learned*, World Bank Study, 2017, p. 6.

parência orçamental, os cidadãos e os seus representantes eleitos adquirem as competências necessárias para poder influenciar os programas de políticas públicas e a afetação do dinheiro público, isto é, exercem a sua cidadania fiscal. Ora, esta capacitação dos cidadãos e dos seus representantes eleitos só pode ser adquirida através da educação fiscal, que tem aqui a sua essência.

O Banco Mundial[21] sugere várias atividades de transparência orçamental que poderão ser implementadas pelos diversos níveis de governo e pelos estabelecimentos de prestação de serviços públicos (como escolas e hospitais). Entre elas destacam-se, para os governos nacionais e regionais, (i) melhorar a literacia orçamental[22] e a capacidade para analisar orçamentos dos decisores políticos, representantes eleitos, membros do governo, jornalistas e determinados representantes da sociedade civil; (ii) criar manuais de literacia orçamental para programas de desenvolvimento das capacidades; (iii) aumentar a capacidade do país (região) para analisar os orçamentos; (iv) publicar os documentos relativos ao orçamento e à informação orçamental simplificada em portais *online*, nos media eletrónicos e em suporte papel; (v) simplificar os documentos orçamentais, de modo a torná-los "amigos do cidadão" e criar orçamentos cidadão; (vi) fomentar discussões relacionadas com o orçamento, de modo a conhecer o *feedback* dos cidadãos durante o processo orçamental.

Para os governos locais, o Banco Mundial, além das atividades de implementação da transparência orçamental sugeridas para os governos nacionais e regionais e agora adaptadas à escala local, propõe a criação do Índice de Transparência Municipal e a sensibilização dos cidadãos para os problemas orçamentais (via programas de rádio, *workshops* de literacia orçamental, etc.).

Quanto aos estabelecimentos de prestação de serviços públicos, o Banco Mundial sugere, além de atividades semelhantes, adaptadas ao contexto, uma inovação: a integração da literacia orçamental no currículo escolar.

Do exposto, conclui-se que, qualquer que seja o nível de governo em consideração, a educação fiscal é fundamental para que os cidadãos possam exercer uma cidadania fiscal ativa e responsável.

[21] The World Bank- Social Development, *Budget Transparency: What, Why, and How? Using Budgets to Empower People*, Budget Transparency Iniciative, 2011.

[22] Definida como "a capacidade para ler, decifrar e compreender os orçamentos públicos para permitir e reforçar uma participação significativa no processo orçamental" (Harika Masud, Helene Pfeil, Sanjay Agarwal and Alfredo Gonzalez Brisene, op. cit., p. 1).

Em Portugal, após a última crise financeira, têm sido implementadas várias medidas para estimular a cidadania fiscal via aumento da transparência orçamental[23], a saber:

- Orçamento Cidadão;
- Contas Públicas para o Cidadão;
- Ferramentas gráficas no sítio da Direção-Geral do Orçamento (DGO);
- Portal da Transparência Municipal.

O Orçamento Cidadão

Como referido, o Orçamento Cidadão é uma das recomendações do Banco Mundial para a consecução da transparência orçamental. Em Portugal, resultou de um projeto realizado em parceria entre o *Institut of Public Policy Thomas Jeffersson* – Correia da Serra (IPP[24]) e o Ministério das Finanças. Apenas foi produzido para dois anos, 2014 e 2015, tendo sido publicado no sítio da DGO (donde já foi retirado).

O Orçamento Cidadão pretende explicar e resumir, em linguagem acessível e menos técnica, o conteúdo do Orçamento do Estado, por forma a ser percetível pelo cidadão comum. Trata-se de um instrumento fundamental para a literacia orçamental (e decisivo para o exercício da cidadania fiscal) e que tem um duplo objetivo: "responsabilização dos governantes e envolvimento dos cidadãos no processo político"[25].

Nos dois anos em que foi produzido, o Orçamento Cidadão incluía informação sobre: (i) o processo orçamental e as suas fases; (ii) os cenários macroeconómicos para o ano de execução orçamental; (iii) a evolução e previsão dos principais indicadores orçamentais e a sua adequação ao cumprimento das metas orçamentais em vigor; (iv) as principais fontes de receita pública e os impostos mais relevantes para a receita fiscal do Estado[26]; (v) a despesa pública (por funções e/ou classificação económica); (vi) as principais medidas de política orçamental para alcançar as metas orçamentais e para fomentar o crescimento económico.

[23] Ana Cristina Lino Marques, As Finanças Públicas e a Cidadania e a Educação Fiscal, Revista de Finanças Públicas e Direito Fiscal, Ano VIII, nº 2 – Verão, 2015, Edições Almedina, p.57.

[24] Um *think tank* português, de origem académica.

[25] Ministério das Finanças, *Orçamento Cidadão – O Orçamento do Estado 2014*, p.4.

[26] A palavra "Estado" é aqui utilizada em sentido lato, isto é, Administração Central e Segurança Social.

Do exposto, pode-se concluir que o Orçamento Cidadão capacitava os cidadãos sobre as políticas públicas incluídas no Orçamento do Estado, permitindo a compreensão sobre a cobrança de impostos e a afetação dos dinheiros públicos, bem como o conhecimento das prioridades orçamentais.

Contas Públicas para o Cidadão

Constituem uma iniciativa do Ministério das Finanças para melhorar a transparência orçamental e possibilitar o exercício de uma cidadania fiscal mais ativa.

O documento "Contas Públicas para o Cidadão" foi realizado apenas para a Conta Geral do Estado de 2014, tendo sido publicado no sítio da DGO em setembro de 2015.

Este documento teve como objetivo apresentar, de forma simplificada, "os principais resultados orçamentais e números relevantes decorrentes da execução do Orçamento do Estado de 2014"[27], tendo uma estrutura semelhante à do Orçamento Cidadão.

Ferramentas gráficas no sítio da Direção Geral do Orçamento

Apesar de terem deixado de produzir o Orçamento Cidadão e as Contas Públicas para o Cidadão, os governos portugueses têm tido a preocupação de divulgar informação, *on line*, sobre o processo orçamental e o Orçamento do Estado, numa linguagem acessível à generalidade dos cidadãos, cumprindo o princípio da transparência orçamental da LEO e visando contribuir para a promoção da cidadania. Esta tarefa de divulgação tem sido desempenhada pela DGO através da criação de diversas ferramentas gráficas, disponíveis no seu sítio[28], a saber:

- "Conhecer o Orçamento do Estado" – foi criada em 2014 e tem sido implementada todos os anos. Destina-se a informar os cidadãos sobre as contas públicas e as prioridades orçamentais. Os indicadores são relativos à Administração Central e ao total das Administrações Públicas, podendo a análise ser feita a quatro dimensões para a despesa pública (ministérios, programas, funcional e económica) e apenas na dimensão económica para a receita pública.

[27] Ministério das Finanças/DGO, *Contas Públicas para o Cidadão – A Conta Geral do Estado2014*, p. 1.
[28] https://www.dgo.pt/

- "Conhecer a execução orçamental" – tem sido produzida desde 2015 e tem como objetivo informar os cidadãos sobre a execução orçamental mensal nas Administrações Públicas e na Administração Central. Os dados das despesas públicas são apresentados na dimensão económica e funcional e os das receitas públicas na perspetiva económica.
- "Conhecer a Conta Geral do Estado" – é realizada desde 2015 (Conta Geral do Estado de 2013) para informar os cidadãos sobre "os números da Conta Geral do Estado e as suas grandes opções em termos da Administração Central"[29].
- "Conhecer o processo de elaboração do Orçamento do Estado" – foi criada em novembro de 2016 e destina-se a dar a conhecer aos cidadãos, de forma esquemática e em linguagem acessível, as seis fases do processo de elaboração do Orçamento do Estado: preparação do Quadro Plurianual, trabalhos preparatórios, proposta do Orçamento, análise e decisão, elaboração da proposta de Orçamento do Estado, aprovação).

Estas ferramentas gráficas contribuem para a literacia orçamental dos cidadãos, e como tal, são um estímulo para o exercício da cidadania fiscal.

Portal de Transparência Municipal

O Portal de Transparência Municipal foi criado em 2014 pelo XIX Governo Constitucional[30], tendo como objetivo aumentar a transparência da gestão pública municipal. Neste portal são apresentados, para os 308 municípios, diversos indicadores agregados em seis grupos: gestão financeira, gestão administrativa, decisões fiscais do município, dinâmica económica do município, serviços municipais, participação eleitoral autárquica[31].

Para a transparência orçamental municipal são importantes os indicadores relativos à gestão financeira[32], os indicadores de gestão administra-

[29] DGO, *Conhecer a Conta Geral do Estado*, 2015, slide 2.

[30] O processo de realização e produção do Portal foi conduzido pela Direção-Geral das Autarquias Locais.

[31] Para maior detalhe, consultar Ana Cristina Lino Marques, op. cit., pp.59-60.

[32] receitas e despesas municipais, saldo orçamental, dívida total, grau de endividamento, prazo médio de pagamentos, pagamentos em atraso, grau de execução das receitas e das despesas municipais orçamentadas, grau de independência financeira.

tiva relativos à contratação pública e transparência[33] e ainda os indicadores das decisões fiscais do município[34].

A existência deste portal permite aos munícipes terem informação sobre a gestão pública no seu município e, em particular da atividade financeira municipal, indo ao encontro das recomendações do Banco Mundial para a promoção da transparência orçamental local. No mesmo sentido, é de realçar a existência do índice de transparência municipal (nos indicadores de gestão administrativa). Este índice foi desenvolvido pela Transparência e Integridade, Associação Cívica (TIAC) em 2013 e "permite aferir o patamar mínimo de transparência[35] ativa de cada município, ou seja, mede o volume e o tipo de informação disponibilizada ativamente pelos municípios nos *websites*"[36]. O índice de transparência municipal avalia 76 indicadores agrupados em 7 dimensões[37], das quais tem particular importância para a transparência orçamental local, a dimensão da transparência económico-financeira, onde são analisados doze indicadores referentes a documentos previsionais, documentos de prestação de contas, informação sobre a execução orçamental e transparência sobre o endividamento.

Para que através do Portal da Transparência Municipal, o munícipe possa aumentar a sua compreensão sobre as finanças públicas locais, é fundamental que a informação esteja atualizada, o que não tem sucedido para a maioria dos indicadores. A título exemplificativo, os últimos dados sobre o índice de transparência municipal são para 2017, mas no Portal da Transparência Municipal, apenas aparecem os de 2013.

Assim, impõe-se um esforço dos municípios para manterem o Portal da Transparência Municipal atualizado, para que este possa ser utilizado

[33] contratos públicos – número, despesa e percentagem de contratos por ajuste direto; percentagem de despesa efetuada por ajuste direto e índice de transparência municipal.

[34] taxa aplicadas de IRS variável, de IMI e de derrama de IRC, índices de devolução fiscal e de estabilidade fiscal.

[35] Entendendo-se por transparência o ato de "providenciar informação relevante, fidedigna, atempada, inteligível e de fácil acesso sobre formato, desempenho e gestão do bem público" in Cátia Andrade e João Paulo Batalha, *Índice de Transparência Municipal – apresentação e indicadores, novembro de 2017*, Transparência e Integridade, Associação Cívica, p.7.

[36] Ibidem, p.13.

[37] (i) informação sobre a organização, composição social e funcionamento do município, (ii) planos e relatórios, (iii) impostos, taxas, tarifas, preços e regulamentos, (iv) relação com a sociedade, (v) contratação pública, (vi) transparência económico-financeira, (vii) transparência na área do urbanismo.

para melhorar a transparência orçamental municipal e estimular a cidadania fiscal a nível local.

3. Orçamentos Participativos como estímulo para a Cidadania Fiscal

A cidadania fiscal é também participação dos cidadãos na tomada de decisão sobre a aplicação de recursos públicos. E os governos têm sido pressionados para serem mais abertos e inclusivos na definição de políticas, e disporem de canais viáveis pelos quais os cidadãos possam aceder às instituições governamentais[38]. Nesta área são de destacar os orçamentos participativos[39].

De acordo com o Banco Mundial, o orçamento participativo representa uma abordagem de democracia direta ao orçamento e permite aumentar a transparência. É uma ferramenta para educar (na medida em que capacita os cidadãos sobre a atividade financeira das Administrações Públicas), envolver e dar poder aos cidadãos e reforçar a procura de uma boa governança (pois os cidadãos deliberam, debatem e influenciam a afetação dos recursos públicos).[40]

Os orçamentos participativos começaram por ser implementados à escala municipal, mas podem ser realizados a outras escalas: infra-municipal (bairros, juntas de freguesia) ou supra-municipal (província, região, país), e podem envolver apenas adultos ou apenas jovens e crianças.

Os programas de orçamento participativo baseiam-se em três princípios fundamentais: aprendizagem relativa à gestão pública e cidadania ativa, justiça social e modernização administrativa[41].

Para que um programa de orçamento participativo (municipal) seja tido como tal, é necessário que além de envolver os cidadãos não eleitos na conceção ou afetação das finanças públicas do município, respeite cinco critérios adicionais, designadamente, exista: (i) discussão dos processos orçamentais; (ii) inclusão do poder municipal; (iii) continuidade

[38] OECD, *Focus on Citizens – Public Engagement for Better Policy and Services*, OECD Studies on Public Engagement, OECD Publishing, Paris, 2009, p. 296.

[39] O primeiro orçamento participativo ocorreu em 1989 no município de Porto Alegre, no Brasil.

[40] World Bank, *Participatory Budgeting*, Public Sector, Governance and Accountability Series, Anwar Shah Ed., 2007, p. 2.

[41] *Ibidem*, p.48.

no processo; (iv) deliberação pública (fóruns ou encontros de cidadãos); (v) alguma responsabilização sobre os resultados do programa[42].

A implementação dos programas de orçamento participativo municipal tem subjacente um pré-requisito que está diretamente relacionado com a educação fiscal: a vontade para prover os cidadãos e as autoridades municipais de conhecimentos sobre o orçamento público em geral e o orçamento participativo, em particular[43].

Pode-se, assim, afirmar que os programas de orçamento participativo constituem uma escola de cidadania fiscal, pois o envolvimento dos cidadãos na distribuição dos recursos públicos e nas prioridades das políticas públicas, capacita-os a melhor compreender os seus direitos e obrigações bem como sobre as responsabilidades dos governos.[44] Existe até evidência empírica que comprova que os orçamentos participativos (municipais) na América Latina têm tido um impacto positivo na receita fiscal e uma diminuição da evasão fiscal nos respetivos municípios, o que decorre do aumento, quer da transparência da administração pública, quer da cultura cívico-fiscal (ampliada pela concretização, no curto prazo, dos projetos municipais)[45].

Mas os orçamentos participativos municipais também têm algumas limitações (que reduzem o seu impacto global na educação fiscal, na justiça social e na modernização administrativa) e que de acordo com o Banco Mundial[46] são:

- o focarem-se em investimentos públicos específicos, o que diminui o efeito das sessões de aprendizagem e capacitação em finanças públicas (educação fiscal);
- a dependência dos cidadãos participantes do decisor governamental;
- o papel residual do planeamento de longo prazo;
- a ênfase em assuntos e políticas locais;

[42] Nelson Dias, *Hope for Democracy: 25 years of Participatory Budgeting Worldwide*, In Loco Association, São Brás de Alportel, abril de 2014, p. 29.

[43] UN-HABITAT, *72 perguntas frequentes sobre o orçamento participativo – campanha global pela governação pública, reedição especial para o 20º aniversário dos orçamentos participativos*, Série Caixa de Ferramentas de Governação Urbana, Ideias em Baú-SIG-Soc. Ind. Gráfica, maio de 2009, pp. 38-39.

[44] World Bank, op. cit., p. 22.

[45] UN-HABITAT, op. cit., p.55.

[46] World Bank, op. cit., pp. 45-47.

- o poder ser manipulado devido ao papel central do decisor final (que pode tentar utilizar o orçamento participativo para promover a sua própria agenda política);
- a pequena percentagem do orçamento que é colocada a discussão popular[47].

A nível mundial, é de destacar a tendência crescente para a participação de jovens e crianças em orçamentos participativos municipais, de juntas de freguesia ou mesmo em escolas. Tal é justificado por se considerarem estes orçamentos participativos como "uma escola de cidadania que tem o potencial de promover a literacia orçamental (na qual se inclui a literacia fiscal) e desenvolver competências instrumentais, analíticas, sociais e deliberativas".[48] As ligações entre a eficácia da prestação de serviços públicos e o conhecimento dos orçamentos públicos são um objetivo global destes processos.

Os orçamentos participativos classificam-se em duas grandes categorias: orçamento consultivo[49] (os cidadãos são consultados sobre os investimentos públicos, mas o poder de decisão pertence ao governo) e orçamento deliberativo (os cidadãos apresentam propostas e decidem através do seu voto os projetos que serão implementados).

Em Portugal, existem quatro iniciativas pioneiras a nível mundial: uma, desde 2015 – Orçamento Participativo Sénior no Município de Alfândega da Fé, e três desde 2017 – Orçamento Participativo Portugal, Orçamento Participativo Jovem Portugal[50] e Orçamento Participativo das Escolas, além dos Orçamentos Participativos Municipais e de Juntas de Freguesia, e também desde 2017, Orçamentos Participativos Jovem Municipais. Em 2018,

[47] Apenas duas cidades a nível mundial colocaram a totalidade do seu orçamento a discussão popular (pelo menos em termos técnicos): Porto Alegre (até 2004 e que, em 2017, tem o processo de orçamento participativo suspenso, por ausência de recursos financeiros) e Mundo Novo (em Mato Grosso, no Brasil). Quanto às cidades europeias, muitas não chegam a colocar 1% do orçamento municipal a discussão popular.

[48] Harika Masud, Helene Pfeil, Sanjay Agarwal and Alfredo Gonzaluz Brisene, op. cit., p. 45.

[49] Ou có-decisório na terminologia de Nelson Dias e Giovanni Allegretti, Comunicado de Imprensa – *Os Orçamentos Participativos em Portugal: um quadro comparativo depois de 11 anos de experiência*, 25 de janeiro de 2014.

[50] Que as autoridades nacionais consideram levar pelo menos 5 anos a ser conhecido e reconhecido (Emyr Williams Emily St. Denny and Dan Bristow, *Participatory Budgeting: an evidence review*, Public Policy Institute for Wales, August 2017, p. 24).

está a ser implementado o primeiro Orçamento Participativo Regional – o da Região Autónoma dos Açores. Em 2018, Portugal é o único país do mundo a ter Orçamentos Participativos em todos os níveis de governo[51].

Qualquer dos Orçamentos Participativos à escala nacional e regional é deliberativo. Os Orçamentos Participativos Municipais começaram por ser maioritariamente consultivos (a decisão sobre os projetos a implementar pertencia aos executivos camarários) e há cerca de uma década[52], vários passaram a ser deliberativos[53]. Os Orçamentos Participativos Jovem municipais também são deliberativos.

Orçamento Participativo Portugal (OPP)

O OPP, experiência pioneira a nível mundial pelo seu âmbito de aplicação, tem como objetivo "constituir uma oportunidade para construir em Portugal um projeto de participação cidadã que aproxime as pessoas da política e que promova maior ligação e integração entre territórios através de projetos de âmbito nacional"[54].

O OPP integra grupos de propostas de âmbito territorial diferenciado (uma de âmbito nacional (com pelo menos duas regiões distintas), uma por cada uma das regiões das NUT II[55] e uma por cada uma das Regiões Autónomas, não concorrentes entre si, pois cada grupo tem a sua dotação financeira (que é idêntica para todos os grupos)). As áreas de investimento público são diferentes consoante os projetos respeitem ao Continente (agricultura, cultura, ciência, educação e formação de adultos) ou às Regiões Autónomas (justiça e administração interna).

Podem votar no OPP todos os cidadãos nacionais ou estrangeiros residentes legalmente em Portugal com idade igual ou superior a 18 anos, tendo direito a dois votos cada um: um de âmbito regional e outro de âmbito nacional.

O ciclo do OPP tem cinco fases: (1) discussão e elaboração de propostas ao OPP, em encontros participativos; (2) análise técnica das propostas

[51] Nelson Dias e Giovanni Allegretti, *Hope for Democracy*, 2018, p.270.

[52] Margarida Santos, Susana Batel e Maria Eduarda Gonçalves, *Participar está na moda: uma abordagem psicossocial dos orçamentos participativos*, Psicologia e Sociedade 30, el65726, 2018, p.4.

[53] Nelson Dias e Giovanni Allegretti, *Orçamentos Participativos em Portugal: em busca de uma democracia de maior proximidade ou de uma racionalidade funcional?*, Cidades – Comunidades e Territórios, nº 18, junho de 2009, p. 71.

[54] In Ministério das Finanças, *Orçamento do Estado – 2017, Relatório*, Lisboa, 2016, p. 133.

[55] Norte, Centro, Lisboa e Vale do Tejo, Alentejo e Algarve

e transformação destas em projetos; (3) publicação da lista provisória dos projetos a colocar a votação; (4) votação pelos cidadãos dos projetos selecionados; (5) apresentação pública dos projetos vencedores e inscrição dos projetos nos respetivos orçamentos.[56]

A primeira edição do OPP ocorreu em 2017, com uma verba de três milhões de euros, havendo 38 projetos vencedores entre os 599 apresentados.

O sucesso da primeira edição do OPP levou a que na segunda edição (a decorrer no presente ano) o governo aumentasse para cinco milhões de euros, a verba do Orçamento de Estado cuja aplicação será decidida pelos cidadãos. Também se verificaram alterações nas áreas de investimento, que passaram a ser qualquer uma das áreas de governação. O número de projetos em votação[57] nesta segunda edição ascende a 691[58].

O OPP constitui uma iniciativa para a participação dos cidadãos na gestão de fundos do Orçamento do Estado. Para o efeito, irá capacitar os cidadãos em finanças públicas e promover a consciência cívico-fiscal. Mas para que tal suceda, é fundamental que durante o processo, em particular nos encontros participativos e no portal do OPP, seja disponibilizada informação simplificada sobre o Orçamento do Estado. Esta dinâmica participativa pressupõe, pois, a transparência orçamental.

Mas, também se observam algumas limitações ao OPP. Com efeito, e se é certo que o OPP foi uma sequência natural da disseminação dos Orçamentos Participativos a nível local, a realidade é que não existe articulação com as autarquias para implementação dos projetos aprovados, o que pode dificultar a sua execução. Por outro lado, é fundamental que neste processo exista capacidade para gerar ideias e financiar projetos de interesse público, que tenham amplo apoio da comunidade, e que sejam cumpridos "critérios de redistribuição tanto geográfica como social". Há ainda que tomar em atenção a possibilidade de grandes grupos de interesse conseguirem mobilizar a votação nas suas propostas, o que pode originar dinâmicas de exclusão.[59]

[56] In https://opp.gov.pt/, consultado em 14 de junho de 2018.

[57] que terminará em 30 de setembro de 2018.

[58] In https://opp.gov.pt/, consultado em 14 de junho de 2018.

[59] Roberto Falanga, Como aumentar a escala dos Orçamentos Participativos? Orçamento Participativo Portugal e Orçamento Participativo Jovem Portugal, *Policy Brief, Observa-Observatório do Ambiente e da Sociedade, CES-Universidade de Lisboa*, Edição do Instituto de Ciências Sociais da Universidade de Lisboa, abril de 2018, pp. 10 e 11.

Não se pode deixar de referir a verba pouco significativa que está adstrita ao OPP (mesmo na 2ª edição) e que terá como consequência a não possibilidade de fazer reformas estruturais nem promover a justiça social. A título comparativo, 5 milhões de euros foi o montante à disposição dos munícipes de Lisboa entre 2008 e 2011 para o Orçamento Participativo Municipal[60].

Orçamento Participativo Jovem Portugal (OPJP)

O OPJP é também uma iniciativa pioneira a nível mundial e tem como objetivo "contribuir para a melhoria da democracia pela inovação e reforço das formas de participação pública dos cidadãos jovens."[61]

O OPJP decorre das experiências à escala local do Orçamentos Participativos Jovem e pretende promover a cidadania ativa e responsável dos jovens através da educação fiscal. Com o OPJP, os jovens participarão na definição de políticas públicas que satisfaçam as suas necessidades.

Podem votar no OPJP os cidadãos nacionais e estrangeiros a residir legalmente em Portugal com idade compreendida entre os 14 e os 30 anos inclusivé[62].

As propostas podem ser apresentadas em quatro áreas de âmbito nacional – desporto inclusivo, educação para as ciências, inovação social e sustentabilidade ambiental.

A primeira edição do OPJP foi realizada em 2017, com um valor total de 300 mil euros, com um máximo de 75 mil euros distribuído por cada projeto. Foram aprovadas 7 propostas de um total de 167 em votação.

À semelhança do que se verificou com o OPP, na segunda edição (que está a decorrer em 2018), o OPJP teve um aumento da dotação total, que passou a ser de 500 mil euros. Nesta segunda edição, os projetos terão de se enquadrar nas áreas das políticas públicas relacionadas com o desporto inclusivo, o diálogo intergeracional, a inovação cultural e a sustentabilidade ambiental.[63]

[60] Giovanni Allegretti, Nelson Dias e Sofia Antunes, Transformar o território promovendo a cidadania: metodologias em evolução nos orçamentos participativos de Lisboa e Cascais, *IPEA – Boletim Regional, Urbano e Ambiental,* nº 14, junho 2016, p.154.

[61] In https://opjovem.gov.pt, consultado em 20 de outubro de 2017.

[62] Resolução do Conselho de Ministros 130/2017, de 13 de setembro de 2017.

[63] Resolução do Conselho de Ministros 67/2018, de 23 de maio de 2018.

Além do público alvo, uma das principais diferenças entre o OPJP e o OPP consiste no critério de afetação do orçamento às regiões (não existindo qualquer limite mínimo orçamental para os projetos regionais e nacionais no OPJP).[64]

Todas as limitações apontadas ao OPP se aplicam ao OPJP.

Orçamento Participativo das Escolas (OPEscolas)

O OPEscolas teve início em 2017 e é uma iniciativa que permite aos estudantes do 3º ciclo do ensino básico e do ensino secundário de qualquer estabelecimento de ensino público participarem nas decisões da Escola, através de um processo democrático, com várias etapas, onde apresentam propostas para melhorar o respetivo estabelecimento de ensino.

O OPEscolas é financiado pelo Orçamento do Estado, devendo a dotação de cada escola ser atribuída em função do número de estudantes do 3º ciclo do ensino básico e do ensino secundário que a frequentem. O valor mínimo do OPEscolas é de 500€, e destina-se a estabelecimentos de ensino público com um número de estudantes inferior a 500 e é de 1€ por cada aluno em escolas com mais de 500 estudantes destes ciclos.[65]

Na primeira edição do OPEscolas, participaram 5 milhões de alunos, foram apresentadas 4731 propostas pelos estudantes, tendo sido aplicado um milhão de euros do Orçamento do Estado. A segunda edição está a decorrer em 2018.

O OPEscolas visa, essencialmente, fomentar o espírito de iniciativa e a cidadania dos estudantes, o que permite aumentar a literacia financeira. Nesse sentido, pode considerar-se um embrião para a literacia fiscal dos estudantes (os alunos vão entender como se elabora um orçamento[66]) e para a responsabilização por aquilo que é público.

Orçamento Participativo Municipal (OPM) e de Juntas de Freguesia

O OPM tem como objetivo prioritário envolver os munícipes nas decisões sobre a afetação de recursos às políticas municipais, isto é, "contribuir para o exercício da cidadania ativa dos munícipes nos processos de governação

[64] Nelson Dias e Giovanni Allegretti, *Hope for Democracy*, 2018, p.453.

[65] In https://opescolas.pt/, consultado em 14 de junho de 2018.

[66] Nas palavras do Ministro da Educação, Tiago Brandão Rodrigues, em https://observador.pt/2018/02/06/segunda-edicao-do-orcamento-participativo-das-escolas-lancada-esta-terca-feira-em-lisboa/, consultado em 12 de junho de 2018.

local"[67]. Nessa perspetiva, pode-se falar do OPM como um instrumento que fomenta o exercício da cidadania fiscal nos Municípios.

O primeiro Orçamento Participativo ocorreu em 2002 na Junta de Freguesia de São Sebastião (concelho de Palmela) e o primeiro OPM realizou-se em 2003 na Câmara Municipal de Palmela. Entre 2002 e 2006 surgiram mais dez OPM, mas todos eles apenas consultivos. Os primeiros OPM deliberativos datam de 2007 e 2008, respetivamente para Sesimbra e Lisboa (primeira capital europeia com um orçamento participativo). Neste contexto, podem-se identificar duas gerações dos OPM em Portugal: uma primeira entre 2000 e 2006 em que os orçamentos eram apenas consultivos e uma segunda, a partir de 2007, onde a tendência é para orçamentos participativos deliberativos. De acordo com Giovanni Allegretti, em 2017, cerca de 95% dos OPM são deliberativos[68].

Entre 2002 e 2017, Portugal tornou-se o país com maior percentagem de municípios com OPM implementados ou em fase de implementação[69] – cerca de 46% dos municípios (incluindo juntas de freguesia) em 2017[70] e, em março de 2018, contavam-se mais de 180 orçamentos participativos ativos (dos quais cerca de 20% eram de juntas de freguesia)[71]. Para esta evolução contribuiu a criação da Rede de Autarquias Participativas (RAP), a qual surgiu, em 2014, no âmbito do projeto "Portugal Participa – Caminhos para a Inovação Societal"[72].

Mas, os OPM têm tido uma elevada taxa de mortalidade e parecem estar associados à duração dos mandatos municipais. Com efeito, mais de 90% dos OPM tem uma longevidade de 1 a 4 anos (o que mostra a pouca sustentabilidade deste processo em Portugal). Apenas o município de Lisboa tem OPM há 11 anos e os municípios de Cascais, Amadora, Odemira e Vila Franca de Xira há 8 anos[73].

[67] Ana Cristina Lino Marques, op. cit., p.60.

[68] In https://www.jornaldenegocios.pt/economia/autarquias/detalhe/118-orcamentos-participativos-colocam-portugal-no-topo-da-europa, consultado em 11 de maio de 2018.

[69] Não considerando países como o Perú ou a República Boliviana, onde estes processos são obrigatórios (Nelson Dias e Giovanni Allegretti, *Hope for Democracy*, 2018, p.259).

[70] Em 2017, existiam 100 orçamentos participativos ativos e 50 suspensos, tendo sido o ano de 2016, o que mais orçamentos participativos ativos tinha tido até agora – 126 (Nelson Dias e Giovanni Allegretti, *Hope for Democracy*, 2018, p.260).

[71] Roberto Falanga, op. cit., p. 4.

[72] coordenado pela Associação In Loco, em parceria com o Centro de Estudos Sociais da Universidade de Coimbra e as Câmaras Municipais de Cascais, Funchal, Odemira e Porto.

[73] Nelson Dias e Giovanni Allegretti, *Hope for Democracy*, 2018, pp.261 e 264.

É habitualmente referido que os OPM permitem "aumentar a transparência da atividade municipal e do nível de responsabilização dos eleitos e da estrutura municipal"[74]. Mas, e de acordo com um estudo de Nelson Dias e Giovanni Allegretti[75], para 2013, parece que a evidência empírica não valida a hipótese de aumento de transparência municipal para Portugal. Com efeito, e utilizando o Índice de Transparência Municipal, no *ranking* das dez melhores cidades portuguesas deste índice, apenas figuravam três com OPM no ano anterior (Batalha, Aveiro e Oeiras) e duas com OPM em 2013 (Alfândega da Fé e Guimarães). Os autores observaram ainda que a média deste índice para as cidades com OPM em 2012 era até bastante baixa (37,68). Analisando os resultados para 2017, verifica-se que também apenas duas das dez cidades com melhor Índice de Transparência Municipal tiveram OPM[76] (Alfândega de Fé e Vila Nova de Cerveira) em 2016 e três em 2017 (Alfândega da Fé, Vila Nova da Cerveira e Leiria)[77].

Em Portugal, e apesar da existência de diferenças de conceção significativas dos OPM de município para município, pode-se afirmar, que os OPM têm contribuído essencialmente para o aproximar dos governos locais às populações e, sendo certo, que permitem o enraizamento de uma cultura de cidadania ativa através da participação democrática e da promoção da literacia orçamental local, há ainda um longo percurso a percorrer de modo a tornar este processo sustentável. De referir que, à semelhança do que é feito na Alemanha e no Brasil, os municípios portugueses poderiam ir mais longe, em particular na capacitação dos munícipes em matérias do orçamento municipal. Com efeito, nos debates públicos dos projetos, os cidadãos deveriam receber documentação, em linguagem acessível, sobre o orçamento municipal e os planos plurianuais municipais. Ou seja, a educação fiscal tem aqui um papel preponderante e que se poderia traduzir numa maior transparência das contas públicas municipais e numa maior responsabilização dos decisores políticos municipais.

[74] Ana Cristina Lino Marques, op. cit., p.60; H. Anthony Crossman & Dov Fischer, Participatory Budgeting and Transparency in Municipal Finances, *Jounal of Accounting, Ethics and public Policy*, vol. 17, nº3, 2016, p. 664.

[75] Nelson Dias e Giovanni Allegretti, Comunicado de Imprensa – *Os Orçamentos Participativos em Portugal: um quadro comparativo depois de 11 anos de experiência*, 25 de janeiro de 2014.

[76] Consideraram-se OPM, OPJM e OPSM.

[77] Resultados_ITM_2017.xlsx, disponibilizado em https://transparencia.pt/itm-2017/, consultado em 14 de junho de 2018.

Orçamentos Participativos Jovem Municipais (OPJM)

Há cerca de uma década, diversas câmaras municipais e juntas de freguesia apostaram na camada mais jovem da população como forma de começar a formação de uma consciência cívico-fiscal (além da participação democrática). Ou seja, levar a que as crianças e os jovens compreendam, designadamente, as diferenças nas atribuições do poder público central e do poder público local, as competências do setor público e do setor privado, o conceito de orçamento público, as diversas categorias de despesas[78], as limitações financeiras das autarquias e o facto de qualquer projeto ter custos[79].

A este respeito, importa referir a experiência pioneira de São Brás de Alportel que, em 2006, realizou o primeiro Orçamento Participativo Crianças e Jovens, envolvendo alunos de duas das principais escolas do município[80]. Outras experiências se seguiram como a da Junta de Freguesia de Carnide (em 2007), a do Orçamento Participativo Escolar da Câmara Municipal de Lisboa (em 2011), a do OPJM de Trofa (em 2011), e a do OPJM de Condeixa (em 2012).

Os OPJM constituem uma sequência destas experiências e têm como objetivo essencial garantir a participação dos jovens na gestão pública do município onde residem, o que contribuirá para o aumento da transparência da atividade da autarquia e reforçará a qualidade da democracia participativa.

O estrato etário dos jovens que participam no OPJM é diferente de município para município, assim como a dotação para os projetos.

No contexto dos OPJM, salienta-se o OPJM de Cascais que recebeu o prémio de melhor prática de participação cidadã em Portugal em 2017. Em 2018, o OPJM de Cascais esteve em implementação em 14 escolas, com uma dotação de 2.500€ por escola, estando previsto um aumento da verba para 10.000€ por escola para 2019.

[78] em particular, despesa de funcionamento e despesa de investimento.

[79] @ventura, *Orçamento Participativo Crianças e Jovens – Manual do Recurso*, Empreendedorismo e Educação Cívica – Fazer Escola com o Recolhas, 2012, p. 24.

[80] Numa parceria entre as escolas, a Associação in Loco e o próprio município (Nelson Dias e Giovanni Allegretti, *Orçamentos Participativos em Portugal: em busca de uma democracia de maior proximidade ou de uma racionalidade funcional?*, Cidades – Comunidades e Territórios, nº 18, junho de 2009, p. 72).

Orçamentos Participativos Sénior Municipais (OPSM)

O OPSM de Alfândega da Fé é uma experiência pioneira a nível internacional e foi considerado, em 2015, como uma prática de excelência a nível europeu pelo MOPACT (Mobilizar o Potencial do Envelhecimento Ativo na Europa) e, em 2017, como uma boa prática no âmbito da participação dos cidadãos nas políticas locais pelo OIDP (Observatório Internacional de Democracia Participativa)[81].

O objetivo do OPSM é semelhante ao dos OPJM, mas agora, aplicado à população sénior. Com este mecanismo de participação, a população com idade superior a 60 anos apresenta propostas para aplicação de uma pequena percentagem dos recursos municipais e decide, através do Conselho Municipal Sénior, os projetos a implementar. Com o OPSM, esta faixa da população adquire competências relativas aos orçamentos municipais (educação fiscal ao nível local) e aos processos de decisão local e participação e compromete-se com o bem público municipal, pelo que se pode falar do exercício de cidadania (fiscal) ativa na população mais idosa através do OPSM.

4. Avaliação da Transparência Orçamental e da Participação Pública na Orçamentação em Portugal

O Inquérito sobre o Orçamento Aberto é uma iniciativa da *International Budget Partnership* (IBP)[82] e constitui "a única avaliação mundial comparativa e independente da transparência orçamental, fiscalização e participação a nível nacional"[83].

No Inquérito sobre o Orçamento Aberto, o sistema de prestação de contas pública é analisado em três vertentes: disponibilidade pública da informação orçamental (transparência orçamental), oportunidades de participação do público no processo orçamental, e o papel e a eficácia das instituições formais de fiscalização.

O Inquérito sobre o Orçamento Aberto 2017 (última edição deste Inquérito) é relativo à informação recolhida[84] em 115 países, entre setem-

[81] In https://www.cm-alfandegadafe.pt/frontoffice/pages/1119?news_id=356, consultado em 8 de junho de 2018.

[82] A IBP pretende tornar, em todo o mundo, os sistemas de finanças públicas mais transparentes e responsáveis, realizando este inquérito desde 2006.

[83] IBP – International Budget Partnership, *Inquérito sobre o Orçamento Aberto 2017*, janeiro 2018, p.2.

[84] conjuntamente com parceiros da sociedade civil.

bro e dezembro de 2016. A edição de 2017 não é comparável com as cinco edições anteriores nas dimensões de participação pública na orçamentação e da fiscalização orçamental.

Para aferir da transparência orçamental, é construído um índice composto – o Índice do Orçamento Aberto (IOA), a partir de 109 indicadores do Inquérito, que avaliam se o governo central disponibiliza ao público, em tempo útil, oito documentos orçamentais principais (declaração pré-orçamental, proposta de Orçamento do executivo, Orçamento promulgado, orçamento cidadão, relatórios durante o ano, revisão semestral, relatório do fim de ano, relatório de auditoria), e a qualidade da informação neles contida.

Portugal obteve, em 2017, um IOA de 66 (em 100), o que significa que é um país suficientemente transparente[85]. Com este resultado (que pouco melhora em relação ao IOA em 2015), Portugal ficou significativamente acima da média global (IOA de 42 em 100), tendo obtido o 22º lugar dos países do mais transparentes a nível mundial (em 2012 e em 2015, estava em 21º lugar). Para melhorar a transparência orçamental, os governos portugueses deverão produzir um orçamento cidadão, uma revisão semestral (atualização do processo orçamental a meio do ano fiscal) e incluir informação mais detalhada na proposta de Orçamento e no relatório de fim de ano.

Quanto à participação pública na orçamentação, o Inquérito sobre o Orçamento Aberto aplicou os novos princípios de participação pública da GIFT[86] para aferir se os governos dão oportunidade aos cidadãos de participar no processo orçamental durante todo o ciclo orçamental. Portugal obteve 15 pontos (em 100), o que significa que dá poucas oportunidades. Todavia, este resultado está acima da média global (12 pontos em 100). Para melhorar a participação pública no processo orçamental, os governos portugueses devem, na fase de elaboração do Orçamento do Estado, criar mecanismos para que os cidadãos e as entidades do executivo possam interagir (como por exemplo, auditorias sociais) e realizar audiências legislativas regulares em que o público possa participar. Será também necessário possibilitar que os cidadãos auxiliem o Tribunal de Contas a formular o respetivo programa de auditoria[87].

[85] Designação para IOA superior a 61pontos (IBP- International Budget Partnership, op. cit., p. 11).

[86] divulgados em 2016 e com as alterações introduzidas em 2017.

[87] IBP – International Budget Partnership, *Inquérito sobre o Orçamento Aberto 2017- Portugal-resumo*, janeiro 2018, p. 4.

Finalmente, na avaliação da fiscalização orçamental por parte do poder legislativo, da instituição suprema de auditoria e de instituições fiscais independentes (no caso português, o Conselho de Finanças Públicas e a Unidade Técnica de Apoio Orçamental), Portugal alcançou 72 pontos em 100, o que significa que existe uma fiscalização adequada do orçamento. Para melhorar esta classificação, as medidas recomendadas são a publicação de relatórios *online* sobre a execução orçamental ao longo do ano por uma comissão legislativa, a consulta pelo governo à Assembleia da República antes de reduzir a despesa pública por insuficiência da receita pública e garantir o financiamento adequado ao Tribunal de Contas para as suas funções.

É de esperar que a nova ferramenta gráfica da DGO relativa ao processo orçamental e os novos orçamentos participativos nacionais permitam melhorar a classificação de Portugal, tornando-o num país com maior transparência orçamental e onde os cidadãos possam exercer uma cidadania fiscal verdadeiramente ativa.

5. Notas finais

Ao longo da última década, os governos portugueses têm-se esforçado por prosseguir uma estratégia de "governo aberto", via aumento da transparência orçamental e da multiplicação de Orçamentos Participativos. Sendo certo que Portugal ocupa uma posição confortável, a nível mundial, em termos do IOA e da participação pública no ciclo orçamental, a realidade é que ainda muito falta fazer para que se possam alcançar patamares mais elevados do exercício de uma cidadania fiscal verdadeiramente ativa e participativa.

Em termos da transparência orçamental, Portugal regrediu até um pouco, designadamente pela não apresentação do orçamento cidadão, documento reconhecido internacionalmente como fundamental para a literacia orçamental dos cidadãos. Quanto ao Portal da Transparência Municipal, sendo um instrumento bem conseguido, peca pela desatualização dos dados.

Por outro lado, muitas das experiências de orçamento participativo se bem que possam ter melhorado qualitativamente a vida dos cidadãos, não têm conseguido, na prática, elucidar os cidadãos sobre as matérias orçamentais, pois não são disponibilizados documentos explicativos sobre os orçamentos nem a discussão se centra sobre essas matérias (quer a nível local, quer a nível nacional). Ou seja, a vertente da educação fiscal não está tão presente quanto deveria estar nestas iniciativas. Sendo que os orçamentos participativos (pela variedade que têm em termos de estratos etários) constituiriam uma excelente oportunidade para criar (ou melhorar) uma consciência cívico-fiscal na população, é necessário sensibilizar os governos (locais, regionais e nacional) para esta temática. O exercício de uma cidadania fiscal verdadeiramente ativa e participativa disso depende!

Cidadania e Educação Fiscal: a ação da Administração Tributária

Jesuíno Alcântara Martins*

1. Introdução

O sistema fiscal tem por finalidade a satisfação das necessidades financeiras do Estado e de outras entidades públicas, bem como a repartição justa dos rendimentos e da riqueza. O sistema fiscal português tem uma estrutura tripartida, porquanto, o poder tributário está dividido entre os órgãos centrais, regionais e locais, cujas atribuições emergem diretamente de normativos constitucionais. O poder tributário, numa lógica de autorregulação, pertence à Assembleia da República (al. i) do nº 1 do artº 165º da Constituição da República Portuguesa (CRP)). O Governo apenas pode legislar sobre a criação de impostos e sistema fiscal, mediante a concessão de autorização legislativa por parte da Assembleia da República, a qual pode revestir a forma de lei autónoma ou, então, ser integrada na lei do orçamento do Estado, devendo, em qualquer dos casos, definir o objeto, o sentido, a extensão e a duração da autorização (nº 2 do artº 165º da CRP).

As regiões autónomas, para além de poderem adaptar o sistema fiscal nacional às especificidades regionais, podem exercer poder tributário próprio (a. i) do nº 1 do artº 227º da CRP), com vista à criação de tributos próprios para que estes incrementem o acervo de recursos financeiros de que os órgãos regionais necessitam para fazer face às suas atribuições e

* Professor Adjunto do Iscal, investigador do Projeto ECF.

competências no desenvolvimento das políticas públicas tendentes à concretização do interesse público.

Na dimensão territorial local algo de semelhante ocorre com as autarquias locais, na medida em que a Constituição da República Portuguesa, no artigo 238º, define as fontes de financiamento e atribui-lhes poder tributário. O conceito de tributo consta do artigo 3º da Lei Geral Tributária (LGT), o qual é bastante abrangente integrando todas as espécies tributárias, desde o imposto às mais diversas contribuições, taxas ou tarifas.

O artigo 103º da CRP encerra os princípios estruturantes do sistema fiscal, de que se destacam o princípio da reserva de lei formal, da legalidade e a proibição da retroatividade dos impostos. Por sua vez, a estrutura da tributação está desenhada no artigo 104º da CRP, cujos normativos estabelecem os pressupostos e os limites da tributação no domínio da tributação pessoal, das empresas, do património e do consumo, cujo objetivo primordial visa contribuir para a igualdade entre os cidadãos, fomentar o desenvolvimento económico e a realização da justiça social.

Daí que os cidadãos e os agentes económicos devem ser tributados em função da sua capacidade contributiva revelada, nos termos da lei, pelos rendimentos auferidos ou utilizados, bem como através do património evidenciado. Independentemente da cédula de incidência, a tributação deve ser concretizada num quadro de estrita observância dos princípios da generalidade, da igualdade, da legalidade e da justiça material.

As sociedades desenvolvidas e modernas, fruto da exigência das vivências sociais e económicas, confrontam-se com a necessidade de obtenção de grande volume de recursos financeiros, de modo a garantir aos cidadãos uma vida digna, com aceitáveis padrões de conforto económico, social e educacional. Para tanto, os órgãos do Estado necessitam de recursos financeiros que permitam que as funções do Estado sejam desenvolvidas de modo satisfatório e universal, por forma a garantir a todos o acesso à educação, aos cuidados de saúde, à justiça e à segurança. Independentemente das conceções ou modelos políticos implementados na sociedade, e sem prejuízo de um pendor mais intervencionista ou liberal, a necessidade dos recursos financeiros é comum a todos os Estados modernos, porquanto se pode afirmar que o Estado social é um Estado fiscal.

Com efeito, quanto maior for o propósito do Estado em garantir a todos os cidadãos cuidados de saúde, tendencialmente gratuitos, sistema de ensino e educação, bem como transportes e outros bens ou serviços,

a preços a abaixo do preço real de produção, maior serão as necessidades de financiamento através da tributação.

É, portanto, inquestionável que o pagamento de impostos é fundamental para que os Estados modernos possam prosseguir as suas atribuições de modo a satisfazer as necessidades dos cidadãos e, concomitantemente, possam desenvolver políticas económicas que permitam o incremento do tecido empresarial, em ordem a potenciar a sustentabilidades da economia, com vista a garantir a competitividade das empresas e o desenvolvimento económico e social da sociedade.

A incessante tentativa de dotar os sistemas fiscais de competitividade internacional, e de eficácia e eficiência na arrecadação das receitas tributárias tem, nos últimos anos, contribuído para uma enorme instabilidade dos sistemas normativos, bem como tem contribuído para a sua densificação e complexidade, o que, não obstante os elevados níveis de informatização e desmaterialização dos procedimentos e processos, concorre para acentuar a dificuldade de apreensão e compreensão das obrigações a cumprir e, outrossim, para incrementar a pressão fiscal sobre os contribuintes.

Com efeito, a necessidade de recursos financeiros por parte do Estado conduz a uma maior carga fiscal, realidade que pode aguçar os propósitos fraudulentos de algumas categorias de contribuintes. Na verdade, e sem prejuízo da maior eficácia revelada pelos serviços fiscais para combater os fenómenos de fraude e evasão fiscais, há que reconhecer que estas condutas existirão sempre, pelo que é fundamental criar uma cultura de cumprimento espontâneo, livre e consciente das obrigações tributárias.

As obrigações tributárias são o corolário direto da atividade económica ou profissional exercida pelo contribuinte, visto que o enquadramento fiscal daquele é determinado pelo tipo, forma de exercício e dimensão da atividade económica. Em resultado do enquadramento fiscal o acervo de obrigações tributárias – principais ou acessórias (artº 31º da LGT) – a observar pode ser mais ou menos complexo, bem como o nível de literacia fiscal do contribuinte pode ser ou não adequado às necessidades legais. Há que sublinhar que alguns contribuintes, quer pela complexidade inerente à atividade, quer pela dimensão ou volume dos negócios ou atividade económica, são obrigados a recorrer ao apoio técnico de diversos profissionais, no domínio da consultadoria, da gestão, da contabilidade, serviços jurídicos, informáticos e recursos humanos.

A obrigação de pagar impostos é um dever de cidadania, mas a complexidade normativa, procedimental e processual dos sistemas fiscais ganhou uma expressão tão elevada que existe uma faixa de contribuintes que evidência profunda insatisfação e desinteresse pelo dever de cumprir as obrigações fiscais.

Existe, portanto, uma profunda necessidade de sensibilização e informação dos contribuintes, quanto aos fins e objetivos a alcançar pela tributação, bem como de esclarecimento, ensino e explicação de diversas variantes da teoria dos impostos, de modo a que os contribuintes possam compreender as finalidades da tributação e apreender que o ato de pagar impostos tem subjacente um ato de partilha e de solidariedade da vida em comunidade. É necessário afastar a conceção de que os impostos são pagos a uma entidade abstrata e impessoal, que apenas gasta sem critério e rigor os impostos cobrados aos contribuintes desprotegidos e depauperados pela carga fiscal.

2. Educação Fiscal dos contribuintes

A cidadania consubstancia um acervo de direitos assaz relevantes para a construção de uma sociedade desenvolvida, moderna, atrativa e solidária. O direito à cidadania está consagrado no artigo 26º da CRP. É fundamental consciencializar que a usufruição do quadro de valores conformadores do direito à cidadania exige a observância de um acervo de deveres essenciais à concretização e desenvolvimento da sociedade hodierna. Um desses deveres é o dever de pagar impostos e de cumprimento das obrigações tributárias. Não é compaginável com o estatuto de cidadão uma conceção restrita do Estado. A ideia de que o Estado é uma pessoa abstrata, porquanto representa um grupo de órgãos e entidades impessoais e alheias à realidade individual de cada cidadão ou agente económico, é avessa à construção de um Estado forte, ativo, solidário e utilitário. A coexistência destes valores é essencial para a formação de uma consciência de cidadania, inspirada numa conceção de ação participativa e de exigência de responsabilidade, o que pressupõe que cada um conheça os seus direitos, de modo a que esteja apto a exigir o sua observância, mas que, outrossim, esteja consciente e atento para a necessidade de proceder de forma livre, disponível e pontual ao cumprimento dos seus deveres.

O cumprimento das obrigações e deveres fiscais é essencial ao regular funcionamento do Estado, dos seus organismos, órgãos e serviços.

Os serviços prestados pelo Estado e demais entidades públicas são fulcrais à boa organização da vida em sociedade e ao bem estar das populações, o que só é possível realizar se existirem recursos financeiros suficientes para a realização das atribuições do Estado, considerado nas suas diversas dimensões. É evidente que os órgãos do Estado e demais entidades públicas não esgotam a estrutura organizacional da sociedade. Com efeito, a sociedade é, outrossim, integrada por organismos e entidades da sociedade civil que assumem enorme relevância e que contribuem para o reforço da coexistência da sociedade. Porém, o desempenho dos órgãos públicos é vital, porquanto são estes que garantem a realização das principais funções do Estado, o que não será possível ocorrer se não existirem recursos financeiros disponíveis. Os impostos são a principal fonte de financiamento do Estado, razão pela qual a tributação obedece aos princípios da generalidade, da igualdade, da legalidade e da justiça material (nº 2 do artº 5º da LGT). Cada contribuinte, independentemente da sua natureza ou qualidade, tem o dever de contribuir para o erário público em função da sua capacidade contributiva, devendo, para o efeito, e de acordo com o seu enquadramento fiscal, proceder ao cumprimento das suas obrigações tributárias.

As cédulas tributárias são diversas e integram normas substantivas, procedimentais e processuais complexas. As regras estruturantes do sistema fiscal e dos diversos tributos constam da LGT. Todavia, os diversos códigos de tributação encerram regras específicas quanto à determinação ou quantificação da matéria tributável, liquidação, pagamento, obrigações acessórias, direitos e garantias dos contribuintes. O acervo legal que estabelece e regula o catálogo das obrigações tributárias encerra uma multiplicidade de obrigações, pelo que pode ser assaz complexo identificar as obrigações a cumprir em cada momento da vida quotidiana. É certo que as obrigações fiscais a que está adstrito um contribuinte que detenha a qualidade de trabalhador por conta de outrem é muito mais simples que as obrigações a que está vinculado um profissional livre, um empresário ou uma pessoa coletiva ou sociedade. Todavia, não obstante as obrigações a cumprir serem díspares, há que realçar que o grau de exigência quanto ao cumprimento das obrigações tributárias é igual para todos eles, pelo que, em caso de inobservância, irregularidade ou inexatidão, a responsabilidade penal tributária não pode ser justificada pela débil ou precária estrutura empresarial ou através da invocação do desconhecimento da lei.

Se este for invocado de imediato a Administração Tributária alegará que, nos termos do artigo 6º do Código Civil, "[a] ignorância ou má interpretação da lei não justifica a falta do seu cumprimento nem isenta as pessoas das sanções nelas estabelecidas".

É enorme a violência e a agressividade desta disposição legal, designadamente, quando estamos perante um domínio do conhecimento jurídico e técnico que encerra muita complexidade e especificidade, pelo que facilmente os contribuintes se envolvem em situações irregulares e ilícitas, sem que para tal tenham sido assaltados por qualquer intenção (*animus*) de ilidir ou de defraudar o fisco. Logicamente, que alguns contribuintes, atenta a dimensão da atividade económica desenvolvida, beneficiam do apoio de departamentos jurídicos e técnicos, nalguns casos integrados, noutros externos, à sua estrutura organizacional ou empresarial. Outros contribuintes, por imposição legal, têm de contratar os serviços de técnicos especializados – contabilistas certificados – de modo a poderem cumprir as obrigações tributárias acessórias com o rigor e a exigência técnica prescrita na legislação fiscal, comercial e no sistema de normalização contabilística. Existe, todavia, uma massa de contribuintes que, atenta a sua diminuta relevância económica, se encontram entregues exclusivamente à sua iniciativa.

Independentemente da sua categoria ou expressão economia, o dever de pagar impostos e de cumprir as obrigações tributárias é universal e abrange todos os contribuintes, incidindo sobre estes a obrigação de, acordo com o seu enquadramento fiscal, conhecer, em concreto, as obrigações tributárias a que estão adstritos. Para tanto, torna-se necessário que os contribuintes, pessoas singulares ou pessoas coletivas, diligenciem junto dos serviços da Administração Tributária ou contratem, ainda que não obrigados pela lei, técnicos especializados que lhes possam prestar os adequados esclarecimentos, por forma a que possam cumprir de forma rigorosa e atempada as obrigações tributárias.

Há que sublinhar que nos termos da lei (nº 3 do artº 59º da LGT), e no âmbito dos deveres de colaboração entre a Administração Tributária e os contribuintes, compete àquela prestar a estes:

i) A informação pública, regular e sistemática sobre os seus direitos e obrigações;
ii) A assistência necessária ao cumprimento dos deveres acessórios;

iii) O esclarecimento regular e atempado das fundadas dúvidas sobre a interpretação e aplicação das normas tributárias.

Este dever de informação e de esclarecimento é de primordial importância para habilitar os contribuintes a realizar o correto cumprimento das suas obrigações fiscais. Porém, pode ser insuficiente, designadamente se não for prestado em tempo útil e oportuno, visto que a sua prestação em momento posterior ao prazo legal das obrigações devidas, revelar-se-á despicienda ou inútil, porquanto a informação prestada pode não evitar o comportamento ilegal, e bem assim não ilibar o contribuinte da responsabilidade inerente às obrigações incumpridas.

Como já se realçou, é sobre os contribuintes que impende o dever de providenciar a aquisição do conhecimento legal e técnico, necessário, adequado e suficiente para o correto cumprimento das obrigações tributárias. Todavia, este deve ser partilhado com a Administração Tributária de forma mais intensa e notória, sendo exigível que a Administração Tributária desenvolva uma atividade mais profunda e visível no domínio da educação fiscal dos cidadãos. Com efeito, esta atividade educacional e informativa dos cidadãos deve estar cometida à Administração Tributária de forma estruturada, regular e permanente, visto que aqueles, ainda que estejam dispensados ou isentos das obrigações tributárias, são contribuintes e carecem de informação simples, percetível e tecnicamente correta e rigorosa.

Não se nos afigura suficiente alegar que este tipo de informação já é prestada aos contribuintes, porque ainda que o seja, só o é quando o contribuinte a procura. Numa sociedade moderna, económica e tecnologicamente desenvolvida, e financeiramente dependente das receitas tributárias, é exigível uma intervenção educativa mais intensa, abrangente e preventiva, quer em benefícios dos direitos e interesses dos contribuintes, quer em proteção do interesse público, traduzido na arrecadação das receitas tributárias.

Será despiciendo alegar que existem atividades de cariz educacional ou enformadoras de uma política de educação fiscal, se tais atividades forem apenas pontuais, sazonais ou esporádicas, sem qualquer impacto ou efeito estruturante na consolidação do conhecimento conceptual sobre os diversos institutos, conceitos e figuras jurídicas que integram as áreas do direito fiscal e da fiscalidade. A educação fiscal tem de ser uma atividade

desenvolvida de forma intensa e permanente, e não apenas externalizada através de ocorrências mediáticas ou de manifestações enformadoras de boas intenções. A educação fiscal tem de ser a expressão de um propósito consistente, sério e direcionado a proporcionar um conhecimento concreto sobre o sistema fiscal, a extensão das obrigações tributárias, as diversas vertentes da tributação e os prejuízos decorrentes da fraude e da evasão fiscais.

O conhecimento concreto sobre esta problemática é indispensável para a criação de uma consciência de cidadania fiscal: Os contribuintes têm de compreender a razão por que é indispensável pagar impostos e, concomitantemente, devem perceber os fundamentos da tributação, bem como os motivos do seu esforço fiscal. Não é aceitável que o imposto ou outro encargo tributário seja exigido ao sujeito passivo da relação jurídica tributária ou outro obrigado tributário de forma prepotente ou insuficientemente fundamentada. Tal atitude tende a proporcionar situações de conflitualidade e a potenciar a corrosão da boa fé e da confiança que deve existir na relação entre o fisco e os contribuintes.

As funções e atividades do Estado são fundamentalmente financiadas pelos impostos. Não é percetível que não exista uma pequena verba especificamente direcionada para a educação fiscal. É irrelevante alegar que na estrutura da Autoridade Tributária e Aduaneira (AT) existe uma unidade orgânica[1] que tem por atribuição promover a cidadania e a educação fiscal, e que no sistema de ensino existem algumas disciplinas que podem proporcionar alguns conhecimentos sobre fiscalidade ou finanças públicas. Ainda que assim seja, o esforço ou conhecimento potenciado pelas atividades desenvolvidas por este tipo de entidades é muito fluido e incipiente e não tem qualquer efeito formativo e consciencializador dos deveres de cidadania fiscal.

Independentemente das atividades informativas que já são desenvolvidas pela AT (nos serviços, folhetos informativos, funcionalidades no Portal, envio de e-mails, e redes sociais), será fundamental incrementar novas atividades ou políticas de educação fiscal. Numa sociedade digital, moderna e evoluída não se compreende por que razão não existe na televisão (generalista ou temática), na rádio ou noutra plataforma digital um programa estruturado sobre cidadania fiscal. Esta iniciativa será fundamental para

[1] Direção de Serviços de Comunicação, Promoção e Apoio ao Cumprimento – al. o) do nº 2 do artº 33º da Portaria nº 155/2018, de 29 de Maio.

divulgar as diversas obrigações tributárias, bem como para criar um conjunto de atividades de diversa índole através das quais os diversos impostos, procedimentos e institutos jurídico-tributários sejam explicados aos contribuintes, de forma simples, estruturada e em linguagem acessível.

É legítimo exigir ao Governo que utilize parte dos recursos proporcionados pelos impostos para incrementar novas linhas políticas de educação fiscal, não só através dos meios de comunicação audiovisuais e imprensa escrita, mas, outrossim, através de iniciativas e programas estruturados para implementação nos vários níveis ou ciclos do ensino secundário, de modo a criar desde o ensino básico uma perceção correta, adequada e útil sobre os benefícios do dever de pagar impostos. Só assim será possível fazer evoluir a consciência coletiva e potenciar a formação de uma real e efetiva cidadania fiscal.

Se não existir uma real e consistente política de educação fiscal não é possível pretender que os contribuintes cumpram de forma espontânea e voluntária as suas obrigações fiscais. A maioria dos contribuintes cumpre as obrigações fiscais, mas apenas o faz porque tem consciência que em caso de incumprimento das obrigações é assaz oneroso a regularização da situação tributária. Ou seja, o comportamento dos contribuintes assenta na perceção de que o incumprimento não compensa, na medida em que a conduta ilícita pode ser fortemente penalizada, e não tem por fundamento uma atitude voluntária, espontânea e solidária com o propósito de contribuir para a coletividade, ou seja, para o bem comuns dos concidadãos. Esta situação deverá ser alterada no sentido de induzir em todos os contribuintes uma cultura de responsabilização, tendente a motivar uma predisposição espontânea para o cumprimento dos deveres fiscais.

A educação fiscal é fundamental para que os contribuintes compreendam que pagar impostos é indispensável para que os serviços de saúde, os tribunais, as escolas, as universidades, os transportes e os demais serviços públicos funcionem em condições e prestem um serviço de qualidade. Só através da educação fiscal é possível fazer perceber e compreender que a evasão e a fraude fiscais, ou a simples fuga aos impostos, podem implicar que as estruturas e os serviços do Estado se degradem e os cidadãos sejam fortemente prejudicados. A educação fiscal é essencial para criar uma consciência de cidadania fiscal que induza em cada cidadão uma atitude autocrítica do incumprimento fiscal, de auto repúdio dos comportamentos evasivos e fraudulentos.

Num país onde a carga fiscal é bastante forte, mas em que uma pequena minoria dos contribuintes e das empresas suporta o acervo das receitas tributárias, visto que a maioria dos contribuintes aufere reduzidos rendimentos e a maioria das empresas sistematicamente apresenta prejuízos, impõe-se desenvolver a educação fiscal com o propósito de incrementar e aprofundar a cidadania fiscal, de modo a potenciar condutas mais conscientes e solidárias com o interesse público e o bem comum da sociedade. Torna-se indispensável que os contribuintes compreendam e aceitem que a sua tributação é justa e equilibrada, caso contrário, uma tributação injusta e iníqua potencia o descontentamento e sentimentos de resistência.

A cidadania fiscal exige que todos os cidadãos e agentes económicos tenham uma atitude proactiva no sentido de se disponibilizarem a contribuir para a sociedade, no sentido de participar no seu desenvolvimento económico, social e cultural. Desde logo, impõe-se que todos participem e desenvolvam boas práticas no acolhimento das atividades e ações incrementadas para aprofundar e desenvolver a educação fiscal.

É ainda fundamental salientar que a cidadania fiscal pressupõe que os cidadãos tenham disponibilidade para participar na gestão pública, ou seja, deixa de ser possível alegar que os políticos ou o Estado fazem uma má gestão dos dinheiros públicos, fazendo opções políticas tendentes à satisfação de interesses alheios ao interesse público, o qual insistentemente dizem prosseguir. Independentemente do normal funcionamento dos órgãos do Estado, designadamente, dos órgãos de fiscalização, a cidadania fiscal exige que os cidadãos tenham uma consciência participativa, no sentido de realizar um controlo dos gastos públicos em benefício de toda a sociedade.

A evolução da sociedade portuguesa para níveis de desenvolvimento económico, social e cultural, adequados a catapultar o Estado para a modernidade, de modo a competir no plano internacional fortemente globalizado e no advento da digitalização planetária, exige, de entre outras medidas estruturais, a implementação de políticas permanentes de educação fiscal tendentes a dinamizar uma efetiva cultura de cidadania fiscal, por forma a construir um país mais solidário, justo e humano.

3. A atividade tributária

A atividade tributária concretiza-se no procedimento tributário, o qual compreende uma sucessão ordenada de atos e formalidades tendentes à formação e manifestação da vontade da Administração Tributária ou à sua execução. O procedimento tributário integra um acervo de formas ou modalidades destinadas a permitir a realização dos direitos da Administração Tributária ou dos direitos do sujeito passivo da relação jurídica tributária. A regulamentação do procedimento tributário consta da LGT e das demais leis tributárias, sem prejuízo da aplicação subsidiária do Código de Procedimento Administrativo, porquanto este materializa o comando ínsito no nº 5 do artigo 267º da CRP, que dispõe que "[o] processamento da atividade administrativa será objeto de lei especial, que assegurará a racionalização dos meios a utilizar pelos serviços e a participação dos cidadãos na formação das decisões ou deliberações que lhes disserem respeito". Emerge deste preceito constitucional o princípio da participação (artº 60º da LGT), vulgo direito de audição, o qual visa democratizar e legitimar o exercício da atividade dos serviços da administração pública, bem como motivar a eficiência do procedimento, encerrando um filtro de modo a evitar conflitos entre os contribuintes e a Administração Tributária. Não obstante o relevante desiderato perspetivado pelo legislador, e apesar da lei impor regras imperativas quanto à análise e apreciação do direito de audição, o princípio da participação continua a ser catalogado com uma mera formalidade imposta pela lei, não beneficiando por parte dos administrados de uma perceção positiva, visto que os contribuintes dão por adquirido que raramente os seus argumentos são considerados na formação da decisão. Esta circunstância não contribui para reforçar a confiança entre a Administração Tributária e os contribuintes e é nefasta para o incremento da cidadania fiscal. No domínio do procedimento tributário, os princípios jurídicos plasmados na LGT, dão expressão aos princípios descritos no artigo 266º da CRP e que são extensivos a toda a Administração Pública. Nesta medida, a Administração Tributária exerce as suas atribuições na prossecução do interesse público, de acordo com os princípios da legalidade, da igualdade, da proporcionalidade, da justiça, da imparcialidade e da celeridade, no respeito pelas garantias dos contribuintes e demais obrigados tributários (artº 55º da LGT). Por sua vez, os órgãos da Administração Tributária e os contribuintes estão sujeitos a um dever de colaboração recíproco e presume-se a boa fé da sua atuação. A observância destes princípios é fundamental para sedimentar a confiança dos contribuintes nos serviços da Administração Tributária, o que por sua vez credibiliza a atuação do fisco e contribui para reforçar a noção de justiça do sistema fiscal.

O sistema de tributação tem por base a presunção de verdade das declarações feitas ou apresentadas pelos contribuintes, dos dados e apuramentos inscritos na contabilidade e/ou escrita (artº 75º da LGT), o que pressupõe que os contribuinte conhecem e cumprem a lei, e procedem à identificação, definição e cumprimentos das obrigações tributárias. Porém, o pagamento de impostos representa um ónus que afeta a esfera patrimonial do sujeito passivo da relação jurídica tributária, pelo que, não obstante a existência de alguma consciencialização de que a tributação é indispensável, porque sem impostos o Estado não pode existir, verifica-se uma clara predisposição para evitar ou reduzir a oneração da tributação. Esta atitude é compreensível e aceitável se ocorrer no estrito quadro da lei, já assim não será, se configurar práticas de evasão e fraude fiscais. Aos contribuintes é exigível uma conduta de boa prática tributária, bem como à Administração Tributária se deve exigir a aprestação de serviços de qualidade que não só prossigam o interesse público, mas que, outrossim, deem satisfação aos legítimos interesses dos contribuintes. Todavia, existe uma propensão para os contribuintes procurarem identificar meios ou mecanismos elisivos da tributação, atitude que é censurável se aqueles integrarem meios fraudulentos ou ilícitos, o que não acontecerá se a conduta do contribuinte apenas integrar atos tendentes a potenciar a poupança fiscal através do estrito aproveitamento da lei. Este aspeto evidência a importância que assume o conhecimento sobre as leis tributárias, na medida em que o seu desconhecimento pode conduzir a que situações factuais idênticas ou iguais possam ser tributadas de forma assaz diferenciada, o que é suscetível de criar situações de grande injustiça fiscal. Também neste domínio, a educação fiscal se revela de enorme importância, dado que um adequado conhecimento concetual sobre os diversos tributos e a estrutura do sistema fiscal permitirá maior equilíbrio e equidade na tributação das realidades fiscais.

É fundamental não ter ilusões ou excessivas expectativas sobre as boas práticas tributárias. A educação fiscal é essencial e indispensável para melhorar o comportamento fiscal dos contribuintes, mas importa admitir que sempre existirá uma faixa de contribuintes que tenderá a furtar-se ao pagamento dos impostos, razão pela qual a função inspetiva assume fundamental relevância em qualquer sistema fiscal. Os fatores de ordem psicológica adquirem especial relevância neste domínio. Existirá uma especial propensão para a fraude ou evitação fiscal se a perceção proeminente apontar no sentido de que é escassa ou reduzida a possibilidade de intervenção dos serviços de inspeção tributária. Um sistema fiscal moderno, eficaz e eficiente tem de ter uma forte capacidade de controlo sobre todos os contribuintes, ainda que, em termos operativos, as ações inspetivas sejam realizadas através de meios assaz diferenciados e com o real aproveitamento das novas tecnologias e a racionalização da informação, dados e elementos ao dispor dos serviços da Administração Tributária. A ausência de fiscalização e de controlo das realidades tributárias e do cumprimento das obrigações tributárias, potenciará sentimentos de impunidade cuja existência será muito nefasta à consolidação de uma cultura de cumprimento e de responsabilização, induzindo nos contribuintes tendências para a produção de condutas ilegais ou ilícitas. A educação fiscal não terá a virtualidade de eliminar todas as situações ou comportamentos fraudulentos, mas terá a potencialidade de fortalecer a consciência ética sobre o dever de cumprir as obrigações fiscais e fortalecerá o espírito crítico e de censura dos comportamentos ilegais.

A educação fiscal potenciará uma melhor perceção sobre os fins da tributação (artº 103º da CRP e artº 5º da LGT), facilitará a compreensão dos institutos jurídico-tributários e facilitará a interpretação das leis tributárias (artº 11º da LGT), aspetos que, necessariamente, conduzirão à redução da conflitualidade fiscal e, concomitantemente, permitirão melhorar o acesso à justiça tributária, com o inevitável reforço da tutela jurídica dos direitos e interesses legalmente protegidos dos contribuintes, na medida em que a redução da conflitualidade contribuirá para a celeridade da justiça tributária. Só por si, a celeridade e eficácia do sistema de justiça, induzirá nos contribuintes a necessidade de incrementar comportamentos positivos e adequados ao correto cumprimento das obrigações tributárias.

De forma direta, a educação fiscal contribuirá para melhorar, genericamente, o comportamento e as condutas dos contribuintes, os quais, por sua vez, permitirão um melhor desempenho dos serviços da Administração Tributária, situação que irá incrementar os níveis de satisfação dos contribuintes, o que, indiretamente, tenderá a reforçar a confiança dos contribuintes nos serviços da Administração Tributária e a ampliar a predisposição dos contribuintes para pagar impostos.

A educação fiscal é necessária para permitir a ocorrência de comportamentos adequados e positivos em face do acervo das obrigações tributárias a cumprir, uma vez que permitirá avaliar as vantagens do cumprimento das obrigações tributárias e considerar os inconvenientes da ação ilícita, quadro de avaliação que facilitará a capacidade de escolha ou de opção do obrigado tributário, e deste modo tenderá a potenciar a proliferação de comportamentos esclarecidos e consentâneos com o quadro legal vigente.

Contudo, esta predisposição dos contribuintes exigirá que os serviços correspondam com uma atuação de cooperação e de proximidade, não só no domínio ou plano físico ou organizacional, mas, outrossim, em termos de proximidade afetiva e psicológica, no sentido de prestar um serviço que ajude a resolver os problemas, e que afaste a cultura da burocratização, da dificuldade e do poder funcionalizado.

A educação fiscal é indispensável para criar nos contribuintes a predisposição para o correto cumprimentos das obrigações tributárias, mas, outrossim, para enformar nos contribuintes uma atitude proactiva e crítica vocacionada para escortinar a atividade da Administração Tributária, e assim, não só exigir a observância dos seus direitos e garantias, mas, designadamente, exigir que o desempenho dos serviços da Administração Tributária se aproxime da efetiva prossecução do interesse público, procedendo à universal tributação das realidades tributárias, exercendo a ação inspetiva de forma integrada, abrangente e generalizada, de modo a maximizar a arrecadação das receitas tributárias.

Com uma adequada educação fiscal será possível criar uma forte e exigente consciência de cidadania fiscal, direcionada para o cumprimento dos deveres fiscais e disponível para escortinar os direitos de cidadania, de modo a permitir reforçar a eficácia, a eficiência e a justiça do sistema fiscal.

O Estado tem o dever de garantir a prestação de serviços de qualidade, mas para tal necessita de maximizar a cobrança das receitas tributárias, por sua vez, os contribuintes são os principais interessados na eficácia e eficiência dos serviços públicos, pelo que estarão disponíveis para pagar impostos, desde que percebam que os seu dinheiro é bem aplicado e utilizado de forma racional, justa e inteligente. Não estarão disponíveis é para a má gestão, o oportunismo ou para a irracionalidade. O cumprimento dos deveres, a exigência dos direitos e a gestão pública exigem uma forte cidadania e uma exemplar ética de responsabilização.

4. Educação fiscal dos trabalhadores da Administração Tributária

A Autoridade Tributária e Aduaneira tem por missão administrar os impostos, os direitos aduaneiros e os demais tributos que lhe sejam atribuídos, bem como exercer o controlo da fronteira externa da União Europeia e do território aduaneiro nacional, para fins fiscais, económicos e de proteção da sociedade, de acordo com as políticas definidas pelo Governo e o Direito da União Europeia. Há que reconhecer os elevados serviços que a Administração Tributária presta ao país, porquanto, os seus serviços fazem parte integrante da Administração Pública e são fundamentais, na medida em que é o seu desempenho é que permite ao Estado usufruir de recursos financeiros para a concretização das diversas políticas públicas e dar satisfação às exigências da sociedade.

A CRP estabelece que a Administração Pública visa a prossecução do interesse público, no respeito pelos direitos e interesses legalmente protegidos dos cidadãos (artº 266º) e que deve ser estruturada de modo a evitar a burocratização, a aproximar os serviços das populações e a assegurar a participação dos interessados na formação das decisões que lhe disserem respeito. A Administração Tributária, fruto de um processo inovador, progressivo e calendarizado no tempo, é um exemplo no domínio da modernização administrativa, simplificação e automatização de procedimentos. A Administração Tributária portuguesa beneficia de elevados níveis de informatização e de desmaterialização de procedimentos e processos em todas as áreas funcionais da sua atuação (conceção e gestão de tributos, cobrança, área aduaneira, inspeção tributária e aduaneira e justiça tributária e aduaneira), o que lhe permite alcançar elevados índices de desempenho e, concomitantemente, contribuir para o saneamento e consolidação das finanças públicas e potenciar modernização do país, e a consolidação da democracia económica e social. Em geral, os cidadãos podem usufruir com facilidade do serviço prestado pelas diversas unidades que integram a estrutura orgânica da Administração Tributária, *prima facie*, dos vulgos serviços de finanças, a que acresce a circunstância de ser possível a qualquer cidadão ou agente económico, em qualquer local, beneficiar de elevado catálogo de serviços disponibilizados no sítio da internet da AT, o que evita a deslocação aos serviços físicos da Administração Tributária. Todavia, não obstante a excelência do serviço prestado pela Administração Tributária existem contribuintes insatisfeitos e críticos do serviço disponibilizado, porquanto, existem situações, circunstâncias e experiências que motivam conflitualidade, controvérsia e descrédito, designadamente, quando se registam situações de divergência interpretativa ou de perspetiva quanto à aplicação ou cumprimento das leis tributárias. Algumas situações são exógenas aos serviços da Administração Tributária, outras são imputáveis a fatores de ordem política, sociológica, cultural ou económica. Outras ainda podem ser assacadas à enorme instabilidade do ordenamento jurídico-tributário, à complexidade, diversidade e tecnicidade que envolve o acervo das obrigações tributárias, bem como à tendência motivacional e cultural da generalidade dos contribuintes para a despreocupação. Todas estas variáveis contribuem para que exista um enorme défice de conhecimento técnico sobre os deveres ou obrigações a cumprir, sem que, contudo, exista um efetivo propósito de protagonizar condutas ou ações ilícitas. As ações de modernização e simplificação administrativa têm proporcionado um enorme incremento nos níveis de cumprimento, com expressão no desempenho da Administração Tributária e na qualidade do serviço prestado aos cidadãos. Todavia, importa continuar a reforçar o grau de satisfação dos contribuintes para reforçar a sua confiança nos serviços da Administração Tributária e, concomitantemente, continuar a reduzir as ações ou condutas fraudulentas e evasivas, induzindo a perceção que qualquer incumprimento é lesivo dos interesses da sociedade, e não apenas do órgão público que tem por missão a concretização da política fiscal.

Para tanto, é indispensável que os trabalhadores da Administração Tributária, para além de usufruir de uma exímia preparação técnico-tributária, sejam, outrossim, dotados de uma cultura organizacional direcionada para o serviço público integrado, dedicado e de cidadania, por forma a induzir no cidadão que o serviço da Administração Tributária é um parceiro funcional, operativo e acolhedor, e não só um órgão impessoal direcionado exclusivamente para a ação repressiva e sancionatória.

Não é suficiente apregoar políticas indutivas de modernização e simplificação ou desenvolver ações com pendor de sensibilização psicológica, porquanto, existe o risco dos efeitos se desvanecerem ou esbaterem perante a efetiva realidade dos factos, pelo que se impõe uma efetiva coexistência e aproximação entre a divulgação da ação política e administrativa e os factos com reflexos efetivos na vida ou realidade dos cidadãos e dos agentes económicos.

A cidadania fiscal é assaz relevante para a vida societária, exigindo comportamentos saudáveis, úteis e profícuos dos cidadãos e dos agentes públicos, sendo fundamental desenvolver ações que proporcionem a todos os cidadãos uma real e efetiva educação fiscal, bem como aos trabalhadores da Administração Tributária, de modo a aproximar a visão institucional da individual e articulá-las em benefício do interesse da coletivo e, assim, proporcionar uma perceção ética, moral e jurídica sobre o acervo dos direitos, deveres e obrigações tributárias extensivos a ambos os sujeitos da relação jurídica tributária, reforçada com uma predisposição psicológica para o cumprimento.

Uma exímia formação técnica sem uma predisposição para o serviço público, tornar-se-á um foco de conflitualidade e de pressão psicológica, que, ao contrário do que se possa pensar, não contribuirá para induzir nos contribuintes a perceção de que a infração não é compensadora, visto que a sanção é pesada e assaz repressiva. Impõe-se que a Administração Tributária desenvolva uma ação preventiva, informativa e esclarecedora dos contribuintes, que permita identificar e separar os comportamentos faltosos inusitados e casuísticos dos comportamentos propositados, intencionais e reiteradamente fraudulentos, sancionando de forma exemplar os últimos.

Para além de uma cultura de acolhimento, de prevenção e de integração, a Administração Tributária deve estar disponível para o escrutínio funcional por parte dos cidadãos, por forma a que estes avaliem o seu desempenho, em face dos programas ou planos de ação, bem como, nos termos da lei, deve disponibilizar a informação ou dados pertinentes e prestar todos os esclarecimentos sempre que os cidadãos, órgãos públicos ou entidades da sociedade civil questionem aspetos ou temas atinentes à concretização da atividade tributária.

A cidadania fiscal não é unilateral, não depende exclusivamente da ação dos contribuintes, é, outrossim, fundamental credibilizar a ação da Administração Tributária e envolvê-la nos projetos e ações de educação fiscal, de modo a reforçar a confiança e o sentimento ético do dever de boa prática fiscal. A educação fiscal deve ser direcionada fundamentalmente para os contribuintes, mas tem, outrossim, de ser desenhada, pensada e projetada para a inclusão dos agentes e trabalhadores da Administração Tributária. Só o reforço da articulação e do entendimento entre os contribuintes e a atividade tributária desenvolvida pelos trabalhadores da Administração Tributária pode potenciar um relevante incremento da cidadania fiscal.

5. Conclusões

a) Os princípios e a estrutura do sistema fiscal estão estabelecidos na CRP;

b) A tributação deve ser feita em função da capacidade contributiva e deve obedecer aos princípios da generalidade, da igualdade, da legalidade e da justiça material;

c) As receitas tributárias são fundamentais para que o Estado e as demais entidades de direito público possam prosseguir as suas atribuições;

d) Os contribuintes devem usufruir da literacia e informação necessária e adequada ao cumprimento das obrigações tributárias, porquanto o dever de pagar impostos configura um dever de cidadania;

e) A cidadania consubstancia um acervo de direitos assaz relevantes para a construção de uma sociedade desenvolvida, moderna, atrativa e solidária;

f) A cidadania exige a aquisição de valores fortes e democráticos, e deve ser inspirada numa conceção de ação participativa e de responsabilidade, de modo a permitir a observância dos direitos dos cidadãos e, outrossim, apta a proporcionar uma permanente consciência da necessidade de agir de forma livre, disponível e pontual ao cumprimento dos seus deveres;

g) O dever de pagar impostos é um dever fundamental, porquanto os impostos são a principal fonte de financiamento dos entes públicos, e os serviços prestados pelo Estado e demais entidades públicas são fulcrais à boa organização da sociedade e ao bem estar das populações, o que só é possível se existirem recursos financeiros suficientes;

h) Não obstante a maior ou menor complexidade das obrigações tributárias, o dever do seu cumprimento é universal e abrange todas as categorias de contribuintes, devendo estes, sem prejuízo dos seus direitos e garantias, diligenciar para obter os esclarecimentos e a informação necessária, adequada e pertinente ao cumprimento dos deveres tributários;

i) A Administração Tributária deve desenvolver atividades mais profundas, completas e visíveis no domínio da educação fiscal dos cidadãos, de forma a implementar uma filosofia educacional, formativa e informativa dos cidadãos, de modo a granjear a disponibilidade dos contribuintes para assimilar o acervo de deveres e obrigações tributárias, induzindo nestes a perceção de que os serviços fiscais prestam e têm disponível informação simples, tecnicamente correta, rigorosa e percetível;

j) Sem prejuízo da ação repressiva, é fundamental que os serviços da Administração Tributária tenham uma atitude de compreensão, acolhimento e de enquadramento das situações fácticas identificadas pelos contribuintes ou em relação a estes, no sentido de resolver os respetivos problemas e não o propósito de os incrementar;

k) Os trabalhadores da Administração Tributária, sem prejuízo da sua elevada dedicação à causa pública e de exímia qualificação técnico-tributária, devem ser dotados de uma cultura de serviço público e de predisposição psicológica para o auxílio e ajuda ao cidadão;

l) A Administração Tributária deve apreender e desenvolver uma cultura de serviço público, com uma dimensão plural e integrada em diversas vertentes e valências de intervenção do Estado, e não redutora do interesse público à estrita cobrança das receitas tributárias;

m) A educação fiscal deve ser uma atividade desenvolvida de forma intensa e permanente, assumindo uma expressão e um propósito consistente, sério e direcionado a proporcionar um conhecimento concreto e abrangente sobre o sistema fiscal, proporcionando, de forma generalizada, uma adequada visão sobre a extensão das obrigações tributárias, as diversas vertentes da tributação e os prejuízos decorrentes da fraude e da evasão fiscais;

n) É fundamental não ter ilusões ou excessivas expectativas sobre as boas práticas tributárias. A educação fiscal é essencial e indispensável para melhorar o comportamento fiscal dos contribuintes;

o) A educação fiscal contribuirá para melhorar o comportamento e as condutas dos contribuintes e, concomitantemente, tenderá a melhorar o desempenho dos serviços da Administração Tributária e a incrementar os níveis de satisfação dos contribuintes e, assim, reforçará a confiança dos contribuintes na Administração Tributária e a ampliará a sua predisposição para pagar impostos;

p) Para fazer evoluir a consciência coletiva e potenciar a formação de uma real e efetiva cidadania fiscal, o Governo deve incrementar novas linhas políticas de educação fiscal, não só através dos meios de comunicação audiovisuais e imprensa escrita, mas, outrossim, através de iniciativas e programas estruturados a implementar nos vários níveis ou ciclos do ensino secundário, de modo a criar desde o ensino básico uma perceção correta, adequada e útil sobre os benefícios do dever de pagar impostos;

q) A educação fiscal é fundamental para que os contribuintes compreendam que pagar impostos é indispensável para que os serviços de saúde, os tribunais, as escolas, as universidades, os transportes e os demais serviços públicos funcionem em condições adequadas e racionais e possa ser prestado por todas as entidades públicas um serviço de qualidade aos cidadãos;

r) A cidadania fiscal exige que todos os cidadãos e agentes económicos tenham uma atitude proactiva e se disponibilizem a contribuir e a intervir na sociedade, no sentido de participar no seu desenvolvimento económico, social e cultural.

6. Referências Bibliográficas

Costa, Paulo Nogueira da Costa. Estado, democracia, Impostos e cidadania fiscal. Comunicação apresentada na I Conferência Internacional para a Cidadania e Educação Fiscal. 2015. Lisboa

Cunha, Paulo de Pitta. A Fiscalidade doa Anos 90 (Estudos e Pareceres). Almedina. Coimbra. 1996

Lima, Ivan Cordeiro. Educação Fiscal para a Cidadania. São Paulo. Brasil

Machado, Jónatas E.M. e Costa, Paulo Nogueira. Manual de Direito Fiscal. Almedina. Coimbra. 2016

Marques, Ana Cristina Lino. As finanças públicas e a cidadania e a educação fiscal. Comunicação apresentada no I Congresso Internacional para a Cidadania e Educação Fiscal. 2015. Revista de Finanças Públicas E Direito Fiscal

Nabais, José Casalta. Direito Fiscal. 7ª Edição. Almedina. Coimbra. 2014

Lopes, Cidália Maria da Mota e Rui Brites. O conhecimento fiscal, as perceções fiscais e a educação fiscal em Portugal

Palma, Clotilde Celorico. Para uma Política de Educação e Cidadania Fiscal em Portugal. 2015. Revista Contabilista

Palma, Clotilde Celorico e Pita Mónica. Para uma Política de Educação e Cidadania Fiscal – os casos do Brasil, de Espanha e de Portugal. 2015. Revista de Finanças Públicas E Direito Fiscal

Rocha, Joaquim Freitas. Lições de Procedimento e de Processo Tributário. 6ª Edição. Almedina Coimbra. 2018

Santos, A. Carlos. Da Questão Fiscal à Reforma da Reforma Fiscal. Rei dos Livros. Lisboa. 1999

Santos, A. Carlos e Lopes, Cidália Maria da Mota, *Fiscalidade – Outros Olhares*. Vida Económica. Porto

Contributos para a Cidadania e Educação Fiscal

AUTORIDADE TRIBUTÁRIA E ADUANEIRA*

Introdução

O presente artigo pretende dar a conhecer o posicionamento e a importância que a Autoridade Tributária e Aduaneira (AT) tem atribuído a esta temática da cidadania e educação fiscal quer a nível interno, quer ao nível externo, destacando as iniciativas que tem implementado no sentido de tornar este desiderato um alicerce consistente e sustentado na indução do cidadão para o cumprimento voluntário das suas obrigações fiscais.

É nesta senda de procurar cada vez mais ir ao encontro do cidadão que a AT, reconhecendo a importância das tecnologias de informação e comunicação, no atual contexto, tem desenvolvido ferramentas facilitadores e inclusivas que permitam, de facto, um maior comprometimento com o cidadão.

Caracterização da Autoridade Tributária e Aduaneira

Tratando-se de uma organização resiliente, a AT é capaz de responder com sucesso aos constantes desafios que enfrenta, graças à qualidade do capital humano e tecnológico. É considerada uma referência no seio da Administração Pública portuguesa pela prestação de um serviço público

* Lista de principais abreviaturas/siglas/símbolos
AT – Autoridade Tributária e Aduaneira
DGAIEC – Direção Geral das Alfândegas e Impostos Especiais sobre o Consumo
DGCI – Direção Geral dos Impostos
DGITA – Direção Geral Informática e Apoio aos Serviços Tributários e Aduaneiros

de qualidade e possui um padrão de desenvolvimento ao nível das melhores administrações fiscais e aduaneiras internacionais.

A AT resulta de um processo de fusão entre a Direção Geral dos Impostos (DGCI), Direção Geral das Alfândegas e dos Impostos Especiais sobre o Consumo (DGAIEC) e Direção Geral de Informática e Apoio aos Serviços Tributários e Aduaneiros (DGITA), ocorrido ao ano de 2012.

Como missão, a AT administra os impostos, direitos aduaneiros e demais tributos que lhe sejam atribuídos bem como exerce o controlo da fronteira externa da União Europeia e do território aduaneiro nacional, para fins fiscais, económicos e de proteção da sociedade, de acordo com as políticas definidas pelo Governo e o Direito da União Europeia.

Com vista a prosseguir a sua missão, estão cometidas à AT, entre muitas, as seguintes atribuições, no que à cidadania respeita:

- Informar os contribuintes e os operadores económicos sobre as respetivas obrigações fiscais e aduaneiras e apoiá-los no cumprimento das mesmas
- Reforçar o combate à fraude e evasão fiscais e aduaneiras

Todos os anos a AT elabora um Plano de Atividades, tendo em consideração as Grandes Opções do Plano e o Orçamento do Estado. O Plano Estratégico da AT para os anos de 2015 a 2019, assim como o Plano Estratégico de Combate à Fraude e Evasão Fiscal e Aduaneira, também são tidos em atenção, na elaboração daquele Plano.

Note-se que o Plano de Atividades apresenta uma série de medidas a adotar, estruturadas em torno de quatro orientações da política fiscal, que caracterizam e delimitam o contexto em que se desenvolveu a atividade da AT planeada, concretamente, para o último ano (2018):

- Justa redistribuição do rendimento e proteção aos agregados mais desfavorecidos;
- Simplificação dos procedimentos administrativos;
- Combate à fraude e à evasão fiscais;
- Reforço da função extrafiscal da tributação.

São transversais a todas estas medidas, o apoio e promoção do cumprimento voluntário e o desenvolvimento de projetos na área da educação para cidadania fiscal.

Salienta-se que a estrutura nuclear da AT integra a Direção de Serviços de Comunicação, Promoção e Apoio ao Cumprimento e a Divisão de Gestão da Comunicação e Promoção do Cumprimento Voluntário com as seguintes atribuições neste âmbito:

> *"Promover o exercício da cidadania fiscal, bem como a divulgação da sua importância, incluindo através da conceção e implementação de projetos de educação para a cidadania fiscal em colaboração com os órgãos competentes;".*

Contextualização

As administrações fiscais e aduaneiras têm vindo a adotar estratégias que visam facilitar e incentivar o cumprimento das obrigações fiscais e aduaneiras e o aumento sustentado dos níveis de cumprimento voluntário.

Desenvolvemos todos os esforços na dissuasão do incumprimento, aumentando a perceção do risco e dos custos associados ao não cumprimento.

Para esse efeito, têm vindo a ser aprovados Planos Estratégicos de Combate à Fraude e Evasão Fiscais e Aduaneiras, para os diferentes triénios, definindo as grandes linhas estratégicas de atuação de médio prazo da administração fiscal, visando atingir progressos significativos nos níveis de eficácia no combate aos fenómenos de incumprimento fiscal e à economia informal.

É neste contexto de mudança, que a AT vai ao encontro de um novo paradigma no combate à economia paralela e à evasão e fraude fiscais e aduaneiras.

A ação do combate é alterada mediante o reconhecimento de duas importantes inovações:

- O papel da cidadania:
  O combate à economia paralela, à evasão e fraude fiscais e aduaneiras, não é uma função exclusiva das administrações fiscais, nem tão pouco do Estado. É uma missão que envolve todos os cidadãos, cabendo à cidadania o papel mais determinante nesse combate, a par das administrações fiscais e do Estado.
- A antecipação da intervenção da administração fiscal:
  O combate à economia paralela, à evasão e fraude fiscais e aduaneiras inicia-se antes mesmo da ocorrência dos factos sujeitos a imposto não tendo necessariamente a administração fiscal que aguardar pela ocorrência do incumprimento para intervir, como no paradigma clássico.

Com esta postura, antecipamos em vários anos a nossa intervenção – do momento posterior ao incumprimento para o momento anterior à ocorrência dos factos geradores do imposto, no desenrolar da atividade económica.

A implementação, por exemplo, do sistema e-fatura proporcionou à administração fiscal, pela primeira vez, a capacidade de acompanhar, em tempo real, a atividade económica, antes mesmo de se iniciarem os prazos de cumprimento voluntário das obrigações que dela emergem. Essa possibilidade é nova em toda a história da administração fiscal portuguesa e foi proporcionada pelas reformas implementadas no sistema de faturação, de emissão e comunicação.

Para corporizar esta nova realidade, foram efectuados alguns reajustamentos internos ao nível orgânico e funcional por forma a criar as condições para que toda esta informação fosse tratada de forma imediata e automatizada e colocada ao serviço do combate à economia paralela, à fraude e à evasão fiscais e aduaneiras.

Surgiu, por isso, uma nova função na AT – apoio e promoção do cumprimento voluntário vincando a emergência do papel da cidadania, com uma nova face colaborativa da AT com os contribuintes e com os cidadãos, bem como uma visão integrada do combate à economia paralela.

AT dispõe, como instrumento de apoio e promoção do cumprimento voluntário, de informação que disponibiliza proativamente aos contribuintes e às empresas, antes da sua utilização no exercício das funções de autoridade, reservando estas apenas para a correção das situações de persistência de incumprimento.

A informação partilha-se e é inclusiva, a autoridade impõe-se. A informação previne e induz, a autoridade corrige e obriga. A informação e a partilha promovem a vontade, que é o instrumento fundamental do cumprimento voluntário. Ambas são complementares e não se excluem. Enriquecem-se mutuamente, porque a eficiência de uma contribui sempre para a eficiência da outra.

A AT está fortemente empenhada em prosseguir uma estratégia capaz de induzir os contribuintes a assumirem, eles próprios, condutas de cumprimento voluntário e de aceitar e aderir ao sistema fiscal.

Essa indução generalizada ao cumprimento voluntário pressupõe sempre o eficaz funcionamento dos sistemas de reação ao incumprimento, mas não deixa de ser também muito importante desenvolver soluções e estratégias de prevenção, de pedagogia e de colaboração com os contribuintes – despertar e desenvolver o dever da cidadania fiscal.

Todo este trabalho tem uma grande componente pedagógica, baseada na educação para a cidadania fiscal o que, julgamos nós, ajuda ao cumprimento, desperta consciências, promove uma relação de confiança colaborativa e transparente entre os contribuintes e a administração tributária capaz de, por si, ser também um fator de promoção do cumprimento e de dissuasão de comportamentos contrários ao interesse do sistema, conduzindo necessariamente a uma maior equidade fiscal.

Historial

Para que a sua ação seja entendida como fundamental na construção de uma sociedade mais justa, solidária e equilibrada, a educação para a cidadania fiscal é uma preocupação da Autoridade Tributária e Aduaneira que, desde há anos, desenvolve ações nessa área sendo, aliás, pioneira nesse campo, ao nível das administrações fiscais dos países da União Europeia (UE).

Em 2007, foi criado um grupo de trabalho de *Educação Fiscal*, para desenvolver conteúdos nesta área.

Nesse âmbito foi organizada uma exposição sobre *Educação e Cidadania Fiscal* que correu várias escolas do País e foram publicados dois livros de banda desenhada: *"Os pesadelos fiscais de Porfírio Zap"* e *"Era uma vez no planeta do respeito por todos"*.

Os livros pretendiam sensibilizar para a necessidade de todos contribuirmos, de acordo com os rendimentos reais de cada um, para o bem geral, alertando para os riscos individuais e os prejuízos coletivos da fuga aos impostos.

Pretendendo contribuir para incentivar a solidariedade cívica, de forma lúdica, foi criado o *"Tax Bem!"* o jogo da educação fiscal para idades superiores a 12 anos. O objetivo era o de percorrer 70 casas para alcançar a grande Árvore da Cidadania, para que de uma forma divertida as crianças passassem a conhecer os deveres fiscais e aprender a usufruir dos direitos enquanto cidadãos.

Foi também desenvolvida pelo Ministério das Finanças uma ampla campanha designada "**PEÇA A FATURA**" se faz favor. Faturar faz o país avançar. Se todos pagarem os impostos você paga menos. Obrigado, peça sempre!

"Cada vez que pedir uma fatura está a contribuir para que os impostos sejam recolhidos o que é fundamental para o melhor funcionamento do país. Lembre-se de pedir a fatura em todos os estabelecimentos comerciais e depois de qualquer serviço prestado. Com este simples gesto, está a contribuir para a construção de hospitais, escolas, estradas, mais segurança, cultura, assistência e, acima de tudo, para um Portugal mais sorridente. "

A campanha, além de cartazes e brochuras, incluía um vídeo designado "Obrigado".

Mais recentemente, tendo-se detetado que muitos dos jovens estudantes tinham algumas dúvidas acerca do cumprimento das suas obrigações fiscais com a entrada no mercado de trabalho, integrado no projecto *"AT em contacto nas Universidades"*, passámos a desenvolver ações de sensibilização e de esclarecimento nas faculdades e escolas profissionais, sob o tema *"Para novos começos, novos desafios"*.

Apostámos, ainda, na presença da AT nas feiras de emprego para criar uma relação de confiança e de proximidade com o cidadão.

No Portal das Finanças, os jovens podem encontrar informação mais direcionada para as suas necessidades. Para tanto, foi especificamente elaborado o folheto *"O Jovem no Mercado de Trabalho"* com informação sobre o enquadramento fiscal dos rendimentos obtidos no âmbito de trabalho por conta própria, por conta de outrem ou se for trabalhar para o estrangeiro.

Outro segmento importante ao nível da informação fiscal são as ordens profissionais. Nessa ótica, e de forma a facilitar o cumprimento voluntário, apostou-se na publicação, no Portal das Finanças de *newsletter* trimestral dirigida aos profissionais liberais, com informação relativa às suas obrigações fiscais assim como legislação relevante, dicas e novidades.

Educação para a Cidadania Fiscal – Divulgação

No Plano Estratégico de Combate à Fraude e Evasão Fiscais e Aduaneiras – 2018-2020[1] constam também, algumas medidas a desenvolver na área da cidadania fiscal, designadamente:

- Promover a educação para a cidadania fiscal, através de sensibilização das crianças, jovens e jovens adultos da importância da educação fiscal;

[1] Plano Estratégico de Combate à Fraude e Evasão Fiscais e Aduaneiras ☒ 2018-2020

- Promover medidas tendentes a sensibilizar os contribuintes em geral para o valor da cidadania fiscal, visando a perceção dos impostos como algo essencial e positivo para a sociedade.

A explicitação da importância do sistema fiscal no desenvolvimento do país e na promoção de uma sociedade mais justa é fundamental para se alcançar uma maior participação no dever da cidadania, revelando-se como uma tarefa de crucial importância se desenvolvida junto das gerações mais novas.

É importante que cada cidadão tenha consciência do seu papel de cidadania neste combate e que entenda que, muitas vezes, sem tomar consciência, é o veículo facilitador da fraude e evasão quando, por exemplo, não exige **sempre** a emissão de fatura (com ou sem número de identificação fiscal) quando adquire um bem ou lhe é prestado um serviço.

Na verdade, ao não solicitar fatura e/ou não facultar o número de identificação fiscal, estamos a possibilitar que o valor do IVA pago e confiado ao operador económico possa não ser entregue nos cofres do Estado. Por outro lado, pode também não ser pago o imposto devido pelo lucro resultante da operação em causa.

Ou seja, ao não exercermos os nossos deveres de cidadania, podemos estar a permitir que outros enriqueçam beneficiando do dinheiro que cada cidadão confiou que deveria ter sido entregue nos cofres do Estado.

Por isso, a AT, na Direção de Serviços Direção de Serviços de Comunicação, Promoção e Apoio ao Cumprimento, mais concretamente na Divisão de Gestão da Comunicação e Promoção do Cumprimento Voluntário, tem vindo a desenvolver estratégias de cumprimento e educação fiscal alicerçadas na cooperação e no estabelecimento da confiança no relacionamento administração fiscal – contribuinte.

1 – Área da Cidadania Fiscal

"A cidadania fiscal consubstancia-se no dever fundamental de pagar impostos, um dever que constitui o preço a pagar por termos uma comunidade organizada assente nas ideias de liberdade e solidariedade, mas que também nos interpela a compreender o papel do cidadão a desenvolver o espirito critico e participativo para o acompanhamento da correta aplicação dos recursos públicos arrecadados. Para tal, para além da definição de uma estratégica de cumprimento fiscal voluntário, torna-se cada vez mais necessário apostar em políticas ativas de aprendizagem, educação e

transmissão de conhecimento para que a cidadania fiscal faça parte do nosso quotidiano e do legado que possa ser deixado à nova geração."[2]

Assim, foi criada no Portal das Finanças uma nova área – "Cidadania Fiscal"[3] – par divulgar informações relacionadas com esta temática.

Atualmente, encontram-se disponíveis, apenas, os conteúdos mais recentes. Brevemente, vamos disponibilizar todo o acervo deste século.

2 – AT em Contacto – Universidades

A problemática da entrada no mercado de trabalho é uma nova e determinante etapa na vida de um recém-licenciado. Com efeito, a prática de uma atividade profissional traz consigo obrigações fiscais que são totalmente desconhecidas para muitos.

Por esse motivo, a AT tem desenvolvido várias ações de sensibilização nas universidades e escolas profissionais, onde de uma forma clara, prática e objetiva é explicado aos jovens tudo o que eles precisam de saber e onde lhes são esclarecidas todas as dúvidas acerca desta situação.

Estas ações têm tido grande aceitação por parte da comunidade estudantil e pelos professores. Existe uma unanimidade em dizer que a educação fiscal é uma componente importantíssima na vida prática de todos os cidadãos e que é importante alargar e adequar estas ações a outros níveis de ensino.

A AT, com estas ações, pretende criar uma relação de confiança e transparência, desenvolvida e alicerçada no diálogo, concretizada com a sua presença, visando a antecipação de dificuldades e apoiando os futuros profissionais.

Ao influenciar o seu comportamento, reduz as possibilidades de erro, fraude e incumprimento e *a posteriori* como é evidente, os custos de contexto para os cidadãos e para a própria administração.

A realização de ações de sensibilização para jovens e estudantes manifesta-se como uma formação da consciência cívica no domínio fiscal, resultando num grande impacto, não só no futuro, mas também no imediato, dado o papel que os jovens podem ter, desde logo, nas atividades em que participam, direta ou indiretamente, como contribuintes.

[2] 2º Congresso Luso-Brasileiro de Auditores Fiscais

[3] Cidadania Fiscal

Neste sentido foram desenvolvidas as seguintes ações:

- Sensibilização nas Universidades e Escolas profissionais, sobre o tema -"Para novos começos, novos desafios! As finanças estão cá para te ajudar"
- Vou entrar no mercado de trabalho – Quais as minhas obrigações fiscais?

A AT tem marcado presença em vários eventos promovidos por instituições de ensino, realizando alguns *workshops* dinâmicos onde os alunos aprendem sobre as suas obrigações fiscais, em diferentes situações com as quais podem confrontar-se.

Vou trabalhar:

- Por conta de outrem;
- Por conta própria;
- Para o estrangeiro;
- Pratico um ato isolado.

São abordadas todas estas possibilidades e as obrigações inerentes a cada uma delas.

A presença da AT nestes eventos, bem como nas Feiras de Emprego, tem tido um impacto muito positivo juntos dos estudantes que começam a encarar as novas responsabilidades com maior naturalidade. O *feedback*, duma maneira geral, tem sido muito positivo.

São sempre informados sobre todos os canais de contacto com a AT para que possam, a qualquer momento, solicitar mais informações.

3 – AT em Contacto – Folheto informativo "O jovem no mercado de trabalho"[4]

Ainda no âmbito da Educação Fiscal foi disponibilizado um folheto no Portal das Finanças – "O jovem no mercado de trabalho" – com informação pertinente e específica para os jovens cidadãos que estão a iniciar a sua vida profissional.

Este folheto é divulgado nas sessões de esclarecimento.

[4] O Jovem no Mercado de Trabalho

4 – AT em Contacto – Publicação de Newsletters[5]

Outra iniciativa que salientamos é a publicação de *newsletters* trimestrais dirigidas aos profissionais liberais, no Portal das Finanças, disponibilizando informação relativa quer as suas obrigações fiscais quer a legislação relevante bem como algumas dicas e novidades.

Em 2019, pretendemos alargar esta newsletter a todos os sujeitos passivos singulares, com uma nova dinâmica e novo visual.

5 – Sorteio "Fatura da Sorte" – Programa transmitido na TV

O sorteio "Fatura da Sorte" tem por finalidade valorizar e premiar a cidadania fiscal dos contribuintes no combate à economia paralela, na prevenção da evasão fiscal e evitando a distorção da concorrência, de forma a prosseguir um sistema fiscal mais equitativo.

Semanalmente, nas tardes de quinta-feira, é transmitido na televisão pública – RTP1.

Neste programa, para além da divulgação do cupão premiado, com origem numa ou mais faturas, assim como o distrito e concelho do premiado, são divulgadas informações sobre as diferentes temáticas fiscais e aduaneiras relativas às obrigações fiscais que estão a decorrer, assim como novidades ou notícias de interesse dos contribuintes.

De igual modo, as/os jornalistas da RTP referem sempre o dever de cidadania fiscal, apelando aos espectadores que exijam sempre fatura com o respetivo número de identificação fiscal.

É um momento importante de comunicação e marketing fiscal para a AT, todas as semanas.

6 – Portal TAXEDU

Por iniciativa da Comissão, promoção do Parlamento Europeu e com a colaboração das Autoridades Fiscais Nacionais dos Estados Membros, foi criado o Portal da TAXEDU. Esta plataforma *online* disponibiliza conteúdos dirigidos a três grupos com conteúdos direcionados a cada faixa etária: 9 a 12 anos – Sou uma criança; 13 a 17 anos – Sou um adolescente e 18 a 25 anos – Sou um jovem adulto.

Paralelamente, tem conteúdos de trabalho para os professores que desejem apresentar estes conceitos devidamente adaptados nas suas aulas.

[5] Newsletter "AT em Contacto"

Este Portal está disponível nas 22 línguas oficiais da UE e poderá ser consultado através do Portal das Finanças ou diretamente em https://europa.eu/taxedu/home_pt-pt.

Para melhor compreensão do conceito de Cidadania Fiscal, encontra-se disponíveis para os jovens dos 9 aos 12 anos várias microaprendizagens, cada uma com finalidade do conteúdo, objetivos, materiais para aulas, vocabulário associado e temáticas relacionadas por área. Os minivídeos pretendem ensinar conceitos básicos na área da literacia fiscal e têm como elemento comum o "2QT" que é um ser animado que vem à terra e desenha sapatos aeroespaciais e quer vir produzi-los na União Europeia.

O que são os impostos?

Como surgiram os impostos?

Quem paga impostos hoje em dia?

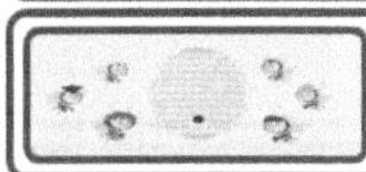
Quem coleta dos impostos e porquê?

Benefício dos impostos? Como?

O que acontece se não pagares os teus impostos?

Que tipos de impostos existem?

As empresas pagam impostos?

O que é o rendimento e como é tributado?

Os impostos podem ajudar a proteger o ambiente?

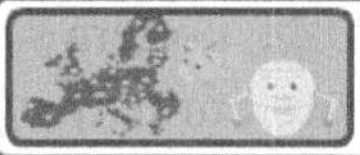
Imposto sobre o valor acrescentado – IVA

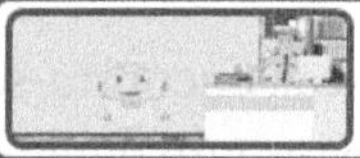
O que são direitos aduaneiros?

Para os adolescentes dos 13 aos 17 anos, encontram-se disponíveis alguns *e-learnings* com conteúdos, objetivos, materiais para aulas, vocabulário associado e temáticas relacionadas por área.

Impostos: O que ganho com isso?

Calma! Todos pagamos impostos.

Cuidado com a face oculta

Um Cidadão Correto é um Contribuinte Correto

Para os jovens adultos, podemos encontrar um pequeno curso – MOOC, que inclui informações relevantes para esta fase específica da vida – a transição para a idade adulta.

Para todos os níveis citados, o Portal TAXEDU contém um jogo TAXLANDIA onde cada jogador é o primeiro ministro de um país.

7 – Protocolos

A longo dos anos a AT tem vindo a celebrar protocolos de cooperação com algumas entidades. Destaca-se um, em especial, de cooperação num Projeto de Investigação Educação e Cidadania Fiscal.

Este projeto tem em vista promover a educação para a cidadania fiscal, através da sensibilização das crianças, jovens adultos e adultos da importância da educação fiscal e, ainda, promover medidas tendentes a sensibilizar os contribuintes em geral para o valor da cidadania fiscal, visando a perceção dos impostos como algo essencial e positivo para a sociedade.

Nesta senda, a AT, participou em dois congressos, que decorreram em Luanda, Angola e na Cidade de Mindelo, Cabo Verde, respetivamente, IV e V Congressos Internacionais sobre Cidadania e Educação Fiscal na Lusofonia.

A AT tem vindo, ainda, a desenvolver trabalhos no sentido de celebrar protocolos com outras entidades, por forma a divulgar a conceito de Cidadania Fiscal.

Por exemplo, está para breve a conclusão do contrato de cooperação entre a AT e a Direção Geral de Educação para que a componente curricular Cidadania e Desenvolvimento, no âmbito da Estratégia Nacional de Educação para a Cidadania, que faz parte do currículo dos ensinos básico e secundário, no domínio as Instituições e Participação Democrática, faculte aprendizagens essenciais em educação fiscal à saída dos alunos da escolaridade obrigatória.

Está, também, prevista a celebração de idêntico contrato com a Direção Geral do Ensino Superior.

Futuro

Dado que a luta contra a fraude e evasão fiscal e aduaneira é uma prioridade das administrações fiscais, sendo sustentada pelas políticas fiscais dos Governos, não só por razões económicas, mas também por razões éticas, o Plano Estratégico de Combate à Fraude e Evasão Fiscal e Aduaneira, considera importante o papel da cidadania, pretendendo consciencializar cada cidadão neste combate.

No triénio[6] 2018-2020, este Plano Estratégico contempla num dos seus objetivos estratégico, a simplificação e promoção do cumprimento voluntario das obrigações fiscais e aduaneiras.

Assim, está previsto o Governo promover a educação para a cidadania fiscal, através da sensibilização das crianças, jovens e jovens adultos para a importância dos seus direitos de cidadania neste âmbito.

Considera-se que um sistema fiscal mais justo, equilibrado e eficiente, assim como uma maior consciencialização dos cidadãos relativamente aos

[6] Plano Estratégico de Combate à Fraude e Evasão Fiscais e Aduaneiras – 2018-2020

seus deveres de cidadania, pode ajustar comportamentos para uma maior predisposição para o cumprimento voluntario e atempado das obrigações fiscais e de pagamento.

Neste sentido a AT, no âmbito do relacionamento com o contribuinte pretende cumprir dois dos objetivos do Plano Estratégico 2018-2020:

- Promover a educação para a cidadania fiscal, através da sensibilização das crianças, jovens e jovens adultos da importância da educação fiscal; e
- Promover medidas tendentes a sensibilizar os contribuintes em geral para o valor da cidadania fiscal, visando a perceção dos impostos como algo essencial e positivo para a sociedade.

Considerando o explanado, a AT estabeleceu um quadro de ação para a promoção do Portal *TAXEDU.* Como objetivo, pretende-se construir uma rede de entidades públicas/ privadas promotoras da educação fiscal digital junto das crianças/jovens e que de uma forma didática e inspiradora, ensinem a importância da cidadania fiscal como forma de construção de um sistema fiscal mais justo.

No Portal das Finanças encontra-se criado um separador dedicado à Cidadania Fiscal, onde se encontram disponibilizados conteúdos exclusivamente dedicados à educação, tendo em vista sensibilizar as gerações mais novas a percecionar os impostos como algo essencial e positivo para a sociedade.

Para além do TAXEDU, a AT pretende alargar as atuais ações de sensibilização e informação a outros organismos e entidades ligadas à educação.

No domínio da educação, estão delineadas novas iniciativas para promoção da Cidadania Fiscal junto de Faculdades e Escolas Profissionais já envolvidas no projeto *"AT em Contacto"*.

Nos vários escalões etários, os estudantes são o público-chave das ações da "Educação para a Cidadania Fiscal". Assim, a AT pretende fazer um trabalho de base com os Agrupamentos de Escolas que, na prática, são os interlocutores mais próximos dos alunos.

Através da celebração de protocolos de cooperação com vários agrupamentos, para além da divulgação do Portal TAXEDU, a AT poderá dar o seu contributo na disponibilização de outros conteúdos, na realização de sessões de informação e na realização de trabalhos no âmbito da fiscalidade.

Conclusões

Ao longo dos anos a Autoridade Tributária e Aduaneira (AT) tem feito um enorme esforço para melhorar o serviço que presta ao cidadão, procurando simplificar os seus procedimentos e desenvolver uma postura de *compliance*.

Temos tido em conta, naturalmente, as novas tecnologias de informação e comunicação mas, também, os diferentes públicos, numa política de aproximação ao cidadão atendendo à geografia do País e ao nível de literacia.

A AT está permanentemente empenhada na construção e manutenção de uma administração fiscal e aduaneira moderna e capaz de dar resposta às questões dos tempos atuais, designadamente na missão cada vez mais efetiva de apoio e promoção do cumprimento voluntário, junto dos cidadãos contribuintes. Prova disso é o envio massivo de mensagens de correio eletrónico e sms a alertar os contribuintes, que a autorizam a fazê-lo, para o cumprimento voluntário das suas obrigações declarativas e de pagamento.

Temos desenvolvidos esforços para pré-preencher as declarações. As declarações de IRS são entregues apenas através da *internet* mas grande parte são declarações automáticas (inteiramente preenchidas). Incrementámos alertas no Portal das Finanças para que, antes da submissão das declarações, sejam corrigidos erros evitando, assim, deslocações aos serviços e perda de tempo.

Desenvolvemos, também, alertas – pré-divergências, no Portal das Finanças, para que os contribuintes evitem o incumprimento e o pagamento de juros compensatórios e coimas.

Os contribuintes podem, agora, aderir ao débito direto, para muitas situações (IRS, IMI, IUC, IRC, pagamentos por conta e pagamentos em prestações) podendo, assim, evitar o incumprimento das respetivas obrigações e o pagamento de juros de mora e coimas.

Divulgamos mensalmente vídeos no YouTube para apoiar os contribuintes no cumprimento das suas obrigações e utilizamos o Sistema de Informação para a Gestão do Atendimento (SIGA), instalado em 168 Serviços de Finanças e 7 Alfândegas, para o mesmo efeito.

O ano passado, enviámos senhas de acesso ao Portal das Finanças para que os contribuintes que não as possuíam pudessem cumprir a obrigação de entrega da declaração de IRS, obrigatoriamente entregue pela *internet*.

Facultamos atendimento digital assistido nos nossos serviços e contamos com a cooperação das juntas de freguesia aderentes, lojas e espaços cidadão, para promover a literacia digital dos cidadãos e o acesso gratuito a serviços (mais de meio milhar) que são pagos quando solicitados no atendimento presencial.

Os contribuintes emitem faturas/recibos verdes eletrónicos e recibos de renda eletrónicos no Portal das Finanças.

Disponibilizamos no Portal das Finanças várias dezenas de folhetos eletrónicos interativos com informação sobra as matérias mais questionadas nos canais de atendimento e, quando se justifica, distribuímos cartazes, guias e brochuras em papel.

No Portal das Finanças disponibilizamos respostas a perguntas frequentes, manuais, modelos e formulários e respetivas instruções, o calendário fiscal anual (obrigações declarativas e de pagamento), códigos tributários e aduaneiros em 3 formatos (*html, pdf* e *e-book*), informações vinculativas, ofícios-circulados, legislação diversa e convenções para evitar a dupla tributação.

Divulgamos frequentemente informação no Twitter e disponibilizamos informação diversa em inglês (*Portuguese Tax System*).

No nosso Centro de Atendimento Telefónico – 217 206 707, com autenticação segura, proporcionamos atendimento com garantia de identidade dos interlocutores e salvaguarda do dever de sigilo, evitando assim a deslocação dos contribuintes e operadores económicos aos serviços da AT (atendimento presencial). Atendemos, também, cidadãos surdos e, na atividade telefónica de *outbound*, contactamos contribuintes com início de atividade na categoria B apoiando-os no que se mostre necessário.

Possibilitamos, também, a recuperação de senha de acesso ao Portal das Finanças, através do telemóvel, a contribuintes que tenham os seus contactos fiabilizados (cerca de 2 milhões de telemóveis e mais de 2,7 milhões de endereços de correio eletrónico).

Disponibilizamos também no Portal das Finanças o serviço e-balcão, e-mail integrado com ferramenta CRM. Grande parte das notificações são eletrónicas (por força de obrigação legal ou por adesão).

Temos investido, também, em aplicações para dispositivos móveis (*smartphones*), versões para IOS (*iphone* e *ipad*) e *Android* (e.g. Sorteio Fatura da Sorte, Pagamentos, IRS Automático).

Procuramos, também, a interoperabilidade com outros serviços da Administração Pública para que os contribuintes não sejam obrigados a entregar documentos que podem ser disponibilizados *online* (e.g. com o Ministério da Saúde, na isenção das taxas moderadoras, com as Câmaras

Municipais, no envio de plantas de arquitetura, com o Instituto dos Registos e do Notariado, no domicílio fiscal do cartão de cidadão e da propriedade dos veículos, e com a Guarda Nacional Republicana, no controlo dos bens em circulação).

A aposta forte na diminuição dos custos de contexto estende-se, por exemplo, à dispensa de entrega de declarações de IRS e à dispensa de emissão do recibo de renda eletrónico nos casos de proprietários com mais de 65 anos ou com rendas mensais diminutas.

Conhecedora de que o mundo atual está em permanente evolução e que a informação é a chave mestra duma sociedade desenvolvida a AT, utilizando as tecnologias de informação e comunicação, desenvolve serviços centrados no cidadão e nas suas necessidades, tornando o sistema menos burocrático, mais flexível e transparente.

Na sua atuação, a AT dirige-se a determinados públicos-alvo, procura adequar as mensagens aos diferentes contextos culturais porque tem interiorizado que a mudança não se centra apenas nos processos mas, também, e sobretudo, na mudança de hábitos/costumes, em suma, do comportamento dos contribuintes.

Por último, convirá realçar que a AT, através de um exercício de *benchmarking* permanente, e através de parcerias com outros países e organismos internacionais, procura desenvolver um padrão de desempenho ao nível das melhores administrações fiscais e aduaneiras internacionais, designadamente nesta área da cidadania fiscal.

Bibliografia

ASSEMBLEIA da República – Relatório de Atividades Desenvolvidas de Combate à Fraude e Evasão Fiscais e Aduaneiras de 2015 (jun. 2016)

ASSEMBLEIA da República – Relatório de Atividades Desenvolvidas de Combate à Fraude e Evasão Fiscais e Aduaneiras de 2016 (jun. 2017)

ASSEMBLEIA da República – Relatório de Atividades Desenvolvidas de Combate à Fraude e Evasão Fiscais e Aduaneiras de 2017 (jun. 2018)

AUTORIDADE Tributária e Aduaneira – A AT em Contato – Newsletter #5 – julho/setembro 2014

AUTORIDADE Tributária e Aduaneira – A AT em Contato – Newsletter #6 – outubro/dezembro 2014

AUTORIDADE Tributária e Aduaneira – A AT em Contato – Newsletter #7 – janeiro/março 2015

AUTORIDADE Tributária e Aduaneira – A AT em Contato – Newsletter #10 – outubro/dezembro 2015

AUTORIDADE Tributária e Aduaneira – A AT em Contato – Newsletter #15 – julho/setembro 2017
AUTORIDADE Tributária e Aduaneira – A AT em Contato – Newsletter #16 – abril/junho 2017
AUTORIDADE Tributária e Aduaneira – A AT em Contato – Newsletter #17 – julho/setembro 2017
AUTORIDADE Tributária e Aduaneira – A AT em Contato – Newsletter #18 – outubro/dezembro 2017
AUTORIDADE Tributária e Aduaneira – A AT em Contato – Newsletter #19 – janeiro/março 2018
AUTORIDADE Tributária e Aduaneira – A AT em Contato – Newsletter #20 – abril/junho 2018
AUTORIDADE Tributária e Aduaneira – A AT em Contato – Newsletter #22 – outubro /dezembro 2018
AUTORIDADE Tributária e Aduaneira – Cidadania Fiscal
AUTORIDADE Tributária e Aduaneira – Fatura da Sorte
AUTORIDADE Tributária e Aduaneira – Plano de Atividades da AT – 2015 (set. 2015).
AUTORIDADE Tributária e Aduaneira – Plano de Atividades da AT – 2016 (mai. 2016)
AUTORIDADE Tributária e Aduaneira – Plano de Atividades da AT – 2017 (mar. 2017)
AUTORIDADE Tributária e Aduaneira – Plano de Atividades da AT – 2018 (jul. 2018)
AUTORIDADE Tributária e Aduaneira – Relatório de Atividades da AT 2015 (abr. 2016)
AUTORIDADE Tributária e Aduaneira – Relatório de Atividades da AT 2016 (abr. 2017)
AUTORIDADE Tributária e Aduaneira – Relatório de Atividades da AT 2017 (Mai. 2018)
AUTORIDADE Tributária e Aduaneira – Plano Estratégico da AT 2015 – 2019 (jan. 2015)
MINISTÉRIO das Finanças – Plano Estratégico de Combate à Fraude e Evasão Fiscal e Aduaneira 2015-2017 (jan. 2015)
MINISTÉRIO das Finanças – Plano Estratégico de Combate à Fraude e Evasão Fiscal e Aduaneira 2018-2020

Legislação

DECRETO-LEI nº 117/2011, de 15/12. Lei Orgânica do Ministério das Finanças.
DECRETO-LEI nº 118/2011, de 15/12. Aprova a orgânica da Autoridade Tributária e Aduaneira.
PORTARIA nº 320-A/2011, de 30/12. Estabelece a estrutura nuclear da Autoridade Tributária e Aduaneira e as competências das respetivas unidades orgânicas e fixa o limite máximo de unidades orgânicas flexíveis.
PORTARIA nº 155/2018, de 29/05. Altera a Portaria nº 320-A/2011, de 30/12 que estabelece a estrutura nuclear da Autoridade Tributária e Aduaneira e as competências das respetivas unidades orgânicas e fixa o limite máximo de unidades orgânicas flexíveis.
DESPACHO nº 5932/2018, de 01/06. Alteração das unidades orgânicas flexíveis da Autoridade Tributária e Aduaneira.

Cidadania Fiscal: Novos Paradigmas da arrecadação e do controle da destinação dos recursos públicos?

MARIA DE FÁTIMA RIBEIRO*

1. Introdução

A tributação deve consistir em três bases estruturais, sendo a primeira em arrecadar recursos para cobrir as despesas públicas, a outra de melhorar a distribuição da renda e da riqueza e a terceira base para orientar o investimento, a poupança e a produção. Portanto, a política fiscal não pode ser vista apenas como um instrumento de receita do Estado, mas, sobretudo como instrumento eficaz de implementação de políticas públicas que possibilitem o desenvolvimento econômico com justiça social, preservando referidas bases estruturais.

A justa repartição do total da carga tributária entre os cidadãos é imperativo ético para o Estado Democrático de Direito. Os programas e as ações de educação fiscal, estabelecidas tanto em conformidade com a atuação da administração pública quanto pelas entidades da sociedade organizada ou de ações dos contribuintes reforçam o exercício da cidadania.

A educação fiscal é um processo gradual e contínuo e sua efetivação requer transformações sociais, políticas, econômicas e culturais como um mecanismo de efetivação da cidadania.

* Pós Doutora em Direito Fiscal pela Universidade de Lisboa, Doutora em Direito Tributário PUC-São Paulo e Professora do Programa de Mestrado e Doutorado em Direito da UNIMAR – Universidade de Marília – São Paulo, Brasil.

A Portaria 413/2002 da Receita Federal brasileira destaca que o Plano Nacional de Educação Fiscal tendo como objetivo geral promover e institucionalizar a Educação Fiscal para o pleno exercício da cidadania e como objetivos específicos: (1) *sensibilizar o cidadão para a função socioeconômica do tributo*; (2) *levar conhecimento ao cidadão sobre administração pública* e (3) *criar condições para uma relação harmoniosa entre o Estado e o cidadão.* Embora a expressão "pleno exercício da cidadania" significa muito mais do que exercer o papel de contribuinte e de fiscalizador das ações do Estado é possível observar a relação com a educação fiscal.

Alice Mourzinho Barbosa escreveu que a:

> Cidadania Fiscal é a cidadania vista sob a ótica do contribuinte tributário. Assegurada constitucionalmente, a efetividade da cidadania tributária será alcançada no mesmo momento em que o Estado se sujeitar ao direito de respeitar a cidadania, e o contribuinte puder se sentir como inserido na atividade tributária e como responsável pela viabilização do orçamento, sobre o qual também, deve exercer controle.[1]

Com os recursos legislativos e os mecanismos disponíveis aos cidadãos é possível acompanhar, fiscalizar e auxiliar no controle da efetiva arrecadação e na adequada destinação dos recursos públicos? É o que pretendemos discutir.

2. A Questão da Cidadania e da Educação Fiscal[2]

Entender o tema – cidadania fiscal – é discutir sobre a participação do contribuinte nas decisões tomadas pelos destinatários dos recursos aplicados. Conforme apontado por Alice Barbosa, a cidadania vista sob a ótica do

[1] BARBOSA, Alice Mourzinho. *Cidadania Fiscal.* Curitiba: Juruá, 2005, p. 65.

[2] Aspectos abordados no *III Congresso Internacional de Cidadania e Educação Fiscal na Lusofonia* realizado no dia 12 de junho de 2018, na cidade de Recife no Brasil, coordenado pela Profa. Clotilde Celorico Palma. Tivemos a oportunidade de ministrar palestra neste Congresso que contou também com a participação de outros representantes dos países da lusofonia. Na oportunidade foi lançado o Livro *A Joaninha e os Impostos – Uma história de Educação Fiscal para crianças – adaptação ao Brasil.* Outras versões para crianças, para adolescentes e para universitários foram editadas como atividade financiada pelo Projeto Portugal 2020 – Cidadania e Educação Fiscal (CEF) coordenado pela profa. Clotilde, que conta com o apoio e incentivo de diversos parceiros portugueses e da União Europeia na difusão dessa valiosa ideia posta em ações.

contribuinte fiscal aponta as possibilidades para que o cidadão participe da alocação dos recursos públicos, arrecadados pelos tributos[3].

Nesta seara, podemos afirmar que o controle social pressupõe alterações profundas na construção de uma sociedade democrática, especialmente no comportamento entre Estado e cidadão, os quais deixam de ser vistos como oponentes e se transformam em partícipes no processo de definição, implementação e avaliação da ação pública, conforme destacou BALTAZAR[4]. A própria Carta Constitucional já estimula tal integração, seja através da obrigatoriedade da transparência das contas públicas, seja através da institucionalização do direito de o cidadão denunciar as irregularidades encontradas. No entanto, tais instrumentos somente serão eficazes se ocorrer uma verdadeira mobilização da sociedade, em que se assuma a tarefa de participar ativamente na construção de uma sociedade menos desigual[5].

Com essa efetiva participação, o cidadão passa a exercer um papel fundamental na máquina social, que possibilita facilitar a reivindicação da contraprestação estatal. A partir dessa participação, tem-se a materialização do conceito da cidadania fiscal. Uma das ações de atuação do cidadão com considerável êxito é contribuir com as discussões e aprovações dos assuntos municipais.

Exemplo positivo de controle social e que vem sendo ampliado a cada ano é o que envolve o Orçamento Participativo, destacado por BALTAZAR[6]:

[3] BARBOSA, Alice Mourzinho. *Cidadania Fiscal.* Curitiba: Juruá, 2005, p. 65.

[4] BALTAZAR, Antonio Henrique Lindemberg. *Direito Tributário e Controle Social.* DPU Nº 29 - Set-Out/2009 - ASSUNTO ESPECIAL, p. 12.

[5] BALTAZAR, Antonio Henrique Lindemberg. *Direito Tributário e Controle Social.* DPU Nº 29 - Set-Out/2009 - ASSUNTO ESPECIAL, p. 12.

[6] BALTAZAR, Antonio Henrique Lindemberg. *Direito Tributário e Controle Social.* DPU Nº 29 - Set-Out/2009 - ASSUNTO ESPECIAL, p. 13. O Orçamento Participativo é um importante instrumento de democracia direta ou participativa que possibilita à sociedade influenciar o processo de fixação de despesas, onde o cidadão torna-se responsável pelo acompanhamento da elaboração do orçamento público e da aplicação dos gastos públicos previstos no orçamento. Embora a metodologia utilizada seja diferente nos municípios que institucionalizaram o orçamento participativo, podemos apontar como atos comuns a realização de assembleias abertas em bairros ou distritos e periódicas etapas de negociação direta com o governo. Normalmente são eleitos delegados que representarão um tema ou território nas negociações com o governo, os quais ficam responsáveis pelo diálogo com os representantes da prefeitura sobre execução das obras e prioridades previstas no orçamento aprovado através da participação popular.

A participação popular na elaboração do orçamento municipal de inúmeras cidades vem demonstrando ser esta uma forma mais democrática de decidir sobre a aplicação dos recursos públicos. Informações são recolhidas, trocam-se experiências, realizam-se pesquisas, congressos e eventos participativos para que se promova uma maior isonomia na distribuição de bens e serviços.

Para Hugo de Brito Machado:

> (...) o dever de pagar tributo, na realidade, certamente integra o feixe das relações jurídicas que se pode denominar o estatuto do cidadão. Embora nem sempre tenha sido assim, pagar tributo é atualmente um dever fundamental do cidadão. Há mesmo quem diga que o tributo é o preço da cidadania.[7]

Considerando que o tributo é um instrumento que possibilita ao Estado atender às exigências da sociedade, o professor Casalta Nabais apresenta que o tributo "[...] não pode ser encarado como um mero poder para o estado, nem simplesmente como um mero sacrifício para os cidadãos, mas antes como o contributo indispensável a uma vida em comum e próspera de todos os membros da comunidade organizada em estado"[8].

A educação fiscal se coloca como elemento de inclusão e conscientização a respeito das políticas públicas decorrentes da atividade financeira, agregando novos controladores à cena. A transparência e clareza alimentam as possibilidades de fiscalização e compreensão, e a participação ativa representa o elo que mantém viva a conexão entre esses pontos. Nesse sentido é a afirmativa pontual de Abraham, ao afirma que o entendimento da trajetória e das potencialidades dessa concepção moderna de controle, no caminho de ser mais democrática e efetiva, *denota o seu papel na busca pelo equilíbrio, tão caro à consecução das finalidades públicas essenciais à efetivação de direitos fundamentais.*[9]

[7] Machado, Hugo de Brito. *Direitos fundamentais do contribuinte e a efetividade da jurisdição.* São Paulo: Ed. Atlas. 2009. p.11.

[8] Nabais, José Casalta. *O Dever Fundamental de Pagar Impostos.* Coimbra: Almedina, 1998, p. 185.

[9] Abraham, Marcus; Santos, Carlos Alberto C.; Franco, Fernando Raposo. *Controle das finanças públicas, direitos fundamentais e cidadania fiscal: dos tribunais de contas à sociedade na Constituição de 1988.* Revista Controle. Tribunal de Contas do Ceará. 2016, p. 22.

Para Denise Lucena Cavalcante, tanto o Fisco como o cidadão-contribuinte têm suas funções bem definidas no contexto legal, cabendo ao Fisco o poder-dever de tributar, e ao cidadão contribuinte o poder-dever de calcular e pagar seus tributos.[10]

Assim, para garantir os efetivos direitos previstos na Carta Constitucional é indispensável a participação do cidadão, para que o Estado possa garantir e atender os anseios sociais. Para alicerçar a participação ativa do cidadão o Estado criou alguns programas de incentivo à arrecadação.

Com a necessidade de se difundir a educação fiscal e mesmo a discussão de uma reforma política que busque lidar com os problemas que levaram ao agravamento da crise na democracia nesses últimos anos, parece-nos que o fortalecimento da atuação da sociedade civil na efetivação do controle passa também pela questão do próprio acesso da população a canais institucionais adequados para a deflagração dos mecanismos oficiais.

Há notadamente o surgimento de uma forma absolutamente nova de relacionamento dos indivíduos entre si e com as instituições. Esse novo paradigma de conectividade, caracteriza-se pela profusão de plataformas colaborativas e de aplicativos acessados e alimentados por muitos usuários por meio de seus *smartphones*, *tablets* e os mais variados dispositivos móveis, mantidos permanentemente conectados em uma imensa rede, gerando um volume de dados sem precedentes na história (*big data*).[11]

Se por um lado, as empresas privadas estão em permanente atualização e inovação tecnológica, parecem assimilar com maior rapidez essa profunda mudança social, já as instituições públicas brasileiras, de modo geral, ainda parecem resistir às mudanças, carecendo de maior inserção nesse novo contexto[12].

[10] CAVALCANTE, Denise Lucena. *Crédito Tributário: A função do cidadão contribuinte na relação tributária*. São Paulo: Malheiros, 2004. p. 32.

[11] ABRAHAM, Marcus; SANTOS, Carlos Alberto C.; FRANCO, Fernando Raposo. *Controle das finanças públicas, direitos fundamentais e cidadania fiscal: dos tribunais de contas à sociedade na Constituição de 1988*. Revista Controle. Tribunal de Contas do Ceará. 2016, p. 33.

[12] Id. Ibidem. Em junho de 2016, por exemplo, o Tribunal de Contas da União disponibilizou ao público um aplicativo para *smartphones* e *tablets*, permitindo que qualquer cidadão encaminhasse em tempo real evidências de mau uso de recursos públicos, possibilitando, inclusive, o envio de fotos e vídeos em conjunto com os relatos. O Tribunal de Contas do Estado de São Paulo, por exemplo, não só desenvolveu aplicativo semelhante como também passou a prestar atendimento aos cidadãos por meio de uma conta no aplicativo de troca de mensagens *Whatsapp*, o mais popular do gênero no Brasil.

A abertura de novos canais de comunicação institucional por meio das plataformas, aplicativos e redes sociais, permitindo que o cidadão estabeleça contato de forma ágil e desburocratizada com os órgãos responsáveis por levar a efeito as medidas voltadas ao controle da atividade financeira estatal, é medida que em muito poderia colaborar para um maior engajamento da sociedade nessa missão.

3. A Obrigação Constitucional do Pagamento do Tributo

A Constituição da República Federativa do Brasil, em seu artigo 1º, inciso III, dispõe que a dignidade da pessoa humana é um dos fundamentos da República Federativa do Brasil, enquanto o artigo 170 a coloca como fundamento da ordem econômica brasileira.

O 3º da Constituição Federal dispõe que os objetivos fundamentais da República Federativa do Brasil consistem na construção de uma sociedade livre, justa e solidária; garantir o desenvolvimento nacional; erradicar a pobreza e a marginalização e reduzir as desigualdades sociais e regionais e promover o bem de todos.

Os tributos são fontes de recursos do Estado para o alcance das metas previstas no preâmbulo da Constituição Federal, observando os fundamentos da República Federativa do Brasil e seus objetivos, não se limitando à simples arrecadação de valores, devendo cumprir com sua função arrecadatória e com sua função socioeconômica.

Notadamente pelo contexto constitucional, pela educação tributária da população, assim como pela participação da população nas questões atinentes ao orçamento público, verificação dos portais de transparência e acompanhamento dos gastos públicos a sociedade participa da democracia e da cidadania. O Direito Tributário e o Direito Financeiro não podem se restringirem apenas aos atos de arrecadação de valores para os cofres públicos e aplicação dos mesmos, sem atender os ditames constitucionais.

Diante da necessidade do cumprimento do dever fundamental de pagar tributos, é possível afirmar que tal receita (arrecadação) é a base para que o cidadão exija a efetivação dos direitos sociais. Ricardo Torres ensina que:

> O *dever de pagar tributos* surge com a própria noção moderna de cidadania e é coextensivo à ideia de Estado de Direito. Tributo é *dever fundamental* estabelecido pela Constituição no espaço aberto pela reserva da liberdade e pela declaração dos direito fundamentais. Transcende o conceito de mera obriga-

ção prevista em lei, posto que assume dimensão constitucional. O dever de pagar tributos é *correspectivo à liberdade* e aos *direitos fundamentais.*[13]

Durante muito tempo, a tributação foi vista apenas como um instrumento de receita do Estado. Atualmente, com a predominância do modelo do Estado Social, a despeito dos fortes movimentos no sentido do ressurgimento do liberalismo, não se pode abrir mão do uso dos tributos como eficazes instrumentos de política e de atuação estatal, nas mais diversas áreas, sobretudo na social e na econômica, afirmou o Prof. Leonetti[14]. Ressaltou também, que um dos valores que têm caracterizado o humanismo é a busca da justiça social.[15]

O contribuinte brasileiro questiona constantemente o aumento da carga tributária. Afinal, vem pagando a expansão do gasto público, sobretudo o custo do endividamento. Tem-se, então, que a carga tributária é elevada e que a contraprestação de serviços precisa ser qualificada. A transferência de expressivos recursos da economia para as contas públicas enfraquece o investimento e reduz o consumo.

O não cumprimento da função social e econômica do tributo gera uma grave *disfunção social, inibindo o setor privado, desestimulando a economia, gerando menos emprego, enfim, evitando o crescimento e o desenvolvimento do cidadão e conseqüentemente da sociedade,* no que MARTINS[16] concorda com o ex-ministro Paulo Renato Souza[17] que prevê que a política fiscal implantada pelo governo federal, a despeito do crescimento da economia e da manutenção da inflação sob controle, comprometerá, por muitos anos o crescimento futuro da economia.

Segundo Paulo Renato Souza[18], considerando-se a atual política tributária, *não surpreendem duas conseqüências extremamente nefastas para o cresci-*

13 TORRES, Ricardo Lobo. *Teoria dos Direitos Fundamentais.* 2ª ed. Rio de Janeiro: Renovar, 2001, p. 318.

14 LEONETTI, Carlos Araújo. *Humanismo e Tributação: um caso concreto.* Disponível em www.idtl.com.br/artigos/68.html. Acesso em 17/06/2018.

15 LEONETTI, Carlos Araújo. *Humanismo e Tributação: um caso concreto.* Disponível em www.idtl.com.br/artigos/68.html. Acesso em 17.06.2018.

16 MARTINS, Rogério Vidal Gandra da Silva. A Política Tributária como Instrumento de Defesa do Contribuinte. *A Defesa do Contribuinte no Direito Brasileiro.* São Paulo: IOB, 2002.

17 SOUZA, Paulo Renato. A futura herança maldita. *O Estado de São Paulo.* 24 abr. 2005, Caderno A (Espaço Aberto).

18 SOUZA, Paulo Renato. A futura herança maldita. *O Estado de São Paulo.* 24 abr. 2005, Caderno A (Espaço Aberto).

mento e que já são claramente observadas na economia brasileira: o aumento sem precedentes da carga tributária e a limitação dos investimentos públicos necessários para melhorar nossa infraestrutura.

Rogério Martins[19] ressalta que, a aplicação do tributo tão somente na sua função arrecadatória, tem como consequências a inibição da produção de bens e serviços em razão da diminuição da capacidade econômica, advinda do aumento da tributação; a diminuição dos níveis de emprego; a redução do poder aquisitivo do cidadão-contribuinte; a redução do consumo e, também, a diminuição da competitividade do país em relação ao mercado externo. Ou seja, pode causar um enorme prejuízo econômico e social para o país do que decorre a necessidade de, novamente, se promover um aumento da carga tributária.

Podemos afirmar que a tributação, dentro do moderno Estado Democrático de Direito, afasta-se da visão meramente arrecadatória, e torna-se instrumento necessário para a execução dos princípios e objetivos da República Federativa do Brasil, especialmente, a erradicação da pobreza e a redução das desigualdades regionais, sociais e econômicas[20].

No entanto, o dever fundamental de contribuir para a manutenção do Estado e prestação de serviços à comunidade deve ser visto como um dever de solidariedade. Por isso, é possível afirmar que:

> A existência paralela entre direitos, deveres e obrigações fundamentais correspondentes tem lugar apenas no Estado de Direito. Essa ligação é importante por dois aspectos: primeiro, pois embora a titularidade e o exercício dos direitos correspondam ao homem e aos grupos sociais, seu reconhecimento, garantia e condições para sua efetiva colocação em prática em um sentido jurídico-político dependem da ideia de Estado (poder político, instituições, grupos de pressão, entre outros).[21]

Convém ressaltar a necessidade de maior abordagem sobre o tema tanto sobre a cidadania quanto sobre a educação fiscal pelas instituições de ensino (fundamental, médio e superior), pelo envolvimento da socie-

[19] MARTINS, Rogério Vidal Gandra da Silva. A Política Tributária como Instrumento de Defesa do Contribuinte. *A Defesa do Contribuinte no Direito Brasileiro*. São Paulo: IOB, 2002.

[20] Artigo 3º da Constituição brasileira de 1988.

[21] FERNÁNDEZ, E. *El problema del fundamento de los derechos humanos*. Anuario de derechos humanos – UCM, Madrid, 1982, p. 76-77.

dade civil e pela atuação do Poder Judiciário. É sob esse aspecto que surge o controle social das políticas públicas, em que se requer a participação efetiva da sociedade como mecanismo de efetivação da democracia[22], permitindo que os cidadãos não só participem indiretamente da formulação das políticas públicas, mas também fiscalizem a aplicação dos recursos públicos obtidos através das receitas arrecadadas pelos entes federados.[23]

Daí destacar a necessidade do Estado (administração pública) atender aos ditames do artigo 174 da Constituição brasileira, elaborando o planejamento, atuando, indispensavelmente, nas funções de incentivo e de fiscalização.

4. A Cidadania Fiscal como exercício da Democracia

Além da fundamental importância dos ditames das políticas tributária e social, deve ser destacado que um sistema tributário justo é aquele que

[22] Nesse sentido escreve SANTOS, Boaventura de Sousa. *Democratizar a democracia*: os caminhos da democracia participativa. Rio de Janeiro: Civilização Brasileira, v. 1, 2002.

[23] Como exemplo, podemos citar algumas entidades de iniciativas não governamentais que atuam em favor da cidadania fiscal: OBSERVATÓRIO SOCIAL DO BRASIL: http://osbrasil.org.br/ e o IMPOSTÔMETRO: www.impostometro.com.br. É um Sistema Permanente de Acompanhamento das Receitas Tributárias que é originário de um projeto desenvolvido pela Associação Comercial de São Paulo – ACSP em parceria com o Instituto Brasileiro de Planejamento Tributário – IBPT, objetivando esclarecer a população brasileira sobre o elevado valor que todo cidadão paga de impostos sem perceber, considerando que no Brasil predomina a tributação indireta. O site www.quantocustaobrasil.com.br/ Quanto Custa o Brasil? destaca o SONEGÔMETRO do SINPROFAZ (Sindicato Nacional dos Procuradores da Fazenda Nacional). De igual modo, pode ser conferida a atuação do NÚCLEO DE ESTUDOS FISCAIS (NEF/Fundação Getúlio Vargas) que estabelece o ÍNDICE DE TRANSPARÊNCIA E CIDADANIA FISCAL (ITCF) com o Banco Interamericano de Desenvolvimento (BID) tendo como objetivo "identificar e divulgar quais são as boas práticas adotadas nas administrações fiscais estaduais brasileiras e estudar quais delas podem ser ferramentas no fortalecimento da cidadania fiscal". Também se destaca o trabalho do NÚCLEO DE FINANÇAS E TRIBUTAÇÃO DA UNIVERSIDADE DO ESTADO DO RIO DE JANEIRO (NEFIT/UERJ) que tem como objetivo apresentar um panorama de algumas tendências do controle democrático, lançando luzes sobre os temas do controle mediante o exercício da cidadania fiscal, dos contornos constitucionais e legais deste, com destaque para os Tribunais de Contas, e por fim, da abertura para uma fiscalização pluralista que empenhe nessa tarefa diferentes segmentos da sociedade, apesar das resistências naturais a uma ampliação do controle. E também merece destaque a atuação da ONG – TRANSPARÊNCIA BRASIL que desde 2000 divulga regularmente um índice do nível de corrupção no País com a vigilância e cobrança do desempenho dos parlamentares entre outras ações.

contempla a sua implementação com base nos princípios constitucionais tributários.

Nessa linha de informação, as Fazendas Públicas desenvolvem Programas de educação fiscal visando, acima de tudo, sensibilizar o cidadão para a função social e econômica do tributo, possibilitando conhecimentos sobre Administração Pública, incentivando o acompanhamento pela sociedade da aplicação dos recursos públicos. Assim, o governo busca, em suas campanhas, fazer com que a sociedade seja mais participativa e que possa opinar e fiscalizar a ação pública. Embora com o intuito de esclarecer à população sobre a finalidade social e econômica do tributo, tais programas, requerem maior atuação da administração pública e da sociedade organizada, possibilitando maior aproximação entre o fisco e o contribuinte.

Luiz Ricardo Gomes Aranha aponta que a noção da função social do tributo, em substituição aos conceitos ortodoxos antigos, foi corretamente desenvolvida, com atenção ao dever social do Estado, que compreende obrigatoriamente a justiça fiscal, num autêntico Estado de Direito. No exame que procedeu de variados aspectos do Direito Financeiro, o autor conseguiu demonstrar que nele não é licito ao Estado alhear-se de problemas relacionados com as necessidades maiores da sociedade.[24]

Neste sentido, Klaus Tipke ensina que a ética tributária é a teoria que estuda a moralidade das atuações em matéria tributária desenvolvidas pelos poderes públicos — Poder Legislativo, Poder Executivo e Poder Judiciário — e pelos cidadãos contribuintes. Assim, *se é verdade que o Estado fundado na propriedade privada e nos meios de produção, é obrigado a sobreviver mediante tributos, não é menos verdade que sem tributos e contribuintes não se pode construir nenhum Estado, nem Estado de Direito, nem muito menos um Estado Social, portanto, é princípio de justiça tributária que todos devam pagar tributos com base em sua capacidade contributiva, capacidade que começa ali onde a sua renda exceda o mínimo existencial.* Por esta razão, este mesmo Estado Social está eticamente obrigado a preservar as fontes tributárias (patrimônio dos contribuintes) ao revés de esgotá-las por prática de tributação excessiva, o que implicará em postura moralmente aética do ponto de vista tributário.[25]

[24] ARANHA, Luiz Ricardo Gomes. *Direito Tributário: Apreendendo.* Del Rey: Belo Horizonte, 2001, p. 7.

[25] TIPKE, Klaus. *Moral Tributaria del Estado y de los Contribuintes.* Tradução de Pedro M. Herrera Molina. Marcial Pons. Madrid. 2002. p. 21.

O tributo não deve ser entendido como uma mera obrigação do cidadão, mas como o preço da cidadania. A receita pública, principalmente a derivada proveniente da arrecadação dos tributos, é fundamental para o desenvolvimento, econômico, social e cultural do país. Por isso, tal receita deverá ser aplicada para atender a função social do tributo. Além do que, o Estado tem a responsabilidade de destinar a aplicação adequada, os tributos vinculados e dar conta disso à sociedade na aplicação dos recursos.

A idéia de cidadania fiscal, defendida pelo Professor José Casalta Nabais que a apresenta em uma perspectiva mais ampla (a cidadania fiscal unilateral e bilateral) deixa antever que a existência de uma cidadania fiscal bilateral pressupõe, que aqueles cidadãos que têm o dever de suportar o ônus financeiro do Estado, ou seja, a qualidade de destinatários do dever fundamental de pagar tributos, o tem na medida de sua respectiva capacidade contributiva.[26]

A relação jurídica tributária que se estabelece, entre o fisco e o cidadão, deverá ser contemporaneamente avaliada sob dois aspectos. Do ponto de vista dos efeitos desta relação jurídica pode-se dizer que ela é unilateral porquanto o cidadão-carente é protegido neste liame pela intributabilidade do mínimo existencial, isto é, o cidadão-carente na cidadania fiscal unilateral tem unicamente a posição de sujeito credor da solidariedade do Estado e o Estado tem unicamente a posição de sujeito devedor desta solidariedade. Já na cidadania fiscal bilateral a relação jurídica entre Fisco e cidadão-contribuinte quanto aos seus efeitos é bilateral, ou seja, há obrigação para ambas as partes, deveres e direitos do Fisco, ética tributária, deveres e direitos dos cidadãos-contribuintes, ética fiscal privada.[27] [28]

[26] Algumas reflexões sobre o atual estado fiscal no *site* da *Revista Virtual da Advocacia Geral da União.* [AGU] n.. 9. p. 12. abril/2001: www.agu.gov.br

[27] NOGUEIRA, Roberto Wagner Lima. Ética tributária e o Decreto federal nº 4.489/2002. Disponível em wwwl. jus.com.br/doutrina/texto.asp?id=3647. Acesso em 18.06.2018. Cf. o texto do autor sobre Ética Tributária e Cidadania Fiscal, disponível em www.jus.com.br acessado em 18.06.2018.

[28] Diversas mobilizações contra tributação injusta bem como sobre destinação de dinheiro pública, podem ser registrados. Destacamos a mobilização popular contra o aumento da carga tributária, que ocorreu com a adesão de diversos segmentos da sociedade organizada, quando da edição da Medida Provisória 232/04. No artigo sobre A Nova Derrama, o presidente da OAB manifestou a respeito: *O tributo, em sua acepção original, deve estabelecer o papel do Estado como prestador de serviços ao contribuinte e não como seu patrão e cobrador. O Estado não é um fim em si mesmo, mas um instrumento de organização da sociedade. Ela é a soberana, não o inverso. Portanto,*

A luta por justiça e transparência tributária é, para a cidadania brasileira, tão relevante quanto a luta contra a ditadura. Sem justiça tributária não há democracia, desenvolvimento ou justiça social. A necessidade de justiça tributária está presente na maioria das Constituições sob a forma de um princípio, seja implícito ou explícito. No Brasil, pode ser entendido como uma consequência do ideal de construção de uma sociedade justa. Estaria tal princípio, resguardado nas diversas formas através das quais se manifesta, por meio do princípio da capacidade contributiva, da progressividade, da vedação de confisco, da não-cumulatividade dos tributos entre outros.

5. A Função Social e Econômica do Tributo no contexto da Cidadania Fiscal

A relação entre o Estado e o contribuinte foi caracterizada durante muito tempo como relação de poder e de coerção. Em termos constitucionais, destacam-se os princípios que visam delimitar a atuação estatal. Esta atuação insere-se no contexto da política tributária. Tem-se, então, que a política tributária é o processo que deve anteceder a imposição tributária. É, portanto a verificação da finalidade pela qual será efetivada ou não a imposição tributária.

Deve ser ressaltado que a política tributária, embora consista em instrumento de arrecadação tributária, necessariamente não precisa resultar em imposição. O governo pode fazer política tributária utilizando-se de mecanismos fiscais através de incentivos fiscais, de isenções entre outros mecanismos que devem ser considerados com o objetivo de conter o aumento ou estabilidade da arrecadação de tributos.

Gustavo Miguez de Mello assevera que a política tributária deve ser analisada pelos seus fins, pela sua causa última, pela sua essência. Na medida em que o poder impositivo atua na política fiscal deve questionar: Por que tributar? O que tributar? Qual o grau de tributação? Atendendo as pers-

o mesmo rigor que se estabelece na cobrança de impostos precisa haver na prestação de contas. O nome disso é cidadania e, quanto a isso, lamentavelmente, não avançamos muito, de Tiradentes para cá. As derramas continuam se sucedendo. Faço o preâmbulo para anunciar que, tendo em vista a insaciável voracidade fiscal do Estado brasileiro, que o leva frequentemente (e é o caso presente) a desconhecer os limites da lei, a Ordem dos Advogados do Brasil instituiu, no dia 25 de janeiro deste ano, uma Comissão Especial de Estudo da Carga Tributária Brasileira. Publicado em 4/11/2011: http://sindireceita.org.br/blog/A-Nova-Derrama/ Acesso em 17.06.2018.

pectivas e finalidades do Estado estará executando política tributária.[29] Nesta mesma política deve ser considerada a destinação, o controle e a fiscalização do dinheiro arrecadado dos tributos.

A política fiscal poderá ser dirigida no sentido de propiciar a evolução do país para objetivos puramente econômicos, como seu desenvolvimento e industrialização, ou também para alvos políticos e sociais, como maior intervenção do Estado no setor privado. A determinação do objeto da política fiscal integra as políticas governamentais e deverão ser implementadas para atender a função social do tributo.

A Constituição Federal estabelece quais as espécies e as competências tributárias de cada ente político. Assim, os tributos estabelecidos na Carta Política devem ser instrumentos indicados para alcançar a arrecadação preconizada pela política financeira, sem contrariar os objetivos maiores da política econômica e social que orientam o destino do país.[30]

José Carlos Graça Wagner escreveu que o clamor da sociedade tanto quanto à excessiva presença do Estado na Economia e o consequente nível da carga tributária, como quanto a indagação de qual deve ser o segmento da sociedade que deve pagar a maior parte dos tributos, leva à discussão da própria filosofia do sistema tributário.[31]

É no campo tributário que as implicações atingem toda a sociedade e definem a estrutura econômica da nação. A política tributária é o ponto crucial de definição da estrutura da sociedade. Por isso, deve-se examinar o fenômeno da tributação em harmonia com dimensão social do homem, sem a qual ele não se realiza integralmente, considerando as dimensões individual e familiar. Devem ser pesquisados os próprios fundamentos da tributação, para que ela atenda, já na sua origem, as razões de justiça em relação a oneração do tributo.

[29] MELLO, Gustavo Miguez de. Uma visão interdisciplinar dos problemas jurídicos, econômicos, sociais, políticos e administrativos relacionados com uma reforma tributária. In Temas para uma nova estrutura tributária no Brasil. Mapa Fiscal Editora, *Sup. Esp. I Congresso Brasileiro de Direito Financeiro,* 1978, RJ, p. 5.

[30] VINHA, Thiago Degelo e Maria de Fátima Ribeiro. Efeitos Socioeconômicos dos Tributos e sua utilização como instrumento de políticas governamentais. In PEIXOTO, Marcelo Magalhães e FERNANDES, Edison C. (Coords.). *Tributação, Justiça e Liberdade.* Juruá: Curitiba, 2005, p. 659.

[31] WAGNER, José Carlos Graça. *Tributação Social do Trabalho e do Capital.* Resenha Tributária: São Paulo, 1982, p. 5-6.

De igual modo o Estado poderá atender suas finalidades através da distribuição de riqueza, satisfação das necessidades sociais, de políticas de investimentos, entre outras, que podem ser alcançadas por meio de uma política tributária e não necessariamente pela imposição tributária. Por isso, é necessário repensar o papel do Estado, na função arrecadatória e na prestação de serviços aos jurisdicionados.

A dificuldade de se estabelecer à justa medida, e as razões particularistas, tanto dos indivíduos como do Estado e de seus manipuladores, é que estão na raiz dos conflitos tributários e dos descompassos na justa distribuição dos encargos sobre os diversos segmentos da sociedade.[32]

No que consiste a tributação social? Não se trata apenas em atender as necessidades mais elementares da população, é mais do que isso. A tributação deve respeitar a dimensão individual e familiar, considerando a capacidade contributiva entre outros princípios constitucionais de proteção ao contribuinte.[33]

Sempre que a tributação impedir ou dificultar a realização do essencial em relação à sociedade ou parte dela e até mesmo a uma pessoa, será desmedida e poderá ter caráter confiscatório. Será desmedida também a tributação se os governos pretenderem arrecadar tributos, ultrapassando a soma necessária de dinheiro para o atendimento das necessidades sociais. Tal tributação provoca a transferência de valores dos contribuintes para o fisco, sem finalidade social. Enfim, é tributação social aquela que respeita o que é inerente à sociedade no contexto social dos ditames constitucionais.[34]

Por isso, referida tributação deve privilegiar as necessidades essenciais da população, destacando-se a alimentação, saúde, vestuário, moradia, educação, acesso ao trabalho, livre iniciativa, livre concorrência entre outros aspectos. O tributo deve ter uma função social, tendendo a uma distribuição do patrimônio e das rendas.

[32] WAGNER, José Carlos Graça. *Tributação Social do Trabalho e do Capital.* Resenha Tributária: São Paulo, 1982, p. 19.

[33] VINHA, Thiago Degelo e Maria de Fátima Ribeiro. Efeitos Socioeconômicos dos Tributos e sua utilização como instrumento de políticas governamentais. In PEIXOTO, Marcelo Magalhães e FERNANDES, Edison C. (Coords.). *Tributação, Justiça e Liberdade.* Juruá: Curitiba, 2005, p. 661.

[34] WAGNER, José Carlos Graça. *Penalidades e Acréscimos na Legislação Tributária.* Resenha Tributária: São Paulo, 1979, p. 310. Escreve o autor: *A tributação social se atende ao que cumpre ao Estado, por força de sua própria razão de ser, não podendo este, sob a alegação de ser o anseio da sociedade, transcender ao seu fim natural, para ingressar na esfera das demais dimensões humanas. A própria lei tem um limite, que transcende. Esse limite é a natureza humana.*

O poder tributante, ao elaborar sua política tributária, deve levar em conta se o sistema tributário é justo, se o Estrado trata de maneira igual todos os contribuintes que se encontram em situação idêntica, e também se está adequado à distribuição de rendas e ao desenvolvimento econômico, favorecendo a política de estabilização da economia, ao combate do desemprego, a inflação entre outras considerações.

Para adequar o Sistema Tributário aos interesses do poder público e da sociedade, são idealizadas reformas constitucionais. A reforma constitucional tributária deverá promover prioritariamente, a função social e econômica do tributo, redistribuindo riquezas, promovendo a justiça social. Uma reforma tributária, além de guardar respeito à Constituição Federal, deve representar os anseios da sociedade brasileira, observando como objetivos a promoção da justiça tributária, valendo-se da função social e econômica do tributo, que se presta a redistribuir a renda e diminuir a desigualdades sociais e regionais; a desoneração da carga tributária, sobretudo das incidências sobre a produção e a atividade econômica; a simplificação e busca da eficiência do sistema tributário; a preservação do pacto federativo e a salvaguarda do estatuto do contribuinte, com respeito aos princípios constitucionais e aos direitos fundamentais. Em síntese, a proposta de reforma constitucional desejável é aquela formatadora de um Sistema Tributário Nacional justo e eficiente.[35]

O efetivo exercício da cidadania fiscal pode contribuir, acentuadamente, neste processo para a composição de um sistema tributário mais justo e equilibrado no contexto do desenvolvimento. Desenvolvimento econômico não é apenas crescimento econômico e nem tampouco distribuição de riqueza. Pressupõe a distribuição dessa riqueza em favor do bem-estar social e a participação da sociedade.

O tributo como instrumento de política econômica conjuntural e estrutural tornou-se uma ferramenta indispensável no Estado contemporâneo. Na realidade, no estabelecimento das políticas de estabilização macroeconômica, de crescimento, de pleno emprego, de estabilidades de preços e de equilíbrio exterior, o tributo surge como um dos mecanismos indispensáveis para a atuação do Estado.

[35] MORAES, Germana de Oliveira. Palestra ministrada no *Seminário sobre Reforma Tributária*, promovida pelo Conselho da Justiça Federal e pelo Superior Tribunal de Justiça, em março de 2003, Fortaleza – CE, mimeo.

Há ainda outra variável a ser considerada na análise dos sistemas tributários dos países desenvolvidos: a tradição jurídica. Essa seria outra característica capaz de assegurar a transparência e a segurança jurídica dos sistemas tributários modernos. Não obstante a interferência dos fatores internacionais, a estabilidade econômica lhes permite, paralelamente, conduzir a gestão interna do sistema tributário dentro dos parâmetros da eqüidade. Neste caso, a igualdade entre o cidadão seria assegurada pela existência de um aparato administrativo avançado e capaz ao mesmo tempo de permitir a rentabilidade dos sistemas tributários e de permitir uma melhor relação entre o fisco e o contribuinte.[36]

Uma política tributária orientada para o desenvolvimento econômico e justiça social que não tiver na sua essência o estímulo ao trabalho e à produção, *compensando a redução de encargos pela tributação sobre acréscimos patrimoniais, termina por não provocar desenvolvimento econômico nem justiça social e gera insatisfações de tal ordem que qualquer processo de pleno exercício dos direitos e garantias democráticas fica comprometido.*[37]

De certa forma, para o desenvolvimento econômico nacional neste contexto de globalização, deve ser salientada a redução dos gastos públicos, com um processo de diminuição da carga tributária, capaz de permitir uma maior disponibilidade de recursos para a poupança, investimento ou consumo.

A arrecadação de tributos é importante para a economia nacional e internacional, não apenas como fonte de riqueza para o Estado, mas também como elemento regulador da atividade econômica e social. Nesta linha de raciocínio deve ser destacado que para alcançar uma justiça fiscal, os ditames do princípio constitucional da proporcionalidade devem estar aliados ao princípio da progressividade de alíquotas, na maioria dos tributos. Desta forma estar-se-á alcançando os objetivos da natureza social do tributo com a efetiva aplicação destes princípios constitucionais, possibilitando que o Estado alcance com tributação mais elevada os mais ricos e de forma menos acentuada aqueles que possuem baixo poder aquisitivo, podendo, inclusive, conceder a estes uma isenção no pagamento de tribu-

[36] Falcão, Maurin Almeida. Desenvolvimento Econômico e Expansão dos Sistemas Tributários. Disponível em http://www.idtl.com.br/artigos/83.html. Acesso em 17.06.2018.

[37] Martins, Ives Gandra da Silva. *Direito Econômico e Tributário – Comentários e Pareceres.* Resenha Tributária: SP, 1992, p. 6/7.

tos. Vale aí o destaque os cânones de Adam Smith: justiça, certeza, comodidade e economia dos impostos.

Maurin de Almeida Falcão[38] ressalta a estreita relação entre nível de desenvolvimento econômico e a configuração dos sistemas tributários. Como fato econômico, político e social, o tributo sofreu nos dois últimos séculos, a influência de intenso debate doutrinário e ideológico, cujas repercussões ainda persistem no limiar do Século XXI. Esse contexto foi responsável pela abordagem do tributo como mecanismo de solidariedade social ou, segundo a teoria do benefício, uma contrapartida do tributo recolhido pelo cidadão.

6. Atuação do Cidadão na Administração Participativa

Somente com a socialização dos tributos, através da sua aplicação como instrumento social é que será possível desenvolver uma política social justa e distributiva, nos anseios da nação e como forma de se alcançar as finalidades a que o Estado se prestou a desenvolver através de sua Carta Constitucional, e que devem nortear todo o procedimento dos Órgãos que compõem a República Federativa do Brasil.

Uma participação visando um controle eficaz da Administração Pública é salientada por Schier:

> Contudo, a participação dos indivíduos não se reduz à possibilidade de influenciar na tomada de decisões administrativas. Com efeito, conforme já mencionado, para que o direito fundamental de participação seja efetivamente concretizado é preciso garantir aos indivíduos a possibilidade de exercer, diretamente, o controle da atividade administrativa. Neste sentido, o controle social surge como um conjunto de mecanismos postos à disposição dos cidadãos de modo a permitir a sua atuação fiscalizadora da Administração Pública.[39]

Daí questionar: Qual a relevância de programas de educação fiscal para a Administração Tributária? De igual modo para o cidadão contribuinte? E para a sociedade? É preciso avaliar os impactos dos programas e projetos

[38] FALCÃO, Maurin Almeida. *Desenvolvimento Econômico e Expansão dos Sistemas Tributários.* Disponível em www.idtl.com.br/artigos/83.html. Acesso em 17.06.2018.

[39] SCHIER, Adriana da Costa Ricardo. *A Participação Popular na Administração Pública: o Direito de Reclamação.* Rio de Janeiro: Renovar, 2002, p. 181.

governamentais na melhoria da vida dos cidadãos. Isto porque a maioria do cidadão contribuinte preocupa-se com o tributo até o momento em que os valores são repassados para o Estado, mas depois, deixam de exercer o devido controle sobre os mesmos[40]. Daí afirmar que o cidadão, conhecedor da função social do tributo, como forma de redistribuição da renda nacional e elemento de justiça social, é capaz de participar do processo de arrecadação, aplicação e fiscalização do dinheiro público.[41]

A participação da sociedade na gestão das políticas públicas vem aos poucos manifestada no Brasil. O orçamento participativo, a criação de conselhos municipais de educação, conselho de alimentação escolar, conselhos municipais de saúde, conselho de assistência social, acompanhamento nos portais nos sites dos órgãos públicos são alguns dos mecanismos encontrados para tornar efetiva a prática da cidadania e em especial da cidadania fiscal.

7. Conclusão

Toda e qualquer alteração do Sistema Tributário Nacional deverá ser voltada para a cidadania, ou seja, para o interesse do cidadão contribuinte e da sociedade. A reforma tributária necessária ao Brasil deve atender aos princípios de justiça fiscal e de distribuição de renda, principalmente, além de rever a tributação regressiva da tributação sobre o consumo e a diminuição das desigualdades.

A instituição de qualquer tributo ou seu aumento deverá, necessariamente, atender aos objetivos constitucionais, tais como, o desenvolvimento social e econômico, o acesso ao emprego e/ou à renda, a redução das desigualdades, a eliminação da pobreza, as justiças fiscal e social e o desenvolvimento sustentável.

[40] Cavalcante, Denise Lucena. *Os danos provenientes da tributação oculta: cidadania fiscal e transparência. In* Direito Tributário e os Novos Horizontes do Processo, Paulo de Barros Carvalho (coord.), IBET, São Paulo, 2015.

[41] Educação Fiscal. Receita Federal do Brasil. A Educação Fiscal no Brasil destaca-se *pelo Programa Nacional de Educação Fiscal* (PNEF) instituído pela Portaria RFB Nº 896/12 e Portaria MEC/MF Nº 413/2002: *Grupo de Trabalho de Educação Fiscal* (GEF); *Grupo de Educação Fiscal dos Estados* (GEFE) e pelo *Grupo de Educação Fiscal dos Municípios* (GEFM). O *Núcleo de Apoio Contábil e Fiscal* – (NAF) por intermédio de Convênios com Universidades desde 2011, auxilia as pessoas de baixa renda na elaboração da Declaração anual do Imposto sobre a Renda. Confiram outras ações no site da Receita Federal do Brasil: https://idg.receita.fazenda.gov.br/sobre/acoes-e-programas

Muitas políticas públicas direcionadas à redução da pobreza e desigualdades sociais, ao acesso à educação e à saúde são ainda insuficientes. Contudo, não é pela postura do não pagamento dos tributos como forma de contestação à administração pública, que tais questões serão solucionadas. Se, assim for o contribuinte não estará em sintonia com o processo democrático, fazendo jus à efetivação da democracia.

O contribuinte brasileiro questiona constantemente o aumento da carga tributária. Afinal, vem pagando a expansão do gasto público, sobretudo o custo do endividamento. A mobilização da sociedade, exigindo limites na arrecadação, controle dos gastos e dos investimentos realizados pelo Estado, é manifesta questão de cidadania, de transparência na gestão e de maturidade democrática além da atuação dos Conselhos Municipais, do Ministério Público e dos Tribunais de Contas[42].

A administração tributária é um órgão de Estado, e por isso é imperioso submetê-la ao controle da sociedade. É preciso criar mais medidas que resgatem a noção de cidadania fiscal de forma a disseminar a consciência da relação direta entre o cumprimento das obrigações tributárias e a cidadania. As ações do Programa de Educação Fiscal e Cidadania, estabelecidas pela administração tributária precisam ser políticas de Estado e não apenas iniciativas de governos para serem continuadas, considerando com isso, a formulação de políticas integradas com a participação e comprometimento do governo e dos segmentos da sociedade.

Neste contexto devem ser consideradas as ações no sentido de diminuir o distanciamento entre fisco, contribuinte e sociedade, rompendo com a tradicional política autoritária, que vinha demonstrando apenas com ações meramente arrecadatórias de uma cultura meramente fiscalista. E ainda, que sejam intensificadas as ações para acentuar mudanças para compor um novo perfil do servidor e da gestão pública.

Convém ressaltar a necessidade de maior abordagem sobre o tema tanto sobre a cidadania quanto sobre a educação fiscal pelas instituições

[42] O Brasil dispõe de diversos instrumentos legais para controlar o gasto público e o desvio de finalidades, destacando a Lei de Responsabilidade Fiscal: Lei Complementar nº 101/2000, a Lei de Improbidade: Lei nº 8.429/1992, os Portais da Transparência: Lei Complementar nº 131/2009, a Lei do Acesso a Informação: Lei nº 12.527/2011, a Lei do Imposto na Nota: Lei nº 12.741/2012, a Lei anticorrupção: Lei nº 12.846/13 e Decreto nº 8.420/2015, que dispõe sobre a responsabilização administrativa e civil de pessoas jurídicas pela prática de atos contra a administração pública, nacional ou estrangeira entre outros.

de ensino (fundamental, médio e superior), pelo envolvimento da sociedade civil e pela atuação do Poder Judiciário.

Todas as considerações efetuadas devem ser fortalecidas com o dever de pagar tributos e o direito de exigir que a Administração Pública aplique adequadamente, o dinheiro arrecadado dos tributos, de forma contínua e permanente.

Mas tudo isso deve ser observado, apenas como o início de um longo caminho que deve ser percorrido para que o tributo alcance a sua função social e econômica, considerando sua implantação, aumento, arrecadação e principalmente a aplicação dos recursos dele provenientes.

Juntar, com êxito, educação, cidadania, tributação e controle do gasto público representa um grande desafio para todos.

8. Referências

ABRAHAM, Marcus; SANTOS, Carlos Alberto C.; FRANCO, Fernando Raposo. Controle das finanças públicas, direitos fundamentais e cidadania fiscal: dos tribunais de contas à sociedade na Constituição de 1988. *Revista Controle.* Tribunal de Contas do Ceará. 2016.

ARANHA, Luiz Ricardo Gomes. *Direito Tributário: Apreendendo.* Del Rey: Belo Horizonte, 2001.

BALTAZAR, Antonio Henrique Lindemberg. *Direito Tributário e Controle Social.* DPU Nº 29 - Set-Out/2009 - ASSUNTO ESPECIAL.

BARBOSA, Alice Mourzinho. *Cidadania Fiscal.* Curitiba: Juruá, 2005.

BUSATO, Roberto. A nova derrama. *Correio Braziliens:* 04.11.2011.

CAVALCANTE, Denise Lucena. *Os danos provenientes da tributação oculta: cidadania fiscal e transparência.* In Direito Tributário e os novos Horizontes do Processo, Paulo de Barros Carvalho (coord.), IBET, São Paulo, 2015.

CAVALCANTE, Denise Lucena. *Crédito Tributário: A função do cidadão contribuinte na relação tributária.* São Paulo: Malheiros, 2004.

FALCÃO, Maurin Almeida. *Desenvolvimento Econômico e Expansão dos Sistemas* Tributários. Disponível em www.idtl.com.br/artigos. Acesso em 17.06.2018.

FERNÁNDEZ, E. El problema del fundamento de los derechos humanos. *Anuario de derechos humanos - UCM,* Madrid, 1982.

LEONETTI, Carlos Araújo. *Humanismo e Tributação: Um Caso Concreto.* Disponível em www.idtl.com.br/artigos/68.html. Acesso em 17.06.2018.

LOPES, Cidália Maria da Mota. *A Joana e os Impostos - Uma história de educação fiscal na Universidade.* Edição Ordem dos Contabilistas Certificados, Lisboa, fevereiro/2015.

MACHADO, Hugo de Brito. *Direitos fundamentais do contribuinte e a efetividade da jurisdição.* São Paulo: Ed. Atlas. 2009.

MARTINS, Ives Gandra da Silva. *Direito Econômico e Tributário - Comentários e Pareceres.* Resenha Tributária: SP, 1992.

MARTINS, Rogério Vidal Gandra da Silva. A Política Tributária como Instrumento de Defesa do Contribuinte. *A Defesa do Contribuinte no Direito Brasileiro.* São Paulo: IOB, 2002.

MELLO, Gustavo Miguez de. Uma visão interdisciplinar dos problemas jurídicos, econômicos, sociais, políticos e administrativos relacionados com uma reforma tributária. In Temas para uma nova estrutura tributária no Brasil. *Mapa Fiscal Editora*: Rio de Janeiro, 1978, *Sup. Esp. I Congresso Bras. de Direito Financeiro.*

MORAES, Germana de Oliveira. Palestra ministrada no *Seminário sobre Reforma Tributária*, promovida pelo Conselho da Justiça Federal e pelo Superior Tribunal de Justiça, em março de 2003, Fortaleza – CE, mimeo.

NABAIS, José Casalta. *O Dever Fundamental de Pagar Impostos.* Coimbra: Almedina, 1998.

NABAIS, José Casalta, Algumas reflexões sobre o actual estado fiscal *site* da *Revista Virtual da Advocacia Geral da União.* [AGU] n.. 9. p. 12. abril/2001: www.agu.gov.br

NOGUEIRA, Roberto Wagner Lima. *Ética Tributária e Cidadania Fiscal.* Disponível em: wwww.tributário.com. Acesso em 18.06.2018.

NOGUEIRA, Roberto Wagner Lima. *Ética tributária e o Decreto federal nº 4.489/2002.* Disponível em www1.jus.com.br/doutrina/texto.asp?id=3647. Acesso em 18.06.2018.

PALMA, Clotilde Celorico. *A Joaninha e os Impostos – Uma história de educação fiscal para crianças.* Ordem dos Contabilistas Certificados (OCC), Lisboa, 2015.

PALMA, Clotilde Celorico e PÊSSOA, Rodrigo Magalhães. *A Joaninha e os Impostos. Uma história de educação fiscal para crianças – adaptação ao Brasil.* ISCAL e CIDEEFF, Lisboa, maio/2018.

RODRIGUES, Ana Maria Gomes. *A Joaninha e os Impostos – Uma história de educação fiscal para adolescentes.* Ordem dos Contabilistas Certificados (OCC). Lisboa, 2016.

SANTOS, Boaventura de Sousa. *Democratizar a democracia*: os caminhos da democracia participativa. Rio de Janeiro: Civilização Brasileira, v. 1, 2002.

SCHIER, Adriana da Costa Ricardo. *A Participação Popular na Administração Pública: o Direito de Reclamação.* Rio de Janeiro: Renovar, 2002.

SOUZA, Paulo Renato. A futura herança maldita. *O Estado de São Paulo.* 24 abr. 2005, Caderno A.

TIPKE, Klaus. TIPKE, Klaus. *Moral Tributaria del Estado y de los Contribuintes.* Tradução de Pedro M. Herrera Molina. Marcial Pons. Madrid. 2002.

TORRES, Ricardo Lobo. *Teoria dos Direitos Fundamentais.* 2. ed. Rio de Janeiro: Renovar, 2001.

WAGNER, José Carlos Graça. *Penalidades e Acréscimos na Legislação Tributária.* Resenha Tributária: São Paulo, 1979.

WAGNER, José Carlos Graça. *Tributação Social do Trabalho e do Capital.* Resenha Tributária: São Paulo, 1982.

VINHA, Thiago Degelo e Maria de Fátima Ribeiro. Efeitos Socioeconômicos dos Tributos e sua utilização como instrumento de políticas governamentais. In PEIXOTO, Marcelo Magalhães e FERNANDES, Edison C. (Coords.). *Tributação, Justiça e Liberdade.* Juruá: Curitiba, 2005.

O papel do contabilista certificado na cidadania e educação fiscal

PAULA FRANCO*

"Atualmente, os empresários têm noção de que em Portugal já não é fácil fugir aos impostos. É um país onde com a intervenção dos contabilistas – que acabam por ser uma peça fundamental nos processos – e com os meios de cruzamento de informação, não é fácil manter uma economia paralela. Há um controlo muito rápido e é tudo tratado de forma tão célere que as pessoas nem sequer têm tempo de estar em situações de incumprimento.".

Esta afirmação transcreve uma parte de recente entrevista onde abordei diferentes aspetos fiscais da nossa sociedade e espelha na perfeição os resultados positivos da implementação de políticas de cidadania e educação fiscal. Ou, tendo em conta a quase perfeita máquina de cobrar impostos por detrás do fisco nacional, sendo os montantes arrecadados prova disso, a força motriz que leva os contribuintes a cumprir voluntariamente com as suas obrigações fiscais? Será porventura necessário mudar o paradigma e resgatar a cidadania fiscal perdida?

É preciso educar e não reprimir. Apesar de hoje em dia estar fortemente disseminada a ideia de que é difícil não cumprir com as suas obrigações fiscais, perdura ainda uma lógica de uma certa resignação no cumprimento de um ato que devia ser encarado do modo mais natural possível. Assim, é necessário alocar esforços, recursos e políticas para implementar políticas

* Bastonária da Ordem dos Contabilistas Certificados.

de cidadania e educação fiscal junto dos contribuintes, consciencializar para o dever de pagar impostos voluntariamente e enveredar por métodos pedagógicos para conseguirmos alterar comportamentos.

Cumprir com as obrigações fiscais, é uma questão de elementar cidadania (não de uma mera cidadania fiscal) e de saber estar em comunidade. Trata-se, acima de tudo, de uma matéria do foro educativo.

O nosso país, tal como a generalidade dos países ocidentais, tem nas receitas fiscais e nas contribuições para a segurança social as suas principais fontes de financiamento, pelo que o cumprimento voluntário das obrigações fiscais dos contribuintes assume um papel fundamental na eficiência e eficácia na arrecadação dessa receita e na consequente persecução de políticas sociais por parte dos Estados. Contudo, assistimos a níveis de fiscalidade muitos próximos da saturação, sendo necessário, para um pleno cumprimento das obrigações fiscais dos cidadãos, políticas de educação fiscal, explicitando a utilidade das receitas dos impostos para a sua vida futura, em termos de assistência médica, segurança social, educação, segurança, etc. e um sistema politico transparente, verdadeiro e rigoroso, em que os cidadãos percebam de que forma são alocadas as suas contribuições.

Temos assim dois caminhos que têm de ser percorridos de igual forma, sem os quais não será possível desenvolver os níveis de consciência e educação fiscal da nossa sociedade – a educação fiscal; e – a transparente e rigorosa gestão política.

A base da cidadania fiscal reside na escola e na capacidade do sistema de ensino se adaptar às novas realidades. Se tivermos cidadãos, desde muito novos, conscientes dos seus direitos e deveres, teremos uma sociedade mais competitiva e mais respeitada além-fronteiras. É assim necessário um árduo trabalho nas escolas, empenhando-se recursos para, num direto contacto com os jovens cidadãos, conscientizarmos e educarmos para os direitos e deveres fiscais da sociedade civil.

Nas palavras da Sra. Professora Clotilde Palma, "*A Educação Fiscal consiste num método de ensino e aprendizagem que tem em vista conscientizar o cidadão sobre a função social do tributo, de como este pode promover a justiça social, incentivando-a a participar na aplicação, arrecadação e fiscalização do dinheiro público, podendo ser entendida em sentido estrito e em sentido lato*".

Este trabalho de educação fiscal deve ser realizado pelas mais variadas entidades e nos mais variados aspetos, através de programas de educação fiscal promovidos pelo Estado e implementados por escolas privadas e públicas.

A gestão transparente e rigorosa dos recursos públicos é fundamental para criar confiança nos contribuintes. Numa época em que não se tem a certeza da correta distribuição de riqueza e os contribuintes não entendem a alocação dos recursos públicos, é necessário um forte diálogo político, transparente e uma gestão rigorosa que crie nos contribuintes níveis de confiança que os levem a voluntariamente contribuir para o Estado através do pagamento dos seus impostos. A cidadania fiscal deve ser entendido, também como o exercício, pelo cidadão, do direito de ser adequadamente informado sobre a origem e aplicação dos recursos públicos, fiscalizando a transformação dos impostos pagos em obras e serviços de qualidade.

Apresentados os dois caminhos que nos guiarão a uma sociedade civil imbuída e elevados padrões de cidadania fiscal, saliento o papel dos contabilistas certificados neste processo.

O atual perfil dos contabilistas certificados, atendendo à evolução da economia mundial e novos modelos de negócio e a responsabilidade social do profissional, é irrefutavelmente diferente de há algumas décadas atrás.

Constata-se o contínuo desenvolvimento das responsabilidades do contabilista certificado que, atualmente, não só gere e cria informação contabilística e fiscal, como também interage com o meio social que o rodeia, contribuindo de forma direta para o seu desenvolvimento. O profissional de hoje é, mais que nunca, um elemento fundamental na sociedade civil.

Como já se referia no preâmbulo do diploma que aprovou o Estatuto da Câmara dos Técnicos Oficiais de Contas, Decreto-Lei nº 452/99, de 5 de novembro, os ora contabilistas certificados são "interlocutores privilegiados" dos seus clientes com a administração fiscal.

Num momento em que a sociedade se encontra descrente dos gestores políticos e que, como acima referimos, o cumprimento das obrigações fiscais se deve mais à máquina tributária que à vontade e educação fiscal dos contribuintes, o contabilista certificado, agindo como um ente informado e qualificado, poderá contribuir de modo eficaz no desenvolvimento da cidadania fiscal dos contribuintes.

As ações do profissional são de suma importância para todos, sendo ele, não raras vezes o principal mediador entre sociedade e o fisco (Estado). Assim, o contabilista certificado pode, através da implementação de políticas de conscientização e informação fiscal junto dos seus clientes, desempenhar um papel crucial no Estado Fiscal.

A responsabilidade social está cada vez mais explícita em relação ao que deve ou não ser feito, além do que é realmente necessário no quotidiano das empresas. Os profissionais de contabilidade, que atuam como gestores, passaram a preocupar-se não somente com a

gestão dos negócios, mas também com todo o meio social com o qual o mundo empresarial está integrado.

Sendo responsabilidade social dos contabilistas certificados a consciencialização que ele deve criar dentro das organizações quanto à importância de se cumprir com as obrigações tributárias, os contabilistas certificados, no exercício da sua profissão junto do tecido empresarial e sociedade civil, como especiais conhecedores da legislação contabilística e fiscal, devem desempenhar um papel ativo junto dos empresários.

Neste contexto, cabe ao contabilista certificado incentivar a arrecadação de forma correta, para que o Estado, com base em rigorosas, justas e transparentes políticas públicas, distribua os recursos de forma coerente, visando assim resolver os problemas da sociedade.

Criada a consciência social para o voluntário e atempado cumprimento das obrigações fiscais, cabe ao Estado administrar de forma coerente e responsável os recursos arrecadados, proporcionando assim o bem-estar social. Não é suficiente o esforços dos contabilistas certificados e das escolas, é necessário que o Estado ganhe a confiança dos contribuintes, gerindo da melhor forma a alocação dos tributos.

Na atual sociedade em que vivemos, profissionais da contabilidade e Estado, ao trabalharem unidos e comprometidos, podem contribuir de forma expressiva para melhorar a arrecadação tributária e, juntos, buscarem condições mais justas para todos desenvolvem a sociedade civil de que todos fazemos parte integrante.

Contributos para a Reflexão sobre a Educação Fiscal, seus Atores e Estratégias: em Particular o Papel dos Jovens e a Possível "Gamificação" da Educação Fiscal

LILIANA IVONE DA SILVA PEREIRA*

"Sí; que el hombre, en cuanto contribuyente, no deje de ser persona, es decir, criatura dotada de libertad y de entendimiento. No puede razonablemente postularse que los sujetos paguen los impuestos insensiblemente, como en un sueño, adormecidos por no sabemos qué engaños o ilusiones. Esa anestesia fiscal que se predica es un veneno corrosivo que destruye las raíces de los ideales tributarios. Frente a ella alzamos la voz en defensa de un robustecimiento incesante de la conciencia tributaria"[1]

1. Introdução

Em maio de 2018, numa entrevista ao Jornal Económico, o secretário de Estado dos Assuntos Fiscais português, António Mendonça Mendes, dizia que *"[é] preciso ter com os contribuintes uma atitude pedagógica que os leve à consciencialização das obrigações ficais"* reforçando que essa atitude constitui uma forma de lutar contra a evasão e a fraude fiscais e que as bases de um edifício fiscal democrático são a repartição justa do esforço fiscal, mas também o

* lpereira@ipca.pt / Centro de Investigação em Contabilidade e Fiscalidade / Escola Superior de Gestão – Instituto Politécnico do Cávado e do Ave.

[1] SAINZ DE BUJANDA, F.: *Teoría de la educación tributaria*. Hacienda y Derecho, Instituto de Estudios Políticos, Madrid, 1962-73, tomo V, (pp. 71-261), pp. 119-120.

cumprimento das obrigações de cada um numa envolvente em que a participação do Estado como entidade criadora das condições para esse cumprimento e para essa justiça é fundamental[2]. Não podemos deixar de salientar o facto de não ser muito habitual, em Portugal, ouvir os governantes da área das Finanças falar na necessidade de uma intervenção pedagógica junto dos contribuintes. Por outro lado, em junho de 2018, um outro órgão de comunicação social noticiava que *"[a] carga fiscal voltou a aumentar, atingindo o valor mais alto dos últimos 23 anos. O dado é avançado pelo Conselho das Finanças Públicas, no relatório que analisa a evolução orçamental das administrações públicas em 2017. (...) A carga fiscal atingiu, assim, 34,5% do PIB, o valor mais elevado desde 1995."*[3]. Estes dois cenários podem ser difíceis de conjugar: pensar numa atitude pedagógica dos contribuintes no sentido de os consciencializar para o dever fundamental de pagar impostos[4] num contexto de elevada carga fiscal não será fácil. A carga fiscal levada ao extremo, com os impostos a terem um peso elevado nos orçamentos das famílias, não cria as melhores condições para intervir pedagogicamente junto dos contribuintes.

Por outro lado, a realidade mostra-nos cada vez mais condutas de fraude e evasão fiscais, mesmo naqueles que deveriam ser exemplo para o cidadão comum – governantes e elites – e elevados índices de economia paralela. E, na realidade, este cenário traduz altas doses de permissividade e aceitação (uma quase normalização) das condutas fraudulentas por parte de um elevado número da população, resultando, essencialmente, a nosso ver, da falta de consciência social relativamente ao bem comum. E, de facto, atuar perante estes comportamentos que premeiam os infratores exige uma intervenção ao nível da implantação de uma educação cívico-fiscal junto da população, a começar pelos mais novos, no sentido de criarmos cidadãos conscientes da importância dos impostos e da necessidade de todos contribuirmos, assente numa competência ética efetivamente transversal. Esta intervenção terá, necessariamente, que começar nas escolas e universidades no sentido de despertar nos jovens, desde cedo, através de uma formação prévia dos pais e professores, a consciência como cidadãos

[2] www.jornaleconomico.sapo.pt, 28 de maio de 2018. O Secretário de Estado falava à margem da sua participação no 3º Congresso Luso Brasileiro de Auditores Fiscais e Aduaneiros no Porto.

[3] www.rr.sapo.pt, 18 de junho de 2018.

[4] CASALTA NABAIS, J.: *O Dever Fundamental de Pagar Impostos – Contributo para a compreensão constitucional do estado fiscal contemporâneo*, 4ª reimpressão, Editora Almedina, Coimbra, 2015.

desde a perspetiva ética e de cidadania[5]. Esta intervenção deverá envolver múltiplos atores, para além das escolas e universidades, designadamente a própria Autoridade Tributária (AT), como resulta das palavras do Secretário de Estado supra citadas, que deverá ser a primeira a ter uma conduta pedagógica perante os contribuintes.

Num contexto de crise como o que fomos experienciando nos últimos anos, a necessidade de aumentar a arrecadação de impostos é um dos principais objetivos para conseguir o retorno do crescimento. O combate à fraude e evasão fiscais deve ser inserido num plano de comunicação e informação à população, de forma que contribua para a sua consciencialização, permitindo que os contribuintes compreendam que os infratores estão a prejudicar todos os cidadãos e o bem-estar comum e que o preço a pagar pelas condutas fraudulentas é uma sociedade menos organizada e com menos e mais fracos serviços públicos e uma pressão fiscal cada vez maior sobre os cumpridores.

Neste artigo procuramos deixar alguns contributos para uma reflexão sobre o processo de educação fiscal em Portugal, os seus atores e possíveis estratégias.

2. A educação fiscal como ferramenta insdispensável ao desenvolvimento da moral e da consciência fiscal

A Fiscalidade pode ser considerada como um espelho social que reflete a estrutura social e de poder de uma comunidade politicamente organizada. A política fiscal, expressa nos itens de receita e despesa do orçamento público, é um dos melhores indicadores das metas e prioridades dos grupos sociais dominantes de um Estado. Portanto, o espelho fiscal não reflete apenas estruturas políticas e económicas. Reflete também metas, objetivos, valores, atitudes e comportamentos que são, ao mesmo tempo, causa e consequência dessas estruturas[6].

[5] Campos Aparicio, C.; Lópaz Pérez, A.; Aragonés Jericó, C.: "Proyecto interdisciplinar de concienciación docente para la prevención del fraude fiscal desde la escuela". *In XIV Jornades de Xarxes d'Investigació en Docència Universitària* (Coord. María Teresa Tortosa Ybáñez, Salvador Grau Company e José Daniel Álvarez Teruel), edição da Universitat d'Alacant / Vicerectorat de Qualitat i Innovació Educativa / Instituto de Ciencias de la Educación (ICE), ISBN: 978-84-608-7976-3, julho 2016 (pp. 746-761), p. 749. Documento acedido em https://dialnet.unirioja.es/.

[6] Alvira Martín, F.; Delgado Lobo, M. L.; García López, J.; Goenaga Ruiz De Zuazu, M.: "La opinión fiscal en la España pre-democrática", *Documentos – Instituto de Estudios Fiscales* nº 10/2011. Acedido em www.ief.es, p. 5. No mesmo sentido, Delgado Lobo, M. L.;

Os impostos constituem a principal fonte de financiamento dos Estados pelo que é importante consciencializar a sociedade para o seu pagamento que terá uma importante consequência: o retorno na forma de bens e serviços públicos, tais como a saúde, a educação, a defesa, a ordem e a segurança públicas. Nesse sentido, torna-se importante alcançar um elevado grau de cumprimento voluntário das obrigações fiscais por parte dos contribuintes e evitar as condutas fraudulentas. A escassa consciência[7] fiscal dos contribuintes, isto é, o baixo conhecimento acerca da finalidade e sentidos dos impostos, pode por em causa o cumprimento[8] dos objetivos da política fiscal.

Os impostos constituem uma obrigação legal, mas acima de tudo um compromisso social assumido pelas pessoas e empresas que vivem num determinado país e do qual reclamam serviços públicos que apenas podem ser fornecidos se o Estado dispuser dos recursos necessários. Como tal, pagar impostos representa o preço que pagamos por viver numa sociedade civilizada, como afirmou Oliver Wendell Holmes.

GUTIÉRREZ LOUSA, M: "El espejo fiscal y su reflejo social", in Ética y economía (Ed. M.A. Galindo), Instituto de Estudios Fiscales, Madrid, 2006, pp. 201-226.

[7] Segundo Motta, citado por, a consciência é um termo que provém do latim *conscientia* que significa conhecimento, o cumprimento do dever, o zelo ao se executar um trabalho e a responsabilidade do que se faz. Sendo assim, a consciência envolve o entendimento, a moralidade e a ética, assumindo um papel de crítica e juízo dos atos do homem. Com a consciência o indivíduo passa a julgar os atos à sua volta, aprovando-os ou reprovando-os conforme os princípios e valores em vigor [BAIALARDI, C.; ROSA, P.; PETRI, S. M.: "O contador como colaborador da conscientização tributária", *Revista Ambiente Contábil*, ISSN-e 2176-9036, vol. 7, nº. 1 (Jan./Jun.), 2015, p. 20].
MARTÍNEZ ÁLVAREZ e MIQUEL BURGOS referem que*"El concepto «conciencia» engloba distintas definiciones, pudiendo considerarla como: «El conocimiento que tiene el ser humano sobre sí mismo, su existencia y su relación con el mundo», o bien como: «La capacidad de discernir entre el bien y el mal a partir del cual se pueden juzgar los comportamientos». De modo paralelo, la definición de conciencia fiscal abarca ambas opciones, de manera que, en primer lugar, podemos encuadrar su significado dentro de «La relación que tienen los ciudadanos con el aporte al gasto público en concordancia con su capacidad contributiva y en base a los principios que inspiran los sistemas impositivos (...)"* [cfr. MARTÍNEZ ÁLVAREZ, J. A.; MIQUEL BURGOS, A. B.: "Instrumentos clave en la lucha contra el fraude: la importancia de la educación fiscal", *Cronica Tributaria* nº 146/2013 (pp. 179-192), p. 180].

[8] O cumprimento fiscal é um problema de cidadania. De acordo com GOENAGA RUIZ DE ZUAZU *"[l]os efectos del incumplimiento, es decir del fraude fiscal, perjudican a todos los ciudadanos pero especialmente a aquéllos que asumen sus responsabilidades sociales y cumplen correctamente sus obligaciones tributarias."* [cfr. GOENAGA RUIZ DE ZUAZU, M.: *Elementos principales de la cultura fiscal en América Latina.* ob. cit., p. 42].

Desta forma, falamos de consciência fiscal no sentido que pressupõe o conhecimento sobre o dever dos cidadãos contribuírem, de acordo com a sua capacidade contributiva, para as receitas necessárias à realização das despesas públicas, no âmbito de um sistema fiscal alicerçado em princípios de igualdade, generalidade e progressividade[9].

Os contribuintes esperam receber do Estado, indiretamente, serviços públicos de qualidade que são financiados através dos impostos que pagam[10]. Pelo que *"el pago de impuestos y la recepción por ello de una serie de servicios públicos y prestaciones sociales se erigen como las bases del "contrato fiscal" entre el Estado y los contribuyentes ciudadanos"*[11]. É, no entanto, importante, referir, que este contrato implica que, também da parte do Estado, exista uma consciência fiscal no sentido de uma boa utilização dos recursos públicos. Isto é, como salientam MARTÍNEZ ÁLVAREZ e MIQUEL BURGOS, *"La utilización responsable de los recursos no es un tema obvio y, por tanto, los gestores de los mismos deben, en contrapartida a un aumento de la consciencia fiscal de la ciudadanía, inscrementar su propria educación fiscal, siendo conscientes en cada momento, del esfuerzo que supone para la población contribuir al sistema público con los mismos, desligando el sentimiento ilusorio de propriedad y de libertad de uso de dichos recursos con fines partidaristas, que incluso, en algunas ocasiones, pueden ser hasta populares y centrándose, sin embargo, en una utilización rigurosa, eficaz y eficiente del dinero público"*[12].

Para além de uma função quantitativa, de arrecadação de receita necessária à satisfação das necessidades do Estado, os impostos têm também uma função qualitativa e social, constituindo-se como instrumentos que devem ser utilizados para reduzir as desigualdades sociais e promover uma justa redistribuição da riqueza. Todos os cidadãos devem estar conscientes das funções dos impostos, conhecendo a sua função social, tornando-se aten-

[9] ALARCÓN GARCÍA, G.; PABLOS ESCOBAR, L.: "La conciencia fiscal y el fraude fiscal: factores que influyen en la tolerancia del fraude", *Documentos de trabajo de la Facultad de Ciencias Económicas y Empresariales*, ISSN-e 2255-5471, nº 2, 2007, 45 pp.

[10] GUTIÉRREZ LI, A.: "Determinantes y Diferencias en la moral fiscal en centroamérica. Un análisis Desde el latinobarómetro 2005". *Ciencias Económicas* 29, nº 1, 2011 (pp. 341-356), p. 342.

[11] Cfr. GOENAGA RUIZ DE ZUAZU, M.: *Elementos principales de la cultura fiscal en América Latina*. Documentos de trabajo, Instituto Universitario de Investigación en Estudios Latinoamericanos, nº 42, 2012 (Ejemplar dedicado a: Fiscalidad en América Latina (Economía)), (pp. 40-59), p. 41.

[12] Cfr. MARTÍNEZ ÁLVAREZ, J. A.; MIQUEL BURGOS, A. B.: "Instrumentos clave (...)", ob. cit., p. 181.

tos e participativos no que diz respeito à sua cobrança, ao cumprimento da lei que enquadra e regulamenta os diversos impostos e no combate à fraude e evasão fiscal. Pagar impostos, para além de uma imposição legal constitui um dever moral[13], um exercício de cidadania que deve fazer parte de uma consciência fiscal global. Torna-se, assim, imperativo consciencializar a sociedade para a função sócio-económica dos impostos e despertar a consciência para o bom cumprimento da lei fiscal tendo em vista o benefício geral e a formação da consciência moral fiscal[14-15].

[13] Na Grécia moral era desenvolver capacidades do indivíduo numa comunidade política na qual tomava consciência da sua identidade como cidadão permitindo-lhe saber que hábitos desenvolver, que virtudes cultivar e que deveres cumprir para fortalecer os laços comunitários procurando realizar na sociedade valores que são objeto de um interesse coletivo ou "bem comum".

[14] Neste sentido, CORTINA, A.: "La educación del hombre y del ciudadano". *Revista Iberoamericana de Educación*, nº 7, 1995 pp. 41-64 e VILLORO, L.: *El Poder y el Valor: Fundamentos de Una Ética Política*. México D. F, México: Fondo de Cultura Económica, El Colegio Nacional, 1997, 400 pp. No mesmo sentido, FREY, B.; TORGLER, B.: "Tax Morale and Conditional Cooperation". *Journal of Comparative Economics*,35(1), 2007, pp. 136-159.

[15] TORGLER define moral fiscal como a motivação intrínseca que os indivíduos podem ter para o pagamento de impostos no sentido de que as pessoas podem estar dispostas a contribuir com uma fração da sua riqueza, do seu património, para o Estado, desde que observem que o Estado faz um bom uso desse recurso financeiro e que, com ele, proporcione benefícios públicos de qualidade [TORGLER, B: "Tax moral, trust and corruption: empirical evidence from transition countrues". *Working Paper*. Center for Research in Economics, Management and Arts]. O mesmo autor concluiu, com as suas pesquisas, que entre os aspetos que afetam as decisões dos indivíduos para o pagamento voluntário de impostos (moral fiscal), dois grupos são levados em conta: em primeiro lugar, as pessoas serão influenciadas a pagar de acordo com sua perceção do sistema político do país, ou seja, a opinião que têm do trabalho dos funcionários públicos e das instituições que compõem a estrutura de poder; em segundo lugar, terão em conta o trabalho do Governo e do Parlamento, bem como o sistema de justiça e a confiança que têm no seu funcionamento.

As primeiras investigações sobre a moral tributária situam-se na década de 60. Vejam-se, designadamente, os seguintes estudos: SCHMÖLDERS, G.: "Survey Research in Public Finance: A Behavioral Approach to Fiscal Theory". *Public Finance*,25, 1960, pp. 300-306 sobre a moral fiscal dos trabalhadores e STRÜMPEL, B.: "The Contribution of Survey Research to Public Finance". *Quantitative Analysis in Public Finance* (pp. 14-32). Praeger Publishers, New York, 1969, sobre a moral tributária dos contribuintes europeus. Mais recentemente, FELD e FREY analisaram o cumprimento tributário em 26 cantões suíços e apresentaram um modelo no qual a variável dependente é a moral tributária, aparecendo como variáveis significativas o grau de participação no Governo e particularmente na eleição dos bens comuns, assim como a forma como são tratados os contribuintes. FELD, L.P.; FREY, B.S.: "Trust breeds trust: How taxpayers are treated". *Economics of Governance*, julho 2002, Vol. 3, Issue 2, pp. 87–99.

Embora os determinantes da moral fiscal tenham sido amplamente estudados na literatura, surpreendentemente, a influência fundamental da educação sobre a moral fiscal não tem sido objeto de investigação. Realçamos, assim, neste sentido, o estudo de Rodríguez-Justicia e Theilenb[16] que, em 2016, analisaram, com base na literatura de ciência política e psicológica sobre o papel da educação para a formação de valores sociais, dois canais através dos quais a educação molda a moral fiscal. Os autores constataram que, enquanto a moral fiscal dos indivíduos que são recetores líquidos dos benefícios do Estado social (desempregados, aposentados,...) aumenta com o seu nível educacional (têm mais consciência da conexão entre pagamentos de impostos e benefícios recebidos do estado), diminui com o nível educacional para aqueles que são contribuintes líquidos. Além disso, os autores concluíram que os mais instruídos, que se mostraram mais bem capacitados para avaliar informações sobre os assuntos públicos, exibem níveis mais altos de moral fiscal em países com melhor qualidade de serviços, um sistema tributário mais justo e instituições mais transparentes[17].

Em 2005 ALM e Togler fizeram um estudo comparativo entre os países europeus e os Estados Unidos da América e concluíram que existem diferenças entre a moral fiscal como consequência de diferenças culturais. ALM, J.; Torgler, B.: "Culture Differences and Tax Morale in the United States and Spain". *Working paper* 33. Centre for Research in Economics, Management and Arts, 2005.

Sarasa E Sarasa Pérez fazem referência a dois estudos mais recentes: por um lado Park e Hyun que, em 2003, examinaram os determinantes do maior cumprimento fiscal e, como tal, de uma melhor consciência fiscal, concluindo que a educação fiscal é uma das ferramentas mais efetivas para obter um maior cumprimento fiscal; por outro lado, Llácer e Noguera, em 2010, que procuraram encontrar um mecanismo explicativo da relação entra a moral fiscal e a idade, concluindo que os mais jovens apresentam efetivamente uma moral fiscal mais baixa que o resto dos grupos populacionais se bem que sem poder afirmar que a moral fiscal aumente com a idade já que dados analisados mostram um ligeiro aumento da tolerância face à fraude fiscal a partir da idade da reforma [Sarasa, C. P.: Sarasa, P.: "Análisis de la conciencia fiscal de los futuros egresados: ¿Hay diferencias por cuestión de género?" *In XIV Jornades de Xarxes d'Investigació en Docència Universitària* (Coord. María Teresa Tortosa Ybáñez, Salvador Grau Company e José Daniel Álvarez Teruel), edição da Universitat d'Alacant / Vicerectorat de Qualitat i Innovació Educativa / Instituto de Ciencias de la Educación (ICE), ISBN: 978-84-608-7976-3, julho 2016 (pp. 3065-3075), p. 3067. Documento acedido em https://dialnet.unirioja.es/.].

[16] Rodríguez-Justicia, D.; Theilenb, B.: "Tax morale and education", XXIV Encuentro de Economía Pública, 2017, p. 14. Acedido através de https://dialnet.unirioja.es/.

[17] Dos resultados obtidos e analisados, os autores retiraram algumas importantes implicações políticas: primeiro, como parte da influência da educação sobre o moral fiscal é canalizada

Nesse sentido, não é possível levar a cabo uma política fiscal verdadeiramente eficaz sem contar com o elemento humano que a desenha, que a aplica e aquele a quem se dirige. Daí que a Sociologia fiscal, com a finalidade de explicar fatores que determinam uma realidade fiscal concreta e analisar e estudar o conjunto de fatores que definem a cultura fiscal num contexto histórico, geográfico e político concreto, tem vindo a ganhar cada vez maior relevo[18].

Segundo MÉNDEZ, entende-se por cultura fiscal um conjunto de valores, conhecimentos e atitudes compartilhados pelos membros de uma sociedade em relação à tributação e observância das leis que a regem, traduzindo-se num comportamento manifestado no cumprimento permanente das obrigações fiscais com base na razão, na confiança e na afirmação dos valores da ética pessoal, respeito à lei, responsabilidade cívica e solidariedade social dos contribuintes[19].

Naturalmente que a cultura fiscal assenta na coação. Como salienta GOENAGA RUIZ DE ZUAZU *"(...) no existe registro histórico alguno que indique que las arcas de un Estado se hayan llenado por la voluntad espontánea de los ciudadanos. Pero la coacción puede ser aceptada de mejor o de peor grado: la obligación de aportar una parte de la renta privada para financiar las necesidades públicas puede percibirse como una imposición carente de sentido que solo se cumple bajo amenaza, o como el cumplimiento de un deber cívico, ciertamente poco grato, pero necesario para el bienestar colectivo"*[20].

Pagar impostos pode resultar da utilização, pelo Estado, do seu poder coercitivo baseado nas leis ou pode resultar da razão, a qual se manifesta

através de uma melhor informação sobre os assuntos públicos, torna-se particularmente conveniente melhorar as informações sobre os benefícios diretos e indiretos que o Estado (financiado por impostos) proporciona aos cidadãos, especialmente no caso da população menos instruída; segundo, aumentar o nível educacional da população pode ser um instrumento para aumentar a moral fiscal e reduzir a evasão fiscal. No entanto, este é apenas o caso quando os indivíduos percebem que o que recebem do Estado em troca de seus pagamentos de impostos é de alta qualidade. Caso contrário, o aumento do nível educacional da população pode ter efeito contrário e reduzir o moral fiscal.

[18] GOENAGA, M.; PÉREZ, C.: "El barómetro fiscal del Instituto de Estudios Fiscales: una herramienta para la medición de la opinión fiscal", *Revista de Estadística y Sociedad,* nº 45 (Março), 2011 (Ejemplar dedicado a: Estadísticas tributarias) (pp. 28-30), p. 28.

[19] MÉNDEZ, M.: "Cultura Tributaria, Deberes y Derechos vs Constitución de 1999". *Revista Espacio Abierto,* 13(1), 2004, Mérida, pp. 123-137.

[20] Cfr. GOENAGA RUIZ DE ZUAZU, M.: *Elementos principales de la cultura fiscal en América Latina.* ob. cit., p. 43.

através de uma cultura fiscal com bases sólidas[21]. Assim, o desenvolvimento de estratégias que conduzam ao incremento da cultura fiscal é fundamental para a sociedade e particularmente para as partes intervenientes na relação jurídico-fiscal.

Desta forma, como salientam Martínez Álvarez e Miquel Burgos, podemos dizer que há dois aspetos-chave para ajudar a aprofundar a consciência fiscal dos cidadãos: por um lado, como são utilizados os recursos obtidos através do sistema tributário; e, por outro, quais são os benefícios obtidos pelos cidadãos como contrapartida pelo pagamento de impostos[22].

Neste sentido, torna-se importante definir estratégias didáticas e modelos pedagógicos que criem um referencial teórico para implementação de ações de educação fiscal para as futuras gerações no sentido de criar condições para assistirmos à concretização do conceito de consciência fiscal na perspetiva ética direcionada para o bem comum.

A educação fiscal entendida de forma integral e comunitária gerará uma consciência fiscal[23] na medida em que assentará em valores tais como

[21] Castillo Cabeza, S. N.; Castillo García, P. G.: "Un acercamiento al estudio de la cultura tributaria desde la perspectiva socioeducativa". *Dominio de las Ciencias*, ISSN-e2477-8818, Vol. 2, nº extra 3, 2016 (Ejemplar dedicado a: Monográfico de Ciencias de la Salud) (pp. 149-162), p. 154.

[22] Martínez Álvarez, J. A.; Miquel Burgos, A. B.: "Instrumentos clave en la lucha contra el fraude (...)", ob. cit., p. 181.

[23] Como salientam Grzybovski e Hahn, a consciencialização também pode ser exercida no âmbito tributário e a cultura do não pagamento de impostos apresenta, como principais argumentos, a elevada carga tributária, o baixo nível de retorno à sociedade e os casos de corrupção já existentes. Para estes autores, uma das hipóteses para a aptidão pela evasão fiscal envolve o desconhecimento da importância do Estado como membro coordenador da vida em sociedade e dos impostos como financiadores da máquina pública pelo que a consciencialização dos contribuintes quanto à importância do pagamento de tributos faz-se cada vez mais necessária. Grzybovski, D.; Hahn, T. G.: "Educação fiscal: premissa para melhor percepção da questão tributária". *Revista de Administração Pública*, Rio de Janeiro, v. 40, n. 5, set./out. 2006, pp. 841-864. Outros autores apontam também como argumentos para a evasão fiscal a elevada carga tributária, sinais evidentes de má administração e de mau uso do dinheiro público, o sentimento de injustiça e a fragilidade dos instrumentos de fiscalização, o desconhecimento da importância dos impostos para o financiamento público e o elevado grau de complexidade da legislação fiscal e a insuficiência de programas de educação fiscal. Nesse sentido vejam-se, entre outros, Iudícibus, S.; Pohlmann, M. C.: "Classificação interdisciplinar da pesquisa tributária". *Revista de Contabilidade da UFBA*, Bahia, v. 1, n. 1, set./dez. 2007, pp. 30-47; Filho, J. M. D.: "A tributação na era da responsabilidade

a responsabilidade, colaboração, cooperação, solidariedade, participação, compromisso.

Na verdade, um fator determinante da fraude e evasão fiscais é a moral fiscal entendida como a motivação para cumprir obrigações fiscais de forma voluntária. Como salientam DELGADO e VALDENEBRO, além do exercício da coerção legítima, a Administração Tributária pode e deve tornar-se um agente socializante que, através do uso das suas próprias estratégias educacionais, constrói a consciência fiscal dos cidadãos[24]. Trata-se, pois, de uma ideologia assente na solidariedade assumida pelos cidadãos como um todo e não imposta, alicerçada no conceito de "colaboração Estado-Cidadão"[25].

Nesse sentido, o papel da Administração Fiscal é determinante devendo esta estar ao serviço do contribuinte criando condições para a cooperação entre ambos, procurando melhorar e estreitar a relação com os contribuintes e a consciencialização social para o cumprimento das obrigações fiscais[26]. Como salienta DÍAZ YUBERO *"el contribuyente deja de ser un potencial incumplidor y pasa a ser un cliente al que hay que prestar todo tipo de servicios*

fiscal: desafios e estratégias". *Revista de Contabilidade da UFBA*, Bahia, v. 5, n. 3, set/dez. 2011, pp. 58-71; BERGER, F. S.: "A ética da evasão fiscal: um estudo comparativo de profissionais e estudantes da área de negócios". In: CONGRESSO IAAER-ANPCONT, 3., 2009, São Paulo; SAYEG, R. N.: "Sonegação tributária e complexidade". *Revista de Administração de Empresas*, São Paulo, v. 2, n. 1, jan./jun. 2003 (acedido em http://www.scielo.br/scielo.php?pid=S1676-56482003000100010&script=sci_arttext).

24 DELGADO, M.L.; VALDENEBRO, M.: "La Educación fiscal: ¿por qué y para qué?" in *Educación Fiscal y cohesión social. Experiencias en América Latina*. Madrid, Instituto de Estudios Fiscales, 2010, pp. 3-16. A educação fiscal, como todos os processos educacionais, tem dois aspetos: o informativo e o formativo. Se os cidadãos forem informados sobre o enquadramento fiscal e quais as obrigações formais dos contribuintes é também necessário informar sobre o significado deste enquadramento e porque é importante cumprir corretamente essas obrigações. Dito de outra forma: ao lado do "como" dos impostos, deve ser explicado o "porquê" dos impostos. O "para quê" dos impostos é o aspeto educacional essencial da educação fiscal. Aqui, a chave está no orçamento público. É Os impostos são arrecadados para gastar e gastos para atingir os objetivos comuns de desenvolvimento económico e progresso social [GOENAGA RUIZ DE ZUAZU, M.: "Medidas sociales para combatir el fraude fiscal en España", Documento de trabajo 184/2014 – Laboratório de Alternativas, p. 27 – acedido em http://www.fundacionalternativas.org/public/storage/laboratorio_documentos_archivos/371dcdd58cc5313331737c8c08bd6d6e.pdf].

25 GOENAGA RUIZ DE ZUAZU, M.: *Elementos principales de la cultura fiscal en América Latina*. Ob. cit., p. 42.

26 FILHO, J. M. D.: "A tributação na era da responsabilidade fiscal: desafios e estratégias". in *Encontro Nacional da ANPAD*, 29., 2005, Distrito Federal. ENANPAD, p. 3.

para facilitarse el conocimiento y el cumplimiento de sus obligaciones tributarias"[27]. Assim, destaca o mesmo autor, *"Es necesario, en este sentido, una especie de pacto implícito entre la administración tributaria y la sociedad para que la mayoría de los contribuyentes cumplan de forma voluntaria con sus obligaciones fiscales y exijan, por tanto, pocos recursos administrativos para su control"* pelo que *"(...) la educación de los contribuyentes constituye una pieza básica para el logro del cumplimiento voluntario. Su labor educativa comprende el desarrollo de programas de formación que van dirigidos o cuentan con la colaboración de distintos colectivos. Así cabe citar los programas de educación para jubilados, pequeñas y medianas empresas, asesores fiscales; y los realizados en colaboración con bancos, oficinas de correos, bibliotecas, etc."*[28].

Desta forma, conforme resulta de MARQUES existe uma relação entre educação fiscal, consciência fiscal, cidadania fiscal e cultura fiscal. O exercício da cidadania fiscal pressupõe uma consciência cívico-fiscal que resultará da educação fiscal[29].

3. Educação fiscal: conceito e objetivos

A educação é um meio através do qual se opera a mudança de pensamento, sentimento e ação dos cidadãos, estimulando a participação corresponsável dos indivíduos para melhorar a qualidade de vida dos cidadãos[30]. O objetivo da educação é inserir os seres humanos na sociedade, como pessoas sabedoras de conceitos básicos, deveres e direitos, interiorizando as normas da vivência em comum.

Em primeiro lugar é preciso esclarecer que quando falamos de educação fiscal não estamos a tratar da transmissão de conhecimentos técnicos acerca dos impostos, não se trata de ensinar Fiscalidade no sentido de uma mera exposição académica mas sim no sentido da finalidade dos impostos numa sociedade democrática[31].

[27] Cfr. DÍAZ YUBERO, F.: "Aspectos más destacados de las Administraciones Tributarias avanzadas", Agencia Estatal de la Administración Tributaria, doc. nº 14/03, p. 15.

[28] Cfr. DÍAZ YUBERO, F.: "Aspectos más destacados de las Administraciones Tributarias avanzadas", ob. cit., p. 13.

[29] MARQUES, Ana C. L.: "As Finanças Públicas e a Cidadania e a Educação Fiscal", *Revista de Finanças Públicas e Direito Fiscal*, nº 2 VIII, março 2016 (pp. 49-62), p. 52.

[30] CASTILLO CABEZA, S. N.; CASTILLO GARCÍA, P. G.: "Un acercamiento al estudio (...)", ob. cit., p. 152.

[31] MARTÍN OVIEDO, J.M.: *Lecturas de psicología financiera*, Editorial de Derecho Financiero, Madrid, 1973.

Como realça GOENAGA RUIZ DE ZUAZU *"La "Educación Fiscal" no pretende crear expertos tributarios, sino que se tienen como "objetivo" transmitir una serie de ideas, valores y actitudes favorables a la responsabilidad fiscal y contrarias a las conductas defraudadoras. En definitiva, crear una "conciencia fiscal responsable y solidaria" entre sus contribuyentes."*[32].

Nesse sentido, tal como referimos no ponto anterior, a educação fiscal deverá conduzir a uma consciência fiscal coletiva. Para PALMA e PITA (2016:31) *"a educação fiscal consiste num método de ensino e aprendizagem que tem em vista consciencializar o cidadão sobre a função social do tributo, de como este pode promover a justiça social, incentivando-o a participar na aplicação, arrecadação e fiscalização do dinheiro público (...)"*[33]. No mesmo sentido, MARTINELLO e NASCIMENTO entendem a educação fiscal como o processo de ensino e aprendizagem que tem como objetivo a formação de uma consciência fiscal virada para o exercício da cidadania[34]. Para DELGADO LOBO *et al.*, *"La educación fiscal tiene como objetivo primordial transmitir ideas, valores y actitudes favorables a la responsabilidad fiscal y contrarios a las conductas defraudadoras. Por eso, su finalidad no es tanto facilitar contenidos académicos cuanto contenidos morales. De ahí que la educación fiscal deba tratarse en el aula como un tema de responsabilidad ciudadana. Ello se traduce en asumir las obligaciones tributarias, primero porque lo manda la ley, y después porque se trata de un deber cívico, poniendo de relieve qué efectos tiene el incumplimiento de estas obligaciones sobre el individuo y sobre la sociedad."*[35].

No âmbito da educação fiscal o que se pretende é fazer perceber a todos os públicos a importância do dever fundamental de pagar impostos e a razão da sua existência. Assim, a educação fiscal visa sensibilizar e consciencializar os cidadãos para a importância do pagamento dos impostos e de que todos temos que ser parte do processo, cumprindo e fazendo cumprir a lei, criando condições para uma relação de proximidade e harmo-

[32] Cfr. GOENAGA RUIZ DE ZUAZU, M.: *Elementos principales de la cultura fiscal en América Latina*. Ob. cit., p. 52.

[33] Cfr. PALMA, C. C.; PITA, M.: "Para uma Política de Educação e Cidadania Fiscal – os casos do Brasil, de Espanha e de Portugal", *Revista de Finanças Públicas e Direito Fiscal*, nº 2 VIII, março 2016 (pp. 29-48), p. 31.

[34] MARTINELLO, D.; NASCIMENTO, E.: "É possível construir a cidadania através do programa de educação fiscal?, Tributação em Revista, nº 64, Setembro 2013, Sindifisco Nacional, Brasil.

[35] Cfr. DELGADO LOBO, M. L.; GARCÍA-VERDUGO, A. M.; VALDENEBRO GARCÍA, M. L.; ROLDÁN MUÑÍO, C.; FERNÁNDEZ-CUARTERO PARAMIO, M.: "La educación fiscal en España", *Documentos – Instituto de Estudios Fiscales*, ISSN 1578-0244, nº 29, 2005(pp. 1-34), p. 5.

nia entre o Estado e os cidadãos no âmbito da gestão fiscal, incentivando a sociedade a participar no acompanhamento e aplicação dos recursos públicos. Desta forma, a educação fiscal apresenta-se como o meio mais potente e eficaz para a luta contra a fraude fiscal na medida em que um contribuinte educado equivale a um contribuinte que não defrauda[36].

Todas essas questões devem ser incluídas no que é chamado de educação fiscal, cujo conteúdo são ideias, valores e atitudes favoráveis à responsabilidade fiscal e contrárias à fraude, constituindo o seu objetivo incutir uma cultura fiscal entre os jovens, dando-lhes os valores, normas e perceções que inspiram e orientam o comportamento fiscal dos cidadãos do ponto de vista das receitas e dos gastos públicos. Não se trata, pois, de uma questão técnica dirigida a especialista mas sim aos cidadãos em geral para que interiorizem o pagamento de impostos como uma obrigação de convivência em democracia e a base do Estado de bem-estar social[37].

De acordo com GRZYBOVSKI e HAHN, os programas de educação fiscal servem para despertar o cidadão para a necessidade da contribuição espontânea e também para mostrar a importância da participação do cidadão em câmaras municipais, reuniões comunitárias e sindicatos com a finalidade de estabelecer as prioridades no planeamento e nos orçamentos públicos, e averiguar a correta aplicação dos recursos públicos[38]. Neste sentido, a meta da educação fiscal será que o contribuinte ajude eficazmente na aplicação das normas fiscais resistindo, com todos os meios jurídicos e sociais ao seu alcance, a cooperar sob qualquer forma, com possíveis comportamentos antijurídicos, sejam de outros contribuintes mas também da própria Autoridade Tributária[39].

A educação fiscal tem que pressupor a relação entre o setor educativo e a Administração Fiscal, não sendo uma tarefa fácil na medida em que requer tempo, implicando um processo de aprendizagem contínua e assimilação por parte da sociedade, implicando o desenvolvimento discernimento e

[36] GARCÍA-FRESNEDA GEA, F.: "La educación civico-tributaria y la lucha contra el fraude fiscal aspectos morales" in *Estudios sobre control del fraude fiscal y prevención del blanqueo de capitales* (Carmen Almagro Martín (dir.)), 2016, ISBN978-84-9135-499-4 (pp. 617-650), p. 624.

[37] GOENAGA RUIZ DE ZUAZU, M.: "Medidas sociales para combatir el fraude fiscal en España", ob. cit., p. 27.

[38] GRZYBOVSKI, D.; HAHN, T. G.: "Educação fiscal: premissa para melhor percepção (...)". Ob. cit., p. 850.

[39] SAINZ DE BUJANDA, F.: *Teoría de la educación tributaria*. Ob. cit., p. 107.

compromisso de todos e demora a mostrar os seus resultados[40]. Em termos específicos, a educação fiscal deve resultar numa abordagem de temas como: a identificação dos bens e serviços públicos; o conhecimento do valor económico, da repercussão e das diferentes fontes de financiamento desses bens e serviços públicos; a interiorização das atitudes de respeito pelo que é público e, como tal, financiado pelo esforço de todos; a perceção da responsabilidade fiscal como um dos valores em que assenta a construção da convivência em sociedade e da cultura democrática; a compreensão do sentido da Fiscalidade, na sua dupla vertente de receitas e gastos públicos, como um dos âmbitos em que operam valores como os da equidade, justiça, solidariedade numa sociedade democrática[41].

4. Educação fiscal: os principais atores

4.1. O papel da autoridade tributária

O objetivo principal de qualquer Administração Tributária é alcançar o mais alto nível de cumprimento fiscal possível, atendendo à estrutura fiscal de cada país. O seu objetivo é arrecadar os impostos que devem ser pagos de acordo com a lei vigente, de forma que a confiança no sistema tributário seja mantida. Para aumentar a receita fiscal, a Administração Tributária

[40] GUAIQUIRIMA, C.: *Cultura Aduanera y Tributaria. Temas Tributarios 2.* Oficina de Divulgación Aduanera y Tributaria. Servicio Nacional Integrado de Administración Aduanera y Tributaria (SENIAT), Caracas.

[41] DELGADO LOBO, M. L.; GARCÍA-VERDUGO, A. M.; VALDENEBRO GARCÍA, M. L.; ROLDÁN MUÑÍO, C.; FERNÁNDEZ-CUARTERO PARAMIO, M.: "La educación fiscal en España", ob. cit., p. 9.
A educação fiscal é um processo delicado e que exige tempo sendo um tema é delicado entre a população. A própria palavra "imposto" tem em si mesma uma carga negativa, como algo que nos é imposto, na tal carga coerciva de abdicarmos, porque assim nos é imposto, de uma parte do nosso património. Fazer com que essa imagem passe para uma visão positiva ou, pelo menos, no sentido de uma adesão positiva, não será uma tarefa fácil. No entanto, essa deve ser a meta final da educação fiscal. Como salientou SAINZ DE BUJANDA *"Despertar y avivar la conciencia, en vez de adormecerla, es el gran método educativo. Tener conciencia tributaria supone, efectivamente, que las prestaciones tributarias no se producen con ayuda de engaños y de anestésicos, dirigidos a hacerlas imperceptibles o poco dolorosas, sino, antes al contrario, como pagos que sean, en su oportunidad y en su sentido, plenamente inteligibles y libremente aceptados, y que generen, por tanto, sacrificios mensurables, que el contribuyente realice con el apoyo moral de un sentimiento de solidaridad"* [Cfr. SAINZ DE BUJANDA, F.: *Teoría de la educación tributaria.* Ob. cit., pp. 119-120]. Pretende-se, pois, conseguir, não tanto que se gere a menor resistência mas sim o elemento chave – a máxima adesão possível.

pode seguir as seguintes vias: aumento de impostos; maior eficiência nos mecanismos de cobrança; redução da fraude fiscal. Embora seja verdade que essas medidas não são mutuamente exclusivas, a verdade é que, estando o nível fiscal de muitos países, como o caso português, já muito elevado, aumentar a pressão fiscal não será o meio mais eficaz. Assim, a luta contra a fraude fiscal e o uso de técnicas que possibilitem maior efetividade e eficiência nas ações dos órgãos da Administração Tributária, são os meios que deverão centrar os esforços dos Estados. E uma das importantes vias para conseguir estes objetivos passa pelo reforço da moral fiscal dos cidadãos. Isto é, como os valores sociais, normativos ou éticos das pessoas afetam a decisão de pagar os ou fugir aos impostos que lhes correspondem, trabalhar ao nível pedagógico junto dos cidadãos, é hoje um instrumento fundamental para construir uma cidadania fiscal ativa e responsável.

Em Portugal, a Autoridade Tributária e Aduaneira (AT) tem por missão *"(...) administrar os impostos, direitos aduaneiros e demais tributos que lhe sejam atribuídos, bem como exercer o controlo da fronteira externa da União Europeia e do território aduaneiro nacional, para fins fiscais, económicos e de proteção da sociedade, de acordo com as políticas definidas pelo Governo e o Direito da União Europeia"*[42]. Assim, a AT prossegue, entre outras, a atribuição de *"[a]ssegurar a liquidação e cobrança dos impostos sobre o rendimento, sobre o património e sobre o consumo, dos direitos aduaneiros e demais tributos que lhe incumbe administrar, bem como arrecadar e cobrar outras receitas do Estado ou pessoas coletivas de direito público;"*[43]. Para concretizar esta missão e atribuição, no nosso entender, a AT deve prestar informações e assistência aos contribuintes com o objetivo de minimizar os custos indiretos associados com o cumprimento das obrigações fiscais, facilitando a tarefa àqueles que querem cumprir com as suas obrigações fiscais, e efetuando um controlo rigoroso daqueles que querem evitar a aplicação correta das leis fiscais. Um dos fatores determinantes para o grau de cumprimento da missão da AT é o nível de consciência fiscal na sociedade, na medida em que influencia diretamente a vontade daqueles que integram o cumprimento voluntário e a rejeição das atitudes fraudulentas. Neste sentido, consideramos de extrema importância que a AT defina uma estratégia de comunicação e atuação institucional de sentido pedagógico, começando, desde logo, pela

[42] Cfr. http://info.portaldasfinancas.gov.pt/pt/at/Pages/missao-e-atribuicoes.aspx.
[43] Cfr. http://info.portaldasfinancas.gov.pt/pt/at/Pages/missao-e-atribuicoes.aspx.

imagem que a própria AT projeta para a sociedade pois essa imagem afeta também o grau de consciência fiscal dos cidadãos. Da mesma forma, deve a AT reforçar os canais de relacionamento e comunicação com os cidadãos, transferindo uma imagem de uma organização confiável, moderna, inovadora, eficiente, transparente, que trabalha com profissionalismo ao serviço do cidadão e da sociedade. À medida que os cidadãos percebem uma maior eficiência e profissionalismo da AT, quer na proximidade com o contribuinte, quer na prevenção de fraudes, aumenta a confiança que os contribuintes depositam na sua atuação e contribui, dessa forma, para o reforço e melhoria da consciência fiscal coletiva.

Nesse sentido, o papel da educação fiscal é importante no sentido de uma socialização em valores de responsabilidade fiscal que deve estar subjacente às estratégias de atuação da AT. Salientamos, por isso, como muito positiva, a afirmação do Secretário de Estado dos Assuntos Fiscais que referimos na introdução deste artigo, pois conduz no sentido de haver um reforço da atitude pedagógica da AT perante os contribuintes.

Note-se que a estratégia educacional das Administrações Fiscais não é uma novidade. São muitos os casos a nível europeu e mundial de Autoridades Fiscais que já deram passos muitos importantes no sentido de implementar planos estruturados de educação fiscal com atuações a vários níveis[44].

A preocupação da AT não deve ser apenas construir bases para aumentar o nível de cumprimento voluntário das obrigações fiscais (lado da receita pública) mas também consciencializar e informar sobre o uso correto dos bens e serviços públicos (lado da despesa pública). Nesse sentido, deve ser preocupação da AT a construção de uma aceitação do dever legal e moral de contribuir para o apoio às necessidades públicas através de uma estratégia educacional *"(...) mediante la cual la ciudadanía en su con-*

[44] A propósito, por exemplo, do caso espanhol, veja-se, entre outros, VV. AA. (Díaz Yubero, F. (Coord): La experiencia educativa de la Administración Tributaria española, *Documentos – Instituto de Estudios Fiscales* nº 13/09, acedido em www.ief.es, Trata-se de uma atuação da *Agencia Tributaria* espanhola em colaboração com o *Instituto de Estudios Fiscales*, e está especificado num Programa de Educação Cívico-Tributária, cuja principal ferramenta é o Portal de Educação Cívica-Tributária na Internet com a finalidade de transmitir os valores da própria Constituição espanhola, dirigido aos jovens cidadãos para que estes saibam quais são os bens e serviços públicos, o respeito que devem ter por eles e do esforço feito pelo Estado no sentido de os financiar, principalmente através do pagamento de impostos.

junto interiorice verdaderamente las normas fiscales como normas morales. De este modo, entienden que podría mejorarse aún más el cumplimiento fiscal debiéndose ejercer la presión coactiva únicamente sobre los evasores recalcitrantes que, hay que ser realistas, continuarán existiendo"[45].

Esta estratégia deverá, em primeiro lugar, pensar no aumento da literacia fiscal[46] dos cidadãos no sentido de fornecer informação que lhes permita conhecer os impostos do seu país, a sua importância interna e no contexto internacional, a forma como os impostos afetam os cidadãos, não apenas na ótica da receita fiscal mas também e principalmente da despesa pública, sendo que este plano de intervenção deve ser dirigido não apenas aos contribuintes efetivos mas à sociedade em geral no sentido de promover uma cultura fiscal de conformidade baseada em direitos e responsabilidades, na qual os cidadãos entendem o pagamento de impostos como um aspeto integral de seu relacionamento com o Governo e do seu papel de cidadãos. A educação fiscal é, pois, *"(...) the bridge linking tax administration and citizens and a key tool to transform tax culture"*[47].

Em Portugal o sistema fiscal é complexo. O contexto de crise aumentou a complexidade com a introdução de novos impostos, sobretaxas,...Essa tendência não incentiva o cumprimento das obrigações tributárias e cria dificuldades para os contribuintes na hora de cumprir as suas obrigações fiscais, principalmente devido aos custos e tempo de cumprimento. Quanto

[45] Cfr. GOENAGA RUIZ DE ZUAZU, M.: "La educación fiscal como nuevo campo de investigación y cooperación institucional" in VV. AA. (DÍAZ YUBERO, F. (Coord): *La experiencia educativa de la Administración Tributaria española, Documentos – Instituto de Estudios Fiscales* nº 13/09, acedido em www.ief.es, p. 74.

[46] Como salienta GOENAGA RUIZ DE ZUAZU *"La ignorancia popular en cuanto a materias fiscales es algo bien conocido –por ejemplo, el público desconoce, en general, el tamaño del presupuesto público, a sus distintos niveles, así como los porcentajes de gasto en capítulos de tanta trascendencia como defensa, educación, bienestar social y sanidad–, y su primera (y principal) consecuencia es la incapacidad para establecer correspondencia fiscal. También le resulta extremadamente difícil comprender el mecanismo de la progresividad y su relación con los fines y objetivos más generales del sistema económico. Pero, además, la ignorancia fiscal favorece la formación de sentimientos (reacciones) negativos(as) hacia la imposición (Lewis, 1982). En este punto, la capacidad de crear ilusión es notable. Si son los propios ciudadanos quienes desean que el gobierno gaste más, el principio de correspondencia puede funcionar o no: en el primer caso, desearán también el consiguiente aumento de los impuestos; en el segundo, se habrá creado la ilusión financiera (Fernández Caínzos, 2006)"* [cfr. GOENAGA RUIZ DE ZUAZU, M.: "Medidas sociales para combatir el fraude fiscal en España", ob. cit., p. 19].

[47] Cfr. OECD/FIIAPP: *Building Tax Culture, Compliance and Citizenship: A Global Source Book on Taxpayer Education*, OECD Publishing, Paris, 2015, https://doi.org/10.1787/9789264205154-en.

à informação sobre a aplicação dos impostos cobrados, também não tem havido uma estratégia de comunicação no sentido de dar a conhecer aos contribuintes e aos cidadãos em geral o retorno em mais e melhores serviços públicos dos impostos cobrados, nomeadamente dos aumentos de impostos levados a cabo nos últimos anos.

Desta forma, para aumentar a sensibilização fiscal dos cidadãos e o grau de consciência fiscal, é necessária uma verdadeira estratégia de comunicação que "(...) *por un lado muestre la importancia que tiene el correcto pago de impuestos en el funcionamiento del sistema y la financiación de los servicios públicos y que, por otro, aumente la información de los ciudadanos sobre la gestión responsable de los recursos públicos por parte de los responsables de la misma y sancione las actitudes de poco rigor de los mismos.*"[48].

Assim, a AT tem um papel de grande importância e, como destaca SCHMÖLDERS, deve fomentar-se uma ideia de educação fiscal para ambas as partes, isto é, não apenas para os contribuintes mas também para a AT[49]. Na medida em que as ações da AT têm todas, direta ou indiretamente, relação com a sua imagem e, portanto, com a sua estratégia de comunicação com os cidadãos, deve ser pensada uma atuação baseada numa comunicação coordenada, através de campanhas publicitárias ou campanhas de comunicação junto dos meios de comunicação mas também através de múltiplos canais e instrumentos: serviços de informação e assistência aos cidadãos, eficiência, profissionalismo e rigor das ações de inspeção; a atenção dos funcionários[50] que estão em contato com os cidadãos nos serviços

[48] Cfr. MARTÍNEZ ÁLVAREZ, J. A.; MIQUEL BURGOS, A. B.: "Instrumentos clave en la lucha (...)", ob. cit., p. 190.

[49] SCHMÖLDERS, G.: "Fiscal Psychology: a new branch of Public Finance", *National Tax Journal*, Vol. 12, nº 4, dezembro 1959 (pp. 340-345), p. 340.

[50] Como salienta LESMES ANEL a propósito da atuação em Espanha, *"El personal está en contacto con el ciudadano, es la cara de la organización. Además, los funcionarios, como parte de la sociedad proyectan la imagen que tienen de la organización en la que trabajan, consiguiendo así un efecto multiplicador de su percepción, que puede ser positivo o negativo. Esta circunstancia es la que explica que en la actualidad, en algunas organizaciones, tanto públicas como privadas, se haya abandonado la clásica separación entre comunicación externa e interna, de la que se encargaban incluso Departamentos distintos: el de marketing y el de recursos humanos respectivamente. Vemos por tanto que se difumina la frontera entre la comunicación interna y externa, y que se impone un tratamiento coordinado de ambas, una estrategia integral de comunicación:"* [cfr. LESMES ANEL, J.: "El Programa de Educación Cívico-Tributaria como parte de la estrategia de comunicación de la Agencia Tributaria (Agencia Estatal de Administración Tributaria)" in VV. AA. (DÍAZ YUBERO, F. (Coord): *La experiencia*

físicos e no atendimento por telefone, a fácil e boa acessibilidade dos serviços oferecidos através da sua página da internet; a transparência, clareza e veracidade das informações que são endereçadas ao cidadão através dos diferentes canais de comunicação, através das aparições públicas dos responsáveis da AT, através da qualidade e clareza da documentação escrita disponibilizada, o desenvolvimento de programas de consciencialização para o cumprimento e para o combate aos comportamentos fraudulentos e de evasão fiscal[51].

Assim, no nosso entender, a estratégia da AT no sentido de definir uma atuação educativa junto dos cidadãos[52], poderá passar, entre outras, pelas seguintes estratégias e instrumentos, ideia construída a partir do que tem sido a experiência de outros países[53]:

- Campanhas publicitárias, dirigidas ao público adulto em geral, utilizando uma grande variedade de meios – folhetos, brochuras, *talk-shows* ou momentos de comunicação nas rádios, televisão, canais de visualização de vídeos, redes sociais. Julgamos ser de todo interesse também uma atuação de proximidade através da colaboração com Câmaras Municipais e Juntas de Freguesia, partindo para a organização de reuniões informativas (dedicadas a várias temas, saúde, ambiente, informação financeira, educação fiscal...); feiras e exposições, *outdoors*, cinema e teatro.

educativa de la Administración Tributaria española, Documentos – Instituto de Estudios Fiscales nº 13/09, acedido em www.ief.es, pp. 55-56].

51 *"(...) además de los objetivos de transparencia en la gestión de los recursos y transmisión de conocimiento sobre la importancia del sistema fiscal, debe darse un mensaje de no impunidad ante los infractores, enfrentándose a los comportamientos de aquellos que evaden su responsabilidad frente al resto de la población. Debe quedar claro que, no contribuir, conforme a su capacidad con los ingresos del Estado, equivale a reducir los recursos disponibles para gestionar los servicios públicos y llevar a cabo las actuaciones sociales que erradiquen la exclusión social en pro de una sociedad más justa y solidaria"*, cfr. Martínez Álvarez, J. A.; Miquel Burgos, A. B.: "Instrumentos clave en la lucha contra el fraude (...), ob. cit., p. 181.

52 Para esta atuação ser eficaz, *"(...) el Estado, o sea las personas que están al mando, han de ser los primeiros que den ejemplo de respondabilidad. (...) Únicamente de este modo, el Estado tendrá legitimidad moral para exigir a los ciudadanos, y no de manera coactiva sino a través del convencimiento para actuar voluntaria y libremente, el cumplimiento de sus obligaciones tributarias."* [Cfr. García-Fresneda Gea, F.: "La educación civico-tributaria y la lucha (...)", ob. cit., pp. 641-642].

53 Na definição destas estratégias e instrumentos, a AT deverá trabalhar em parceria com outras entidades (Juntas de Freguesia, Câmaras Municipais, Ministério da Educação – Secretarias Gerais, escolas, universidades, – Instituto da Juventude, Ministério da Cultura).

- Programas de educação fiscal, através da criação de um *curriculum* fiscal[54] a ser desenvolvido em articulação entre os Ministérios das Finanças e da Educação, destinados particularmente aos futuros contribuintes, aos jovens em idade escolar, utilizando como principal canal de comunicação as suas próprias salas de aula e a Internet (através de portais especialmente concebidos para educandos e educadores). Neste domínio, e atendendo ao perfil das crianças e jovens de hoje, será de todo o interesse pensar na educação através de jogos digitais concebidos para utilizar uns dentro e outros fora das salas de aulas. Sobre este aspeto nos dedicaremos mais em detalhe nos pontos seguintes.
- Outras ações de comunicação voltadas para estudantes universitários ou jovens de idade para ingressar no mercado de trabalho, utilizando como principal canal de comunicação as feiras de emprego, os dias comemorativos de cursos ou de instituições de ensino superior, a criação de clubes temáticos em universidades e escolas.
- Estratégias de comunicação junto dos empresários e profissionais, com particular destaque para as Pequenas e Médias Empresas, os Contabilistas, Auditores e Consultores fiscais no sentido de facilitar a relação fiscal com estes contribuintes e contribuir para o aumento da responsabilidade fiscal dos mesmos, procurando também desenvolver junto deles uma atitude pedagógica que estes possam exercer junto dos seus parceiros. Esta atuação poderá/deverá ser exercida também junto e em colaboração com Ordens profissionais, associações empresariais, grandes escritórios de auditoria e advocacia, fórum dos grandes contribuintes...).
- Programas de educação fiscal para os próprios meios de comunicação (jornalistas).

4.2. Os jovens e a educação fiscal

Poderia pensar-se que, em princípio, a Fiscalidade interessa apenas aos adultos e em particular àqueles que obtêm rendimentos tributáveis. Poderíamos, nesse sentido, pensar que a educação fiscal não faria sentido para os

[54] Como refere García-Fresneda Gea, *"Los planes de estudio, tanto en enseñanza primaria como en enseñanza secundaria y bachillerato, tendrían que incluir de manera progresiva en función de las diferentes edades del alumnado dos contenidos correspondientes en los que se iniciara la formación de una consciencia fiscal o tributaria de estos jóvenes alumnos"* [cfr. García-Fresneda Gea, F.: "La educación civico-tributaria y la lucha (...)", ob. cit., p. 618].

mais jovens. Nada está, a nosso ver, mais errado. Os mais jovens são parte do sistema económico e fiscal, são consumidores de bens e serviços, não só individualmente mas também como parte de grupos sociais que passam a integrar cada vez mais cedo, sendo ainda influenciadores das decisões de consumo dos adultos. Para além disso, os mais jovens são parte do sistema económico e fiscal na perspetiva do gasto público, isto é, enquanto utilizadores importantes de recursos do Estado, tais como a saúde e a educação, que são financiados através da receitas públicas nomeadamente as receitas fiscais. Assim, é necessário torná-los, desde cedo, conscientes dessa sua participação no sistema global em que somos contribuintes e utilizadores, fazendo-os chegar a adultos fiscalmente responsáveis, conscientes dos valores da cidadania fiscal e parte ativa da cultura fiscal do país[55].

Nesse sentido, o processo de educação fiscal deverá dirigir-se aos cidadãos de todas as idades e é necessário que o plano de educação fiscal, concertado e abrangente, seja pensado não só para os chamados educandos – querendo aqui referir-nos aos jovens em idade escolar, independentemente do nível escolar – mas tem que envolver também os educadores. A família e a escola são as fontes primárias da educação por isso temos que pensar na educação fiscal também para os pais e professores. Conforme afirmam Delgado Lobo *et al.* *"Ciertamente, en la socialización de los individuos tiene una influencia decisiva el núcleo familiar. Pero, a medida que el individuo se va haciendo adulto, dicha influencia pasa a ser ejercida también, y de forma no menos poderosa, por otras instituciones entre las que cabe destacar el sistema educativo. La forma en que el sistema educativo puede actuar transmitiendo el valor "deber tributario" como parte de los deberes sociales, puesto que el incumplimiento fiscal es una conducta asocial, influirá en la actitud que se adopte ante el sistema fiscal. Y éste es un factor decisivo para el cumplimiento tributário"*[56].

[55] De acordo com o "Eurosocial", *"El sistema educativo puede preparar a los jóvenes para el momento en que deban cumplir sus obligaciones como contribuyentes, impartiendo una serie de conocimientos básicos que expliquen el sentido, el alcance y la finalidad de los impuestos y que describan brevemente los capítulos del Presupuesto público, así como los requerimientos más simples del sistema fiscal"*. Cfr. http://eurosocial.eu/es/pagina/red-de-educacion-fiscal

Acreditamos que muitos dos nossos jovens, quando atingem a maioridade e, com ela, a possibilidade de votar, desconhecem questões tão importantes sobre a Democracia, a Constituição, as Finanças Públicas, os seus direitos e deveres enquanto cidadãos e enquanto contribuintes.

[56] Cfr. Delgado Lobo, M. L.; García-Verdugo, A. M.; Valdenebro García, M. L.; Roldán Muñío, C.; Fernández-Cuartero Paramio, M.: "La educación fiscal en España", ob. cit., p. 5.

As normas fiscais fazem parte do conjunto de normas sociais que deve cumprir um cidadão adulto inserido numa sociedade democrática. Assim, as responsabilidades associadas ao cumprimento das normas fiscais deverão fazer parte do conjunto de valores que todo o cidadão, de qualquer idade, deve assumir, respeitar e defender, exigindo dos outros a adoção de uma conduta fiscal igualmente responsável. Por isso, a formação da consciência fiscal deve começar nas crianças, ao mesmo tempo que lhe são transmitidos os restantes valores exigidos à convivência em sociedade e os recursos educativos relativos à educação fiscal devem dirigir-se a alunos e professores dos vários graus de ensino. Como assinala PÉREZ HUETE *"(...) de ahí la importancia de que se dirija a los ciudadanos más jóvenes. Forma parte de la enseñanza más básica que educa en valores, en general"*[57].

Para cumprir esses compromissos e de acordo com as diretrizes curriculares, devem ser preparados materiais educativos para professores e alunos, acompanhados por formação e alguns programas específicos que envolvem o trabalho conjunto com outras organizações e instituições, designadamente escolas e universidades, Juntas de Freguesia e Câmaras Municipais, através de ações de formação/educação formais e não formais como cursos de educação para a cidadania, apresentações teatrais, entre outros.

Assim, as Administrações Tributárias devem tomar a iniciativa de promover, se não criar, a consciência cívico-fiscal dos cidadãos mais jovens. Em Portugal não tem havido uma grande preocupação do Estado perante as questões relacionadas com a educação fiscal. Ao contrário, por exemplo em Espanha[58], desde muito cedo vários autores vêm chamando à atenção

[57] Cfr. PÉREZ HUETE, J.: "Educación financiera y educación tributaria", *eXtoikos*, ISSN-e 2173-2035, nº 17, 2015 (pp. 21-23), p. 19.

[58] Em DELGADO LOBO *et al.* podemos encontrar um enquadramento das principais experiências educativas da Administração Tributária Espanhola mas também um resumo das principais experiências de educação fiscal em outros países, designadamente da Europa (UE e outros países) mas também da América do Norte, América Latina e área do Pacífico. Podemos aí ver que, por exemplo, há vários anos que grande parte dos países da América Latina têm páginas de internet com conteúdos importantes sobre a educação fiscal e experiências educativas interessantes e bem implantadas. Na Europa, por exemplo, tem havido um aumento da importância que os países dedicam a estes temas, particularmente por países do Norte da Europa. No que diz respeito aos países da UE, a Dinamarca, a França, a Itália, o Reino Unido têm páginas de internet com conteúdos dirigidos particularmente à educação fiscal para adolescentes e jovens, assim como Espanha com uma página de internet da Agência Tributária com conteúdos para educandos e educadores com vários conteúdos, vídeos, exercícios.

para a importância da educação fiscal e a adoção dessa estratégia tem sido repetidamente recomendada[59].

Por isso, é de extrema importância não deixar que os jovens fiquem excluídos do debate e investigação sobre a educação fiscal. Quando terminam os seus estudos e entram no mercado de trabalho, as suas obrigações fiscais aumentam[60]. Nesse sentido, é importante analisar a sua moral ou consciência fiscal, como fator determinante no grau de cumprimento fiscal. Por isso, a educação cívico-tributária deveria iniciar-se nos primeiros níveis educacionais sendo, nesse sentido, necessário, que os professores recebam também a formação adequada para que possam transmiti-la da melhor forma aos alunos[61].

Convém reforçar que uma política fiscal verdadeiramente eficaz não pode ser realizada sem o elemento humano a quem é dirigida, nomeadamente atendendo às ideias, atitudes, motivações e comportamento dos cidadãos, a sua moral pessoal e coletiva no sentido de uma atuação que se concretize em atitudes reais de comportamento fiscal adequado.

O comportamento fiscal correto é um sintoma e, ao mesmo tempo, uma consequência de uma consciência cívica sólida. Portanto, a Administração Tributária não deve se limitar a aplicar uma série de técnicas e instrumentos para arrecadar e gastar. Também tem que exercer um papel de vanguarda na formação da cultura cívico-fiscal dentro da comunidade cujos recursos administra.

E a consciência cívico-fiscal não é algo natural mas sim um produto social que resulta da educação. DELGADO e ARIAS realçam que o comportamento fiscal correto é aprendido pois, da mesma forma que os hábitos de controlo dos impulsos primários podem ser aprendidos, pode-se aprender a controlar o egoísmo e a falta de solidariedade subjacentes aos

E também a realização de "jornadas de porta aberta" através das quais a Administração Tributária espanhola dá a conhecer a crianças e jovens o seu trabalho [DELGADO LOBO, M. L.; GARCÍA-VERDUGO, A. M.; VALDENEBRO GARCÍA, M. L.; ROLDÁN MUÑÍO, C.; FERNÁNDEZ-CUARTERO PARAMIO, M.: "La educación fiscal en España", ob. cit.].

[59] SAINZ DE BUJANDA, F.: *Teoría de la educación tributaria*. Ob. cit.; PONT MESTRES, M.: *El problema de la resistencia fiscal*, Bosch, Barcelona, 1972; MARTÍN OVIEDO, J.M.: *Lecturas de psicología financiera*, ob. cit.;

[60] SARASA, C. P.: SARASA, P.: "Análisis de la conciencia fiscal de los futuros egresados: (...)", ob. cit., p. 3066.

[61] GARCÍA-FRESNEDA GEA, F.: "La educación civico-tributaria y la lucha contra el fraude (...)", ob. cit., p. 618.

comportamentos fraudulentos[62]. Por isso, a educação fiscal nada mais é do que um parte da educação em valores cívico-constitucionais. Em Portugal este aspeto da formação para a ética e a cidadania não tem sido acolhido. No entanto, da mesma forma que outros conteúdos, como os relacionados com o ambiente, alimentação, saúde, deverá encontrar-se o espaço para os conteúdos relacionados com a educação fiscal.

Durante a etapa escolar deve haver espaço para consciencializar os jovens de que as responsabilidades fiscais formam parte do conjunto de valores que todo o cidadão deve assumir e respeitar procurando-se fazer um esforço para que os jovens assimilem os valores de respeito pelo que é público e que é financiado com o esforço de todos dando-lhes, simultaneamente a conhecer as consequências da fraude fiscal, tipificando-o como uma conduta antissocial[63].

É, pois, importante, explicar aos jovens o porquê e para quê pagar impostos dando-lhes a noção de que se cobram impostos para gastar no cumprimento de objetivos comuns de desenvolvimento económico e progresso social. Toda esta intervenção deverá ser levada a cabo no âmbito da educação fiscal cujo objetivo se deduz de inculcarmos nos jovens uma cultura fiscal no sentido de criar atitudes positivas face ao pagamento de impostos dando conta de que a fraude e evasão fiscais são problemas de inadequada socialização na medida em que revelam falta de responsabilidade e cidadania.

Desta forma, o objetivo deverá ser formar jovens conscientes do papel social dos impostos e dos gastos públicos, capazes de se comprometerem com o desenvolvimento cívico, cultural, económico e social do país e de compreenderem o contributo dos impostos para esse desenvolvimento.

[62] Delgado, M.L.; Arias, M.: "Sistema educativo y sistema fiscal: una intersección necesaria.". Ponencia presentada en el Primer Congreso Internacional de Educación y Desarrollo: Nuevas Tendencias (Santa Cruz de Tenerife, 17-21 de marzo de 1997.

[63] Para Goenaga Ruiz de Zuazu *"El fraude fiscal, sin duda, es un problema de socialización inadecuada, al no entender el cumplimiento fiscal como una responsabilidad ciudadana. Los efectos de este incumplimiento perjudican a todos los ciudadanos, especialmente a aquellos que cumplen correctamente con sus responsabilidades tributarias. Es, por tanto, necesario que los jóvenes sean educados en estas cuestiones de derechos y obligaciones democráticas, así como en las consecuencias y perjuicios del fraude fiscal como conducta asocial que es, en pro de un cumplimiento tributario voluntario de estos contribuyentes en el futuro.".* [cfr. Goenaga Ruiz de Zuazu, M.: "Medidas sociales para combatir el fraude fiscal en España", ob. cit, p. 26].

5. Educação fiscal e novas tecnologias: o caso particular dos *serious games* ou da "gamificação" da educação fiscal

Durante muitos anos os jogos[64] eram considerados a antítese da aprendizagem[65]: quando as crianças estavam a jogar não estavam a estudar e não estavam a aprender. O jogo era visto apenas como um momento de diversão. No entanto, nos últimos anos, esta ideia tem vindo a mudar substancialmente na medida em que várias experiências de aplicação de jogos a "assuntos sérios" conduziu ao estudo da interceção entre os jogos e a aprendizagem. Surgem assim termos como a gamificação da educação (*gamification of education*), os jogos sérios (*serious games*) e a aprendizagem com base no jogo (*game-based leraning*) [66].

[64] Apesar de todos os avanços tecnológicos, sociais e económicos que permitiram uma evolução no desenvolvimento de vários tipos de jogos, quando falamos na sua aplicação à educação podemos estar a falar de múltiplos tipos de jogos: digitais, híbridos, analógicos virtuais, *online*, *offline*, de consola, para a web ou telemóveis. Obviamente que, nos dias de hoje, atendendo ao perfil dos jovens, com maior predisposição para as tecnologias, o mundo digital e *online*, este tipo de jogos serão os que, por certo, despertarão maior interesse e motivação.

[65] Contreras Espinosa, R. S:: "Juegos digitales y gamificación aplicados en el ámbito de la educación Digital", *RIED. Revista Iberoamericana de Educación a Distancia*, 2016, 19(2) (pp. 27-33), p. 27.

[66] *Gamification* é um termo anglo-saxónico utilizado em relação ao uso de mecânicas de jogo para aumentar a motivação, concentração, esforço, lealdade e outros valores positivos comuns a todos os jogos. A "gamificação" surge quando os elementos de design do jogo (por exemplo, pontos, quadros de líderes e emblemas) são usados em contextos não relacionados a jogos para promover o envolvimento do utilizador [Sandusky, S.: "Gamification in Education", documents of The University of Arizona – https://repository.arizona.edu/handle/10150/556222?show=full, p. 1.].
Contreras Espinosa distigue as três realidades observando que *"gamification se ha extendido y nos hace hablar del poder de utilizar elementos del juego y el diseño de juegos, para mejorar el compromiso y la motivación de los participantes -el uso de elementos de juego en contextos que no son de juego-, lo que muchos profesionales, profesores e investigadores han estado haciendo es diseñar experiencias atractivas, igual que en un videojuego. Pero el concepto gamification es diferente a serious game o a game-based learning, mientras que el segundo describe el diseño de juegos que no tienen el firme objetivo de entretener a los usuarios, las experiencias "gamificadas" simplemente emplean algunos elementos de los juegos como reglas, mecánicas, etc. Game-based learning o aprendizaje basado en juegos, por su parte y en términos generales, se refiere al uso de juegos para apoyar al proceso de enseñanza/aprendizaje"* [cfr. Contreras Espinosa, R. S:: "Juegos digitales y gamificación (...)", ob. cit., p. 28]. Por sua vez, Moncada e Moncada associam os três termos à mesma realidade no sentido que *"Gamification, serious games, and stealth learning are popular terms in use today to describe the pedagogical technique associated with gamed-based learning. Gamification can be defined as applying the mechanics of games in order to make learning more appealing (...).. The adjective, "serious" describes board and card games designed to*

Surge assim uma nova indústria e um novo tópico de investigação dedicada ao desenvolvimento dos jogos no sentido de trabalhar competências educacionais orientadas para públicos específicos consoante os objetivos que se pretendem atingir. Desta forma, são exploradas as potencialidades educativas dos jogos que ajudam a experimentar com novas identidades, a explorar opções e consequências e a desenvolver habilidades sociais, a motivação face à aprendizagem, a melhorar a atenção, a concentração, o pensamento estratégico e a planificação e a interiorizar conhecimentos multidisciplinares propiciando um pensamento lógico e crítico e a melhorar habilidades no sentido da resolução de problemas[67]. Passa, pois, a estar ao dispor dos professores mais uma ferramenta que lhes permitirá explorar as potencialidades dos jogos no sentido da sua aplicação aos conteúdos educativos, com a vantagem principal de permitir a criação de espaços de aprendizagem colaborativa que conduzem a uma melhoria na retenção dos conteúdos[68]. Apostar em contextos lúdicos de aprendizagem dá, pois, lugar a espaços de encontro onde é possível adquirir conhecimentos significativos aprendidos a partir da prática vivenciada.

Conforme acabamos de concluir, a educação fiscal não é apenas para os adultos. Ela tem que começar nas camadas mais jovens, envolvendo crianças,

educate players rather than being played for amusement (...). Serious games are based on sound education theory such as active or problembased learning. They are designed to teach participants by being played as many times as necessary in a nonthreatening environment (...). Winning is the positive reward for the effort expended. Stealth learning is, therefore, achieved when students experience gains in knowledge from playing a gamification activity rather than through overt teaching (...)" [cfr. Moncada, S. M.; Moncada, T. P.: "Gamification of Learning in Accounting Education", *Journal of Higher Education Theory and Practice*, vol. 14(3), 2014 (pp. 9-19), p. 9.

67 Vejam-se, entre outros, Perrotta, C.; Featherstone, G.; Aston, H.; Houghton, E.: "Gamebased Learning: Latest Evidence and Future Directions". In *NFER Research Programme: Innovation in Education. Slough- Berkshire.* 2013. http://ocw.metu.edu; Paris, S.; Lipson, M.; Wixson, K.: "Becoming a Strategic Reader". *Contemporary Educational Psychology*, 8, 1983, pp. 293-316; Kenny, R.; Mcdaniel, R.: "The role teachers' expectations and value assessments of video games play in their adopting and integrating them into their classrooms". *British Journal of Educational Technology*, 42(2), 2011, pp. 197-213; Kirriemuir, J.; Mcfarlane, A.: "Literature review in games and learning", 2004 – http://www.futurelab.org.uk/download/pdfs/research/lit_reviews/Games_ Reviewl.

68 García-Fernández, J.; Fernández-Gavira, J.; Sánchez-Oliver, A. J.; Grimaldi-Puyana, M.: "Gamificación y aplicaciones móviles para emprender: una propuesta educativa en la enseñanza superior", *International Journal of Educational Research and Innovation (IJERI)*, 8, 2017 (pp. 248-259), p. 258.

adolescentes, jovens adultos e também aqueles que participam ativamente no seu processo educativo.

Serão os jogos a ferramenta das salas de aula do futuro? Lamentemos, resignemo-nos ou aceitemos com entusiasmo, a verdade é que as novas tecnologias desempenham na sociedade atual um papel considerável, tanto para os adultos como também para as crianças e adolescentes.

Vivemos na era da chamada "Geração Z", a geração que nasceu sob o advento da internet, para quem as tecnologias já não são novas e para quem, há até quem defenda, a palavra tecnologias já nem existe. São simplesmente a sua realidade[69]. Esta geração passa inúmeras horas do dia com as tecnologias, telemóveis, *smartphones, tablets*, TV, a internet, as redes sociais... Eles não concebem o mundo *offline*. São os nativos digitais e são autodidatas, recorrendo às tecnologias para compreender o mundo em que vivem e para buscar conhecimento.

Educar pressupõe passar uma mensagem; neste caso em particular, uma mensagem relacionada com a Fiscalidade, com os direitos e deveres dos cidadãos no âmbito do sistema fiscal. Pensar a educação para esta geração sem aliar as novas tecnologias será, pois, um passo para o fracasso. É por isso inegável, hoje, a função pedagógica das tecnologias. São vários os estudos que o comprovam, estudos esses realizados no âmbito da educação em geral mas que permitem tirar as mesmas conclusões para a educação ambiental, a educação para uma boa alimentação, a educação moral, a educação sexual e, claro, a educação fiscal.

Estudos recentes abordam o tema da aplicação da ludificação dos jogos na educação para a cidadania, nomeadamente na área do desenvolvimento sustentável, dos direitos humanos e da educação para o entendimento internacional[70]. Como observa SANDUSKY *"Gamification isn't just about*

[69] Como resulta das palavras de SCHELL, citado por Daniel Tack *"We've got a generation of kids now with tablets and touch being their first modes of interaction, expecting to come into the classroom and touch screens"* [cfr. TACK, D.: "Serious games and the future of education", *Forbes*, setembro 2013, em: https://www.forbes.com/sites/danieltack/2013/09/12/serious-games-and-the-future-of-education/#1a421c71679d].

[70] ROMERO-RODRÍGUEZ, L. M.; TORRES-TOUKOUMIDIS, A.; AGUADED, I: "Ludificación y educación para la ciudadanía. Revisión de las experiencias significativas", *Educar*, vol. 53/1, 2017 (pp. 109-128), p. 110. O crescimento exponencial da aplicação dos jogos à educação é evidente no Gamification World Map3, um repositório internacional de mais de quinhentos projetos de gamificação em plataformas de computador (portáteis e fixos), entre os quais aplicações de e-learning e aprendizagem mista, desenvolvimento sustentável, educação física e desporto,

playing games; it's also about making sure the students are motivated to complete the tasks. Students need the feeling of accomplishment and success of striving against a challenge"[71].

Por isso, tem sido desmistificado o preconceito à volta dos jogos digitais e tem crescido vertiginosamente a sua utilização para efeitos educativos. Muitas vezes é referido o caráter negativo dos jogos para as crianças e jovens. No entanto, é importante utilizar a estratégia dos jogos para passar uma mensagem educativa, e neste caso, sobre educação fiscal. Os bons e maus comportamentos fiscais, os bons contribuintes contra os maus contribuintes; transformar jogos de mesa e tabuleiro em jogos digitais com mensagens sobre os bens públicos, os impostos, o dever de pagar impostos, as boas (e as más) condutas fiscais, a representação da sociedade sem impostos. A ludificação ou gamificação educativa para a cidadania em geral, e para a cidadania[72] fiscal em particular, permite conduzir-nos a novos parâmetros de aprendizagem baseados na motivação[73], o que torna o processo

condução social, turismo, marketing, entre outros. Mais de 90% desses desenvolvimentos têm sede nos Estados Unidos e na Europa Ocidental, países que também concentram a maior parte dos investimentos em pesquisa e desenvolvimento no mundo (www.gamificationworldmap.com/). No caso português, este mapa apresenta apenas uma aplicação desenvolvida pela Novabase Academy, In the Land of Kroilon, utilizada num tempo de estágio de recém-contratados que apresenta como principais objetivos: Goals: Participation-Engagement, Learning-Training, High Performance-Productivity, Social Relationships-Family). Romero-Rodríguez, Torres-Toukoumidis e Aguaded fazem uma análise desta listagem no que respeita aos jogos que se inserem no âmbito da educação para a cidadania.

71 Cfr. Sandusky, S.: "Gamification in Education", ob. cit., p. 1.

72 A cidadania é a criação de um sujeito coletivo, uma representação baseada na noção de "nós" através da coesão e respeito das normas comuns de convivência e participação ativa dos sujeitos em favor do desenvolvimento de sua comunidade. Trata-se, pois, de uma disposição e preparação do indivíduo para participar ativa e efetivamente na vida social, política e económica da sociedade em que vive [Torres-Bugdud, A.; Álvarez-Aguilar, N.; Obando-Rodríguez, M.: "La educación para una ciudadanía democrática en las instituciones educativas. Su abordaje socio-pedagógico". *Educare*, 17(3), 2013 (pp. 51-172), p. 155.]. Assim, a educação para a cidadania ou educação cívica é orientada para o desenvolvimento moral e social das pessoas em favor do compromisso ativo na comunidade e a aprendizagem de atitudes que permitam a compreensão da ação do Estado. E, nesse sentido, por tudo o que apresentamos nos pontos anteriores, a educação fiscal insere-se no âmbito da educação para a cidadania.

73 Como reforça Sandusky *"Student motivation is always something to keep in mind when planning your lessons, as a teacher. If students aren't motivated, then they won't learn the content. By applying gamification to the classroom, students could be motivated to learn in new ways or enjoy otherwise tedious tasks"* [cfr. Cfr. Sandusky, S.: "Gamification in Education", ob. cit., p. 2]. De acordo com

educacional num mecanismo atraente, cativante e eficaz, reforçando, através das experiências e do divertimento dos utilizadores, a motivação para a execução das atividades e os objetivos pedagógicos estabelecidos. Em suma, como observam ROMERO-RODRÍGUEZ, TORRES-TOUKOUMIDIS e AGUADED *"(...) la ludificación en la educación podría traducirse como un método de enseñanza por contrabando: aprender sin percatarse de que se está aprendiendo"*[74]. Conforme já referimos supra, a gamificação refere-se à aplicação de estratégias de jogo em espaços ou áreas cuja natureza não é lúdica sendo o principal objetivo motivar a mudança de comportamento em direção a um objetivo específico o que se consegue incorporando elementos lúdicos que melhoram a experiência do utilizador, alinhando os objetivos se pretende alcançar com seus desejos e aspirações, regra geral utilizando elementos de motivação como pontos, troféus, medalhas, níveis, conquistas, etc.

Existem já algumas experiências, nomeadamente em alguns países da América Latina onde se têm desenvolvido alguns jogos para utilização no âmbito da educação fiscal.

Os jogos educativos são uma ferramenta cada vez mais utilizada pelo sistema educativo e, neste caso em particular, julgamos que seria de todo o interesse pensar numa intervenção multidisciplinar que pudesse pôr em prática a conceção de jogos, dirigidos a vários públicos e organizados em várias etapas, que pudessem fazer parte do processo de ensino e aprendizagem que desenvolverá a educação fiscal. Esta intervenção pressupõe, obviamente, a constituição de equipas multidisciplinares que envolvem fiscalistas, pedagogos, psicólogos e, claro, os profissionais mais ligados às tecnologias como os informáticos, os *designers* gráficos, os engenheiros de jogos digitais[75]... Uns têm que dizer a mensagem que se quer passar; os

MOUAHEB, FAHLI, MOUSSETAD e ELJAMALIC, os *serious games*, no caso particular dos jogos digitais, reúnem dois aspetos fundamentais para a motivação dos jovens para a aprendizagem: o carácter lúdico e a tecnologia. Os autores citam quatro características-chave encontradas em qualquer ambiente caracterizado como intrinsecamente motivador: desafio, curiosidade, controle e imaginação / imaginário (fantasia) [MOUAHEB, H.; FAHLI, A.; MOUSSETAD, M.; ELJAMALIC, S.: "The serious game: what educational benefits?", *Procedia – Social and Behavioral Sciences*, 46, 2012 (pp. 5502-5508), p. 5504. Documento acedido em https://www.sciencedirect.com/science/article/pii/S187704281202201X].

[74] ROMERO-RODRÍGUEZ, L. M.; TORRES-TOUKOUMIDIS, A.; AGUADED, I: "Ludificación y educación (...)", ob. cit., p. 110.

[75] De facto, as experiências na criação de jogos educativos reforçam precisamente a ideia da visão multidisciplinar. Na verdade, um dos pilares do crescimento do conhecimento é a

outros a melhor forma de transmitir essa mensagem consoante o público que pretendemos atingir e finalmente os técnicos que vão operacionalizar as ferramentas tecnológicas que serão usadas para veicular essa mensagem.

6. Conclusão

Numa sociedade onde se verificam elevados níveis de evasão fiscal, a necessidade de criação de uma consciência fiscal responsável torna-se uma medida urgente. Nesse sentido, a educação fiscal apresenta-se com um processo necessário à mudança de atitude face ao sistema fiscal: que deixe de se valorizar os incumpridores e se formem adultos que cumpram e exijam dos outros o cumprimento das obrigações fiscais, exercendo uma cidadania fiscal baseada na ética e no bem-estar comum.

Este processo deve ser o mais abrangente possível, envolvendo vários atores da sociedade e começando na base da formação da personalidade e dos valores dos cidadãos. Como tal, o processo de educação fiscal deve ter início nos mais jovens, envolver os educadores, pais e professores, não esquecendo o papel fundamental da Autoridade Tributária, cujo principal objetivo deverá ser o de induzir os contribuintes ao cumprimento voluntário das suas obrigações. A educação fiscal contribuirá para a formação de uma consciência fiscal responsável, em que os cidadãos compreendem a necessidade do pagamento de impostos para o financiamento dos bens e serviços públicos e se sintam motivados a um comportamento cumpridor, de forma espontânea. O Estado deverá responder com uma atitude de transparência e com a construção de um sistema fiscal o mais justo possível.

Face à baixa consciência fiscal existente, as Administrações Tributárias e o Estado em geral devem criar condições para facilitar o cumprimento das obrigações fiscais por parte dos contribuintes. Mostrando-se pouco efetivas as medidas coercitivas (essencialmente sancionatórias) de luta contra a fraude e evasão fiscais, evidencia-se como alternativa mais adequada dotar a sociedade, a partir dos jovens, de educação cívico-fiscal,

globalidade de diferentes agentes cuja visão pode e deve ser inserida no desenvolvimento de jogos educativos com aplicação à educação fiscal junto de crianças e jovens em idade escolar. Para além disso, a utilização dos jogos permite a articulação entre várias áreas e conteúdos educativos. A educação fiscal por si só pode não ser o único conteúdo a explorar num jogo. Pode até aparecer como conteúdo de 2º nível em jogos dedicados à educação financeira, em geral, na aplicação de jogos de gestão, na área da contabilidade, do empreendedorismo e da criação de negócios...[García-Fernández, J.; Fernández-Gavira, J.; Sánchez-Oliver, A. J.; Grimaldi-Puyana, M.: "Gamificación y aplicaciones móviles (...)", ob. cit., p. 257].

com medidas sociais cujo objetivo é o de intervenção na moralidade fiscal no sentido da consciencialização dos contribuintes para o pagamento voluntário dos impostos e para o efetivo retorno que esse pagamento terá em bens e serviços públicos. Nas palavras de García-Fresneda Gea *"En el tema de la conciencia tributaria de los ciudadanos será elementos clave, por un lado determinar cuál será la utilización de los ingresos obtenidos por medio del sistema tributario y, además, poder especificar en qué van a consistir las contraprestaciones que irán a recibir los ciudadanos del pago de sus tributos"*[76].

A cultura fiscal é uma questão de responsabilidade de toda a sociedade, que consiste em assumir todas as obrigações fiscais assente na consciência de que a tributação não é apenas uma obrigação fiscal, mas um dever de todo cidadão para alcançar o desenvolvimento do país[77]. A tributação deve refletir-se na gestão e uso de recursos públicos. Uma verdadeira e autêntica cultura tributária é criada com consciência, responsabilidade, transparência e visão social que deve nascer e estabelecer-se numa relação harmoniosa entre a Administração Fiscal e os contribuintes numa abordagem de compromisso entre os diferentes atores da relação jurídico-fiscal conhecedores dos seus deveres e direitos.

Cada vez mais, os Estados estão convencidos de que um alto nível de ética ou moral tributária é um elemento-chave da boa governança e da boa cidadania[78]. A Administração Tributária deve procurar e explorar a ligação entre pagar impostos e ser um bom cidadão. Neste processo, para além da Autoridade Tributária e do sistema de ensino, exige-se uma participação ativa e responsável de todos os cidadãos. Os meios de comunicação social deverão fazer uma publicidade mais favorável e mais esclarecedora aos impostos e, na sociedade atual, em que as novas tecnologias têm um papel crucial, o processo de educação fiscal deverá socorrer-se do auxílio dos mais recentes meios tecnológicos para chegar de forma abrangente a todos os cidadãos. Nessas circunstâncias, os jogos educativos poderão assumir um papel relevante na transmissão dos valores da ética e cidadania fiscal. Para além disso, os Contabilistas Certificados, pela sua proximidade

[76] Cfr. García-Fresneda Gea, F.: "La educación civico-tributaria y la lucha contra el fraude (...)", ob. cit., p. 621.

[77] Castillo Cabeza, S. N.; Castillo García, P. G.: "Un acercamiento al estudio (...)", ob. cit., p. 159.

[78] Goenaga Ruiz de Zuazu, M.: "Medidas sociales para combatir el fraude fiscal en España", ob. cit., p. 41.

às organizações e aos cidadãos, devem ter um papel ativo na consciencialização fiscal embora, esta preocupação deva ser cada vez mais uma questão básica para os cidadãos de todas as idades – agir com responsabilidade fiscal independentemente da sua idade e da atividade exercida.

Os jogos e a educação é um tema que, na última década, tem tido uma interligação bastante grande ajudando as pessoas a experimentar, explorar e testar. A educação para a cidadania fiscal vista a partir da perspectiva emergente da educação para a cidadania global é orientada para a necessidade de uma sociedade mais justa, pacífica, tolerante, inclusiva, segura e sustentável. Assim, a sua aprendizagem deve ser levada a cabo ao longo da vida acompanhada de abordagens pedagógicas flexíveis que permitem o uso de novas tecnologias de informação e comunicação para chegar a diferentes públicos. Por essa razão, a "gamificação" ou utilização dos chamados *"serious games"* é identificada como catalisadora de mudança social, dando um caráter interativo e transversal às experiências que constituem o campo da educação para a cidadania fiscal através da criação de cenários que colocam o jogador em situações problemáticas que eles encontrarão na realidade.

E tudo isto tem a ver com felicidade! A moral, em geral, e a moral fiscal, em particular, devem fazer parte da educação dos cidadãos. E *"[c]uando hablamos de Moral también debemos hablar de* felicidad[79]*, que es el verdadero fin de la vida humana. Por eso, cuando cumplimos con todas nuestras responsabilidades, y una de ellas, muy importante desde luego, es contribuir al sostenimiento de los gastos del Estado, estamos mostrando solidaridad hacia los demás, lo cual ya debería ser un motivo para hacer que nos sintamos felices, porque nos estamos preocupando también por otras personas"*[80].

[79] Esta ideia de felicidade e pagar impostos não é irreal. Notícias e estudos demonstram bem esta ligação em alguns países europeus onde vivem os povos mais felizes: Dinamarca e Suécia, por exemplo. Nestes países os cidadãos dizem-se orgulhosos em pagar impostos. Podemos encontrar aqui basicamente 3 razões para este sentimento: por um lado, são países onde os cidadãos sentem que as coisas funcionam, e funcionam bem: o sistema de saúde pública de qualidade, educação gratuita e de alto nível, cidades limpas, redes de transportes organizadas e eficientes; em segundo lugar, porque os cidadãos sentem confiança na Autoridade Tributária que veem como uma instituição amiga do contribuinte em que há confiança mútua; por fim, a compreensão do sentimento de humanidade e solidariedade que molda o pensamento dos cidadãos destes países e que se constrói a partir da educação para uma moral e consciência fiscal elevada. https://acervo.publico.pt/economia/noticia/aqui-imposto-significa-querido-e-isso-diz-muito-sobre-a-dinamarca-1705568

[80] Cfr. García-Fresneda Gea, F.: "La educación civico-tributaria y la lucha contra el fraude (...)", ob. cit., p. 643.

Perceção dos contribuintes face ao Sistema Fiscal Português e Educação Fiscal em Portugal – Estudo de caso no âmbito empresarial*

Ana Teresa Lança do Carmo**

Nota Introdutória

Sendo hoje em dia a prática de atos de fraude e evasão fiscal cada vez mais frequentes e sonantes, também as respostas por parte das Administrações Tributárias, que visam a mitigação das mesmas, têm natureza mais preventivas e menos reativa. A este propósito, da atuação ao nível da prevenção, consta Plano Estratégico de Combate à Fraude e Evasão Fiscais e Aduaneiras para o triénio 2015-2017[1], como medida *"Concretizar, em parceria com o Ministério da Educação, o referencial para a educação tributária e para a cidadania fiscal, bem como a integração nos currículos académicos de componentes de educação para a cidadania fiscal."*. Ora, desta leitura se depreende que é preocupação do Governo de Portugal a introdução de práticas de educação fiscal para a correta prossecução do seu principal objetivo de diminuir as práticas que lesam a máquina fiscal.

A este propósito e no âmbito do Mestrado de Fiscalidade que atualmente frequento, detetei a necessidade de avaliar a perceção dos contribuintes acerca do impacto que a Educação Fiscal poderá ou não ter nos compor-

* O presente artigo insere-se no âmbito do estudo de caso efetuado no âmbito da Tese de Mestrado que desenvolvo no ISCAL "A Edução Fiscal e a relação com a fraude e evasão fiscal em Portugal".

** Contabilista Certificada. Aluna do Mestrado de Fiscalidade no ISCAL.

[1] Disponível para consulta em https://www.portugal.gov.pt/download-ficheiros/ficheiro.aspx?v=81c76713-6b44-4990-8cf5-039984b7d7c7

tamentos abusivos dos mesmos, relativamente ao correto cumprimento das suas obrigações fiscais. Neste sentido, foi efetuado um questionário no âmbito organizacional, mais concretamente numa empresa multinacional de larga escala, aos seus colaboradores dos mais diversos departamentos de qual a sua perceção acerca da temática que aqui se apresenta.

1. Perceção do Sistema Fiscal Português e principal propósito do estudo

Para os contribuintes aceitarem os impostos e abraçarem a plenitude do sistema fiscal é crucial entender que a tributação surge como um caminho para uma sociedade justa e igualitária e, como refere Costa (2016:43)[2] o poder de tributar encontra a sua justificação na vida social e ocupa um dos mais importantes poderes públicos visto que visa o financiamento das instituições do Estado e permite o exercício das suas atribuições.

É importantíssimo entender a forma como o cidadão vê e perceciona o funcionamento da máquina fiscal por forma a poder concluir se as ineficiências que até agora se encontram podem encontrar, de certa forma, resolução através de mais educação e ensinamentos fiscais.

O âmbito corporativo parece-me não só inteiramente adequado para análise como até necessário, visto que este género de estudos em Portugal encontra um espectro reduzido e muito incidente em alunos do ensino superior. No âmbito organizacional, para além de encontrar uma riqueza de níveis de formação absolutamente incrível, é também possível elevar a análise do estudo na medida em que 100% dos inquiridos se encontram no período de vida fiscal ativa, isto é, todos eles possuem obrigações e direitos fiscais e todos eles fazem parte da fatia que compõe os contribuintes que alimentam a máquina fiscal. Para além desta mais-valia, encontro ainda a diversidade cultural, académica, pessoal e profissional que entendo necessária para o não condicionamento dos resultados obtidos.

1.1. A Amostra

O inquérito foi enviado à totalidade dos colaboradores da empresa em causa, que são, em Portugal, cerca de 1000, dos quais obtive 234 respostas, correspondente a 23,4% dos colaboradores.

Passo agora a apresentar os resultados obtidos e a análise dos mesmos.

[2] A este respeito veja-se Paulo Nogueira da Costa e Jónatas E.M. Machado, *Manual de Direito Fiscal*, Coimbra, Almedina, 2016

1.2. A Análise

Género

234 respostas

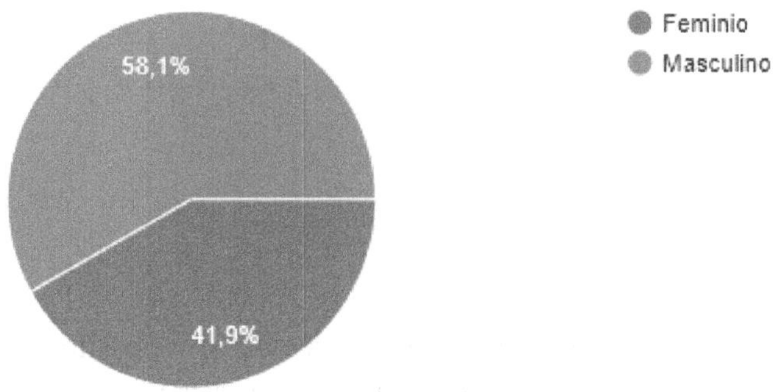

Dos 234 inquiridos, 58% são do sexo masculino e 42% são do sexo feminino. Taxas estas bastante interessantes visto que a amostra está divida praticamente em partes iguais, por sexo.

Idade

234 respostas

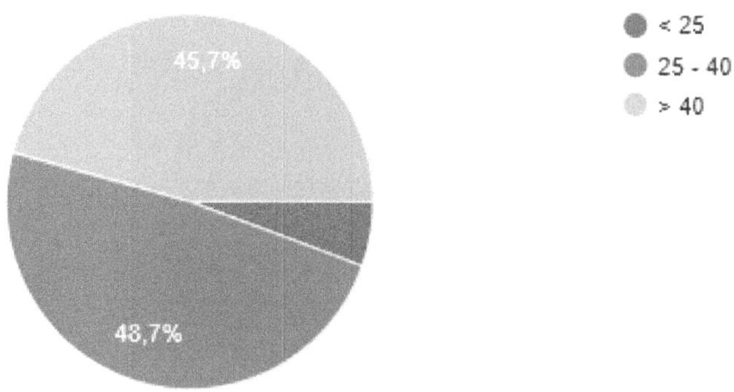

As idades dos inquiridos incidem em proporção muito semelhante dos 25-40 (48,7%) e mais de 40 (45,7%), sendo que apenas um a fatia de menos de 1% dos inquiridos tem menos de 25 anos.

Formação Académica

234 respostas

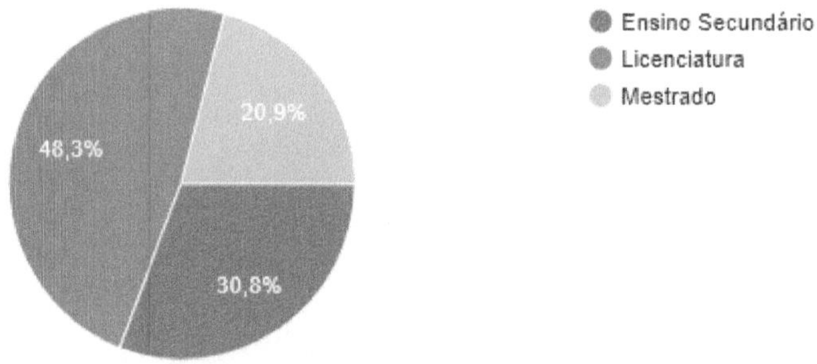

Da população inquirida, cerca de 31% possuem o Ensino Secundário completo, 48,3 % possuem uma Licenciatura ou equivalente e 20,9 % possui um Mestrado. Daqui se depreende que da amostra selecionada, cerca de 80% possui formação a nível superior.

Relativamente à caracterização sociodemográfica da amostra, é possível concluir são homens e mulheres, na mesma proporção, na sua grande maioria com mais de 25 anos, que possuem formação académica de nível superior.

Quantas unidades curriculares teve de fiscalidade?

227 respostas

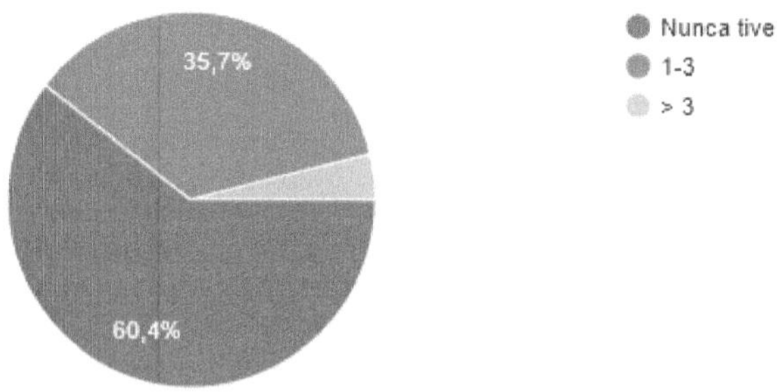

Á questão de quantas unidades curriculares teve de fiscalidade, pode ver-se que a maioria, mais precisamente 60% dos inquiridos nunca teve qualquer tipo de fiscalidade em matéria fiscal, 36% teve de 1 a 3 unidades curriculares de temas fiscais e apenas uma minoria de 4% teve mais que 3 unidades curriculares destas matérias. Pode depreender-se que, da amostra em estudo, os inquiridos possuíram pouca ou nenhuma formação académica de fiscalidade. Como a pergunta colocada se referiu a unidades curriculares, considerei importante entender se a amostra considerava relevante a formação de termas fiscais, mas noutros âmbitos e meios que não apenas ensino superior universitário, onde é mais comum.

Considera importante formação regular em fiscalidade fora do ensino universitário ?

230 respostas

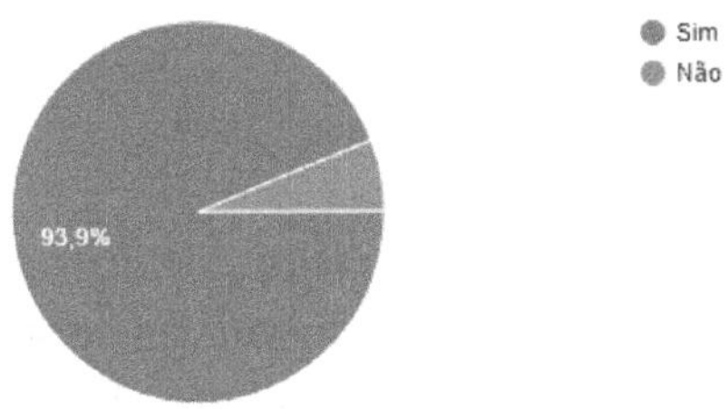

Posto isto, é largamente gritante a sensibilidade que a amostra inquirida demonstrou na sua consciencialização para a importância da formação fiscal fora do ensino universitário. Note-se que cerca de 94% dos colaboradores da empresa participante considera que existe necessidade de fomentar práticas de Educação Fiscal fora dos cursos do ensino superior, visto que a formação que existe em Portugal para estes temas está muito centrada ao nível académico e praticamente inexistente ao nível do cidadão comum que também precisa de aceder à informação e receber educação e instrução acerca dos mesmos.

Para analisar os conhecimentos fiscais da amostra vigente, foram colocadas questões cujo principal objetivo é auferir se, para os contribuintes inquiridos, existe uma clara perceção do funcionamento da máquina fiscal, incluindo a aplicação das receitas do Estado, dos meios que utilizam para aceder às informações que são cruciais ao bom e correto cumprimento das obrigações fiscais.

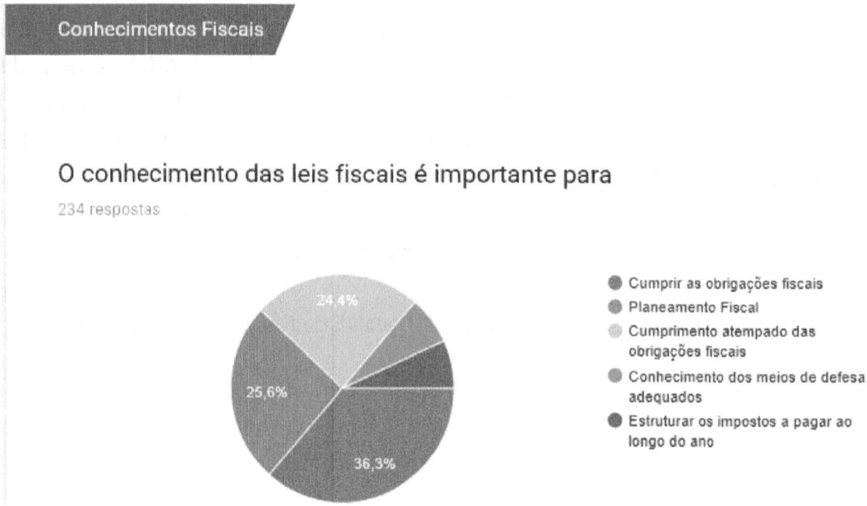

Tendo na questão anterior demonstrado os inquiridos uma grande sensibilidade para a importante da Educação Fiscal, foi então questionado qual os principais contributos desse conhecimento. As resposta obtidas demonstram que a maioria considera que o conhecimento das leis fiscais é importante para o cumprimento das obrigações fiscais (36%), em segundo lugar, 26% considera que é importante para a realização do planeamento fiscal, 24% considera que é para o cumprimento dentro dos prazos das obrigações fiscais e em igualdade com 6% das respostas, consideram importante para o conhecimento dos meios de defesa adequado e também com 6% pata estruturar em modo de planeamento os impostos a pagar ao longo do ano.

As respostas obtidas na questão *supra* mencionada, demonstram que a grande maioria dos inquiridos considera que o conhecimento das leis fiscais é largamente relevante para o cumprimento das obrigações fiscais e para o planeamento fiscal. Foi propositadamente colocada uma resposta igual ao cumprimento das obrigações fiscais mas com a ressalva de o fazer atempadamente, respeitando os prazos legais. Desta forma, tendo a maioria dos inquiridos selecionado a opção de cumprimento das obrigações fiscais sem referir a sua questão temporal, leva-me a crer que poderá haver alguma falta de consciencialização dos mesmos para a necessidade de cumprir os seus deveres contributivos nos prazos legalmente estipulados, não só pela necessidade do Estado de financiamento como também das multas e coimas que podem enfrentar no caso de atrasos.

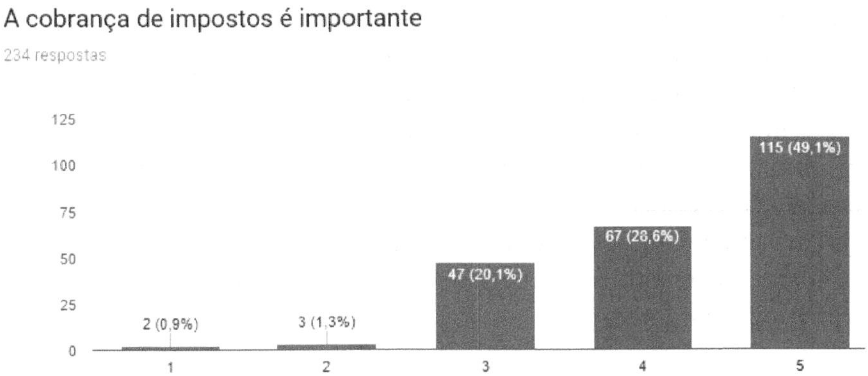

Quanto à avaliação da importância da cobrança de impostos, 49 % considera extremamente importante, 29% muito importante, 20 % razoavelmente importante, 1,3% pouco importante e 1% nada importante. Ora, pelas respostas obtidas podemos verificar que a grande maioria dos contribuintes está sensibilizado para a importância do pagamento de impostos. Apenas uma percentagem residual não considera importante o pagamento de impostos.

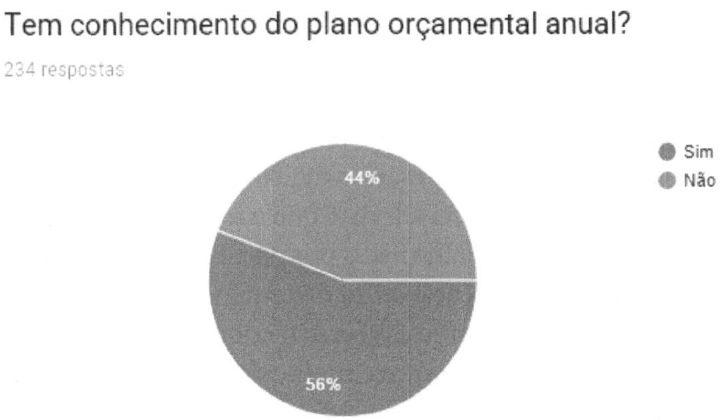

Relativamente ao conhecimento do plano orçamental anual, 56% dos inquiridos afirma ter conhecimento do mesmo e 44% afirma não tem conhecimento. Sendo o espectro de inquiridos bastante diversificado a nível da sua formação académica, é deveras assustador saber que cerca de 50% da amostra desconhece ou tem conhecimento muito reduzido acerca do plano orçamental anual. Este desconhecimento que é, claramente, um reflexo de falta de Educação Fiscal nos cidadãos comuns que não desempenham atividades profissionais nas quais se relacionem com o fisco ou com a fiscalidade. Ora, estes resultados transparecem que os cidadãos não têm conhecimento suficiente sobre a forma como contribuem para a máquina fiscal, para a forma como o Estado aplica as suas receitas e realiza as suas receitas.

Para aqueles que, de alguma forma, têm contacto com e conhecimento do plano orçamental anual, torna-se relevante saber qual a via utilizada para aceder à informação.

Se sim, através de que meios?

234 respostas

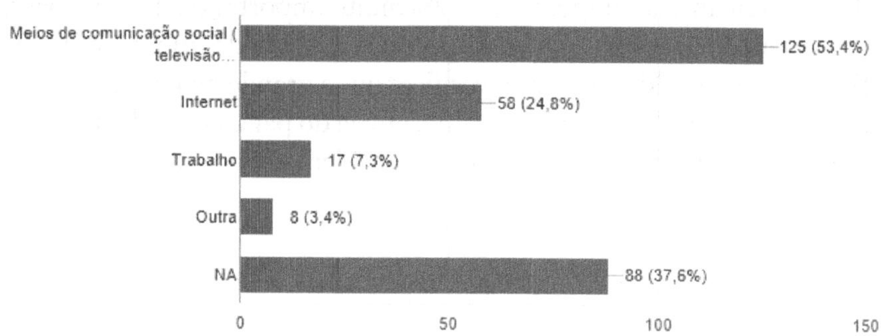

O meio que mais se destaca, com 53% dos inquiridos a utiliza-lo para a obtenção de informação fiscal são os meios de comunicação social. Esta resposta era, a meu ver, expectável, visto que não são desencadeados outros meios de promoção da atividade fiscal por parte da Autoridade Tributária no que concerne à comunicação com o contribuinte. Em segundo lugar como meio mais utilizado surge a Internet, com cerca de 25% dos inquiridos a utilizar esta via, muito provavelmente devido à necessidade que por vezes encontram de aceder a informação vinculativa que não conseguem aceder de outro modo. Relativamente à amostra, verifica-se que 7 % adquire conhecimentos fiscais através da atividade profissional que desenvolvem e do lugar que ocupam que, pela sua natureza, tornará mais frequente o contacto com este tipo de informações. Cerca de 3 % assinalam que utilizam outras fontes de informação para além das referidas. No entanto e de acordo com a pergunta que antecede a atual, cerca de 38% dos inquiridos não considera aplicável nenhum dos meios mencionados ou ainda a opção outros, levando esta resposta a crer que um número ainda elevado na amostra não tem de todo contacto com informação fiscal e com o plano orçamental anual. Este número levanta o espectro negro que se vive em Portugal, em pleno século XXI, de uma falta de comunicação tremenda entre a Autoridade Tributária e o contribuinte.

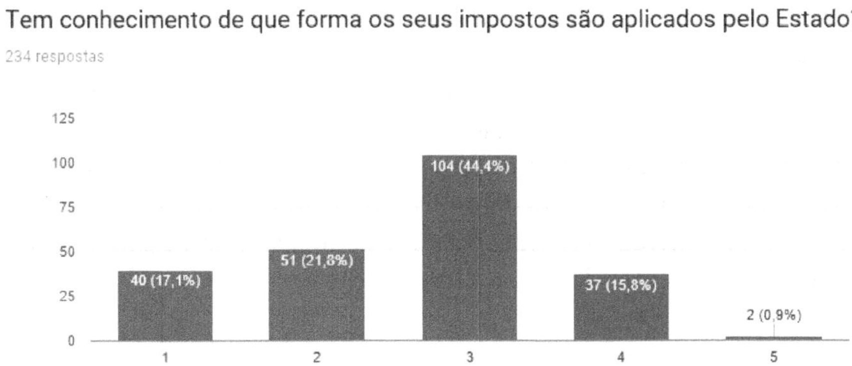

Quando inquiridos acerca da forma como os impostos pagos pelos contribuintes são aplicados pelo Estado, tendo disponibilizado como escala de resposta de 1 a 5, onde 1 é desconhecimento total e 5 é conhecimento total, penso que se torna marcante o fato de apenas 17% da amostra alavancar um nível igual ou superior a 4, sendo que a grande maioria, cerca de 44% considera que possui conhecimento razoável e uns surpreendentes 39% consideram um nível de conhecimento igual ou inferior a 2, que é per si bastante aquém do que seria espectável.

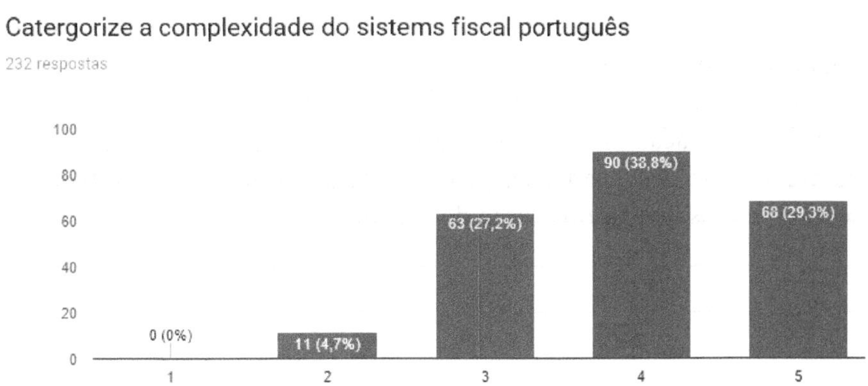

Foi utilizada a mesma escala para categorizar a complexidade do Sistema Fiscal Português, sendo 1- Nada complexo e 5- Totalmente complexo. Em linha com o que já havia sendo a tendência de resposta dos inquiridos, apenas 5% categorizou o Sistema Fiscal Português como pouco complexo, sendo que 27% considera um nível intermédio de complexidade e uns grandiosos 68% consideraram muito complexo ou extremamente complexo. Para um Sistema Fiscal que pela sua amplitude e especificidade é maioritariamente considerado de díficil entendimento e para o qual a amostra já revelou ter pouco acesso a informação, nota-se mais uma vez, uma lacuna clara no âmbito da Educação Fiscal dos Contribuintes que, no caso de terem uma maior e mais frequente instrução daquilo que é a estrutura da qual fazem parte e são membro não só integrante como também crucial, pois consideram o sistema bastante complexo e consideram poucos métodos e momentos de acesso à informação.

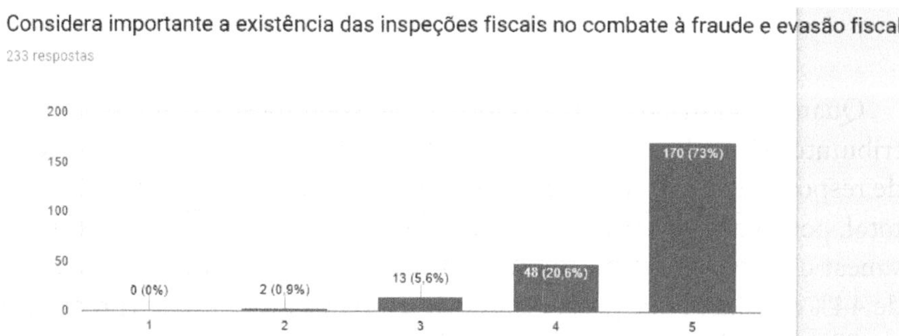

Quanto à sensibilidade da amostra de contribuintes para a importância das inspeções fiscais no combate à fraude e evasão fiscal, os resultados são animadores. Cerca de 21% considera que as inspeções fiscais são muito importantes e 73% considera que são extremamente importantes no combate à fraude e evasão fiscal. Estes resultados demonstram que apesar de escassa a Educação Fiscal dos inquiridos, existe consciência que as ações de fiscalização desencadeadas pelo Estado têm um impacto inibidor na prática de atos que visam a lesão do mesmo.

Considera a cobrança de impostos justa?

232 respostas

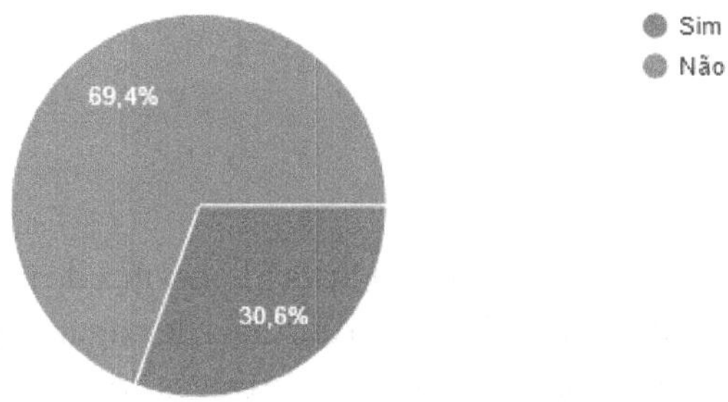

Tendo em conta que um dos critérios mais importantes da Autoridade Tributária para a construção do sistema fiscal é a repartição justa do rendimento, exercida através da cobrança de impostos, de forma progressiva. Por forma a avaliar a opinião dos inquiridos quanto à justiça da cobrança de impostos, a grande maioria, representada por 70% da amostra, não considera justa a cobrança de impostos. Na minha perspetiva, as respostas obtidas podem ter duas leituras, pode estar a ver-se nestas respostas a representatividade dos inquiridos que afirmaram não ter conhecimento das leis fiscais, podendo desta forma, pelo desconhecimento, não considerar justa a cobrança de impostos ou, por outro lado, tendo esse conhecimento do seu lado não concordar com a aplicação dos impostos portugueses. Penso que é de refletir que esta grande maioria que não dá como justa a cobrança de impostos, tendencionalmente sentir-se-á injustiçada pela cobrança que lhes é imposta, mas, se conhecerem o papel que ocupam no sistema fiscal e como o pagamento de impostos que exercem pretende assegurar todo o funcionamento público do país, talvez a resposta a esta questão pudesse obter outros resultados.

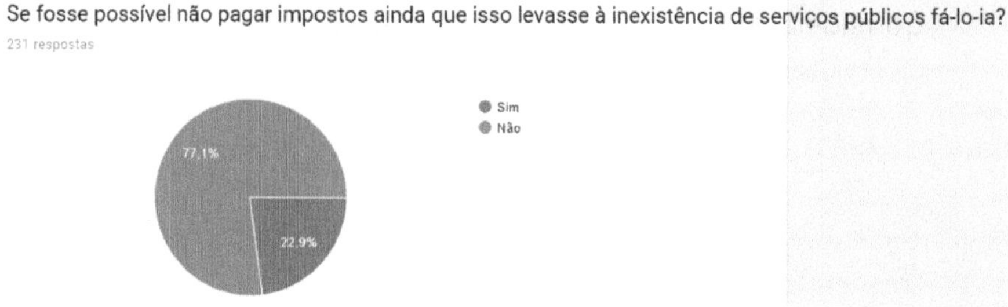

Ainda que não considerem justa a cobrança de impostos, a grande maioria, mais precisamente 77% não deixaria de pagar impostos caso isso levasse à inexistência de serviços públicos. Através desta resposta, é possível depreender que existe um reconhecimento das mais-valias associadas ao benefício e usufruto dos serviços públicos e que a sua extinção teria um efeito nefasto na sociedade tal como a conhecemos. Poderá ser uma porta aberta para alterar a perceção fiscal do contribuinte quanto aos impostos que lhes são cobrados, isto é, se sensibilizados para a relação direta que existe entre os serviços públicos e o pagamento de impostos, talvez os contribuintes se sintam mais incluídos e justos na composição da receita fiscal.

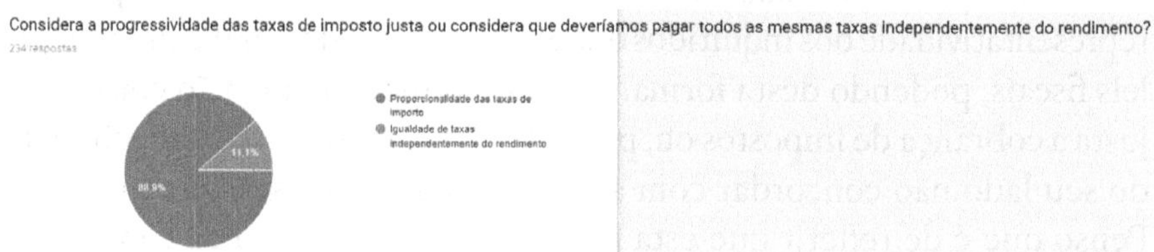

Relembrando que a grande maioria não considera justa a cobrança de impostos, foi então questionado se consideram mais justa a progressividade das taxas de imposto ou se consideram que a solução mais justa passaria por aplicar as mesmas taxas a todos os contribuintes, independentemente do rendimento que auferem. Cerca de 89% considera que a proporcionalidade das taxas de impostos confere maior justiça ao sistema fiscal, que é o sistema que atualmente se aplica. Portanto, a resposta de que não consideram justa a cobrança de impostos, não encontra a sua justificação na igualdade de taxas de imposto. Mais uma vez, levanto a questão de que esta falta de justiça anteriormente mencionada poderá relacionar-se com a fraca perceção que existe entre os impostos pagos e as contrapartidas obtidas e não necessariamente com a forma com que a estruturação de impostos está montada. A consciencialização para a quantidade e tipo de serviços públicos que se alimentam e subsistem do pagamento de impostos, muito provavelmente incidiria diretamente sobre a perceção da justiça do sistema fiscal.

Entraremos agora nas questões que concernem diretamente a Educação Fiscal em Portugal.

Educação Fiscal

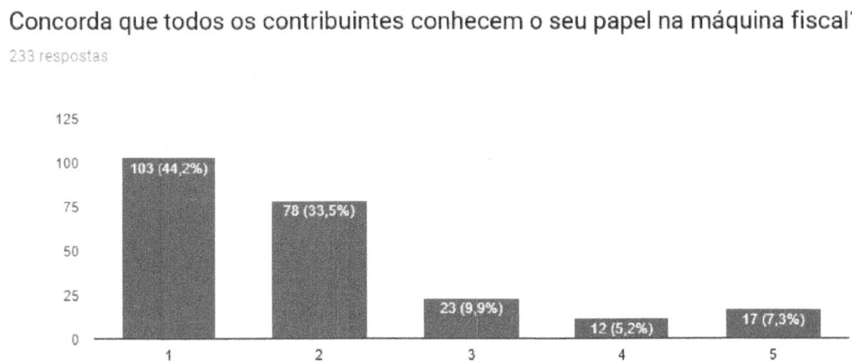

Para averiguar se os contribuintes conhecem o papel que ocupam na máquina fiscal, foi mais uma vez selecionada uma escala de 1 a 5 onde 1 representa desconhecem totalmente e o 5 represente conhecem totalmente. É surpreendente verificar que 44 % considera que os contribuintes desconhecem totalmente o seu papel na máquina fiscal e que 34% considera que conhecem pouco. Estes números representam 78% da amostra inquirida, que acredita que os contribuintes não conhecem o seu papel no sistema fiscal português. Restam apenas 10% que considera que têm um nível de conhecimento razoável e uns diminutos 12% considera que os contribuintes conhecem bem ou completamente o seu papel no sistema fiscal.

Concorda que todos os contribuintes sabem a razão pela qual lhe são cobrados impostos?

231 respostas

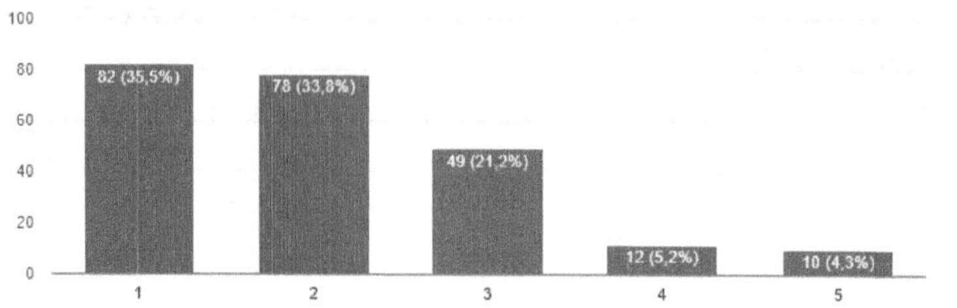

Mais uma vez, levantámos aos inquiridos a questão de se concordam que os contribuintes conhecem qual o propósito da criação e cobrança de impostos. As respostas obtidas são claras, cerca de 36% discorda totalmente, 34 % discorda. Mais de metade da amostra não concorda com a afirmação, levando à constatação de que os contribuintes não conhecem as finalidades dos impostos que suportam.

Concorda que existe falta de iniciativas de educação fiscal em Portugal?

234 respostas

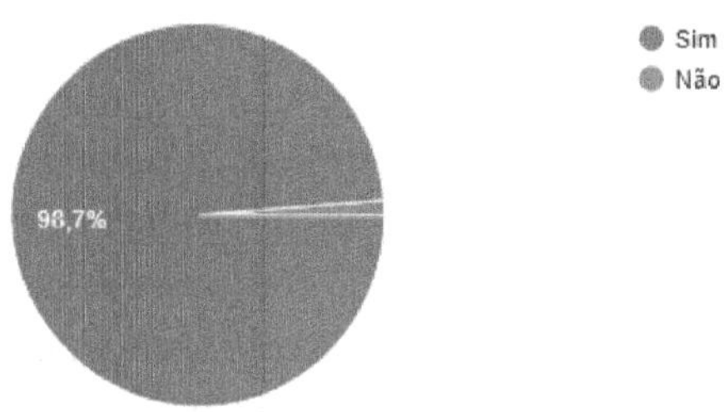

Quando confrontados com a falta de iniciativas de educação fiscal em Portugal, as respostas são absolutamente consensuais, com 99% da amostra a afirmar a lacuna de existência deste tipo de iniciativas.

Se sim, a que nível?

231 respostas

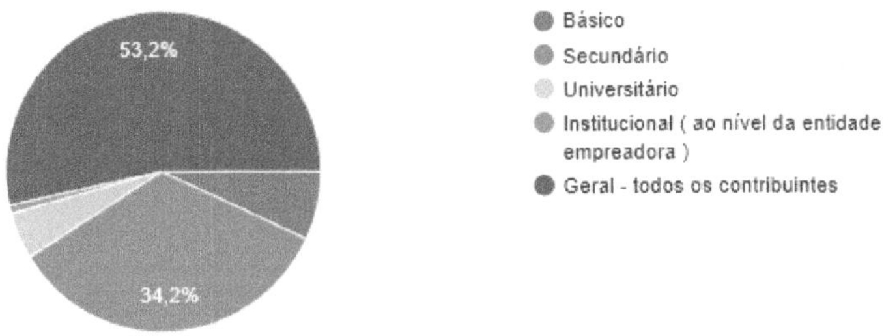

A falta de educação fiscal é notória, no entanto, quis entender a que nível. Cerca de metade dos inquiridos considera que esta lacuna é geral e que todos os contribuintes deveriam ter maior acesso a estas iniciativas. Uma fatia também expressiva dos inquiridos, 34% considera que a nível do ensino secundário também existe pouca educação fiscal. Esta resposta prevê que os inquiridos consideram que a Educação Fiscal não pode existir apenas a nível institucional ou a nível do ensino superior, visto que muitos cidadãos que são contriuintes não possuem nível académico superior e eu, por isso serão privados de informação que consideram relevante e útil no que concerne a conhecimento fiscal.

Conhece algum programa de educação fiscal em Portugal?

234 respostas

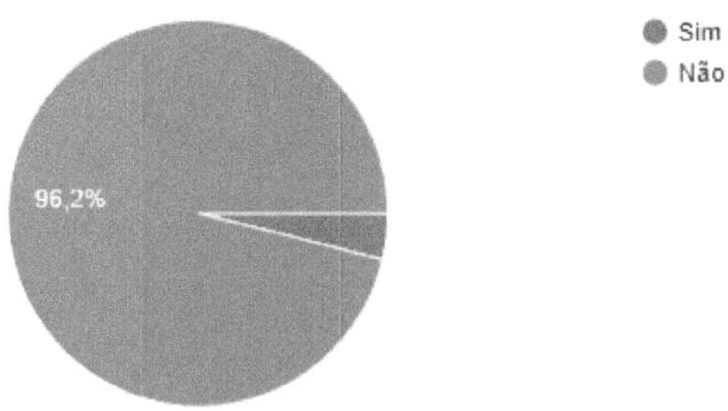

Questionei se têm conhecimento de algum tipo de programa de educação fiscal no nosso país. A esmagadora maioria não conhece nenhuma iniciativa relativa a esta temática e apenas 4 % afirma que conhece. A respeito desta minoria, questionámos quais os programas de que têm conhecimento. As respostas obtidas versaram sobre o ensino universitário, a ordem dos contabilistas certificados, o Ministério da Educação e o Portal das Finanças. No entanto, estes são apenas meios de acesso à informação e não verdadeiros Programas levados a cabo pelo Estado com a função de instruir os cidadãos.

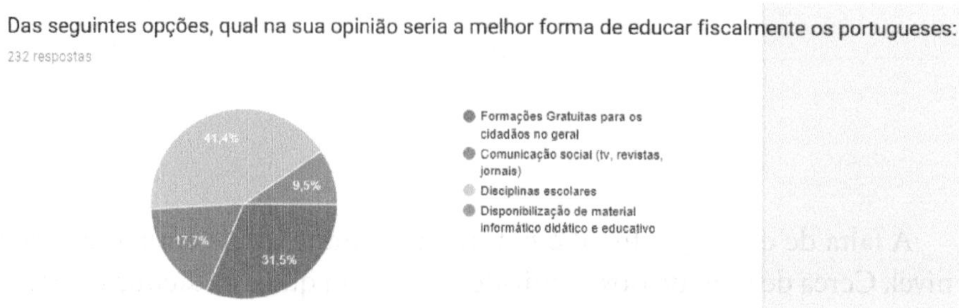

Como forma de educar fiscalmente os portugueses, 41% considera que as disciplinas escolares são a melhor via, 32% considera a formação gratuita para os cidadãos, 18% considera os meios de comunicação social e apenas 10% acha relevante ações através de material informático didático e educativo.

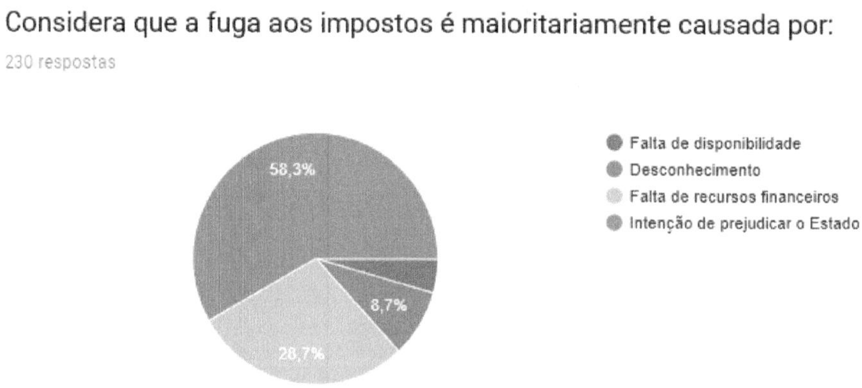

Quanto à maior causa para a fuga aos impostos, a amostra inquirida aponta a Intenção de prejudicar o Estado como a principal motivação, com 58% de representatividade. A fatia seguinte, considera que a falta de recursos financeiros, com 29 % e com valores pouco expressivo de 13% estão o desconhecimento e a falta de disponibilidade.

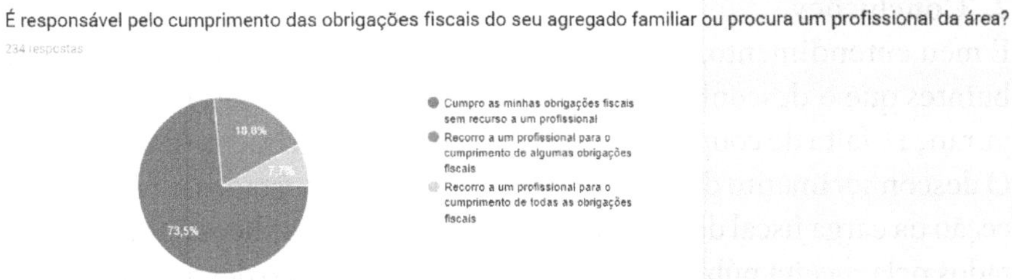

Apesar de identificarem uma larga lacuna de educação fiscal, os contribuintes inquiridos revelam que na sua maioria cumprem autonomamente as suas obrigações fiscais, sem recurso a um profissional especializado da área. Esta resposta revela uma vontade intrínseca do contribuinte em dominar a sua carga fiscal e fazê-la cumprir, a necessidade de conhecimento leva a que muitos tentem autonomamente informar-se e encontrar informação disponível para conquistar autonomia no desempenho destas tarefas.

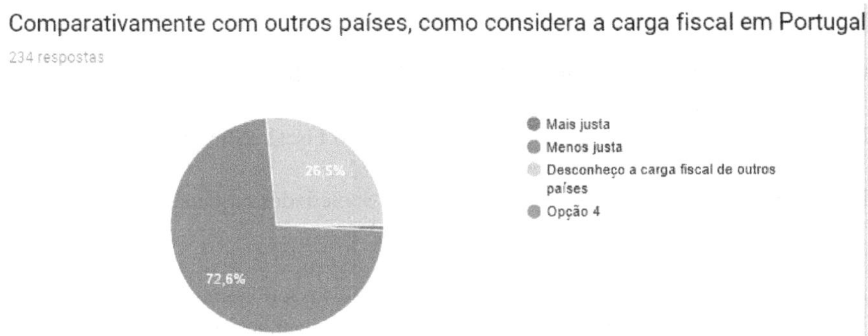

Por último, houve necessidade de entender como é percecionada a carga fiscal portuguesa comparativamente a outros países. 73 % dos inquiridos considera a nossa carga fiscal menos julga e 27% afirma desconhecer a carga fiscal de outros países, o que nos deixa com 1% de respostas que consideram a nossa carga fiscal mais justa. Este dado que remata a investigação em causa, apela ao facto de os contribuintes desconhecerem o esforço fiscal português face a outros países onde estes índices se apresentam mais alto e que terem este tipo de conhecimento poderia fazer total diferença na forma como é encarado o Sistema Fiscal Português.

2. Conclusões

É meu entendimento, pelas respostas dadas, que a perceção dos contribuintes que o desconhecimento do Sistema Fiscal motiva muita da insegurança e falta de cooperação naquilo que é o cumprimento dos impostos. O desconhecimento da aplicação dos impostos suportados, a falta de perceção da carga fiscal dos outros países, os serviços públicos que são suportados pela receita pública são potenciais causas para o descontentamento e perceção de injustiça do Sistema Fiscal.

Um longo caminho está ainda pela frente no que toca à inserção de iniciativas que levem à moldagem do pensamento, da aceitação e da compreensão do Sistema Fiscal, no entanto, começa a gerar-se cada vez mais burburinho na temática da Educação Fiscal e da necessidade gritante que existe da proliferação da mesma, sendo essa a grande constatação do estudo efetuado.

Bibliografia

Casalta Nabais, José (2010). Direito Fiscal. 6:º Edição. ISBN 978-972-40-4377-7 Coimbra Edições Almedina S.A.

Nogueira Da Costa, Paulo (2016). Manual de Direito Fiscal. ISBN 978-972-40-6465-9 Coimbra Edições Almedina S.A.

Rosado Pereira, Paula (2004). A Tributação das Sociedades na União Europeia. ISBN 972-40-2082-7 Coimbra Edições Almedina S.A.

Apresentação do Relatório do Combate à Fraude e Evasão Fiscais e Aduaneira – 16 de Outubro de 2017 – Disponível em https://www.portugal.gov.pt/download-ficheiros/ficheiro.aspx?v=81c76713-6b44-4990-8cf5-039984b7d7c7 – Consultado a 06/06/2018

Educação Fiscal Escolar em Portugal – Proposta de Bases para um Plano

Aldina Magarreiro*

Resumo
No âmbito da educação cívica do cidadão, a Educação Fiscal, é um elemento crucial quanto à consciencialização da função social dos impostos, sendo que uma das faixas etárias decisivas na execução de um Plano de Cidadania e Educação Fiscal, é a das crianças e adolescentes.

É certo que quer a escola, quer a família, assumem ou pressupõe-se que deviam assumir, um papel fundamental no ensino dos valores da Cidadania e Educação Fiscal, direcionada às suas crianças. Em Portugal, constata-se que não se têm observado iniciativas relevantes nesta matéria, no entanto pela análise documental realizada, entende-se que começam a estar presentes os pilares necessários para o avanço de uma Educação Fiscal, a múltiplos níveis, inclusive, quanto às escolas.

O Ministério das Finanças (MF) e nele a Autoridade Tributária e Aduaneira (AT), pode e deve avocar em analogia com outras congéneres no mundo, uma função relevante nesta matéria. Mas também ao nível do Ministério da Educação (ME), bem como do Ministério da Presidência e Modernização Administrativa (MPMA) e da sua Secretaria de Estado para a Cidadania e a Igualdade (SECI), muito pode ser feito.

* Licenciada em Solicitadoria, Pós-Graduada em Direito Fiscal, Mestre em Fiscalidade, do Instituto Superior de Contabilidade e Administração de Lisboa.

Depois de um longo passado de esquecimento ou de oscilações e indecisões, quanto à introdução da matéria de Educação Fiscal nas escolas, observa-se que tal começa a ser levado a cabo, por exemplo no respeitante à disciplina / componente curricular Cidadania e Desenvolvimento onde se pretende que o tema seja inserido no domínio, Instituições e Participação Democrática.

Constatando-se o contexto favorável, mas não esquecendo o passado cíclico de avanços e recuos que a aceitação e aplicação desta matéria tem tido ao longo dos anos, são propostas no final do documento, as bases para a elaboração de um Plano de Educação Fiscal Escolar em Portugal, para memória futura ou como base de sustentabilidade da ideia / necessidade.

1. Introdução

Pela observância do artigo 81º da Constituição da Republica Portuguesa (CRP), o Estado deverá levar a cabo uma das suas incumbências prioritárias, ou seja, a promoção da justiça social, o assegurar da igualdade de oportunidades e o operar das necessárias correções das desigualdades na distribuição da riqueza e do rendimento, nomeadamente, através da política fiscal. Podem ser assim postas em prática aquelas que são as tarefas fundamentais do Estado, vertidas no artigo 9º da mesma CRP.

Torna-se necessário, incrementar a ideia de que o exercício da Cidadania, mais de que uma frase vã que possa ser empregue arbitrariamente, quando dá jeito aqui ou ali, ou a este ou aquele, tambem é assumir uma plena consciência individual no respeitante a direitos e obrigações e zelar para que sejam colocados em prática.

A preparação do cidadão quanto ao exercício da Cidadania é também, para variados autores, um propósito da educação de um Estado. Nesse sentido, recorde-se que um dos objetivos[1] do XXI Governo Constitucional consiste na promoção da Cidadania Fiscal. Assim, o sistema deve ter presente as questões fiscais na formação do cidadão, assumindo-se que a responsabilidade fiscal, deve ter lugar de destaque num conjunto de valores que cada um deverá adquirir, respeitar e defender, já que esta também é uma temática relativa à Cidadania[2].

[1] Despacho nº 4223/2018 – DR nº 81/2018, Série II de 26.04.2018.

[2] Lobo, M. . L. D., Paramio, M. F.-C., García-Verdugo, A. M., Muñío, C. R., & García, M. . L. V., La Educación Fiscal en España, *Documentos do Instituto de Estudios Fiscales*, DOC. No 29/05, 2005, pág 5.

A AT, dado tratar-se de uma matéria que conhece profundamente, pode aqui exercer um papel de liderança[3] no respeitante aos processos que potenciem uma melhor Educação Fiscal, a nível escolar, mas também do cidadão em geral.

2. Revisão da literatura (Enquadramento e conceitos)

2.1. Cidadania e Cidadania Fiscal

Nas palavras do Professor Jorge Miranda,[4] podemos observar a Cidadania, como a qualidade de cidadão que, como membro de um Estado, se torna titular ou destinatário de direitos e deveres universais.

Nas linhas orientadoras da Educação para a Cidadania[5], emanadas pela Direção-Geral de Educação (DGE), em 2013, inscreve-se que a Educação para a Cidadania almeja contribuir para a formação de indivíduos responsáveis, autónomos e solidários, que são conhecedores dos seus direitos e deveres, exercendo-os também. Tudo, no diálogo e no respeito para com os outros, em espírito democrático, pluralista, crítico e criativo.

Defende Casalta Nabais[6], no 3º Congresso Luso-Brasileiro de Auditores Fiscais e Aduaneiros, que o pagamento de impostos bem como a consequente sustentabilidade do Estado, se assume como um dever individual, inserido num conjunto de direitos e obrigações, tantas vezes desconhecidos, não deixando no entanto, de serem fundamentais. Sustenta também, que o objetivo último do sistema se deve situar na partilha equilibrada, entre todos, dos direitos e deveres, sendo que tal não está assegurado em Portugal, onde existe uma distribuição iníqua da carga e esforço fiscal.

[3] No âmbito das conclusões da 45ª Assembleia Geral do Centro Interamericano de Administrações Tributárias (CIAT), realizada de 4 a 7 de abril de 2011 em Quito, é entendido que administrações tributárias devem introduzir e fortalecer, sempre que possível, o conceito de cumprimento tributário mediante a contínua melhoria e realização consistente de programas de educação e assistência tributárias.

[4] Miranda, Jorge, *Manual de Direito Constitucional*, Tomo III, 2ª edição, Coimbra Editora, Coimbra, p. 97 e seguintes.

[5] Direção-Geral da Educação – Educação para a Cidadania – Linhas Orientadoras [Consult. 1 dez. 2018]. Disponível em: http://www.dge.mec.pt/educacao-para-cidadania-linhas-orientadoras-0.

[6] Jornal Económico – Auditores defendem que Educação Fiscal é instrumento fundamental da justiça fiscal [Consult. 5 dez. 2018]. Disponível em: http://www.jornaleconomico.sapo.pt/noticias/auditores-defendem-que-educacao-fiscal-e-instrumento-fundamental-da-justica-fiscal-313691.

Observa ainda que a perceção de que somos esmagados pela carga fiscal é verdadeira e que tal perceção é também Cidadania Fiscal. O Estado Fiscal atual, assume o mesmo autor[7], conduz a uma Cidadania de liberdade, tendo o preço de sermos todos destinatários do dever fundamental de pagar impostos. Advém daqui, que a Cidadania Fiscal leva ao cumprimento das obrigações fiscais, valor esse a pagar pelos cidadãos que aspiram a viver em liberdade e em sociedade.

Já Helena Borges, diretora-geral da AT, na primeira edição do suprarreferido Congresso, apontou a importância dos funcionários fiscais, que entende serem "parceiros para a Cidadania". Afirmando que é necessário dar continuidade à criação de medidas que levem ao resgate da noção de Cidadania Fiscal, por forma a disseminar a consciência da relação direta existente entre o cumprimento das obrigações tributárias e a Cidadania. Refere ainda, em mensagem dirigida ao 2º Congresso Luso-Brasileiro de Auditores Fiscais, que a Cidadania Fiscal se consubstancia no dever fundamental de pagar impostos, um dever associado ao preço a pagar por uma comunidade organizada, que está assente em ideias de liberdade e solidariedade, em que é necessário compreender o papel do cidadão, bem como o desenvolver do espírito crítico e participativo no acompanhamento da aplicação correta, quanto aos recursos públicos arrecadados. Importa pois apostar em políticas ativas no tocante à aprendizagem, educação e transmissão de conhecimento de modo a que a Cidadania Fiscal faça parte de um quotidiano e de um legado a ser deixado à nova geração.

Atente-se que já existe em Portugal uma SECI, bem como uma Estratégia Nacional de Educação para a Cidadania (ENEC).

2.2. Educação Fiscal

Educação Fiscal[8] é perceber (bem como, saber fiscalizar) o que faz um Estado com a coleta dos rendimentos, não sendo apenas e somente saber como preencher o formulário do IRS[9] ou do IRC[10], afirmou Roberto Kup-

[7] Nabais, J. C., *Estudos de Direito Fiscal: Por um Estado Fiscal Suportável* (Vol. 1). Edições Almedina, S.A., Coimbra, 2005, pág. 34.

[8] Jornal Económico – Auditores defendem que Educação Fiscal é instrumento fundamental da justiça fiscal [Consult. 5 dez. 2018]. Disponível em: http://www.jornaleconomico.sapo.pt/noticias/auditores-defendem-que-educacao-fiscal-e-instrumento-fundamental-da-justica-fiscal-313691.

[9] Imposto sobre o Rendimento das pessoas Singulares.

[10] Imposto sobre o Rendimento das pessoas Coletivas.

ski, presidente da Federação Brasileira de Associações de Fiscais de Tributos Estaduais, no 3º Congresso Luso-Brasileiro de Auditores Fiscais e Aduaneiros.

Quanto às crianças e jovens, a Educação Fiscal deve transmitir ideias, valores e atitudes favoráveis à responsabilidade fiscal, sendo que contrárias a condutas fraudulentas. Assim, não se trata tanto de desenvolver conteúdos académicos e práticos, mas sim, conteúdos morais, devendo esta matéria ser tratada na escola, como se situando na esfera da responsabilidade cívica[11]. Numa vertente de socialização, pode assumir-se como política de um Estado, quando se procura o estímulo do cumprimento voluntário e consciente dos deveres fiscais.

Em 2009, foi publicado o Relatório do Grupo para o estudo da Política Fiscal, Competitividade, Eficiência e Justiça do Sistema Fiscal[12], onde se inscreve a necessidade do aprofundamento das ações de Educação Fiscal, pela sua inserção em programas escolares.

Pela prática educativa, a Educação Fiscal[13] cria condições propícias para o exercício da Cidadania, através da sensibilização para o que é a real função económica do tributo, em prol do controle da aplicação dos recursos coletivos.

Para Clotilde Palma,[14] a Educação Fiscal procura a consciência no cidadão acerca do que é a função social do tributo, tal como do modo como pode ter ação na promoção da justiça social, incentivando-o a participar na aplicação, arrecadação e fiscalização daquele que é o dinheiro público. Para a mesma autora, Educação Fiscal, entendida em sentido estrito, tem a ver com a abordagem educativa no intuito de compreender a arrecadação de receitas e os gastos do Estado, levando a que o contribuinte crie uma consciência de que o tributo é o preço que se paga para se ter e se viver

[11] Yubero, Fernando Diaz. La Educación Fiscal Como Instrumento de Lucha Contra El Fraude Y La Evasión Fiscal. *Documentos do Instituto de Estudios Fiscales*, DOC. No 13/09, 2009, pág. 13.

[12] Secretaria de Estado dos Assuntos Fiscais do Ministério das Finanças e da Administração Pública – Relatório do Grupo para o Estudo da Política Fiscal Competitividade, eficiência e Justiça do Sistema Fiscal [Consult. 8 dez. 2018]. Disponível em: https://www.ideff.pt/xms/files/GPFRelatorioGlobal_VFinal.pdf.

[13] Escola de Administração Fazendária – EDAF – Educação Fiscal no contexto social [Consult. 8 dez. 2018]. Disponível em: http://www.educacaofiscal.sp.gov.br/contents/Caderno%201.pdf.

[14] Palma, Clotilde – Cidadania e a Educação Fiscal na Lusofonia, Conferência de homenagem à Professora Ana Maria Rodrigues. Contabilidade, fiscalidade e direito contabilístico: reflexões e inquietudes, Faculdade de Economia da Universidade de Coimbra, 28 de Abril de 2018.

numa sociedade civilizada. Já em sentido amplo, Educação Fiscal, deve incorporar a compreensão do que é o Estado, das suas funções e financiamento das suas estruturas.

Numa lógica de não seguir apenas fatores conjunturais, a Educação Fiscal tem que abranger, não só a quem tenha capacidade contributiva, mas também os que, por circunstâncias várias, não a tenham, nunca contribuíram ou se entenda que dificilmente o farão. Assim, esta questão, não tem que ser apenas abordada pelo ponto de vista do contribuinte, mas sim, pela qualidade de cidadão (rico, pobre, novo ou idoso). É legítimo que quem não contribui para o sistema, seja apoiado, mas também importa que seja sensibilizado sobre o porquê de tal situação (que se deseja temporária) e do facto de serem outros cidadãos a cooperarem para tal apoio.

2.3. Educação Fiscal no mundo

Variados são os programas de Educação Fiscal nos mais diferentes países do mundo. Neles os objetivos e metodologias podem variar consoante o contexto social e económico em questão, bem como o público-alvo a atingir, pelo que há modelos que funcionam em alguns países / culturas e noutros nem tanto. Não raras vezes há que ter em conta o diferente contexto social, religioso, cultural e económico dos países em que determinado Plano se aplica.

A Organização para a Cooperação e Desenvolvimento Económico (OCDE), avançou em 2015 com um documento sobre Educação Fiscal no mundo[15]. Ali, por exemplo, se evidenciam estratégias inovadoras aplicadas em 28 países, quanto à Educação Fiscal dos cidadãos, em países tão díspares quanto o são o Bangladesh, a Estónia, a Colômbia, a Guatemala, a Coreia ou o Quénia, entre outros.

Mas vejamos também outros exemplos:

Em Espanha, com o Programa de Educação Cívica-tributaria[16], a Agência Tributária , em colaboração com a comunidade educativa, tem levando a cabo várias ações voltadas para crianças e adolescentes, procurando pro-

[15] OCDE – Édifier une culture fiscale, du civisme et de citoyenneté – un document de référence global de l'éducation des contribuables [Consult. 12 dez. 2018]. Disponível em URL: <http://www.oecd.org/fr/ctp/edifier-une-culture-fiscale-du-civisme-et-decitoyennete-9789264230163-fr.htm>

[16] Agencia Tributaria – Informacion sobre el portal educación cívico-tributaria [Consult. 12 dez. 2018]. Disponível em: https://www.agenciatributaria.es/AEAT.educacion/InformacionEducacion_es_ES.html.

mover a consciencialização fiscal nos futuros contribuintes. A estratégia educativa da Administração Tributária baseia-se principalmente em dois tipos de ação: levar jovens e professores a ter contato com a realidade fiscal, pela observação direta do funcionamento das repartições desta AT; formação *on-line*, via um portal para jovens e professores onde se pode aceder a um conjunto de materiais e de recursos a serem utilizados, quer dentro, quer fora da sala de aula.

Em Itália[17], com o projeto *Fisco e Scuola* os Departamentos Regionais, a Administração Educativa e também a AT têm vindo a promover, desde 2002, a formação na área tributária, nas escolas. Os programas e seus teores, variam por região, mas também em função do público-alvo, que começa no infantil, passando pelo primário, secundário, e formação profissional.

Quanto ao Reino Unido[18], avançou inicialmente como o programa *Red Box*. Criou-se uma comissão entre três departamentos ligados à área das Finanças do Governo que, com a pasta da Educação, a partir de 2002, inseriram a unidade curricular "Cidadania", nas escolas. Esta versa diversos assuntos, como a responsabilidade social e moral, além de matérias sobre Educação Fiscal. Hoje em dia o programa já abrange material didático de suporte *on-line*, sendo dirigido a professores e a indivíduos com idades entre os cinco e dezanove anos.

Na Argentina[19] a Administração Federal de Receitas Públicas tomou a iniciativa de implementar um programa para a Educação Fiscal, tendo a Administração Educacional como colaboradora no seu desenvolvimento e gestão. O programa destina-se a alunos, do primário ao secundário. Docentes e alunos podem aceder a conteúdos *on-line*, como jogos e outros elementos didáticos para o efeito.

Nos EUA,[20] o programa *Understanding Taxes*, desde 1954, aponta sobretudo para estudantes entre os catorze e os dezoito anos. Aposta já nos

[17] Ministero dell'Economia e delle Finanze – Il progetto "Fisco e Scuola" [Consult. 14 dez. 2018]. Disponível em: https://www.agenziaentrate.gov.it/wps/content/Nsilib/Nsi/Agenzia/Agenzia+comunica/Fisco_scuola/?page=agenziacomunica.

[18] Lobo, M. . L. D., Paramio, M. F.-C., García-Verdugo, A. M., Muñío, C. R., & García, M. . L. V., La Educación Fiscal en España, *Documentos do Instituto de Estudios Fiscales*, DOC. No 29/05, 2005, págs. 13 e 14.

[19] AFIP – Educacion Tributaria [Consult. 14 dez. 2018]. Disponível em: http://www.afip.gob.ar/educacionTributaria/capacitacionDocente/cursos.asp.

[20] Internal Revenue Service – Understanding Taxes [Consult. 22 dez. 2018]. Disponível em: https://apps.irs.gov/app/understandingTaxes/.

conteúdos *on-line* através do programa *Understanding Taxes in Internet*, que tem, por exemplo, planos de aula detalhados e atividades interativas. Há também padrões educacionais, nacionais e por Estado.

No espaço da Lusofonia, países como o Brasil, Cabo Verde, Moçambique e Angola vão implementando os seus Planos / Iniciativas no âmbito da Educação Fiscal.

Quanto ao Brasil, no ano de 1969 surgiu a primeira ação educativa na área da administração fiscal, a "Operação bandeirante". Nos nossos tempos, o Plano Nacional de Educação Fiscal visa a promoção do entendimento coletivo sobre a necessidade e a função social do tributo, tal como dos aspetos relacionados com a administração dos recursos públicos. Este Plano centra-se primordialmente em alunos e professores das escolas do ensino fundamental e médio, podendo no entanto qualquer cidadão vir a conhecer e/ou estudá-lo em qualquer fase da vida. O Programa foi dividido em cinco módulos. Em cada um deles, procura-se um determinado tipo de público, usando-se uma metodologia apropriada a cada um. Para o caso presente, a Educação Fiscal nas escolas[21], dá-se neste trabalho relevância ao módulo I, que está direcionado para a criança do ensino básico, envolvendo alunos do 1º ciclo ao 3º ciclo; e ao módulo II que se dirige aos adolescentes do ensino médio, entre a faixa etária de quinze a dezasseis anos.

Em Cabo Verde[22] regista-se já e existência de um Programa Nacional de Cidadania Fiscal que bebeu no modelo brasileiro, inspiração para grande parte das suas orientações e estrutura.

No caso de Angola, **o Projeto de Inserção de** Conteúdos de Literacia Financeira no Sistema de Ensino, que tem vindo a ser coparticipado entre o Banco Nacional de Angola e o Ministério da Educação, veio a envolver cerca de 300 mil alunos da 7ª à 12ª classe em 2017[23] Existe um processo de Educação Fiscal em curso desde 2015[24] pelo que se tem apostado na sensi-

[21] Plano Nacional de Educação Fiscal – Sobre o programa [Consult. 2 dez. 2018]. Disponível em: http://educacaofiscal.gov.br/sobre-o-programa/.

[22] Cabo Verde. Direção Nacional de Receitas do Estado – Educação Fiscal [Consult. 4 dez. 2018]. Disponível em: https://www.dnre.gov.cv/dnre/pt-pt/programa-nacional-de-Cidadania-fiscal.

[23] Jornal de Angola – Educação financeira beneficia 300 mil [Consult. 14 dez. 2018]. Disponível em: http://jornaldeangola.sapo.ao/economia/educacao_financeira_beneficia_300_mil.

[24] Agencia Angola Press – Educação fiscal combate resistência no pagamento de impostos [Consult. 22 dez. 2018]. Disponível em: http://www.angop.ao/angola/pt_pt/noticias/economia/2018/2/10/Educacao-fiscal-combate-resistencia-pagamento-impostos,cbbfb990-04c8-4987-87fb-b21aefb2d5e7.html.

bilização para a função dos impostos. Quando os temas visam as crianças mais novas, estes são introduzidos pela figura de "Justinho", uma personagem de banda desenhada criada para o efeito.

Moçambique, desde 2010, no sentido de sensibilizar a população para as questões fiscais pôs em marcha a campanha "Todos juntos fazemos Moçambique",[25] com a duração de uma semana.

Por último e no âmbito da União Europeia (UE)[26], de fazer referência ao portal *TaxEdu,* iniciativa do Parlamento Europeu, Comissão Europeia e Autoridades Fiscais nacionais de países da UE, que tem como objetivo educar os jovens cidadãos europeus no que respeita à tributação e à forma como esta afeta as suas vidas. O portal aponta a três grupos etários com informações individualizadas: crianças; adolescentes; jovens adultos. De evidenciar, por exemplo, o campo *Teachers Corner* com conteúdos de relevante interesse quanto à matéria do ensino da Educação Fiscal. Identificam-se aqui alguns exemplos de boas práticas de países como a Áustria, onde o conteúdo do *TaxEdu* foi adicionado ao programa de Educação Fiscal existente do MF austríaco (*Facebook, Homepage,* etc.), ou idêntica adoção em países como Grécia, Bulgária ou Roménia, entre outros.

No caso Português, de registar a colaboração da AT com a UE quanto à elaboração do portal *TaxEdu,* além de ações de divulgação desta ferramenta entre os funcionários da AT e outras instituições/organizações. Em 2018, a diretora-geral da AT emitiu um despacho onde vê com interesse a implementação do plano de ação "Educação Fiscal Digital – *TaxEdu*", com um enfoque predominante na utilização das mais recentes tecnologias de comunicação e em que se considera que a execução do plano *TaxEdu* requer o envolvimento de entidade(s) do ME para a necessária articulação, a integração de sugestões/contributos tidos por relevantes e o desenvolvimento de uma programação conjunta.

2.4. Educação Fiscal em Portugal

Tem sido incipiente, pelo menos quanto à sua aplicação, a Educação Fiscal em Portugal.

[25] Autoridade Tributaria de Moçambique – Todos juntos fazemos Moçambique [Consult. 16 dez. 2018]. Disponível em: http://Cidadaniafiscal.blogspot.com/.

[26] União Europeia – Sobre TaxEdu [Consult. 14 dez. 2018]. Disponível em: https://europa.eu/TaxEdu/about-us_pt-pt.

Apesar de algumas tentativas para mudar o panorama nesta área, o que é certo é que pouco se tem feito e regra geral, assente em ações dispersas, avulsas e com interferência muito limitada na realidade do país ou no comportamento e conhecimento do cidadão comum.

Ao longo do tempo sempre se procurou mais o cumprimento assente na obrigação, do que na compreensão e aceitação moral e social, ainda assim, apesar de avanços e recuos, como veremos adiante, assiste-se nos anos recentes, a uma tentativa de alteração do paradigma já que, fazendo fé na análise documental e na informação recolhida na AT, a mentalidade vigente mostra fortes indícios de procura de mudança.

2.4.1. O que tem sido feito no âmbito da Educação Fiscal em Portugal

Nos últimos anos foram desenvolvidas algumas ações quanto à Educação Fiscal, elencadas, de modo não exaustivo, na Tabela 2.1:

Tabela 2.1 – Ações recentes âmbito da Educação Fiscal em Portugal

2007	DGCI[27]	• Projeto de Educação Fiscal que ficou numa fase embrionária. Contou com uma exposição itinerante, um jogo de tabuleiro e lançamento de livros sobre a temática e para idades diferenciadas. • Programa "Peça a fatura".
2008		Documento do Fórum Educação para a Cidadania – Quanto à Educação Fiscal, inclui um Referencial que como título: "Impostos: noções essenciais" e define os materiais didáticos a utilizar.
2009	MF e Administração Pública	• Relatório do Grupo para o Estudo da Política Fiscal – Competitividade, Eficiência e Justiça do Sistema Fiscal – abordou a necessidade da Educação Fiscal.
2014	AT	• Fatura da sorte
2015	OCC[28]/ISCA[29]/ UC[30]/ISCAC[31]/ FEUC[32]/CIDEFF	• Primeira (de quatro) Conferência Internacional para a Cidadania e a Educação Fiscal. • Apresentação dos três livros Joaninha e os impostos[33]

[27] Direção Geral das Contribuições e Impostos.

[28] Ordem dos Contabilistas Certificados.

[29] Instituto Superior de Contabilidade e Administração de Lisboa.

[30] Universidade Católica.

[31] Instituto Superior de Contabilidade e Administração de Coimbra.

2016	UE ISCAL e CIDEEFF/FDL[34]	• Arranque do projeto Cidadania e Educação Fiscal na Lusofonia (CEFIL), financiado com fundos da União Europeia pelo programa Portugal 2020. • Linha de investigação em Cidadania e Educação Fiscal (CEF).
2018	AT / UE AT / CEFIL AT/DGE	• Portal *TaxEdu* e *link* no Portal da AT relativo à Cidadania Fiscal. • AT assinou um protocolo de cooperação institucional com o projeto de investigação CEFIL. • Início de reuniões entre AT e DGE com vista à introdução da Educação Fiscal no âmbito da disciplina / componente curricular Cidadania e Desenvolvimento.

2.4.2. Novos horizontes para a Educação Fiscal em Portugal

Como afirmado no ponto anterior, o discurso das entidades e mesmo algumas ações, começam a apresentar foros de mudança, no tocante à Educação Fiscal.

Observemos:

- Na esfera da AT: com base na publicação da Portaria nº 155/2018, de 29 de maio, da AT, alteram-se as competências e no âmbito da Direção de Serviços de Comunicação, Promoção e Apoio ao Cumprimento (DSCPAC), plasma-se a necessidade de «promover o exercício da Cidadania Fiscal, bem como a divulgação da sua importância, incluindo através da conceção e implementação de projetos de Educação para a Cidadania Fiscal em colaboração com os órgãos competentes»; o Plano Estratégico de Combate à Fraude e Evasão Fiscal 2018-2020[35], evidência o papel da Cidadania, como fator crítico de sucesso, definindo-se como um objetivo estratégico em que: «o Governo irá promover a Educação para a Cidadania Fiscal,

[32] Faculdade de Economia da Universidade de Coimbra.

[33] No Congresso Internacional sobre Cidadania e Educação Fiscal na Lusofonia, que decorreu na Cidade de Mindelo, Ilha de São Vicente, Cabo Verde, em outubro de 2018, foi apresentado o livro «Joaninha e os impostos – uma história de educação fiscal para crianças», numa adaptação a Cabo Verde. Idêntica adaptação será feita para Brasil, Angola e Moçambique, estando também a ser ultimado um filme e um jogo digital para crianças.

[34] Centro de Investigação de Direito Europeu, Económico, Financeiro e Fiscal / Faculdade de Direito de Lisboa.

[35] Minnistério das Finanças – Plano Estratégico de Combate à Fraude e Evasão Fiscal e Aduaneira 2018-2020 [consult. em 28 dez. 2018]. Disponível em: http://info.portaldasfinancas.gov.pt/pt/at/Documents/PECFEFA_2018_2020.pdf.

através da sensibilização das crianças, jovens e jovens adultos para a importância dos seus deveres de cidadania neste âmbito»; aposta na indução do cumprimento voluntário – *compliance*, por parte dos contribuintes; assunção de que o projeto de Cidadania Fiscal da AT se insere no projeto de cumprimento voluntário, sendo dirigido quer aos contribuintes de agora, quer aos do futuro; promove-se a aproximação ao cidadão e ao contribuinte, no estabelecimento de canais de comunicação, na informação prestada em vários suportes, mas também, por exemplo, no reforço da a*ccountability*; ações informativas junto de estudantes universitários e de escolas profissionais, como a participação em feiras de emprego, como a 2ª Edição AEUE -*Employability Job Fair* da Universidade Europeia; assinatura de um protocolo de cooperação institucional com o projeto de investigação CEFIL, financiado com fundos da UE[36]; criação no portal *internet* da AT de um botão de acesso, para a página relativa à Cidadania Fiscal, que dá acesso a conteúdos[37], por exemplo os inseridos no portal da UE – *TaxEdu*, ou outros como o folheto informativo: O Jovem no Mercado de Trabalho, entre outros conteúdos; existência de diligências a decorrer entre a AT e Direção Geral do Ensino Superior (DGES) no âmbito do tema Educação Fiscal; celebração, em curso, de protocolo / contrato de cooperação entre a AT e a DGE em que se prevê a introdução de conteúdos relativos à Educação Fiscal na componente curricular Cidadania e Desenvolvimento[38], onde se pretende que o tema seja inserido no domínio, Instituições e Participação Democrática. Procura-se ainda a preparação e disponibilização de conteúdos para utilização pelo ME e bem assim, a

[36] Nesta esfera, a AT participou no IV Congresso Internacional sobre Cidadania e Educação Fiscal na Lusofonia que se realizou em setembro de 2018 em Luanda, Angola. Tendo, ao abrigo do mesmo protocolo, participado também no V Congresso Internacional sobre Cidadania e Educação Fiscal na Lusofonia, que decorreu na Cidade de Mindelo, Ilha de São Vicente, Cabo Verde, em outubro de 2018.

[37] Conforme conteúdos observados em março de 2019.

[38] O ME com base numa ação que decorre diretamente da aplicação da ENEC, avançou em 2017/18 com a disciplina / componente curricular Cidadania e Desenvolvimento, que está organizada por três grupos, com conteúdos diferenciados pelos primeiros três ciclos do ensino obrigatório, em que se procura a promoção de uma sociedade mais justa e inclusiva, através da educação. Refira-se que no conteúdo programático desta componente curricular nada se refere, atualmente, acerca do tema Educação Fiscal.

organização de ações de formação da AT, nalguns distritos do país, a professores/formadores, necessárias à disseminação e uniformização da informação junto das escolas.
Por toda a informação que foi recebida e analisada, constata-se que existe atualmente uma abertura institucional da AT para a criação de um Plano de Educação Fiscal a nível nacional;

- Quanto a outras entidades que de igual modo vão tendo ação sobre este decisivo tema, de novo referir que está em curso o já mencionado Projeto CEFIL, em cujo âmbito também o ISCAL e CIDE-EFF/FDL têm uma linha de investigação em Cidadania e Educação Fiscal. Emerge também daqui uma vontade de apoiar a implementação de políticas de Cidadania e Educação Fiscal nos países da Lusofonia. No seguimento, e com o envolvimento das autoridades nacionais, como os MF e ME, da academia e de agentes económicos, como a OCC procura-se elaborar uma proposta de Plano Nacional para a Cidadania e Educação Fiscal e a adoção de variadas ações, tais como a realização de conferências, publicações didáticas sobre a temática, visando todas as faixas etárias, bem como a realização de trabalhos académicos, de um filme e ainda de um jogo digital;
- Um outro ponto de interesse na matéria relativa à Educação Fiscal e que certamente tem trazido valor acrescentado, é a realização anual do Congresso Luso-Brasileiro de Auditores Fiscais e Aduaneiros;
- De evidenciar ainda, o prémio para a promoção da Educação e Cidadania Fiscal, lançado pela Associação dos Profissionais de Inspeção Tributária (APIT) e *LawAcademy*.

3. Proposta de bases para um Plano de Educação Fiscal a nível escolar em Portugal

O referido no ponto anterior patenteia maior abertura por parte de várias entidades, entre elas as europeias, no tocante à Educação Fiscal. Há já ações em curso, a par de projetos, vontades, entendimentos e estabelecimento de protocolos que se espera que venham a dar frutos sustentáveis e duradouros.

Tem-se no entanto, nos últimos anos, assistido a um conjunto de avanços e recuos quando se chega ao ponto crítico da aplicação efetiva da matéria, seja no ensino, seja a outros níveis da sociedade. Tais indecisões podem estar ligadas a ciclos políticos ou até ciclos económicos.

A título de exemplo, a ENEC, usou como uma das suas referências o Documento do Fórum Educação para a Cidadania[39], de 2008. Sendo de realçar que apesar de um conjunto de menções à fiscalidade / impostos[40] presente neste documento, a que esta estratégia foi também buscar informação, nada foi de tal matéria, para ela transposto. Registe-se também, nesta sequência, que já nas linhas orientadores da Educação para a Cidadania da DGE, documento de 2013, nada vem mencionado acerca de Cidadania Fiscal / Educação Fiscal.

De fazer alusão, ainda, ao Relatório do Grupo para o Estudo da Política Fiscal – Competitividade, Eficiência e Justiça do Sistema Fiscal que, em 2009, abordou a necessidade da Educação Fiscal, sem que nada de relevante, *à póstérióri*, tivesse sido levado a cabo com base neste documento.

É ainda importante ter sempre em conta a possibilidade de contratempos a nível institucional e protocolar entre entidades. Atente-se, por exemplo ao desaparecimento de conteúdo na passagem do Plano Estratégico de Combate à Fraude e Evasão Fiscais e Aduaneira de 2015-2017[41]

[39] Entre outros pontos, também importante neste documento, a noção da importância de se «desenvolver o entendimento da tributação como factor-chave da coesão social e pilar económico da existência e manutenção do Estado de direito democrático, no pressuposto de que só é possível exercer liberdades e direitos, satisfazer necessidades e obter benefícios colectivos que impliquem a intervenção do Estado, através da solidariedade fiscal e contributiva». De realçar também a noção de Cidadania passiva, «assente em direitos adquiridos, mas limitada em deveres e responsabilidades, estranha à ideia de diversidade, receosa do conflito e avessa à controvérsia. Uma cidadania passiva que também se reflecte nas dificuldades de afirmação generalizada da "cidadania fiscal e contributiva", que, por um lado, é indispensável à organização e ao funcionamento do Estado de direito democrático – que tem por tarefa garantir os direitos e liberdades fundamentais e promover a efectivação dos direitos económicos, sociais, culturais e ambientais – e que, por outro lado, implica para cada pessoa o dever de contribuir para a comunidade que integra e o direito de exigir a contribuição dos outros membros dessa comunidade».

[40] No Documento do Fórum Educação para a Cidadania, quanto à fiscalidade / impostos, no campo dos exemplos concretos de referenciais de formação, surge um referencial que tem como título: "Impostos: noções essenciais". Quanto às áreas temáticas em que esta matéria se insere, temos: desenvolvimento, direitos humanos, orientação escolar, vocacional, profissional; participação cívica; deveres de cidadania – fiscalidade. Já quanto aos materiais pedagógicos a usar, surgem: "TAX BEM! – o jogo da educação fiscal"; "Era uma vez no Planeta do Respeito por Todos"; "Os pesadelos fiscais de Porfírio Zap".

[41] Ministério das Finanças – Plano Estratégico de Combate à Fraude e Evasão Fiscal e Aduaneira 2015-2017 (jan. 2015) [consult. em 28 dez. 2018]. Disponível em: https://www.portugal.gov.pt/media/3322199/20150129-mf-plano-combate-fraude-fiscal-2015_2017.pdf.

para o de 2018-2020[42], da referência à parceria com o ME ou até da integração nos currículos académicos de componentes de Educação para a Cidadania Fiscal[43].

Importa, de futuro, a coerência na ação, devendo esta ser mais assente em decisões estruturais do que nas conjunturais, sobretudo porque que a Educação Fiscal Escolar não pode nem deve ser tema tabu, devendo ser liberta de eventuais idiossincrasias por parte de quem decide ou administra a educação/formação e por tal, deve haver para ela políticas coerentes, a par de um Referencial de Educação[44] para a temática, tal como Planos de ação, bem definidos, monitorizados e orientados.

Assim, e no sentido de contribuir com informação que concorra para memória futura ou como base de sustentabilidade da ideia / necessidade, neste ponto três do artigo, são concebidas/estruturadas e apresentadas as bases para um Plano de Educação Fiscal a nível escolar em Portugal, podendo ser aplicado, com custos mínimos, nas escolas portuguesas.

As ações do Plano devem incidir sobre jovens em idade escolar dos vários ciclos, havendo assim numa fase inicial reduzidos encargos financeiros, procurando o máximo de eficiência possível. A não descurar, no entanto, em fases posteriores, o direcionamento de ações quanto à Educação Fiscal, quer para alunos universitários, quer para a população em geral.

A Educação Fiscal não pode ser observada apenas no plano do cumprimento imediato. É importante não abandonar uma perspetiva estratégica para os potenciais futuros contribuintes, já que pelo facto de os jovens não estarem sujeitos, hoje, a obrigações fiscais, não significa, que sejam alheios à fiscalidade. Devem as crianças e adolescentes estar conscientes, desde cedo, de que existe um investimento em solidariedade, graças ao esforço tributário dos cidadãos e de que se exerce uma gestão, que se deseja correta, desses dinheiros, pela Administração Publica. Sem tais factos, a vida

[42] Ministério das Finanças – Plano Estratégico de Combate à Fraude e Evasão Fiscal e Aduaneira 2018-2020 [consult. em 28 dez. 2018]. Disponível em: http://info.portaldasfinancas.gov.pt/pt/at/Documents/PECFEFA_2018_2020.pdf.

[43] Parceria esta que, em abono da Educação Fiscal Escolar em Portugal, foi agora retomada e começa a dar frutos, como já referido.

[44] Não existe um Referencial para a Educação Tributária e para a Cidadania Fiscal a ser, atualmente, utilizado no Ensino Primário e Secundário de modo a que as crianças portuguesas do Ensino obrigatório tenham acesso no ambiente escolar a tais conteúdos.

de todos os dias e os horizontes de futuro desses jovens iriam ser certamente muito dispares[45].

Face ao que antecede e entendendo que em comparação com outros países, a aplicação de um Plano de Educação Fiscal, como já afirmado, tem que ter sempre presente o diferente contexto social, religioso, cultural e económico da realidade em que se aplica, bem como o público-alvo a atingir, propõe-se a elaboração das bases para um Plano de Educação Fiscal Escolar, assente nas fases apresentadas na figura 3.1:

Figura 3.1 – Proposta de bases para um Plano de Educação Fiscal Escolar

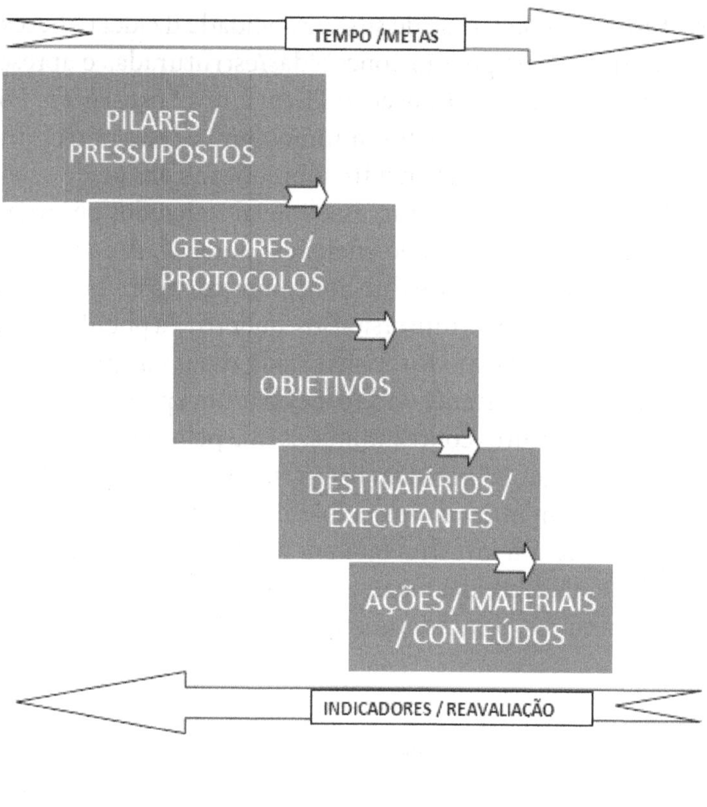

[45] Arsénio, Lizete, *Educação Fiscal e a Pedagogia dos Impostos. Um estudo exploratório em Portugal.* Dissertação de Mestrado, Instituto Superior de Contabilidade e Administração, Coimbra, 2014, pág 54.

- Definição dos pilares:
  - Reforço da Educação Fiscal em Portugal;
  - Reforço da Cidadania Fiscal em Portugal;
  - Garantir, hoje e para o futuro, uma repartição justa e equitativa do esforço fiscal dos contribuintes.
- Os pressupostos para a execução deste Plano entendem-se, entre outros, como sendo os seguintes:
  - Perceção de uma situação conjuntural favorável em termos governativos e técnicos, bem como de apoios europeus;
  - Procura contínua da redução dos índices de evasão fiscal em Portugal;
  - Deve ser transversal a toda a sociedade a questão da Educação Fiscal. Interessa que chegue a todos e não apenas aos conjunturais contribuintes, geralmente observados na lógica do cumprimento imediato;
  - Existência de um conjunto de países que já leva a cabo Planos de Educação Fiscal e de onde se podem recolher boas práticas, tendo no entanto em conta, fatores económicos, culturais e sociais distintos, aquando da eventual aplicação;
  - Existência no terreno, de uma estrutura montada no campo da Educação formal, no âmbito do Ministério da Educação, através da disciplina / componente curricular Cidadania e Desenvolvimento, que começou a ser lecionada no ano letivo, de 2017-18, procurando a promoção de uma sociedade mais justa e inclusiva através da educação. Nesta componente curricular estão já previstos temas como: Literacia financeira e Educação para o consumo, bem como Empreendorismo. Entende-se que a inserção de um módulo de Educação Fiscal, autónomo, administrado de modo coerente e com conteúdos ajustados e necessários, vem complementar e adequa-se perfeitamente[46].

[46] Uma vez mais de realçar entendimento protocolar entre AT e DGE, que se iniciou no final de 2018, com vista à introdução da Educação Fiscal no âmbito da disciplina / componente curricular Cidadania e Desenvolvimento. Também de evidenciar que alguns dos recentes relatórios do Governo e AT, evidenciam a disponibilidade para o estabelecimento de protocolos a celebrar com o ME e com as Universidades, como por exemplo o referido no Plano Estratégico 2015-19 (Autoridade Tributária e Aduaneira – Plano Estratégico da AT 2015 – 2019 (jan. 2015)

- Gestores / Protocolos
  - o MF / AT como gestor do Plano, estabelecendo protocolos / parcerias com o ME/DGE, bem como com o MPMA e nele com a SECI.
- Os objetivos gerais a atingir com a execução deste Plano, assentam em:
  - o Promover a Cidadania Fiscal e a Educação Fiscal em Portugal, ao nível das faixas etárias mais novas;
  - o Contribuir para a redução dos níveis de evasão fiscal, hoje e para situações futuras;
  - o Reduzir os níveis de conflitualidade entre o Estado, ou a AT, e os cidadãos, hoje e para situações futuras;
  - o A médio e longo prazo almeja-se a criação e a consolidação da consciência fiscal dos futuros contribuintes, e indiretamente dos contribuintes atuais.

  No campo específico da Educação Fiscal Escolar, também se podem ter em vista, outros objetivos como:
  - o Entender a importância do papel do cidadão-contribuinte;
  - o Identificar as diversas fontes de financiamento para bens e serviços públicos, em especial os impostos;
  - o Saber onde é empregue o montante recolhido em impostos, e querer saber da sua correta aplicação, por quem o gere;
  - o Identificar os bens e serviços públicos, conhecer o seu valor económico e impacto social. Interiorizar pois as atitudes de respeito pelo que é público, que foi financiado pelo esforço de cada cidadão e que agora é usado para benefício de todos;
  - o Interiorizar que a responsabilidade fiscal é um de outros tantos valores, que encimam e organizam a sociedade democrática, assimilando-se assim o cumprimento das obrigações fiscais como um dever cívico.
- As ações / materiais, a usar no âmbito do Plano, devem ser aplicadas num conjunto de suportes como:
  - o Aulas presenciais em estabelecimentos de ensino;
  - o *Internet / Site* / Portal para apoio *on-line,* com conteúdos sobre a temática, mas também com conteúdos didáticos para uso de alu-

[Consult. 4 jan. 2019]. Disponível em: http://info.portaldasfinancas.gov.pt/pt/at/Instrumentos_Gestao/plano_estrategico/Documents/Plano_Estrategico_AT_2015_2019.pdf).

nos e docentes na sala de aula. Devem ser tidos em conta padrões nacionais sobre o que deve ser administrado;
- Teatro, cinema, escrita, ou outras formas de arte, como expressão do que se quer divulgar e/ou foi apreendido;
- Jogos digitais (também disponíveis *on-line*) e outros;
- Debates;
- *Workshops*;
- Outros, tais como, eventuais visitas a Serviços de finanças.

Ainda neste campo e em conjugação com o próximo, que se refere aos Conteúdos, podem também ser criadas algumas publicações de referência, com temas fundamentais de Educação Fiscal, a disponibilizar *on-line*. Aqui o portal *TaxEdu* pode e deve ter um papel decisivo.

- Conteúdos
  - Ter presente, que quer os conteúdos, quer os materiais a usar, devem ser os adequados ao ciclo de ensino em que se pretende disseminar a informação. Podem pois, ser criados módulos diferenciados por temas/idades/ciclos de ensino;
  - Como atrás referido, a Educação Fiscal, quando transmitida a crianças e jovens, deverá assentar predominantemente em conteúdos a nível moral, como valores e responsabilidade individual, respeito pelo próximo, honestidade, solidariedade e cooperação. Isto em algum detrimento do conteúdo académico e prático, não deixando estes de serem abordados e onde não devem ser esquecidos temas, como:
    - O papel do cidadão face ao Estado;
    - O financiamento daquelas que são as necessidades públicas;
    - A utilização da receita fiscal arrecadada, e a correta gestão dos fundos públicos, não esquecendo a importância da sua supervisão por parte do cidadão;
    - Informações básicas sobre o sistema fiscal, bem como a função social do imposto;
    - Os direitos, deveres e sanções, previstos na legislação fiscal;
    - Teoria, história, e função social dos impostos;
    - Glossário com terminologia fiscal;
    - Transmissão de informação fiscal útil, para o cumprimento das obrigações fiscais;

- Com estes e outros dados, começar portanto, a colocar os eventuais futuros contribuintes a par das informações sobre o orçamento público, impostos, a economia paralela e a fraude fiscal, bem como o papel da AT.

Relembre-se que no Portal *TaxEdu*, por exemplo, no campo *Teachers Corner* podem ser encontrados conteúdos de relevante interesse, quanto à matéria do ensino relativo à Educação Fiscal.

- Executantes

  As ações do Plano, no terreno, poderão ser levadas a cabo por:
  - Docentes da componente curricular Cidadania e Desenvolvimento, ou outros docentes do ME, caso ocorra uma situação que leve a que não se venha a integrar o tema relativo à Educação Fiscal nos conteúdos programáticos desta componente curricular. Após a devida formação por parte da AT;
  - Voluntários da AT do ME, ou outros;
  - Artistas / figuras públicas voluntários ou contratados;
  - Outros.
- Destinatários
  - Numa fase inicial, são destinatários os alunos do ensino básico e secundário, a nível nacional, no âmbito da componente curricular Cidadania e Desenvolvimento, ou outra modalidade dentro do ME.
- Tempo / Metas / Indicadores.
  - É decisivo o estabelecimento de <u>metas temporais</u> que são analisadas com base em <u>indicadores</u>, sendo revistas, findo esse período de <u>tempo</u>, seguindo-se uma reavaliação. Após este ciclo, devem, caso necessário, ser estabelecidas novas metas / objetivos, tendo presentes os fatores endógenos, os exógenos e contexto, por exemplo económico, político, social e cultural;
  - O fim de cada ciclo, pode também ser tempo, para a equação na utilização de novos materiais e recursos educativos, adaptados às necessidades dos alunos e professores, bem como para ponderar o uso de práticas inovadoras para novas ações;
  - Como possíveis <u>indicadores</u>, podemos ter: conclusões de estudos de avaliação e estudos qualitativos; com aplicação de questionários a alunos e a docentes e tratamento de dados recolhidos nas respostas; aferir o nível de motivação e de conhecimentos

de professores e alunos, quando às matérias em causa; percentagem de alunos, a quem foram administrados estes conteúdos; notícias e artigos de opinião; análise de outros dados recolhidos, acerca da perceção do tema impostos e da AT, na população em geral. Não esquecer, que crianças e jovens, quando sensibilizados para a temática, podem, depois de adquiridos os conceitos, levar à indução de diferentes comportamentos nas suas famílias e outros cidadãos, seus pares, com quem se relacionem (a título empírico, recordem-se as situações que por vezes nos marcam, de ver a criança a criticar os pais, por deitarem um papel para o chão, ou até por não efetuarem corretamente a reciclagem do seu lixo).

4. Metodologia de investigação e limitações ao estudo

Foi aplicada neste trabalho a metodologia qualitativa.

5. Conclusões e recomendações

- Conclui-se que existe uma conjuntura favorável para a aplicação de um Plano de Educação Fiscal Escolar, a nível nacional. Induzida por variados fatores, é entendida uma mudança da mentalidade até há pouco vigente. Tal entendimento, quanto à conjuntura favorável, advém da análise efetuada à documentação nacional e comunitária, bem como da informação recolhida em entrevista a um representante da AT. O facto de já existir uma ENEC, bem como a componente curricular Cidadania e Desenvolvimento, direcionada a crianças em idade escolar, também contribuiu para o entendimento supracitado;
- Pode vir a ser aplicado o Plano (cujas bases apresentamos), sem avultados custos, de modo eficiente e aproveitando os recursos já existentes. Plano que se pode até afirmar como projeto-piloto para um Plano Nacional de Educação Fiscal de vertente transversal para toda a população;
- No âmbito da UE e das diferentes Administrações Fiscais, de fazer referência ao projeto financiado pelo Parlamento Europeu e Comissão Europeia, o Portal *TaxEdu*, que tem como objetivo melhorar a educação fiscal dos jovens, apontando a três grupos etários com informações individualizadas. De evidenciar também, por exemplo, o campo *Teachers Corner* com conteúdos de relevante interesse

quanto à matéria do ensino da Educação Fiscal. Atente-se que o Projeto / Portal *TaxEdu* já conduziu à introdução da educação tributária, nos currículos escolares de alguns países europeus;

- Além de diligências que decorrem entre a AT e a DGES, iniciaram-se no fim de 2018 as conversações entre a AT e a DGE com vista à celebração de protocolo / contrato de cooperação onde se prevê a preparação e disponibilização de conteúdos para utilização pelo ME e bem assim a organização de ações de formação da AT, quanto à introdução da Educação Fiscal no âmbito da disciplina / componente curricular Cidadania e Desenvolvimento. É importante ter sempre em conta a possibilidade de contratempos a nível institucional e protocolar. Atente-se, por exemplo ao desaparecimento de conteúdo na passagem do Plano Estratégico de Combate à Fraude e Evasão Fiscais e Aduaneira de 2015-2017 para o de 2018-2020, da referência à parceria com o ME ou até da integração nos currículos académicos de componentes de Educação para a Cidadania Fiscal;
- Entende-se que o projeto de investigação sobre Lusofonia e Educação Fiscal – Projeto ECF, na esfera do programa Portugal 2020, pode gerar condições para o avançar de um projeto de Plano para a Cidadania e Educação Fiscal em Portugal;
- A AT assinou um protocolo de cooperação institucional com o suprarreferido projeto;
- De concluir ainda no âmbito da AT a importância de ações como: criação no seu portal *internet* de um botão de acesso, relativo à página de Cidadania Fiscal; recente alteração organizacional e de funções, onde se assume a necessidade da «conceção e implementação de projetos de Educação para a Cidadania Fiscal em colaboração com os órgãos competentes»; entre outras ações que visam a promoção da Cidadania Fiscal, de referir que a lógica do *compliance* e até a da *accountability*, têm promovido uma aproximação proativa, face ao contribuinte; no âmbito da Cidadania / Educação Fiscal, levou a cabo sessões informativas junto dos estudantes universitários e de formação profissional, bem como participou ainda em Jornadas da Empregabilidade levadas a cabo por instituições a nível universitário na área de Lisboa. Não foram no entanto detetadas ações de sensibilização / informação de relevo, quanto a estudantes do ensino obrigatório;

- Não existe atualmente um Referencial para a Educação Tributária e para a Cidadania Fiscal, a ser aplicado no ensino primário e secundário, de modo a que as crianças portuguesas do ensino obrigatório tenham acesso no ambiente escolar a tais conteúdos;
- Importa manter resiliência e coerência na ação, quanto à implementação permanente da Educação Fiscal em Portugal já que tal ação, se não provir de alteração de mentalidade e se for apenas induzida por motivos legislativos (nacionais ou europeus) pode facilmente desaparecer, logo que a pressão política, legislativa ou mediática deixe de existir;
- Também se conclui pela necessidade de criar para a Educação Fiscal uma visão de futuro, mais estrutural que conjuntural. Sobretudo livre das vontades ideológicas das fações políticas que ocupam ciclicamente a área do poder. Como tal deve ser mantido um plano de ação (se possível aceite transversalmente pelos mais variados setores da sociedade) com carácter permanente;
- Por último, conclui-se pela necessidade de observação da Educação Fiscal através de um ponto de vista mais lato, já que esta tem que chegar, não só a quem contribui (no pagamento do imposto), ou tenha condições para tal, mas também aos que, por circunstâncias várias, nunca contribuíram ou se entenda que dificilmente o farão. Assim, esta questão não tem que ser apenas abordada pelo ponto de vista do contribuinte, mas sim pela qualidade de cidadão (rico, pobre, novo ou idoso, ou qualquer outra qualidade). É fulcral que quem não contribui para o sistema, seja apoiado, mas importa também que seja sensibilizado sobre o porquê de tal situação (que se deseja temporária) e do facto de serem outros cidadãos a cooperarem para tal.

Cidadania e Educação Fiscal: Importância da inclusão no programa de Ensino

Joana Celorico Palma*
Vanessa Mendes**

Importa, nesta fase preliminar, para uma melhor compreensão da temática, explicar os conceitos de Cidadania e de Educação Fiscal, numa perspetiva geral e fiscal. Qual a relação existente entre Educação Fiscal e Cidadania? O que se entende por Moralidade Fiscal e qual a sua relação com a Cidadania Fiscal? Como se relaciona a Educação Fiscal com a Cidadania Fiscal? Qual a definição da noção de Educação? O que é que se entende por Educação Fiscal e qual a sua importância? Em que consistem os programas de Educação Fiscal e quais são as razões da sua relevância? Qual a ligação que existe entre Educação Fiscal e Literacia Fiscal? Porque se deve incluir a temática da Cidadania e Educação Fiscal no programa curricular de ensino? Enquanto alunas de Fiscalidade do ISCAL, qual a nossa experiência/vivência pessoal?

i. Numa perspetiva geral, o que é Cidadania?

O conceito de Cidadania tem origem na Grécia clássica. Numa formulação geral, cidadania é a condição/situação legal de quem é cidadão, sendo constituída pelo conjunto de direitos e deveres civis, políticos e sociais que cada cidadão deve exercer.

* Licenciada em Contabilidade, Ramo Fiscalidade e Mestre em Fiscalidade pelo ISCAL.
** Licenciada em Contabilidade, Ramo Fiscalidade e Mestranda em Fiscalidade pelo ISCAL.

Este implica que os cidadãos sejam titulares e destinatários de um determinado número de direitos e deveres. Com efeito, tal como nota Diogo Freitas do Amaral[1], a Cidadania não é uma mera fonte de privilégios, sendo igualmente o fundamento de obrigações cívicas (sociais e fiscais).

ii. Numa perspetiva fiscal, o que é Cidadania?

Tal como explica António Carlos dos Santos[2], " *(a) ideia de cidadania fiscal é hoje frequentemente invocada como forma de legitimar o cumprimento do dever fundamental de pagar impostos, no fundo como equivalente a civismo*".

A cidadania fiscal pressupõe que todas as pessoas suportem o Estado, através do subjacente pagamento dos deveres fiscais e tributários, na medida da sua capacidade contributiva, mas determina que o mesmo tem que ser suportável, ou seja, ser delimitado por limites jurídico-constitucionais.

Assim sendo, a noção de Cidadania Fiscal implica, por um lado, que haja um sistema tributário considerado justo e, por outro, que haja consciência fiscal generalizada nos contribuintes de um determinado país.

Domitília Diogo Soares[3], afirma a este propósito que, *"(a) sociologia fiscal, a política fiscal utiliza diversos instrumentos para alcançar os objetivos do Estado, quer sociais quer económicos. Estes instrumentos passam pelo recurso aos impostos. A fiscalidade sob o ponto de vista sociológico insere-se na cidadania fiscal, sendo que, em cada período político ou histórico, as técnicas económicas e jurídicas são postas ao serviço das principais ideias sociopolíticas. Estas ideias abrangem não só as metas coletivas da sociedade e do papel do Estado nessa sociedade, como também a Inter-relação entre o Estado e os cidadãos, com os seus direitos e deveres."*

O exercício de Cidadania Fiscal é imprescindível para um Estado Fiscal sustentável, uma vez que sem a mesma não existe democracia, desenvolvimento ou igualdade/justiça social.

[1] Cfr. Diogo Freitas do Amaral – "Cidadania e Cidadanias", in *Cidadania – Uma visão para Portugal.* Lisboa: Gradiva, 2007, p.29.

[2] Cfr. António Carlos dos Santos, "As ciências sociais e humanas e a Fiscalidade: o olhar da ciência política", in *Fiscalidade-outros olhares* (em coordenação com Cidália Lopes), Vida económica, 2013, p.209.

[3] Cfr. Domitília Diogo Soares – *Percepção Social da Fiscalidade em Portugal – Um Estudo Exploratório*, Edições Almedina, 2004, p.24.

iii. Qual a relação existente entre Educação Fiscal e Cidadania?

De acordo com as linhas orientadoras da Educação para a Cidadania da Direção-Geral de Educação[4], *"(e)nquanto processo educativo, a educação para a cidadania visa contribuir para a formação de pessoas responsáveis, autónomas, solidárias, que conhecem e exercem os seus direitos e deveres em diálogo e no respeito pelos outros, com espírito democrático, pluralista, crítico e criativo."*

Para Cidália Lopes[5], a Educação Fiscal é um instrumento crucial para a Cidadania. Na prática esta permite desenvolver a cidadania fiscal, uma vez que sensibiliza os cidadãos para o dever cívico de pagar impostos, esclarece-os acerca dos seus direitos e deveres, e difunde a ideia de reprovação de qualquer conduta fiscalmente desonesta.

Na verdade, a Educação Fiscal constitui um meio para atingir um fim: a construção da cidadania, e o subjacente desenvolvimento social, político, económico e humano da sociedade.

iv. O que se entende por Moralidade Fiscal e qual a sua relação com a Cidadania Fiscal?

Intimamente ligada a este conceito, encontramos a Moralidade Fiscal, uma vez que o cumprimento fiscal voluntário é uma questão de Cidadania Fiscal e depende do nível de Moralidade Fiscal dos cidadãos-contribuintes.

De facto, a consciência cívica, a perceção da Cidadania e a Moralidade, são determinantes no cumprimento das obrigações fiscais, pois, para além de os cidadãos encararem o pagamento dos tributos como um dever, têm o direito de saber como vão ser aplicados.

A Moralidade Fiscal é fundamental para alterar hábitos, comportamentos e mentalidades, uma vez que o seu principal propósito é introduzir uma verdadeira cultura de responsabilidade fiscal.

Tal como explica Cidália Lopes[6], *"O cumprimento e a obediência à lei fiscal estão relacionados com a perceção moral de cada indivíduo para cumprir, a qual depende bastante de crenças e atitudes individuais"*.

Note-se que os países do Norte da Europa são considerados mais cumpridores, sendo dotados de uma maior perceção fiscal e para estes é imoral

[4] Cfr. http://www.dge.mec.pt/educacao-para-cidadania-linhas-orientadoras-0.

[5] Cfr. Jornal Económico – Auditores defendem que Educação Fiscal é instrumento fundamental da justiça fiscal. Disponível em:http://www.jornaleconomico.sapo.pt/noticias/auditores-defendem-que-educacao-fiscal-e-instrumento-fundamental-da-justica-fiscal-313691.

[6] Cfr. Cidália Lopes – *Quanto custa pagar impostos em Portugal?*, Edições Almedina, 2008.

a violação das obrigações. Em contrapartida, os países que se localizam mais a Sul, têm um entendimento mais flexível pois acolhem com maior naturalidade/simplicidade o incumprimento das mesmas.

A forma como os cidadãos encaram as questões de cidadania e moralidade fiscais são igualmente influenciadas pela forma como participam e se interessam pelas questões fiscais.

Importa fazer a ligação entre o Civismo Fiscal e a Cidadania e os valores que fundamentam a responsabilidade coletiva e a vida da sociedade em democracia. A consciência cidadã é imprescindível para alcançar o bem-estar social e para ser possível construir uma relação aprazível entre o Estado e a sociedade.

Para o Estado poder exigir aos cidadãos os tributos, este necessita de cumprir as suas incumbências sociais, pois as pessoas irão estar mais propensas a cumprir os seus deveres fiscais se tiverem como contrapartida serviços públicos de maior qualidade.

Em detrimento, uma diminuta taxa de satisfação geral por parte dos contribuintes, interfere negativamente com o Civismo e a Disciplina Fiscal, os quais devem vigorar na sociedade, e motiva a ocorrência de situações de fraude e evasão fiscal e práticas de corrupção.

Note-se que, na interpretação de José Casalta Nabais[7], o cumprimento das obrigações tributárias consubstancia-se num dever moral e fundamental de Cidadania.

v. Qual a definição da noção de Educação?

Educação é proveniente do latim, *educare, educere,* e traduz-se em conduzir para fora ou direcionar para fora, ou seja, preparar e disciplinar a pessoa para a vida em sociedade e para o mundo.

Em termos gerais, a mesma materializa-se numa série de habilidades e valores, que geram mudanças intelectuais, emocionais e sociais no indivíduo, sendo o motor de impulso para o desenvolvimento do ser humano a todos os níveis e tem uma função socializadora.

Esta consiste num processo contínuo de influência sobre as pessoas e de ensinar-aprender mediante o qual o indivíduo constrói o conhecimento e visa integrar o ser humano na sociedade e capacitá-lo para interagir com o meio, sendo um dos principais pilares da mesma.

[7] Cfr. José Casalta Nabais, *O Dever fundamental de pagar impostos*, Coimbra, Edições Almedina, 1998.

Com efeito, é através desta que o sentido crítico, o poder de análise e tomada de decisão e o comportamento cívico do cidadão são estimulados.

vi. O que é que se entende por Educação Fiscal e qual a sua importância?
Como é sabido, o Estado para realizar a sua principal função, necessita de recursos financeiros, os quais são oriundos, na sua grande maioria, da arrecadação de tributos, nomeadamente, impostos, taxas e contribuições, devendo os mesmos ser aplicados na melhoria da qualidade de vida dos cidadãos.

Com efeito, tal como o legislador nacional refere no artigo 103º, nº 1, da Constituição da República Portuguesa (CRP), *"(o) sistema fiscal visa a satisfação das necessidades financeiras do Estado e outras entidades públicas e uma repartição justa dos rendimentos e da riqueza"*, pelo que as despesas públicas devem ser financiadas pela via fiscal.

Segundo José Casalta Nabais[8], *"o imposto não pode ser encarado, nem como um mero poder para o estado, nem simplesmente como um mero sacrifício para os cidadãos, mas antes como o contributo indispensável a uma vida em comum e próspera de todos os membros da comunidade organizada em estado"*.

Para o mesmo autor[9], os impostos são um preço: o preço que pagamos por termos a sociedade que temos, ou seja, por dispormos de uma sociedade assente na ideia de liberdade.

Na mesma linha de raciocínio, afirmou o Juíz Oliver Holmes em 1927, que "os impostos são o preço que pagamos por uma sociedade civilizada."

Para difundir as ideias supra torna-se indispensável o recurso à Educação Fiscal. A Educação Fiscal consiste num método de ensino que possui como desígnio primordial a consciencialização do cidadão para a crucial função social do tributo, e a subjacente necessidade de financiamento do Estado através da cobrança de impostos e do seu dever de participar ativamente na aplicação, arrecadação e fiscalização dos dinheiros públicos, apelando à justiça, transparência, honestidade e eficiência.

Assim sendo, o objetivo da Educação Fiscal é sensibilizar os cidadãos relativamente ao valor socioeconómico dos impostos, à importância da observância cabal das obrigações tributárias e ao direito dos mesmos no

[8] Cfr. José Casalta Nabais, *O Dever fundamental de pagar impostos*, op. cit., p.185.

[9] Cfr. José Casalta Nabais, – *Por um Estado Fiscal Suportável – Estudos de Direito Fiscal*, Coimbra: Edições Almedina, SA, 2005, p.43.

que toca ao processo de acompanhamento aquando da aplicação dos recursos, de forma a que os mesmos participem no exercício de uma cidadania ativa e responsável uma vez que o cidadão tem o dever de pagar impostos, mas também tem o direito de conhecer a forma como os mesmos são aplicados.

Esta não visa apenas convencer ou ensinar os cidadãos, mas igualmente fortalecer a democracia e coesão social, com recurso à demonstração de que os tributos constituem um meio para atingir o fim primordial da sociedade: o bem-estar social dos cidadãos ("oferecer" os serviços e recursos necessários).

Como defendem Clotilde Celorico Palma e Mónica Pita[10], o principal propósito da Educação Fiscal é transmitir ideias, valores e atitudes vantajosas para a responsabilidade fiscal e contrárias a condutas fraudulentas, pelo que esta contribui para uma sociedade mais justa e eficiente.

Em suma, a Educação Fiscal é um instrumento capaz de transformar o ser humano num cidadão cumpridor dos seus deveres fiscais.

vii. Em que consistem os programas de Educação fiscal e quais são as razões da sua relevância?

Atualmente, mais de 30 países desenvolvem programas de Educação Fiscal no sentido de sensibilizar as pessoas para o cumprimento do dever cívico relativo ao pagamento dos impostos e para transmitir esclarecimentos sobre o funcionamento do Estado e sobre a aplicação de recursos. Os países nórdicos foram os pioneiros.

Portugal tem uma experiência muito reduzida, pois não se registam muitas iniciativas neste domínio. A nível mundial, têm surgido técnicas inovadoras para construir uma cultura de civismo fiscal, nomeadamente através de diversos meios como: programas de rádio, festivais, jornadas de informação fiscal, gabinetes de ajuda, cursos e formações, jogos, filmes, livros, desenhos animados, entre outros.

O Brasil é um dos países com maior tradição desse tipo de ações, sendo o que regista mais ações a este nível, cujo modelo tem servido de base de inspiração para outros, sendo que o seu instrumento mais importante

[10] Cfr. Clotilde Celorico Palma e Mónica Pita, "Para uma Política de Educação e Cidadania Fiscal – Os casos do Brasil, de Espanha e de Portugal", in *Revista de Fiananças Públicas e Direito Fiscal*, nº 2 VIII. Coimbra: Edições Almedina, SA, 2016, p.32.

a nível da educação para a cidadania é o PNEF – Programa Nacional de Educação Fiscal.

Em Relação a Portugal, tal como salienta Domitília Soares[11], os cidadãos têm pouca consciência cívica no que respeita ao cumprimento das obrigações fiscais, pelo que deve existir uma *"colaboração entre a Administração Fiscal e o Ministério da Educação com o objectivo de fomentar a consciência cívico – fiscal, nas faixas etárias mais jovens da população"*.

Neste âmbito importa referir o projeto da Joaninha e os impostos, pela sua extrema relevância , uma vez que esta medida é direcionada para a faixa etária desde a infância até ao ensino secundário, universitário e idade adulta.

O Instituto Superior de Contabilidade e Administração de Lisboa e o Centro de Investigação de Direito Económico, Financeiro e Fiscal da Faculdade de Direito de Lisboa, em colaboração com outras instituições de ensino nacionais e estrangeiras, com o patrocínio da Ordem dos Contabilistas Certificados, têm intenções de continuar a lançar projetos de investigação sobre a Lusofonia e Educação Fiscal, de forma a trocar informações sobre experiências relativas a esta temática. No futuro pretendem celebrar protocolos com o Ministério da Educação de Portugal, tendo já celebrado com o Ministério das Finanças.

Este tipo de programas constituem um pilar na criação de Literacia Fiscal e induzem o cidadão a ter uma cidadania participativa e justa.

viii. Qual a ligação que existe entre Educação Fiscal e Literacia Fiscal?

Em conformidade com o artigo 6º do Código Civil, *"a ignorância ou má interpretação da lei não justifica a falta do seu cumprimento nem isenta as pessoas das sanções nela estabelecidas"*.

A questão que se coloca é: será possível cumprir os deveres inerentes ao sistema fiscal Português, sem ter um conhecimento mínimo sobre os mesmos? A resposta é: obviamente que não!

O nível de conhecimento fiscal depende do grau de Literacia Fiscal, o qual pode ser medido, nomeadamente, através dos conteúdos escolares e académicos transmitidos e aprendidos ao longo do processo instrutivo enquanto aluno e de vivências pessoais e experiência profissional.

[11] Cfr. Domitília Diogo Soares – *Percepção Social da Fiscalidade em Portugal – Um Estudo Exploratório*, op. cit., p.201.

O nível de conhecimento fiscal traduz-se no conjunto de conhecimentos técnicos e fiscais básicos necessários ao cumprimento das obrigações tributárias dentro dos prazos previstos para o efeito.

A Literacia Fiscal tem extrema importância, pois contribui para que o cidadão consiga compreender a informação fiscal apresentada nos jornais, nas televisões ou nas conversas em geral, sendo certo que esse conhecimento é fundamental para o mesmo cumprir os seus deveres fiscais e para agir e tomar as melhores decisões. O conhecimento fiscal está a tornar-se um elemento cada vez mais importante, devido à inevitável economia global que carateriza a sociedade atual.

Com a Literacia Fiscal, pretende-se que o contribuinte tenha a capacidade de captar, processar e perceber a informação fiscal, ou seja, que saiba interpretar a mesma. Esta é imprescindível para o desenvolvimento individual do cidadão e, inclusive, da sociedade, a nível económico, político, cultural e social.

Segundo Domitilia Soares[12], "*a cultura fiscal é um dos aspectos da cultura cívica. É um dos elementos integrantes da cidadania, que esclarece como se deve actuar, para satisfazer as necessidades públicas mais prementes, numa sociedade politicamente organizada, que tem de alcançar metas colectivas, numa articulação de múltiplos interesses individuais e colectivos, que nem sempre convergem. A cultura fiscal de um determinado país, inclui o nível de conhecimentos que os cidadãos têm das normas fiscais e da sua capacidade para o exercício da prática impositiva. A definição de cultura fiscal assenta num conjunto de ideias, valores e atitudes que inspiram e orientam a conduta de todos os actores sociais, que intervém na realidade fiscal de um país*".

A complexidade do sistema fiscal produz stress, ansiedade, angústia, revolta e preocupação no cidadão, sendo que para ultrapassar estes sentimentos, surge a Literacia Fiscal como uma aposta eficaz para contornar esta situação.

Com efeito, se o cidadão tiver conhecimentos da realidade fiscal, poderá gerir melhor a sua conduta fiscal, e isso irá libertar, de certa forma, os sentimentos nefastos que se refletem nos contribuintes, provenientes da sua incompreensão.

O contribuinte que beneficia de maior Literacia Fiscal mostra mais responsabilidade em termos fiscais, apresentando também maior satisfação e

[12] Cfr. Domitília Diogo Soares, *Percepção Social da Fiscalidade em Portugal – Um Estudo Exploratório*, op. cit., p. 26.

motivação no pagamento de impostos pois compreende a sua importância e funcionamento.

A Literacia Fiscal é uma capacidade que o contribuinte pode construir através do estudo de informações fiscais, tendo em vista obter o conhecimento fiscal necessário.

O conhecimento fiscal permitirá ao contribuinte obter mais confiança na participação social e ter mais oportunidades de aprendizagem. Quanto mais Literacia Fiscal existir na sociedade mais igualdade social existirá.

ix. Porque se deve incluir a temática da Cidadania e Educação Fiscal no programa curricular de ensino?

Tal como afirma o filósofo grego Sócrates, na sua célebre frase: "só sei que nada sei"[13], quanto mais aprendemos, mais temos para descobrir, sendo que se nos mantivermos na ignorância, somos um vazio inútil.

A educação e a formação, são alicerces essenciais, para o futuro das pessoas e do país. A aposta na qualificação constitui um meio imprescindível para a valorização dos cidadãos, para uma cidadania democrática e para o desenvolvimento sustentável do país.

Numa sociedade e economia baseadas na aprendizagem, no saber e nas qualificações, a educação é simultaneamente condição de empregabilidade e de competitividade e também condição fundamental para uma sociedade coesa e onde haja evolução e progressão.

Nenhuma área pode unir melhor a sociedade que a Educação, sendo os diversos estabelecimentos de ensino (Escolas, Universidades, Faculdades, Institutos Superiores, etc) o local ideal, que, além de prestar um ensino de qualidade, serve para aprender com o presente, apostar numa melhoria contínua e projetar o futuro.

Todo o conhecimento obtido pela via da educação possibilita que as perceções existentes possam sofrer alterações, permite a correção de comportamentos, altera hábitos, modifica atitudes e esclarece orientações.

O acesso ao conhecimento por meio da educação é condição básica para o cidadão entender o desempenho e comportamento do Estado e ter condições para avaliar a sua realidade e para desenvolver a sua capacidade de a mudar e transformar, contribuindo para uma sociedade cada vez melhor.

[13] Na sua versão original em latim, este paradoxo socrático escrevia-se, " *ipse se nihil scire id unum sciat*".

Um cidadão instruído e habilitado de conhecimento fiscal, é um cidadão mais ativo e ciente da necessidade de existir um sistema fiscal.

Conhecer desde a infância em que consiste, quem paga e qual a respetiva destinação dos impostos, taxas e contribuições, é condição necessária para o desenvolvimento da cidadania.

Note-se que o sistema educativo deve formar e informar os jovens desde cedo, para que estes aprendam a agir em conformidade com as normas vigentes na sociedade, sendo certo que os mesmos nunca devem ignorar a questão fiscal, para que sejam cidadãos conscientes, sensíveis e responsáveis e capazes de promover mudanças, tendo por base a vida social e a Cidadania.

De facto, as crianças e jovens são fundamentais para transmitirem à família e meio envolvente, os valores essenciais de Cidadania e Educação Fiscal, representando o hoje e o amanhã, e sendo reconhecido o seu relevante papel como agentes a esse nível, pelo que o sistema fiscal e o sistema educativo se devem complementar, permitindo uma maior aculturação e informação de todos.

A inclusão desta temática no seio do ensino visa despertar nos discentes a tomada de atitudes em prol da responsabilidade cívica para a vida em sociedade, e incentivar a prática generalizada de uma boa conduta social por parte dos mesmos, além de lhes explicar a importância do pagamento de impostos e o sentido, alcance e finalidade destes.

Para haver uma formação completa das novas gerações, é necessário valorizar e transmitir nos conteúdos escolares e académicos os valores de Cidadania Fiscal, os quais devem estar em consonância com as questões sociais e fiscais, e que se materializam no pilar de desenvolvimento de uma estratégia de Educação Fiscal adequada e correta.

Com efeito, enquanto espaço de *praxis* social de ideias e construção de conhecimento, o estabelecimento de ensino, além da sua função de preparar os jovens para o mercado de trabalho, desempenha um papel crucial de "produzir" cidadãos cumpridores das suas obrigações.

É reconhecido como veículo de formação e exercício da Cidadania, uma vez que proporciona aos alunos situações de aprendizagem que possibilitem a sua participação na construção da mesma.

O trabalho de conscientização nas escolas é considerado relevante, pois consegue alcançar uma fatia da população que está num processo de compreensão da sociedade, sendo que é nesta idade "que se torce o pepino", sendo necessário moldar as crianças e o seu caráter o mais cedo possível pois a educação deve ser cultivada desde o berço.

Por outro lado, o ensino desse tema no ensino superior é essencial, pois são alcançados os contribuintes atuais, os quais estão prestes a entrar no mercado de trabalho e a ter que começar a lidar com todos os deveres fiscais inerentes ao início da sua atividade económica.

A Educação fiscal deverá, a nosso ver, ser inserida no contexto geral da educação, enquanto ciência da Pedagogia, uma vez que a sua implementação favorece o exercício da Cidadania pois promove a cultura voltada para a conscientização dos direitos e deveres dos cidadãos.

Sobre esta questão[14], o estudo publicado em 2009, pela Secretaria de Estado dos Assuntos Fiscais do Ministério das Finanças e da Administração Pública, refere que, *"(a) política de prevenção deverá também prever a continuidade e aprofundamento das ações de educação fiscal, em particular, mediante a sua inserção nos programas escolares"*.

Segundo Maria Luisa Delgado[15], a Educação Fiscal realizada através do sistema educativo, tem duas vertentes: a informativa e formativa. A autora salienta que, para além de se ter que divulgar a informação necessária para o cumprimento das suas obrigações fiscais, é necessário explicar o motivo pelo qual os contribuintes o devem fazer.

Entendemos, por isso, que é urgente promover-se iniciativas de Cidadania Fiscal junto dos estabelecimentos de ensino e inclusive incluir a temática como unidade curricular ou numa unidade curricular, qualquer que seja a área de estudo do aluno para o qual se está a formar.

x. Enquanto alunas de Fiscalidade do ISCAL, qual a nossa experiência/vivência pessoal?

A ideia do estudo e instrução assenta, entre outras, na aquisição de conhecimentos ao longo de um procedimento educativo, por um lado, e, por outro, na ideia de preparação para uma vivência adulta.

[14] Relatório do Grupo para o Estudo da Política Fiscal Competitividade, eficiência e Justiça do Sistema Fiscal, publicado pela Secretaria de Estado dos Assuntos Fiscais do Ministério das Finanças e da Administração Pública, disponível em http://info.portaldasfinancas.gov.pt/NR/rdonlyres/8AFAA047-5AB4-4295-AA08- E09731F29B0A/0/GPFRelatorioGlobal_VFinal.pdf.

[15] Cfr. Maria Luisa Delgado, "La Educación Fiscal Como Instrumento de Lucha Contra El Fraude Y La Evasión Fiscal" in *Fiscalidade – Outros Olhares*, 2013, Porto, Vida Economica – Editorial S.A., pp. 219-241.

De criança a adolescente, com todas as emoções, preocupações, tristezas e alegrias, e, posteriormente, na fase adulta, descobrimos, como refere Damásio, no sua obra *Erro de Descartes*, que o cérebro apenas não tem medo de uma atividade – o ato de aprender.

Como todos os "recém adultos", também nós tivemos de tomar uma decisão quanto ao nosso percurso: Vamos prosseguir os estudos e tirar uma licenciatura? Se sim, qual a licenciatura que queremos tirar?

No ISCAL existem 7 cursos de licenciatura em diversas áreas e o nossa foi a de Contabilidade e Administração ramo Fiscalidade.

Este curso proporcionou uma sólida formação teórico-prática e uma visão abrangente e crítica sobre a fiscalidade, tendo fornecido as ferramentas essenciais para a nossa inserção no mercado de trabalho.

No decurso do 1º semestre do 1º ano da licenciatura, no tronco comum, tivemos 6 unidades curriculares:

- Introdução ao Direito e à Ordem Jurídica da UE, que nos permitiu saber interpretar e aplicar normas em questões jurídicas e saber quais as competências dos tribunais da ordem jurídica interna e inclusive a nível internacional, as funções do Estado, compreender a noção de relação jurídica e dos elementos que a compõem, a tutela dos direitos, os diversos tipos e ramos de Direito, as Fontes do Direito Português, e a nível da União Europeia, os vários princípios estruturantes e as principais instituições da UE.
- Introdução à Contabilidade, onde aprendemos os fundamentos e conceitos básicos da mesma, e conhecemos os métodos e técnicas contabilísticas necessários à preparação e divulgação de informação financeira relativa à posição e desempenho de uma entidade.
- Introdução às Organizações e à Gestão, a qual permitiu compreender conceitos básicos de gestão, a forma de organização e analisar as áreas funcionais, bem como estudar o processo de tomada de decisão e enquadrar as decisões das organizações no contexto da responsabilidade social e ética que as mesmas devem assumir perante os seus *stakeholders*.
- Macroeconomia, onde foi analisada a economia no curto e no longo prazo, tendo sido destacado o papel da política económica nas suas vertentes, orçamental e monetária.

- Matemática I, no âmbito da qual desenvolvemos competências que nos permitem entender e utilizar a mesma como uma ferramenta de auxílio na resolução de problemas práticos.

No decurso do 2º semestre do 1º ano da licenciatura, no tronco comum, tivemos 5 unidades curriculares:

- Cálculo e Operações Financeiras, que nos preparou para estar aptas para resolver problemas de características financeiras com simulações de situações reais, idênticos aos que podem surgir na nossa futura vida profissional.
- Contabilidade Financeira, foi crucial, pois ensinou-nos a saber interpretar e reconhecer contabilisticamente diversas transações de complexidade crescente, necessários aquando da preparação e divulgação de informação financeira relativa à posição e desempenho de uma entidade.
- Direito Empresarial, foi fundamental para percebermos a complexidade subjacente a um contrato de trabalho e o conhecimento básico para compreendermos os termos e normas previstos nas condições do mesmo.
- Matemática II, foi uma continuação da Matemática I, referida anteriormente, com novos desenvolvimentos e assuntos.
- Microeconomia, estudámos o comportamento do consumidor e da empresa, e compreendemos e aplicámos instrumentos e conceitos básicos de análise microeconómica ao nível do indivíduo e do mercado. Através da mesma conseguimos compreender a ligação e interdependência dos principais agentes económicos em diferentes contextos de mercado.

Após este primeiro ano de licenciatura, em regime de tronco comum, tivemos que optar entre ir para o ramo de Contabilidade ou enveredar pela Fiscalidade. Nós rapidamente nos decidimos, sem grandes dúvidas, pela segunda opção, pois era a melhor alternativa atendendo a que a Fiscalidade era o nosso interesse, mas continuámos sempre a ter a presença da Contabilidade pelos anos fora... o que de facto foi ótimo porque, como é sabido, um fiscalista, para ser realmente bom nas funções que desempenha, tem que saber Contabilidade – é inevitável, pois em todas as questões fiscais surgem conceitos de natureza contabilística, portanto isso foi uma grande mais-valia.

No decurso do 1º semestre do 2º ano da licenciatura tivemos 5 unidades curriculares:

- Direito Fiscal, dotou-nos das bases conceptuais deste ramo de Direito, e do sistema fiscal português, bem como dos conhecimentos técnicos necessários ao tratamento fiscal das questões essenciais colocadas às pessoas singulares, no que respeita à tributação do seu rendimento.
- Estatística, habilitou-nos para o raciocínio e decisão em incerteza mediante a análise da informação estatística e pesquisa de modelos probabilísticos que melhor se ajustem à informação disponível.
- Finanças Públicas, onde estudámos o papel do Estado numa económica mista, nas vertentes micro e macroeconómica, e a sua aplicação em Portugal. Aprendemos igualmente o conceito de despesa e receita pública, e estudámos o orçamento do Estado em Portugal, o que, convenhamos, são temas sempre importantes de saber, pois além de ser importante pagar os tributos, importa ter conhecimento da forma como os mesmos são aplicados.
- Mercados e Produtos Financeiros, proporcionou-nos uma visão integrada do Mercado Financeiro e respetiva segmentação, saber quais são os produtos emitidos nos mesmos na dupla vertente do emitente e do investidor e conseguir analisar a rendabilidade e risco dos produtos financeiros.
- Tecnologias e Sistemas de Informação, dotou-nos de capacidade suficiente nos principais mecanismos e problemáticas das TIC nas organizações, e de autosuficiência no desenvolvimento de soluções informáticas na ótica da produtividade individual e departamental.

No decurso do 2º semestre do 2º ano da licenciatura tivemos 5 unidades curriculares:

- Análise Económica e Financeira, permitiu-nos desenvolver o conhecimento e saber utilizar as metodologias para se efetuar um diagnóstico económico e financeiro, tendo em vista a melhoria sustentada do desempenho empresarial.
- Contabilidade de Custos, desenvolveu competências a nível das técnicas e metodologias de apuramento e imputação de custos, nomea-

damente dos custos indiretos através do método dos centros de análise (secções homogéneas) e do método ABC e dos modelos de avaliação da rendabilidade e risco empresarial.
- Contabilidade Financeira Intermédia, ajudou-nos a perceber a importância da harmonização contabilística internacional, os seus desenvolvimentos, perspetivas de futuro e respetivos impactos, bem como os conceitos inerentes. Também aprendemos a elaborar o conjunto completo das Demonstrações Financeiras, e a compreender os conteúdos das normas internacionais da IASB e das normas nacionais do SNC.
- Direito da União Europeia, habilitou-nos com conhecimentos aprofundados sobre a ordem jurídica da UE, os quais nos permitiram compreender as suas origens e fundamentos, tendo em vista podermos equacionar, de maneira correta, o seu funcionamento atual.
- Fiscalidade I, que nos explicou a relevância prática no contexto da atividade empresarial do conhecimento fiscal, e nos ensinou o IVA e o seu regime previsto no CIVA, e o âmbito de aplicação do RITI.

No decurso do 1º semestre do 3º ano da licenciatura tivemos 6 unidades curriculares:

- Contabilidade de Gestão, que nos permitiu desenvolver competências acerca das funções de gestão empresarial e das ferramentas e técnicas utilizadas a nível do planeamento e controlo de gestão, nomeadamente, nos domínios orçamental, análise de desvios e da avaliação da performance empresarial numa ótica de criação de valor económico.
- Processo Tributário I, dotou-nos de conhecimentos aprofundados no que respeita ao procedimento tributário e a sua articulação com o Processo Tributário e conhecer as regras de defesa dos contribuintes face aos amplos poderes do Estado.
- Ética e Deontologia, conseguimos compreender o significado de ética e conceitos relacionados, distinguir fraude contabilística de irregularidade e erro contabilístico e analisar as respetivas consequências e enquadramentos de cada situação, e perceber como pode ser responsabilizado (solidária e subsidiariamente) um auditor, contabilista ou gestor pela prática de determinados atos no exercício das suas funções.

- Fiscalidade II, aprofundámos o nosso conhecimento no IRC, e ficámos a conhecer alguns benefícios fiscais aplicáveis às pessoas coletivas.
- Direito Fiscal Internacional, serviu para nos dotar de conhecimentos relativos à temática, tais como, conceitos, fontes e princípios fundamentais, a harmonização fiscal na UE e as CDT numa perspetiva teórica e dinâmica – na sua aplicação prática a situações concretas.
- Projeto de Simulação Empresarial I, é uma iniciativa muito interessante, pois é-nos atribuída uma empresa e temos que gerir e efetuar todas as obrigações fiscais e contabilísticas reais e fazer o registo de todas as faturas e documentos.

No decurso do 2º semestre do 3º ano da licenciatura tivemos 6 unidades curriculares:

- Planeamento Fiscal, que nos dotou com conhecimentos essenciais para a aplicação das regras fiscais como instrumento de planeamento fiscal, sensibilizando-nos, em particular, para as limitações existentes. Foram tratadas diversas matérias, nomeadamente: pressupostos e conceitos fundamentais do planeamento fiscal, medidas de combate ao planeamento fiscal abusivo, código de conduta, fórum OCDE e sigilo bancário, benefícios fiscais e código fiscal do investimento, CINM, conceito e modalidade de holding e regime dos não residentes.
- Auditoria, que nos permitiu obter uma visão mais crítica e independente acerca do relato financeiro e do controlo interno das entidades. Proporcionou conhecimento acerca do acesso e exercício da profissão, as diferentes fases de auditoria, os procedimentos a desenvolver pelos auditores e o relato de auditoria.
- Projeto de Simulação Empresarial II, foi uma continuação do anterior programa, mas com um nível de complexidade superior, numa tentativa de nos aproximar da realidade empresarial e dos seus múltiplos desafios diários.
- Processo Tributário II, tratamos da noção de procedimento e processo tributário, dos seus princípios, dos meios processuais judiciais, da arbitragem no domínio tributário e do RGIT.
- Como fazia e faz parte dos nossos planos ser CC, optamos por Contabilidade Pública e Contabilidade de Grupos de Empresa, porque

a sua frequência e obtenção de aprovação nestas unidades curriculares eram e são condição necessária para acesso a exame da ordem.

Ora, chegadas a esta fase, depois de terminada a licenciatura pensámos, o que vamos fazer a seguir? Trabalhar ou continuar os estudos e fazer um Mestrado? Bem... escolhemos a segunda opção, pois assim vamos preparadas para enfrentar o mercado de trabalho com conhecimentos sólidos e aprofundados na área.

No ISCAL existem 7 Mestrados, e o escolhido foi o de... adivinhem... Fiscalidade! Claro, só podia!

No 1º semestre do Mestrado, tivemos 7 unidades curriculares:

- Fiscalidade Direta Aplicada, aprendemos o regime de grupos de sociedades e fusões e cisões, entradas de ativos e permutas de partes sociais e analisámos a Diretiva Comunitária, e preços de transferência, com comparação entre o regime português e as recomendações da OCDE.
- Fiscalidade Indireta Aplicada, onde ficámos a saber as características e princípios fundamentais do IVA, a jurisprudência do TJUE mais relevante e recente acerca da temática e a sua aplicação prática.
- Fiscalidade da UE, obtivemos conhecimentos aprofundados na área da tributação direta, pois estudámos a harmonização da tributação direta na UE, as diretivas da UE na área da tributação direta, e fizemos análise jurisprudencial do TJUE e tratámos ainda do normativo instrumental, nomeadamente, da troca de informações e assistência à cobrança.
- História e Sociologia da Tributação, fez-nos perceber todo o percurso cronológico da história dos impostos ao longo dos tempos e as modificações que os mesmos foram sofrendo com o passar do tempo.
- Metodologias de Investigação, serviu essencialmente para nos preparar para no ano seguinte fazermos a Dissertação de Mestrado (técnicas e normas), tendo sido fundamental para esse efeito.
- Normalização Contabilística, onde tratamos através da análise de casos práticos das IAS e IFRS existentes.
- Princípios de Direito Financeiro e Fiscal (optativa), onde estudámos a atividade financeira pública no Estado constitucional, os valores e as finalidades do sistema financeiro e fiscal português, a classifi-

cação jurídico-constitucional dos tributos, os princípios constitucionais financeiros e tributários e o controlo financeiro público.

No 2º semestre do mestrado, tivemos igualmente 7 unidades curriculares:

- Auditoria Fiscal e Técnicas de Fiscalização, a qual serviu para perceber o seu regime jurídico, a importância do cumprimento das obrigações fiscais e contabilísticas e as consequências em caso de inobservância das mesmas, bem como dos meios existentes para o efeito.
- Direito Fiscal Internacional, onde aprendemos os princípios e regras essenciais do mesmo e as suas implicações práticas ao nível da Fiscalidade nacional. Foi abordado o tema da concorrência fiscal prejudicial na UE e OCDE, incluindo os auxílios de Estado, através da análise de casos. A Cidadania e Educação Fiscal foram abordadas nesta UC, nomeadamente, a sua importância, conceito, objetivos e técnicas e o caso especial Português.
- Fiscalidade Ambiental, a qual tratou da utilização das normas tributárias para fins de tutela do Direito Ambiental e da análise da lei de bases gerais da política pública de solos, de ordenamento do território e de urbanismo, numa vertente financeira e fiscal inclusive.
- Planeamento Fiscal, o qual nos dotou de conhecimento relativo aos principais instrumentos e limites do mesmo através do estudo de casos e a evolução das Zonas Francas portuguesas.
- Procedimento e Processo Tributário, onde abordamos questões específicas, em particular através da análise de casos práticos e de jurisprudência dos Tribunais Tributários Superiores. Efetuámos o estudo dos sistema de avaliação da matéria tributável, dos meios impugnatórios do executado e responsáveis subsidiários existentes, a temática da arbitragem tributária, o acesso à informação bancária e derrogação do sigilo bancário e estudo das cláusulas antiabuso.
- Tributação do Património, tratámos do IMI, adicional ao IMI e IMT,IS e taxas e contribuições especiais, a evolução da situação dos impostos sobre o património, a reforma da Tributação do Património em 2002 e os regimes jurídicos de avaliação de prédios rústicos e urbanos.

- Infrações Fiscais (optativa), proporcionou-nos uma visão geral do RGIT, dos tipos sancionatórios fiscais em Portugal, os princípios gerias, as contraordenações tributárias e o Direito instrumental ou processual.

A componente essencial do conhecimento científico traduz-se na capacidade de formular questões relevantes e, depois, procurar, de acordo com os métodos admitidos, encontrar respostas ou formular propostas de resposta, que possam ser arguidas.

Em suma, todas as cadeiras da Licenciatura e Mestrado foram importantes, pela sua relevância prática com simulações de situações reais, idênticos aos que podem surgir na nossa futura vida profissional e utilidade no seio do mundo da fiscalidade, para construirmos de forma eficaz e eficiente o nosso conhecimento.

São questões fulcrais para a nossa vida profissional e, inclusive, como cidadãos da sociedade em que nos inserimos. Estas temáticas são imprescindíveis nos dias de hoje pois estão presentes na nossa vida, qualquer que seja a área de trabalho que tenhamos teremos sempre que lidar com esta matéria.

A nosso ver, tem todo o interesse em ser conhecido e aprendido, não só por nós (jovens em geral, que aspiram entrar no mercado de trabalho), como por todos aqueles que já lá se encontram inseridos, pois todos irão ter que efetuar as obrigações fiscais e declarativas (a não ser que contratem um contabilista, mas, sejamos sinceros, para que? Assim poupam dinheiro e aumentam o vosso saber, só vos traz valor acrescentado esse conhecimento e torna-vos cidadãos mais ativos e cientes das questões sociais, que são, também elas fiscais).

A integração de todas estas unidades curriculares veio, indiscutivelmente, contribuir para um conhecimento multidisciplinar do sistema fiscal, influenciando-nos decisivamente nas boas práticas de Cidadania e Educação Fiscal, para uma sociedade mais esclarecida, cumpridora e justa como todos aspiramos.

A nota positiva no tocante ao ISCAL consiste na integração expressa desta temática na unidade curricular de Direito Fiscal Internacional no Mestrado em Fiscalidade.

A aprendizagem fiscal na educação económica em Portugal

ANA RITA PAULO*
DIOGO GUERREIRO*
FILIPE MARTINS*

1. A presença da fiscalidade no quotidiano da sociedade e a importância da consciencialização fiscal – a cidadania e educação fiscal

O ato de tributar teve início há muito tempo, a tributação existe desde que existe vida humana em termos de vivência coletiva. Após a Revolução de 1974 até ao presente foi possível assistir a grandes diferenças no que diz respeito à eficiência do sistema fiscal, que é cada vez mais eficaz e complexo, onde os objetivos da tributação são a redistribuição da riqueza com o objetivo de garantir a todos os seus direitos fundamentais da cidadania. Atualmente, o Estado é financiado pelos tributos, nomeadamente cerca de 91% da receita do estado é de origem fiscal, de acordo com os dados presentes no site do PORDATA de 2016. Assim sendo, a fiscalidade está bastante presente na vida da população portuguesa, nomeadamente são os impostos como o Imposto sobre o Valor Acrescentado e o Imposto sobre o Rendimento de Pessoas Singulares que mais contribuem para a receita estadual fiscal, cerca de 37,5% e 30,3% (de acordo com os dados presentes no site do PORDATA de 2016) , respectivamente – estes impostos tributam o consumo e o rendimento do trabalho – o que reflete a sua presença na maioria da população trabalhadora que consome. É através da fisca-

* Alunos do Mestrado em Fiscalidade do ISCAL.

lidade que o Estado se financia para prestar os serviços públicos como a ação e segurança social, a saúde, a educação e entre outros, estes serviços são prestados pelo Estado a título gratuito ou por uma contraprestação reduzida, o que revela a origem dos tributos pagos pelos contribuintes.

De acordo com a presença da fiscalidade na sociedade, há a necessidade de consciencializar a mesma que os impostos e taxas são uma receita do Estado que visam a satisfação das necessidades coletivas – tais como a segurança e defesa nacional, a saúde, a educação, a construção de infra-estruturas, entre outras. A consciencialização da sociedade deve ser exercida através da educação fiscal, ou seja, num método de ensino e aprendizagem que tem em vista formar o cidadão sobre a função dos tributos, sendo que este ensino deverá ser feito antes de o cidadão ser sujeito passivo de imposto, de modo que para este seja mais fácil a compreensão e a aceitação da função do tributo, e mais, este deve estar consciente que a sua função de cidadão-contribuinte é essencial para o bem-estar coletivo, de tal forma que este não opte pela fuga ao imposto.

Na educação fiscal é essencial que se cumpram objetivos, nomeadamente definir o que é o Estado e quais são as suas funções, as noções básicas do imposto, o que são receitas e despesas públicas, de que forma é que a fiscalidade vai ao encontro do bem-estar coletivo, estes objetivos devem estar delineados de forma a que o cidadão-contribuinte seja consciente que "Os impostos são o que pagamos por uma sociedade civilizada", esta frase do Juiz Norte-Americano *Oliver Wendel Homes* vai ao encontro do conceito de Estado Fiscal e traduz a base explicativa da educação fiscal.

Tendo em conta que as obrigações tributárias e tendo em vista o pagamento de impostos, é mais do que uma obrigação do cidadão, é um dever moral e fundamental de cidadania. É necessário cada vez mais uma transparência das ações do Estado e para tal é da maior relevância uma participação ativa dos cidadãos para a construção de uma sociedade mais justa, igualitária e democrática, onde todos exerçam a cidadania.

Em Portugal, a educação económica e fiscal é um tema recente, e daí que seja um tema que merece ser investigado, programado e concretizado, sabe-se que esta nova vertente não está presente na educação escolar no ensino básico, porém esta é essencial para uma compreensão do tema e é expectável que o ensino a crianças e adolescentes vai influenciar os atos da sua família na compreensão da temática mas que na verdade é uma responsabilidade de todos e deve ser cumprida.

2. A fiscalidade inserida no programa de educação económica

Estando assim concluída a importância e sensatez da existência, nos cidadãos, de uma correta opinião e conhecimento sobre a fiscalidade é necessário corrigir esta iliteracia financeira, económica e fiscal que assola a sociedade portuguesa. Sendo de conhecimento geral que a fase da vida em que uma pessoa se encontra mais predisposta a assimilar conhecimento e que possui mais facilidade de aprender é a juventude, aliada ao facto de ser nesta a fase que mais sentido faz iniciar a introdução a estes conceitos de civismo e de cultura geral.

Uma vez que a área fiscal se encontra associada a uma temática mais abrangente como a da Economia, é natural que se possa falar da Educação Fiscal como uma subcomponente legítima e até necessária da Educação Económica por isso, é natural que ao longo deste trabalho seja sempre associada a Educação Fiscal como uma temática dentro do grande tema que é a Educação Económica.

Por fim, embora fosse interessante apetecível enveredar exclusivamente pela área da Educação Fiscal, é preciso ter em conta a complexidade de tais temas aliada à falta de conteúdos adequados à maturidade ainda possuída pelos alunos.

3. Projeto Piloto – A fiscalidade inserida no programa escolar em Portugal

O panorama geral do sistema de ensino atual e a aprendizagem da economia e cidadania

Não sendo objetivo deste artigo aprofundar sobre o atual sistema de ensino praticado em Portugal é no entanto necessário e conveniente caracterizar sucintamente o mesmo de forma a se poder entender na plenitude o objetivo final desta proposta. Os alunos até ao seu 9º ano de escolaridade aprendem exatamente as mesmas matérias que os seus pares, sendo que a partir do 10º ano os conteúdos programáticos começam a diferir derivado das diferentes escolhas de ramos e disciplinas que os mesmos optem. A sua "Educação" versa as áreas das Ciências, Matemática, Línguas e Artes, no entanto, a nível de conhecimentos gerais sobre questões cruciais para a sua vida futura, nada lhes é ensinado *v.g.* direitos e deveres cívicos, primeiros socorros, noções básicas de economia e gestão, obrigações gerais de um cidadão. Abordando agora mais especificamente a questão económica e fiscal, a nível da oferta letiva do Ensino Nacional, não há conteúdo educativo lecionado aos jovens em questões fiscais.

Relativamente ao ensino de questões económicas até ao 9º ano de escolaridade, não conteudo programático estruturado a ser leccionado aos alunos até ao momento. Embora esteja em prática a iniciativa "Todos Contam", o seu âmbito de aplicação é ainda reduzido e pouco claro e, os seus resultados desconhecidos. Outra crítica apresentada a esta iniciativa é a de ser insuficiente para o fim proposto, daí que esteja atualmente em estudo no Ministério da Educação, a criação de uma disciplina de Educação Financeira.

É sabido que alguns professores abordam a questão económica nas suas aulas, porém esta iniciativa torna o sistema de educação diferenciado para os alunos, tendo em conta que depende do professor e não está instituída uma obrigação de o fazer. Uma iniciativa que se encontra em ação é o programa Junior Achievement e do qual muito se poderia falar, no entanto gostaríamos apenas de salientar que o mesmo não é de aplicação obrigatória e que se foca essencialmente no desenvolvimento de um espírito de empreendedorismo e não no ensino *per si.*

Após o 9º ano de escolaridade, alguns alunos possuem de facto alguns ensinamentos de economia, mais concretamente aqueles que escolhem a dita área de ensino no Secundário, no entanto, nos programas de Ensino Secundário, nada se versa sobre questões do quotidiano e fiscais. Apenas uma reduzida parte dos futuros adultos recebe ensinamentos de economia, sendo que a mesma apenas se inicia no 10º ano de escolaridade quando possuem 14 anos. Portanto, é naturalmente aconselhável que este grave problema seja solucionado de forma célere pois, por um lado, deve o Estado zelar por um ensino correto, pela preparação e oferta de igualdade de oportunidades dos seus cidadãos e, por outro lado, garantir que a sociedade evolui para um patamar mais cívico, democrático e culto (artigo 73º da C.R.P.).

É fundamental a existência de uma estratégia que abranja todos os estabelecimentos escolares do 2º e 3º ciclo pois considera-se que é nesta fase que os jovens devem ser formados. Assim sendo, a estratégia programática deverá contemplar temas como a Economia, a Gestão, a Fiscalidade, a Cidadania, a Educação Ambiental, a Educação Financeira. Com a abordagem dos temas enunciados, é expectável que o ensino da educação económica e da cidadania se torne mais eficiente e abrangente.

4. Um modelo a seguir – 2 perspetivas

De acordo com a necessidade de educar os alunos portugueses acerca da educação económica, o grupo desenvolveu duas perspectivas de atuação, sendo que estas poderão funcionar em conjunto. O grupo procurou acrescentar a educação fiscal aos conteúdos programáticos, sendo que ao simplificar a educação financeira já prevista e acrescentar programas de educação de economia, de gestão, de fiscalidade é expectável que os alunos do ensino básico sejam educados e preparados da melhor forma possível.

As duas perspectivas elaboradas estão de acordo com o objetivo do Ministério de Educação e vão ser fundamentadas de seguida, sendo elas a inserção de conteúdos económicos, de gestão, fiscais e financeiros nos programas já existentes e numa segunda perspectiva a constituição de equipas especializadas para formar os alunos através de palestras e atividades, estas perspectivas apresentadas e explicadas de seguida têm como objetivo serem aplicadas em todas as instituições de ensino público e privado.

5. A inserção de conteúdos nos programas já existentes

A inserção de conteúdos económicos, de gestão, de fiscalidade e da área financeira nos programas escolares já existentes vai ao encontro do objetivo primordial do grupo – fomentar a educação económica aos alunos do ensino básico, esta perspectiva visa pela sua simplicidade de implementação, nomeadamente o grupo propõe a criação de capítulos que serão inseridos nos programas de disciplinas já existentes, disciplinas tais como Geografia e a Oferta Complementar.

O grupo teve em conta o projeto "Todos Contam", que já se encontra em vigor e que é aplicado nas aulas de Oferta Complementar, estas aulas duram por norma 45 minutos e têm como objetivo solucionar problemas normais de direção de turma, abordar a educação ambiental e recentemente abordar os temas abrangidos pelo programa "Todos Contam". O grupo teve em atenção também a disciplina de Cidadania e Desenvolvimento, sendo que observou os conteúdos programáticos e objetivos da disciplina e de acordo com o que está referido nas linhas orientadoras do Ministério de Educação – mais especificamente dos conteúdos que se pretende tratar, a educação financeira não é suficiente para o objetivo estabelecido de uma formação clara e simplificada de educação económica, porém os conteúdos programáticos acerca da Cidadania e Desenvolvimento vão ao encontro do estabelecido pelo Ministério de Educação

Dada a insuficiência de conteúdos económicos nos programas referidos, o grupo criou três grupos de objetivos a cumprir ao longo do 3º ciclo, nomeadamente do 7º ao 9º ano de escolaridade. O grupo não pretende realizar uma sequência obrigatória de conteúdos mas entende que deve ser feita uma estruturação de temas, no sentido de introduzir as matérias mais simples em primeiro lugar, e de seguida clarificar matérias mais complexas à medida que o aluno progride no estudo bem como na sua maturidade intelectual.

O primeiro grupo foca-se na economia e tem como objetivos abordar temas como a atividade económica e a ciência económica, as necessidades e o consumo, a produção de bens e serviços, como é composto o mercado, o comércio e a moeda, os rendimentos e a repartição dos mesmos, a contabilidade e o Estado – o grupo entende que estes objetivos vão proporcionar ao aluno os conhecimentos primordiais acerca do mercado nacional e constituem uma mais valia para a sua aprendizagem enquanto cidadãos – de acordo com o programa escolar de Geografia do 3º ciclo, nomeadamente no tema "Atividades Económicas".

O segundo grupo de objetivos a considerar inserem-se na Gestão e na Fiscalidade focando-se na aprendizagem do que significa a gestão e quais as suas funções, o que se entende por planeamento e a sua importância, as receitas e as despesas e a gestão ambiental. Em termos de fiscalidade os objetivos passarão pela definição de impostos e a sua função. Este grupo poderá ser abordados na disciplina de Oferta Complementar.

O terceiro grupo será o mais complexo e o que poderá motivar para a eventual continuação dos estudos nesta área, neste grupo o foco será a Fiscalidade e área financeira, tendo como objetivos dar a conhecer os impostos mais significativos em termos de receita do Estado e ainda fomentar conhecimentos sobre os bancos, os financiamentos, os seguros e por último a sugestão de eventualmente ser criada uma empresa fictícia em turma. Este grupo por ser o mais complexo e o mais didático pela criação de uma empresa fictícia em turma, o grupo entende que seja ideal para a disciplina de Oferta Complementar. De seguida é apresentado um esquema que estrutura os objetivos por grupo.

Figura 3.2.1.1: Primeiro grupo de objectivos

Grupo 1 – Objetivos	A atividade económica e a ciência económica
	As necessidades e o consumo
	A produção de bens e serviços
	Composição do mercado
	O comércio e a moeda
	Os preços e os mercados
	Rendimentos e repartição dos rendimentos
	A Contabilidade
	O Estado

Figura 3.2.1.2: Segundo grupo de objectivos

Grupo 2 – Objetivos	O que é e para que serve a Gestão?
	A importância de planear
	As receitas e as despesas
	A poupança
	O orçamento
	A Gestão ambiental
	Os impostos e a sua finalidade

Figura 3.2.1.3: Terceiro grupo de objectivos

Grupo 3 – Objetivos	Os impostos – tipos de impostos
	Bancos – definição e funções
	Financiamento – definição e funções
	Seguros – definição e funções
	Como criar uma empresa

6. Equipas especializadas nos estabelecimentos de ensino

Com o intuito de conjugar em simultâneo a arte de lecionar e o conhecimento teórico que a área fiscal exige e a fim de se cumprir o plano de trabalho pretendido, este grupo sugere a cooperação entre os profissionais do ensino, neste caso os professores do corpo docente de cada escola, e os diversos especialistas na área fiscal.

Deste modo a criação de equipas de trabalho especializadas, com a presença de professores e fiscalistas dotados de capacidades de motivação e envolvimento com jovens, permitiria que os conhecimentos fossem transmitidos de uma forma juridicamente correta e de fácil compreensão para os alunos e, tendo a particularidade de não afetar os programas e tempos previstos para as outras disciplinas.

Para um melhor enquadramento das temáticas fiscais e uma vez que é praticamente impossível a compreensão das temáticas fiscais sem um conhecimento amplo da realidade económica, é recomendado que a equipa especializada seja composta também por especialistas da área económica e da gestão, com o objectivo de proporcionar uma visão mais abrangente da realidade fiscal.

Protocolos de cooperação com instituições de grande prestígio, como é o caso da Ordem dos Contabilistas Certificados (OCC) e a Autoridade Tributária e Aduaneira, que proporcionassem a realização de seminários para o debate de assuntos fiscais, desta forma vai ser obtida uma maior visibilidade mediática do projecto bem como a participação de diversos oradores com diferentes pontos de vista sobre a mesma realidade fiscal, despertando a plateia para a importância do debate de ideias para a formação do conhecimento.

No entanto, a criação de equipas de trabalho específicas tendo como objectivo a introdução de conteúdos fiscais no programa escolar poderá enfrentar problemas de viabilidade de cariz económico, uma vez que estas implicam diversos encargos, tais como despesas de deslocação e honorários a pagar ao quadro docente envolvido na equipa de trabalho.

É da opinião dos autores deste artigo que de facto esta poderá ser uma barreira inultrapassável, no entanto, devido à importância do fim , da visibilidade mediática e publicitária que a mesma possui, é do entender dos autores que seria possível a obtenção de fundos tanto a nível estatal, como a nível europeu (fundos comunitários), quer como a nível privado (Ordens Profissionais, Instituições Financeiras e demais entidades que estejam a fim de contribuir).

Admitindo à partida que não seria fácil existe, no entanto, uma perspetiva que se está perante um caso em que os fins justificam os meios e que tendo a orientação de alguém com visibilidade, reputação e conhecimentos sociais e políticos bem consolidados, este seria um projeto executável.

Em suma, sendo a ideia da criação de equipas especializadas com o intuito de se deslocarem aos estabelecimentos de ensino uma ideia inovadora e interessante, devido aos condicionalismos sobretudo territoriais e económicos, a inserção de conteúdos nos programas escolares já existentes deverá afirmar-se como a melhor opção para a abordagem da temática da cidadania fiscal nos programas lectivos em Portugal.

Cidadania e Educação fiscal: uma nova prática educativa nas escolas

Luís Aires*

1. A relação entre o Estado e o cidadão: uma questão de justiça fiscal

O cumprimento das obrigações fiscais é fonte de grandes conflitos entre o Estado e os cidadãos, originando situações de elevada instabilidade e constrangimentos, criando uma ideia errada sobre o sistema fiscal. Isto porque os cidadãos entendem que os impostos que pagam não são aplicados de forma adequada, por conseguinte não se traduzindo em benefícios para a economia de uma forma geral.

Gradualmente os cidadãos vão-se apercebendo do fosso que cresce desmesuradamente das desigualdades sociais que existem em Portugal, o que dá azo a relações hostis entre estes e o Estado, culminando numa resistência por parte dos cidadãos no cumprimento das suas obrigações fiscais. Segundo (LOPES, 2008), o cumprimento das obrigações fiscais está dependente do conhecimento das regras e procedimentos fiscais que cada um tem de cumprir, e ainda, da sua capacidade para calcular o imposto devido.

"Assim, a atitude de cumprir ou não cumprir depende fundamentalmente da predisposição dos contribuintes para pagar os seus próprios impostos, bem como dos seus conhecimentos para poder cumprir com todas as obrigações fiscais que o sistema exige." Em suma, uma Adminis-

* Advogado-Estagiário. Mestre em Direito Fiscal pela Universidade Católica Portuguesa. Mestrando em Contabilidade e Finanças na Faculdade de Economia da Universidade de Coimbra.

tração Fiscal bem sucedida na prossecução dos seus objectivos depende da cooperação e boa vontade dos contribuintes no cumprimento do mínimo legal exigido. (Lopes, 2008)

Esta situação corre porque os impostos são percepcionados pelos cidadãos como uma espécie de expropriação sem justa causa e sem qualquer recompensa. O facto dos impostos serem coercivos torna-os desagradáveis, e odiados, repercutindo-se essa opinião negativa na administração fiscal. (Santos, 1996)

Para evitar este tipo de situações é necessário consciencializar os cidadãos para a função social dos impostos, de que forma estes podem promover a justiça social, incentivando os cidadãos a participar quer na arrecadação quer na fiscalização do gasto dos dinheiros públicos. É nisto que se traduz a Educação Fiscal.

Em bom rigor, aquilo que permite distinguir as sociedades modernas de outro tipo de sociedades baseadas no saque ou na conquista externa é a instituição do imposto e a faculdade que os cidadãos têm em aceitarem serem tributados[1].

(Saldanha Sanches, 2007), menciona que o sucesso e a eficácia de um imposto e o grau de aceitação de um sistema fiscal por parte dos indivíduos de uma determinada sociedade podem depender do nível e qualidade dos estudos realizados aos factores sociais que determinam o comportamento dos cidadãos.

O sistema fiscal português (e por sistema fiscal entende-se um conjunto de impostos inseridos num determinado espaço territorial, cujo objetivo é atingir os fins determinados pela politica fiscal) tem a sua génese na Constituição da República Portuguesa (mormente nos seus artigos 103º e 104º). (Santos, 2003).

Tendo em consideração toda a miríade de bens e serviços públicos proporcionados pelo Estado e para que estes possam ser suportados, o seu financiamento advém dos impostos.

Casalta Nabais (2012), refere que "o imposto não pode ser encarado como um *mero poder* para o estado, nem simplesmente como um *mero sacri-*

[1] Os impostos condicionam a nossa vida e fazem parte dela independentemente da fase da mesma em que nos encontremos, uma vez que pagamos impostos quando compramos um carro (IUC), quando o abastecemos (ISP), quando vamos ao supermercado (IVA), no imóvel que habitamos (IMI), etc.

fício para os cidadãos, mas antes como o contributo indispensável a uma vida em comum e prospera de todos os membros da comunidade organizada em estado". Este autor acrescenta ainda que "... um estado, para cumprir as suas tarefas, tem de socorrer-se de recursos ou meios a exigir dos seus cidadãos, constituindo justamente os impostos esses meios ou instrumentos de realização das tarefas estaduais. Por isso a tributação não constitui, em si mesma, um objectivo (isto é, um objectivo originário ou primário) do estado, mas sim o meio que possibilita a este cumprir os seus objectivos (originários ou primários), atualmente consubstanciados em tarefas de estado de direito e tarefas de estado social, ou seja em tarefas do estado de direito social".

Apesar destes custos não poderem ser repartidos por todos os beneficiários terão que ser suportados por todos os contribuintes. Sendo certo que com os sucessivos Orçamentos de Estado e a elevada mutabilidade legislativa em termos fiscais motivada por um "turbo legislador", o edifício fiscal que regula a vida dos portugueses vai sendo alterado quer pelo sucessivo aumento de impostos quer pela necessidade de criação de novas fontes de receita

Sobre este ponto (Gomes Canotilho (2007), em relação à anotação do art. 103º da CRP diz que "o primeiro objectivo do sistema fiscal é a satisfação das necessidades financeiras do Estado e outras entidades públicas (nº1) é o que se pode chamar o objectivo estritamente financeiro do sistema fiscal: obtenção de receitas para financiar as despesas públicas". Para este autor as receitas fiscais não têm que cobrir todas as necessidades financeiras do Estado "...porque não são as únicas receitas efetivas do Estado e demais entidades publicas, depois, porque a Constituição nem sequer estabelece limites ao recurso ao crédito (cfr. Art. 108º n. º 4).".

Perante este quadro que se desenha, a justiça fiscal traduz-se num objetivo perfeitamente imperfeito e nunca plenamente alcançado. Saldanha Sanches (2010), sobre o conceito de justiça fiscal este autor fala no sentido de justiça tributária no qual "se limita a proceder a uma avaliação *quantitativa* do modo como são distribuídos os encargos tributários entre os cidadãos e as empresas, ou melhor, entre as várias categorias de contribuintes".

Para Saldanha Sanches (2010), " a justa distribuição dos encargos tributários tem duas condições básicas. Em primeiro tem que estar devidamente prevista na lei: o programa da norma de incidência (uma previsão normativa geral e abstrata que escolhe o facto tributário e os sujeitos passivos da obrigação tributária) deve ser o da distribuição dos encargos de acordo com a capacidade contributiva dos contribuintes. Em segundo lugar, e como condição de efetividade dos princípios que estrutura as normas de incidência, trata-se de saber se a Administração fiscal, como órgão de aplicação da lei fiscal, dispõe de poderes suficiente para a sua aplicação.".

Em termos económicos, nestes 40 anos de democracia Portugal nunca teve uma situação de excedente orçamental, isto é, algo tão simples como acontece em casa da maioria dos cidadãos, em que as receitas vão suplantar as despesas nunca foi conseguido pelo Estado nestas últimas quatro décadas. Isto significa que o Estado gasta sempre mais do que aquilo que consegue arrecadar anualmente. Isto tem subjacente o conceito de boa governança pública.

O termo *governance* é utilizado regra geral para designar uma "nova forma de governar". Douglas Lewis (1993), referindo-se às "...tradições, instituições e processos que influenciam o exercício do poder em sociedade, incluindo o modo como as decisões são tomadas em matérias de interesse público e como aos cidadãos é dada voz nas decisões políticas" (Denhart, 2007).

Portanto a Justiça Fiscal é sempre relativa, pois vai depender daquilo que o Estado necessita[2].

O grande drama reside no facto dos cidadãos não quererem abdicar do atual nível de despesa, dado que existe a perceção que temos um Estado Paternalista, isto é, existe uma mentalidade de desresponsabilização. Alguém vai ter que tomar as decisões pelos cidadãos e estes por sua vez, ao invés de partilharem as responsabilidades preferem transferi-las para o Estado. Existindo um elevado nível de despesa, haverá sempre um preço a pagar, mas o nosso Estado é um Estado de Providência e os portugueses não querem que se mexa nisso, porém esquecem-se que se há uma exigência constante de despesa, ela terá que ser paga. (Morais, 2017)

Apesar de existir uma lógica no funcionamento da máquina fiscal é necessário que se coloquem filtros humanos para impedir o automatismo completo desta máquina (pois ela tende a tratar de forma equivalente situações que à partida são diferentes).

[2] Enquanto que nas finanças privadas gastamos em função do que ganhamos, nas finanças públicas primeiro decide-se a despesa e depois decidem-se os impostos para cobrir essa despesa (mas tendo sempre em atenção a questão do défice), ou seja, o referencial será sempre o da despesa pública.

O que sucede em Portugal é que existe uma crise na legitimação e de transparência dos impostos, desde logo porque os rendimentos são baixos e atingimos um elevado grau de tributação e a partir de determinado momento as pessoas questionam-se porque é que devem pagar mais. Sendo certo que ao nível dos impostos sobre o rendimento bem como em relação ao IVA já existe uma elevada carga tributária, o Estado tem necessidade de alargar o seu ímpeto tributário para realidades que não são tipicamente tributáveis, procurando arrecadar receita onde possa parecer mais legítimo.

Palma (2015) diz que "o Estado tem que cumprir os seus compromissos sociais para poder exigir aos cidadãos os impostos adequados, caso contrário sofre sérios efeitos na cobrança das receitas e não consegue oferecer serviços condignos.".

O sistema fiscal é tido como o remédio para todos os males sociais e muitas vezes é utilizado para corrigir distorções de mercado (isto porque é facilmente justificável que se uma pessoa bebe uma bebida açucarada e se isso lhe faz mal, então cria-se um imposto). De acordo com Soares (2004) "A fiscalidade vista de uma perspectiva sociológica, não é uma questão meramente técnica, mas uma questão que se insere no tema da cidadania e, mais concretamente, no da cidadania fiscal, uma vez que as técnicas jurídicas e económicas, em cada período histórico ou político, são postas ao serviço das ideias sociopolíticas dominantes".

Não se está aqui a criticar o evento "arrecadação do imposto", mas está-se antes a tentar legitimar e justificar a cobrança do imposto.

É que a política fiscal depende da política orçamental e esta por sua vez depende da existência de uma máquina de gestão orçamental e hoje em dia ainda não temos um sistema de finanças públicas que seja transparente. É necessário ao nível da política orçamental criar uma reforma que permita efetivamente ver qual a situação do Estado e só assim é que se consegue criar uma politica fiscal que seja coordenada e coincidente com ela própria.

O cerne da questão está na causa e na forma da tributação, (os IEC's possuem diversas finalidades específicas, o Estado faz uso destas finalidades para legitimar o tributo, todavia depois há que ver qual é o produto da aplicação dessas finalidades). Se não existir uma contabilidade analítica que permita fazer essa análise, então não vai ser possível verificar se essa tributação foi efectivamente eficiente e justificada e em Portugal não existe esse tipo de contabilidade.

Algo que ainda não está compreendido no seio da sociedade portuguesa é que nem todos os impostos são criados para obter receita, muitas vezes estes funcionam como elementos corretivos, (é a chamada Fiscalidade Corretora). Porquanto a finalidade do Estado muitas vezes não é concretizada pela obtenção de receita, mas sim quando os cidadãos deixam de consumir certos e determinados tipos de bens.

Estamos a falar da extrafiscalidade, que segundo CASALTA NABAIS, (2012), a "extrafiscalidade em sentido próprio engloba as normas jurídico-fiscais de tributação (impostos e agravamento de impostos) e de não tributação (benefícios fiscais) cuja função principal não é a obtenção de receitas ou uma politica de receitas, mas a prossecução de objectivos económico-sociais.".

Exemplo deste tipo de fiscalidade foi o imposto criado sobre os sacos plásticos leves no âmbito da Fiscalidade Verde[3] (os sacos de plástico mais grossos não são pagos uma vez que os sacos de plástico leves são geralmente os mais prejudiciais para o ambiente. Por serem menos resistentes e mais facilmente fragmentáveis, servindo para muito poucas utilizações. São também mais difíceis de tratar como resíduos: misturam-se com o lixo, prejudicando a reciclagem dos sacos e dos outros materiais. Vão por isso essencialmente para o aterro, apenas uma ou duas utilizações.).

O imposto em causa foi criado para desincentivar utilização dos sacos plásticos leves (faz parte dos chamados "impostos suicidas"), a *ratio* subjacente à criação deste imposto teve um cariz puramente ambiental.

A relação entre os contribuintes e o fisco é, assim um tema de grande relevância e interesse, uma vez que quanto melhor for esta relação, maior será o cumprimento fiscal voluntário. (SILVESTRE, 2013).

2. A Educação Fiscal como ferramenta de transformação societária

É neste contexto que a Educação Fiscal surge como uma política do Estado que procura a consciencialização dos cidadãos para o cumprimento das suas obrigações fiscais, isto é, a Educação Fiscal está alicerçada em três pilares: a formação de valores, a construção da cidadania e a construção da cultura fiscal (Souza, L. e Pinheiro, R. G. 2012). Para que assim se possa alcançar o equilíbrio fiscal, fortalecendo a ética e reduzindo as práticas fiscais ilícitas.

[3] Lei n.º 82-D/2014. De 31 de Dezembro.

Tal como salientam Palma e Pita (2015), a Educação Fiscal vem dar resposta à necessidade emergente de transformar a relação entre Estado e cidadão, dado que a sua inexistência pode distorcer a perceção do segundo sobre o sistema fiscal e pode influenciar no comportamento do contribuinte, nomeadamente na decisão de cumprir ou não cumprir as suas obrigações fiscais.

Podemos afirmar que a Educação Fiscal possui os seguintes fundamentos (PNEF, 2017):

- **Na educação:** o exercício de uma pratica educativa na perspetiva de formar cidadãos conscientes para que estes possam contribuir para uma transformação social.
- **Na cidadania:** para que se possa possibilitar um crescente poder do cidadão quanto ao controlo democrático do Estado, incentivando-o a praticar quer individual quer coletivamente na definição e na elaboração de leis para a sua execução.
- Na ética: fortalecer uma conduta responsável e solidária que valorize o bem comum.
- Na política: a partilha de conhecimentos sobre gestão pública eficiente, eficaz e transparente no que concerne à arrecadação e aplicação dos dinheiros públicos com responsabilidade fiscal, bem como colocando ênfase no conceito de bem público enquanto património da sociedade.
- Na relação Estado – Sociedade: desenvolver uma relação de confiança entre a Administração Pública e o cidadão, proporcionando-lhe um atendimento célere e que este fique devidamente informado sobre as questões suscitadas.
- Na relação entre Administração Fiscal – Contribuinte: estimulando o cumprimento das obrigações fiscais e combatendo as práticas fiscais ilícitas.

A Educação Fiscal é vista em regra como uma forma de controlo societário servindo para suprir os cofres públicos. Pese embora isto tenha o seu grau de veracidade, a Educação Fiscal terá a sua eficácia vertida se produzir benefícios para todas as partes que estejam envolvidas, não sendo despiciendas as questões de conduta ética.

Caso o Estado se limite a arrecadar impostos e não cumpra com as suas funções, então impenderá sobre uma sociedade consciente a responsabilidade da assunção do controlo social na procura de soluções. É daqui que decorre a estreita e umbilical relação entre a Educação Fiscal e a Cidadania.

O imposto não deve ser entendido, apenas, como uma mera obrigação do cidadão contribuinte, mas também como um dever de cidadania. Porque, refira-se novamente que a receita do Estado provém da cobrança de tributos, pelo que estes são fundamentais, para o desenvolvimento económico, social e cultural do país. (Ribeiro, 2013)

O cumprimento das obrigações fiscais é uma questão de cidadania e a Educação Fiscal é uma estratégia necessária não apenas para obter mais receitas, mas também para que se possa construir uma sociedade melhor com o esforço de todos. A este propósito Freitas do Amaral (2007), refere que a "A cidadania não é só fonte de privilégios, mas também é o fundamento de obrigações cívicas. Todo o cidadão é sujeito aos deveres de cidadania, nomeadamente, o dever de respeitar a Constituição e as leis do país, o dever de participar na defesa da Pátria, o dever de votar, o dever de pagar impostos.".

Neste sentido, Casalta Nabais (2005) refere que "no actual Estado Fiscal, implica uma cidadania de liberdade cujo preço reside em sermos todos destinatários do dever fundamental de pagar impostos.".

Nos nossos dias, é consensual que o cumprimento das obrigações tributárias tendo em vista o pagamento de impostos é, mais do que uma obrigação, um dever moral e fundamental de cidadania (Casalta Nabais 2005), mas para que tal suceda é imperativo que exista uma consciência generalizada por parte dos cidadãos no que tange ao papel do Estado, tanto do seu modo de funcionamento como de financiamento, da sua função social, o que por sua vez, trará aos cidadãos o domínio de instrumentos necessários à sua participação ativa no controlo do gasto dos dinheiros públicos.

Segundo Palma (2015) uma política de educação fiscal orientada para o cumprimento cabal das obrigações fiscais deve necessariamente:

- Identificar os distintos bens e serviços públicos;
- Dar a conhecer o valor económico e a repercussão social dos bens e serviços públicos;
- Identificar as distintas fontes – principalmente, as tributárias – de financiamento dos bens e serviços públicos;
- Fazer interiorizar as atitudes de respeito pelo que é público, ou seja, financiado por todos e utilizado em benefício comum;

- Assimilar a responsabilidade fiscal como um dos valores em que se organiza a convivência social numa cultura democrática, identificando o cumprimento das obrigações tributárias como um dever cívico;
- Fazer compreender que a tributação, na sua dupla vertente de receitas e gastos públicos, deve atender aos valores de equidade, justiça e solidariedade nas sociedades democráticas.

Porquanto, esta visão do cidadão enquanto agente transformador da realidade social tem inerente o domínio do conceito de Educação Fiscal.

3. Uma nova prática educativa nas escolas: os jovens enquanto agentes da Cidadania e Educação Fiscal

Tendo em consideração o que foi dito até agora, podemos concluir que a Educação Fiscal se traduz numa figura que permite metamorfosear a sociedade dando origem a cidadãos conscientes, levando a que estes possam participar nas decisões de natureza pública sem a visão dantesca que atualmente existe em relação ao funcionamento do Estado.

A educação fiscal consiste num método de ensino e aprendizagem cujo objetivo principal é fomentar a consciência cívico-fiscal do cidadão, apelando à justiça, transparência, honestidade e eficiência. Esta também permite que o cidadão compreenda o papel do sistema fiscal na arrecadação e aplicação da receita (Grzybovski & Hahn, 2006; Palma, 2015;Palma & Pita, 2015).

Assim sendo cumpre questionar qual a contribuição de um programa de consciencialização nos mais jovens (crianças e adolescentes) para que estes possam participar de uma forma ativa nas decisões de natureza pública[4].

Através deste tipo de educação é possível transmitir valores de cidadania fiscal de modo a que os cidadãos interiorizem estes três valores: "a importância do papel do cidadão contribuinte; as atitudes de respeito pelo que é público e a responsabilidade fiscal" (Marques 2015).

[4] Num estudo conduzido por (Grzybovski e Hahn 2006), constatou-se que a maioria dos inquiridos entendia que a terminologia "educação fiscal" estaria relacionada com o ensino de pagar corretamente os impostos. Não obstante, outros associaram à obtenção de informação sobre a cobrança dos mesmos e a suas contrapartidas. Porém, os inquiridos não relacionaram esta terminologia com o direito de os contribuintes estarem a par da aplicação dos recursos arrecadados através dos impostos.

Esta faixa etária tem um papel fulcral na participação social, uma vez que representam em grande medida o presente e o futuro da sociedade. Representam o presente desde logo porque atuam como "agentes" multiplicadores do processo de cidadania (partilhando tanto com a sua família como no seu circulo social os ensinamentos que vão adquirindo).

Por outro lado estes jovens representam o futuro porque se irão tornar cidadãos contribuintes plenamente conscientes da importância do pagamento dos impostos e atuando como uma importante ferramenta no combate às práticas fiscais ilícitas bem como contra a corrupção e bem assim levando à diminuição do atual elevado nível de litigância entre o Estado e os cidadãos.

É neste contexto que o sistema educativo deverá ter em consideração a preparação dos jovens para quando chegar o seu momento de cumprirem com as suas obrigações fiscais enquanto contribuintes.

Para que assim seja é preciso que lhes sejam ministrados conhecimentos sobre conceitos básicos, explicando de forma didática através de atividades lúdicas a importância do pagamento dos impostos, qual a sua finalidade, o que é e para que serve um Orçamento de Estado, pese embora tenha sempre que existir um certo discernimento e destreza para conseguir não só explicar a complexidade destas matérias de forma simples, mas também para que estas crianças e jovens sintam o gosto por esta área no sentido de virem a dar continuidade ao Projeto de Educação Fiscal que está a ser desenvolvido neste momento em Portugal.

A Educação Fiscal ao ser inserida nos programas de ensino escolar deverá ser tratada como um tema de responsabilidade cívica, desde logo porque como se referiu, o objectivo é a transmissão de princípios, valores e atitudes favoráveis à responsabilidade fiscal e que sejam antagónicas às condutas fraudulentas (Delgado, 2013).

Uma vez que o não cumprimento das obrigações tributárias por parte dos contribuintes vai dar azo a problemas de coesão social bem como de equidade, levando à diminuição da receita fiscal (sendo desejável que isto não se verifique uma vez que Portugal é um Estado Fiscal, significa isto que os impostos consubstanciam a principal fonte de financiamento das despesas públicas), originando incerteza na estabilização económica.

Sendo o lema da Educação Fiscal "compreensão de cada um para o benefício de todos" (Gonçalves, 2010), a Educação Cívico Tributária pode e deve desempenhar um papel essencial na formação de cidadãos contribuintes plenamente conscientes das suas obrigações fiscais, traduzindo-se este tipo de Educação numa nova prática educativa, cujo intuito é o desenvolvimento de valores, atitudes e competências necessárias para o exercício de direitos e deveres entre o Estado e o cidadão para que se possa amenizar a hostilidade de relações que hodiernamente se verificam.

Ao ser inserida nos programas escolares a Educação Fiscal será tida como um conteúdo que integra uma cidadania responsável, consciencializando os mais jovens para que no futuro quando chegar a sua altura de se tornarem contribuintes poderem assumir as suas responsabilidades fiscais e terem noção dos efeitos nefastos do incumprimento destas, uma vez que o bem estar da sociedade depende de cada um cumprir com os seus deveres de cidadania. Isto porque a forma como irão atuar enquanto cidadãos contribuintes vai ser fundamental para que se possa atingir a transformação social que há tanto tempo se almeja.

Segundo o PNEF (caderno I, 2009), a Educação Fiscal deverá ser entendida como um instrumento de divulgação de uma nova cultura do cidadão contribuinte, baseada nos seguintes pressupostos:

- Consciencialização da função sócio económica dos impostos;
- Gestão e controlo democrático dos recursos públicos;
- Ligação entre a educação, o trabalho e as práticas sociais; e
- Exercício efectivo da cidadania.

4. Conclusões

A importância que a Educação Fiscal tem ou pode vir a ter, ainda que a longo prazo para a sociedade, funciona como uma ferramenta importante na promoção da cidadania cívico tributária, na medida em que o pagamento dos impostos é um dever cívico e social.

Portanto, a educação é um dos pilares essenciais na sociedade, uma vez que com pessoas mais instruídas, ocorrerão menos desigualdades económicas e sociais, bem como estas irão participar de forma mais ativa na sociedade. Razão pela qual a educação consubstancia um excelente instrumento no crescimento económico e na mobilidade individual.

Sendo essencial sensibilizar os agentes públicos e privados para a necessidade de novas praticas educativas no que concerne à fiscalidade e à sua perceção. Como tal é de grande importância a introdução e desenvolvimento da Educação Fiscal como forma de consciencialização de toda a sociedade sobre o sentido e alcance do sistema fiscal, bem como das consequências da fraude e evasão fiscal para a sociedade em geral.

Como se pode ver, a faixa etária alvo são as crianças e adolescentes, pois é através deles que se conseguem mudar mentalidades, permitindo mudar a relação entre o Estado e o cidadão. E para tal há que criar ações especialmente direcionadas a estes, por forma a consciencializá-los da relevância ética e financeira do cumprimento das suas obrigações fiscais e bem assim, permitindo a diminuição de situações de fraude e evasão fiscal e as praticas de corrupção.

Apesar de em Portugal a Educação Fiscal ser muito embrionária, já se começa a notar uma mudança de cultura fiscal, é imperativo que se dêem passos no sentido de implementar uma educação fiscal *ad initio* que proporcione uma interiorização de uma consciência cívico-fiscal para o exercício de uma cidadania fiscal ativa.

Bibliografia

CANOTILHO, GOMES (2006) "*«Brancosos» e Interconstitucionalidade. Itinerários dos Discursos sobre a Historicidade Constitucional*", COIMBRA, P. 328.

DELGADO, MARIA LUÍSA (2013), "*La educación fiscal como instrumento de lucha contra el fraude y la evasión fiscal*", *in*: Fiscalidade – Outros Olhares, 1ª edição, Vida Económica, Porto, p. 219-239

DENHART, ROBERT (2007), "*The New Public Service: serving, not steering*", Expanded edition, New York, p. 86.

FREITAS DO AMARAL, DIOGO (2007) "*Cidadania e Cidadanias – Uma visão para Portugal*", 1ª edição, Lisboa, Gradiva.

GONÇALVES, JOSÉLIA MARIA (2010), "*A Educação Fiscal como instrumento de cidadania*", *in:* Revista Vox nº2 Janeiro-Junho, Brasil

GRZYBOVSKI, D., & HAHN, T. G. (2006). "*Educação fiscal: Premissa para Melhor Percepção da Questão Tributária*", *in:* Revista de Administração Pública, 40(5), 841–864. http://doi.org/10.1590/S0034-76122006000500005

LEWIS, N. DOUGLAS (1993), "*The Citizen's Charter and Next Steps: a new way of governing?*", *in: Political Quarterly*, vol 64, n. º3, pp. 316-326.

LOPES, CIDÁLIA MOTA (2008), – "*Quanto custa pagar impostos em Portugal?*", 1ª edição, Almedina, Coimbra

MARQUES, A. C. L. (2015). "*As Finanças Públicas e a Cidadania e a Educação fiscal*", *in:* Revista de Finanças Públicas E Direito Fiscal, 8(2), 51–62.

MARQUES, PAULO (2011), "*Elogio do Imposto – "A Relação do Estado com os Contribuintes*", 1ª Edição, Coimbra Editora, Coimbra.

MORAIS, RUI DUARTE (2017) – "*Os verdadeiros ricos não são tributados cá nem em parte nenhuma*", *in:* Revista Visão, Fevereiro, 2017

NABAIS, JOSÉ CASALTA (2005), *"Por um Estado Fiscal Suportável – Estudos de Direito Fiscal"*, Almedina, Coimbra.

— (2012), *"O dever fundamental de pagar impostos Contributo para a compreensão constitucional do estado fiscal contemporâneo"*, 3ª Reimpressão, Almedina, Coimbra

PALMA, C. C. (2015). *"Para uma Política de Educação e Cidadania Fiscal em Portugal", in: Revista Contabilista, 187,* 44–48.

PALMA, C. C., & Pita, M. (2015). *"Para uma Política de Educação e Cidadania Fiscal – os casos do Brasil, de Espanha e de Portugal", in: Revista de Finanças Públicas E Direito Fiscal, 8*(2), 29–62.

PEREIRA DAISY, *"Educação Fiscal: Revisão Da Literatura"* , Estudos do Isca - SÉRIE IV - Nº14 (2016)

Programa Nacional de Educação Fiscal (2017), Documento Base, 3ª Edição, Grupo de Educação Fiscal -GEF, Escola de Administração Fazendária - ESAF.

— (2009), *Educação Fiscal no contexto social* - Caderno 1, Escola de Administração Fazendária, Brasília/DF

RIBEIRO, MARIA DE FÁTIMA; GESTEIRO, NATÁLIA PALUDETTO (2013), *"A busca da cidadania fiscal no desenvolvimento económico: Função Social do Tributo", in*: Fiscalidade - Outros Olhares, 1ª edição, Vida Económica, Porto, p.203-215

SANCHES, JOSÉ LUÍS SALDANHA (2007), Manual de Direito Fiscal, 3ª edição, Coimbra Editora.

— *"Justiça Fiscal"*, 2010, Fundação Francisco Manuel dos Santos.

SANTOS, ANTÓNIO CARLOS, (1996), *"Algumas reflexões sobre a relação entre democracia, impostos e cidadania e Reestruturação do sistema fiscal: principais condicionantes"*, Artigos do Secretario de Estado e dos Assuntos Fiscais, *in*: Cadernos de Economia, nº 37, Out-Dez.

SANTOS, J. ALBANO (2003), -*"Teoria Fiscal"*, 1ªedição, Instituto Superior de Ciências Sociais e Politicas, Universidade Técnica de Lisboa, Lisboa.

SILVESTRE, ANA CAROLINA (2013), - *"O contribuinte e o Estado – a assunção das emoções no âmbito da tomada de decisão de pagar, ou não pagar impostos", in*: Fiscalidade - Outros Olhares, 1ª edição, Vida Económica, Porto, p. 333-352

SOARES, DOMITÍLIA DIOGO (2004), *"Percepção Social da Fiscalidade em Portugal – Um Estudo Exploratório"*, 1ª edição, Almedina, Coimbra

SOUZA, L. e PINHEIRO, R. G. (2012), *"Educação fiscal: um novo incentivo ao exercício da cidadania"*, Trabalho de Conclusão de Curso como requisito parcial para obtenção de titulo de Pós-Graduação em Gestão Pública, Faculdade Del Rey, Belo Horizonte, Setembro.

O Portal Taxedu

Carolina Reis*
Fernando Almeida*
Marta Malhadas*

1. O Portal *Taxedu* é uma iniciativa conjunta da Comissão Europeia e do Parlamento Europeu no âmbito do *Programa Fiscalis 2020* cuja finalidade é a consciencialização e a formação das crianças e jovens sobre as questões fiscais de uma forma divertida e interativa

Este projeto foi lançado a 21 de novembro de 2017, na Bibliotéque Solvay, em Bruxelas, em 22 idiomas tendo sido liderado pelas Administrações Fiscais da Áustria e da Bélgica, com a adesão dos principais países da União Europeia em estreita conexão com as autoridades tributárias nacionais.

A participação dos jovens europeus destacou-se por ter-lhes sido dada a possibilidade de transmitirem as suas ideias durante a criação desta plataforma digital, em especial, ao nível dos seus conteúdos pedagógico.

O portal encontra-se sob o endereço eletrónico https://europa.eu/taxedu, com diferentes separadores que constituem o mapa geral do mesmo, bem como para as plataformas Facebook e Instagram, com 11.000 seguidores na primeira e 2.500 na segunda.

A plataforma está repleta de conteúdos de aprendizagens online, jogos e vídeos para diferentes faixas etárias, bem como materiais educacionais que os professores podem utilizar e divulgar nas escolas, todos eles com vista

* Alunos do Curso de Mestrado em Fiscalidade do ISCAL.

a elucidar e consciencializar as crianças e jovens do impacto dos impostos no seu quotidiano.

No separador "Sobre o TAXEDU" é possível visualizar a origem da formação da denominação atribuída à plataforma que é constituída pelas palavras inglesas Tax (em português: imposto) e Education (em português: educação).

Ao utilizador é permitido registar-se e conversar em tempo real com outros utilizadores, descarregar conteúdos e jogar o jogo "Taxlandia", intrinsecamente ligado à temática dos impostos.

A propósito de compreender melhor os objetivos subjacentes à criação desta plataforma contactou-se o canal de comunicação da Comissão Europeia, pela página online do Facebook, e obteve-se o seguinte comentário:

> *"We believe that young people should be aware of where their local swimming pools, schools and playgrounds come from... and this is also the reason for the EU Parliament and the EU Commission to engage in such project: to raise awareness about 'taxes' amongst Europe's young generation and thus support the establishment of an informed, knowledgeable youth in this topic area; this 'understanding of taxes' will hopefully contribute on a long term to increased tax compliance and a decrease of tax avoidance and tax fraud in the EU."*

Em síntese, para a Comissão Europeia, o Portal TAXEDU, para além de contribuir para a educação fiscal das crianças e jovens cidadãos europeus fornecendo-lhes informações sobre os inúmeros serviços e recursos que lhes são disponibilizados através da arrecadação dos impostos, visa também combater a evasão e fraude fiscal na Europa através da informação.

No separador "Recursos" as informações são transmitidas por meio de jogos, material de aprendizagem eletrónica (*e-learning*) e vídeos de microaprendizagem para que as crianças e os jovens europeus conheçam os impostos nas suas diferentes modalidades e principais temáticas que lhes estão associadas, como a fraude fiscal, a evasão fiscal, entre outros, de forma divertida e apelativa.

A plataforma encontra-se dividida em três faixas etárias distintas e encontra-se devidamente preparada para as diferenças de linguagem que são necessárias para explicar a uma criança, a um adolescente ou a um jovem adulto, o que é um imposto e quais são os seus benefícios.

De seguida indicam-se as funcionalidades disponíveis para cada uma das faixas etárias:

Criança (9-12 anos): Para este grupo etário existem 10 vídeos que se encontram elaborados numa linguagem simples, clara e acessível, e pretendem transmitir de uma forma divertida e colorida às crianças, respondendo às seguintes questões: O que são os impostos? Como surgiram os impostos? Quem paga impostos hoje em dia? Quem coleta impostos e porquê? Benefícios dos impostos? Como? O que acontece se não pagares os teus impostos? Que tipos de impostos existem? Empresas pagam impostos? O que é o rendimento e como é tributado? Os impostos podem ajudar a proteger o ambiente?

Destaca-se ainda o facto de que relativamente a cada uma das temáticas anteriormente referidas ser possível: (i) visualizar a finalidade da mesma; (ii) o objetivo a ser atingido; (iii) os materiais necessários; (iv) e por fim, o vocabulário que é somente indicação das palavras-chaves daquele conteúdo.

Adolescente (13-17 anos): secção mais pormenorizada, incluindo exemplos concretos de interesse dos adolescentes como descarregar música ou fazer compras online e os respetivos impostos aplicáveis a esses atos de consumo: imposto sobre o valor acrescentado e direitos aduaneiros. Adicionalmente, são também abordados os seguintes temas: Impostos: o que ganho com isso? Calma! Todos pagamos impostos; Cuidado com a face oculta; Um Cidadão Correto é um Contribuinte Correto.

Jovens Adultos: nesta secção são prestadas informações relevantes para esta fase da vida, como por exemplo, quando se tem de pagar impostos ou a gestão das questões fiscais. Destaca-se a importância do empreendedorismo bem como todas as questões fiscais que lhe estão associadas. Atendendo a que hoje se assiste a uma livre circulação dos cidadãos da União Europeia (em concreto dos Jovens Adultos), a temática do mercado de trabalho assume de extrema relevância.

2. O Jogo "Taxlandia"

O "Taxlandia" é um jogo educativo que visa promover a educação fiscal e que se encontra disponível de duas formas: online, através da plataforma "Taxedu" ou através de uma aplicação (*app*), descarregada online para sistemas operativos móveis e/ou tácteis, que consiste na possibilidade dos jogadores se tornarem Primeiros-Ministros de um pequeno Estado Europeu fictício composto por *"bonitas montanhas e lagos azuis claros"*, que no passado foi um país próspero, onde apenas eram cobrados impostos mínimos, em virtude da aceleração económica motivada pelo crescente turismo.

Porém, atualmente, este Estado, encontra-se numa crise sem precedentes, que originou, a mudança das sedes das empresas para outros países mais atrativos e uma acentuada queda na atividade turística. Perante este cenário torna-se necessário delinear e reajustar a política orçamental por via do aumento dos imposto o que despoletou uma "rebelião" contra os mesmos.

Neste contexto, o jogador surge como Primeiro-Ministro da "Taxlandia" com objetivo da cobrança de mais impostos para a construção de novas infraestruturas, bem como assegurar o desenvolvimento futuro do país, tendo sempre presente que o Orçamento do Estado que administram se encontra dividido espelas seguint áreas: Empresas, Turismo, Administração Pública, Saúde, Educação, Cultura e Artes.

O jogo permite ainda ter conhecimento das diversas tarefas que cabem ao Chefe do Governo, nomeadamente: (i) a luta contra a criminalidade; (ii) a poluição do país; (iii) os investimentos nos edifícios; (iv) a tecnologia utilizada; (v) as áreas verdes da cidade; (vi) o emprego; (vii) e, por último, a felicidade da população.

Alerta-se o jogador para a existência de um manual com várias explicações, e dicas para o desenrolar do jogo (realça-se o facto de existir diferentes níveis de dificuldade do jogo, de acordo com as faixas etárias anteriormente referidas: 9 a 12 anos, de 13 a 17 anos e de 18 a 25 anos), bem como a existência de um glossário, onde consta o significado de várias palavras e expressões que vão surgindo ao longo do jogo.

Durante o desenrolar do jogo e à medida que o jogador completa as várias missões, como salvar a cidade de desastres naturais, de investimentos ruinosos ou o restabelecimento da felicidade e a prosperidade na "Taxlandia", vai acumulando as suas pontuações. Durante este processo, os jogadores vão tomando conhecimento e contacto dos vários mecanismos fiscais e respetivo funcionamento.

Ora, consoante o tipo de políticas que o jogador, enquanto Primeiro-Ministro, pretende implementar, tal deverá determinar a necessidade de uma maior ou menor cobrança de impostos para fazer face às despesas estaduais.

Finalizadas as considerações prévias sobre o jogo "Taxlandia" e ingressando em concreto na aplicação, deparamo-nos com o "menu principal", onde são dadas as opções aos jogadores de iniciarem de imediato o jogo ou explorarem o glossário, onde constam as definições sobre a temática dos impostos e da política económica e orçamental.

Aos jogadores é disponibilizado um mapa interativo sobre a divisão do país em quatro regiões, a saber: (1) região "norte" situada numa zona montanhosa, mais elevada que o resto do país; (2) região "sul" atravessada por dois rios, a qual, na primavera, costuma ter inundações quando a neve no alto da montanha se começa a derreter; (3) região "oeste" é uma zona histórica, uma das mais antigas da Europa; (4) região "este" do país encontra-se cercada por belos lagos e atrai turistas há décadas.

2.1. Quem pode jogar?

Todas as pessoas podem jogar o jogo "Taxlandia" tendo apenas que escolher o grupo etário em que se insere para adequar o nível à sua idade. Realça-se o facto de o mesmo ser totalmente gratuito e compatível com os sistemas operativos Android 4.4+, iOS 7+ e W8+.

O conteúdo do jogo, mensagens ou explicações, estão adaptadas a cada faixa etária que cada jogador escolheu previamente, com mensagens de alerta que potenciam a aprendizagem.

2.2. Como se joga?

O jogador, Primeiro-Ministro do fictício pequeno país europeu terá de gerir um orçamento, distribuído da seguinte forma: 10% para o fundo de reserva em caso de situações de emergência e 90% distribuídos por várias áreas públicas.

O fundo de reserva destina-se a todas as situações inesperadas, com a componente não utilizada num ano a transitar para o ano seguinte. Porém, se o jogador utilizar esta verba, 10% das receitas fiscais do ano corrente serão atribuídas automaticamente no ano seguinte para reconstituir o fundo de reserva.

O jogador define um montante total de receitas fiscais e a percentagem de 90% terá de ser distribuída pelas áreas anteriormente referidas.

Caso o jogador pretender alterar as percentagens das receitas afetas a determinadas áreas poderá fazê-lo e receberá alertas.

Nesta situação, o jogador será obrigado a diminuir o investimento efetuado noutra área para investir mais na que pretende.

O importante é escolher a melhor combinação de escolhas pois estas vão influenciar positivamente ou negativamente a população, através dos seguintes índices/indicadores: felicidade, emprego, poluição e criminalidade.

Uma vez que o bem-estar da população obedece a uma perspetiva holística destas medidas, recomenda-se ao jogador que, pelo menos, 5% do orçamento seja afeto a cada uma das áreas de atividades, para que as mesmas se mantenham funcionais. No caso de ser inferior, é admitida a possibilidade de redistribuir os fundos de áreas que ainda não foram utilizados, denominando-se, orçamento rectificativo.

Os vários quadros interativos que vão surgindo explicam alguns factos estilizados da sociedade:

Quando aumenta o investimento em Saúde (construir ou modernizar hospitais), o índice de felicidade sobe, o emprego cresce e a receita fiscal aumenta. Quando aumenta o investimento em Educação (construir ou modernizar escolas), o índice de felicidade sobe, o emprego cresce, a criminalidade desce e a receita fiscal aumenta.

Quando aumenta o investimento em Cultura e Arte, o índice de felicidade sobe, o emprego cresce, a receita fiscal aumenta. Quando se investe na Administração Pública (polícia, corpo de bombeiros, funcionários, serviços municipais), o índice de felicidade sobe, o emprego cresce, a criminalidade desce e a receita fiscal aumenta.

Quando aumenta o investimento no Turismo (hotéis, estádios, novos caminhos de ferro), o índice de felicidade sobe, o emprego cresce, porém a criminalidade aumenta, a poluição agrava-se. Quando se investe na Atividade Empresarial, o emprego cresce, o índice de felicidade sobe, mas a poluição agrava-se.

Os quatro índices/indicadores por serem representativos de repercussões nas pessoas, podem ser afetados de forma diferente, de acordo com as decisões de investimentos em cada área funcional, conforme é explicado ao utilizador. Tomemos os seguintes exemplos, se for selecionada a faixa etária 18-25:

Felicidade: quando há muito emprego e pouca poluição e criminalidade, as pessoas estão felizes. Mas quando ocorrem catástrofes, a felicidade baixa. Então o utilizador é aconselhado a gastar algum dinheiro em coisas que façam as pessoas felizes (salas de espetáculos, espaços verdes, centros desportivos).

Emprego: os empregados trabalham a troco de pagamento, com base num contrato, em cada pagamento, uma percentagem vai para receita fiscal. O emprego é influenciado pelo investimento na atividade empresarial, no turismo, na administração pública e menos pelos outros sectores. Por sua vez afeta a felicidade e a poluição.

Poluição: significa a introdução no meio ambiente de uma substância que tem efeitos nocivos ou tóxicos. Este indicador cresce com o investimento na atividade empresarial, por sua vez afeta a felicidade e a saúde.

Criminalidade: a criminalidade faz-se sentir quando as cidades estão superlotadas (por isso é preciso construir mais casas) e quando o nível de emprego é baixo e existe um fraco investimento na administração pública.

O bem-estar da população depende do equilíbrio entre todos os índices/indicadores, levando o jogador a escolher a melhor combinação entre os investimentos nas seis áreas funcionais acima mencionadas, por forma a conseguir obter esse equilíbrio. Em suma, enfrentar os dilemas e custos de oportunidade inerentes a qualquer decisão em termos de definição de políticas públicas.

2.3. Como se pontua?

O jogador ganha pontos por cada ação que faça e determinadas tarefas que permitem a obtenção de pontos extras.

Recebe 100 pontos extra por cada aumento em 10% no índice da felicidade, cada aumento em 2% no emprego, cada descida de 5% na poluição ou cada descida de 1% na criminalidade. Recebe 50 pontos extra por cada grande investimento (estádio, aeroporto, caminhos de ferro, barragem, etc.). Recebe 10 pontos extras por cada ícone de alerta relativo a encontrar uma solução que melhor o bem-estar social.

O Primeiro Ministro da "Taxlandia" também recebe sinais de alertas para enfrentar os seus dilemas face ao orçamento disponível. Tome-se o seguinte exemplo:

Conclui-se que o jogo "Taxlandia" permite ao jogador/utilizador, cidadão europeu, numa linguagem consentânea com a sua faixa etária as suas decisões orçamentais em várias áreas funcionais de um país fictício.

As receitas obtidas através da cobrança de impostos podem influenciar positiva ou negativamente o bem-estar da população do mesmo, constituindo bases para o edificar do exercício da cidadania fiscal ativa e consciente, promovendo uma crescente literacia fiscal, ato de cidadania para uma sociedade que se quer justa e equilibrada.

Programas de Educação Fiscal pelo Mundo

Alina Gherbovetchi*
Joana Bogalho*
Paulo Alcobia*

1. Programas de educação fiscal

A Educação Fiscal vem dar resposta à necessidade de informar e consciencializar o cidadão-contribuinte para a função socioeconómica do imposto, principalmente sobre a importância do seu pagamento e da sua arrecadação para o Estado, mas também do destino tomado para servir a população, através dos serviços públicos dos quais beneficiam. Segundo Lopes e Brites (2016),

«O imposto não deve ser entendido, apenas, como uma mera obrigação do cidadão contribuinte, mas também como um dever de cidadania, dado que se trata de um elemento inerente à existência do próprio Estado, necessário à organização da sociedade e ponto crucial da relação Estado-cidadão.»

Em 1789, Benjamin Franklin escreveu que "nada neste mundo pode ser tido como certo, exceto a morte e os impostos". É neste contexto que surge a indispensabilidade da criação de uma relação, não só harmoniosa, mas também de compreensão mútua entre o Estado e o Cidadão. De acordo com Palma e Pita (2015, pp.29-62), a inexistência dessa relação provoca situações de grande instabilidade e constrangimentos e pode distorcer a

* Alunos do Mestrado em Fiscalidade, ISCAL.

perceção sobre o sistema fiscal e assim, influenciar o comportamento do contribuinte, nomeadamente na decisão de cumprir ou não cumprir as suas obrigações fiscais.

Os programas de Educação Fiscal procuram, assim, transmitir aos cidadãos-contribuintes ideias, valores e atitudes sociais e morais favoráveis à responsabilidade fiscal e contrárias às condutas fraudulentas. Os países e entidades responsáveis utilizam estes programas para promover estes objetivos implementados pelos Governos, e por norma, em parceria com entidades competentes para que os mesmos tenham impacto na sociedade de forma consistente, concisa e apelativa.

A adoção de uma política de Educação Fiscal, consistente e elaborada por organismos competentes, como a Administração Tributária e o Ministério da Educação, permite aos cidadãos tomar consciência quanto à necessidade de financiamento do Estado através da arrecadação de impostos e do seu dever de participar na aplicação, arrecadação e fiscalização dos dinheiros públicos. Segundo Lopes e Brites (2016),

«Nos sistemas fiscais atuais, o financiamento do Estado provém quase exclusivamente da cobrança de tributos, assumindo-se estes como fundamentais ao desenvolvimento económico, social e cultural de qualquer país. Assim todos os cidadãos têm o dever de apoiar financeiramente o Estado, através do pagamento dos seus impostos, o direito de expressar a sua opinião sobre os impostos que estão dispostos a pagar, bem como o direito de receber os benefícios públicos em troca do pagamento dos seus impostos.»

O cidadão-contribuinte deve ter a noção de que usufrui dos benefícios públicos, ou seja, dos serviços públicos fornecidos pelo Estado. Segundo a autora Cidália Lopes (2015), os cidadãos portugueses têm noção de que os impostos são necessários ao financiamento do Estado, e que o problema que se coloca está relacionado com a falta de confiança, na gestão dos impostos, arrecadados pelo Estado.

A adoção de uma política de Educação Fiscal, consistente e elaborada por organismos competentes, como a Administração Fiscal e o Ministério da Educação, sendo que a mesma deve ser reconhecida como uma política pública do Estado e que a mesma seja aprovada e apoiada, por organismos estatais com peso e relevância em matéria fiscal, permite aos cidadãos tomar consciência quanto à necessidade de financiamento do Estado através da arrecadação de impostos e do seu dever de participar na aplicação, arrecadação e fiscalização dos dinheiros públicos.

Em suma, é através deste tipo de educação que é possível transmitir valores de cidadania fiscal de modo a que os cidadãos interiorizem a importância da cobrança dos impostos.

2. Programas de educação fiscal pelo mundo

América do Norte

Os Estados Unidos da América têm o sistema de Educação fiscal mais antigo. Em 1954, foi criado o "*Understanding Taxes*" pela *Internal Revenue Service* (IRS), com o objetivo de abranger estudantes do ensino secundário, tornando-se então obrigatório a Educação Financeira, nas escolas secundárias de mais de metade dos Estados, com o objetivo de preparar os jovens para a vida adulta.

O Concelho Nacional de Educação Económica (*National Council of Economic Education)* é responsável pelo desenvolvimento do material didático de suporte. O Banco Central Norte Americano (*Federal Reserve*) faz a análise sobre os programas de Educação Fiscal direcionados aos trabalhadores, estudantes e à população como um todo.

No Canadá, a Autoridade Tributária (AT) é responsável por manter um programa para jovens que se encontrem a frequentar o ensino secundário. Os professores lecionam esta temática de forma voluntária cabendo à AT fornecer a formação necessária. Os alunos também auxiliam pessoas carenciadas, idosos e portadores de deficiência, no preenchimento das suas declarações fiscais.

Na Jamaica existe um programa escolar de Educação Fiscal denominado *Schools taxpayer education programme* (STEP) implementado em 1990, que abrange os estudantes desde o primeiro ciclo ao ensino secundário e que tem como objetivo incentivar o cumprimento fiscal voluntário e explicar a finalidade dos impostos.

América do Sul

No Brasil, o Ministério da Educação e da Cultura juntamente com outros ministérios e secretarias implementaram um Programa Nacional de Educação Fiscal com o objetivo de capacitar os indivíduos no âmbito fiscal. Por meio da Escola de Administração Fazendária (ESAF) são oferecidos cursos online e materiais sobre o assunto.

O Brasil instaurou também o seu projeto de Educação Fiscal através do *site* "O Leãozinho", sendo este uma página web constituída por jogos e material didático afeto a um público-alvo mais jovem, nomeadamente crianças. Este explica às crianças através de histórias a função do Estado, a razão do pagamento de impostos, entre outros temas, com o objetivo de esclarecer as dúvidas dos mais novos.

No Chile, em 2006, foi criada uma página web para professores, pais e tutores com informações sobre educação fiscal e sugestões para os mesmos. Em seguida, surgiu outra página web, para crianças entre os 6 e 13 anos, com vídeos, músicas e aulas interativas.

Na Costa Rica, foi inaugurado, em 2010, um salão de jogos, denominado "*Tribute to my country*" no "*Museo de los Niños*", onde é explicada a história e origem dos principais impostos, o funcionamento da Assembleia Legislativa, o investimento da receita obtida através dos impostos, bem como o funcionamento dos serviços fiscais.

Europa

A Suécia é considerada um dos países europeus pioneiros no desenvolvimento dos programas de Educação Fiscal, voltados principalmente para a sensibilização da classe etária entre os 14 e os 20 anos, considerados "os futuros contribuintes", sendo que estes programas incidem principalmente acerca das funções socioeconómicas dos impostos e do seu papel na sociedade.

Em 2002, o Governo da Suécia realizou um programa dirigido a um público mais jovem que consistia num anúncio televisivo sobre como seria a sociedade sem a exigência dos impostos complementando com informação sobre o destino acerca da distribuição de serviços públicos. No ano de 2004, a campanha versou sobre a relação existente entre os impostos pagos e os benefícios públicos recebidos em troca, tais como a saúde, a educação, entre outros (Lopes, 2008).

A Dinamarca, a Noruega e a Finlândia desenvolveram programas direcionados para os jovens sendo a Administração Tributária, de cada país, a grande responsável pela criação e execução dos mesmos. Os programas consistem em campanhas informativas ministradas a alunos do ensino secundário através de palestras e cursos.

O programa de Educação Fiscal de destaque na Europa é o "Red Box", realizado no Reino Unido. Este projeto foi constituído por três departamentos pertencentes ao Ministério das Finanças (*Chancellor of the Exchequer*) – impostos diretos (*The Inland Revenue*), impostos indiretos (*Customs*

& Excise) e política económica e financeira (*The Treasury*) – criaram uma comissão especializada denominada *Project Board*, da qual resultou o programa educativo "*The Red Box*".

Este projeto foi realizado em parceria com a Administração Educativa (*Qualifications and Curriculum Authority* – QCA) através de um projeto piloto implementados nas escolas. Tal consistia em duas páginas *web* com material didático de suporte para professores lecionarem alunos do ensino básico e secundário. Esta página web ainda contém glossário com terminologia fiscal e um *link* onde consta o orçamento público. A outra vertente baseia-se num jogo no qual os utilizadores gerem os serviços públicos e o dinheiro arrecadado pelo Estado.

No entanto, houve uma necessidade de alteração e substituição do programa de Educação Fiscal no Reino Unido, sendo que estas mudanças assentaram fundamentalmente em novo material didático mas também num aumento faixa etária do público-alvo, sendo que foi criado o denominado "*The Big Blue Office*" que consiste numa página web com jogos e desenhos animados e outra página web "*Tax Matters*", que está associada aos jovens dos 11 aos 19 anos.

Relativamente a Portugal, Cidália Mota Lopes, autora do livro *Quanto custa pagar impostos em Portugal?*, afirma que o fisco é um exemplo de eficiência na cobrança de impostos mas deve ser mais proactivo, ou seja, não agir apenas a *posteriori*, mas antecipadamente, disponibilizando ferramentas de apoio aos contribuintes e simplificando os procedimentos.

Em 2007, Portugal apostou em medidas pontuais das quais não foram retirados grandes progressos, através da promoção de um jogo Monopólio Fiscal – "*Tax Bem! – o jogo da educação fiscal*", e alguns livros educativos sobre a questão tributária, tendo também organizado uma exposição de sensibilização dos cidadãos para as funções socioeconómicas dos impostos.

Mais recentemente, Portugal tem apostado em incentivos para os contribuintes pedirem fatura, nomeadamente através do programa *Fatura da Sorte*, presente no sistema do E-Fatura, este incentivo teve inicio originalmente pela Administração Tributária do Brasil.

Atualmente, encontra-se em curso um projeto inserido numa linha de investigação do Instituto Superior de Contabilidade e Administração de Lisboa, do Centro de Investigação de Direito Económico, Financeiro e Fiscal da Faculdade de Direito de Lisboa, e do Instituto Superior de Ciências Económicas e Empresarias de Cabo Verde, conjuntamente com o Instituto

Superior de Contabilidade e Administração de Coimbra e a Faculdade de Economia de Coimbra com o patrocínio da Ordem dos Contabilistas Certificados e do Governo de Angola – o projeto de investigação sobre Lusofonia e Educação Fiscal, tendo este como principais objetivos a troca de experiências sobre esta matéria, bem como apresentar um projeto de Plano para a Cidadania e Educação Fiscal em Portugal, pretendendo, para o efeito, celebrar protocolos com os Ministérios das Finanças e da Educação.

Ao exposto acresce o programa "Cidadania e Educação Fiscal", no qual foram apresentados três livros da autoria de Clotilde Celorico Palma, Ana Maria Rodrigues e Cidália Mota Lopes (OCC,2016): "Joaninha e os impostos", da autoria de Clotilde Celorico Palma, sendo este direcionado a crianças do primeiro ciclo escolar; "A Joana e os impostos – Uma história de educação fiscal na universidade", da autoria de Cidália Mota Lopes, sendo este direcionado para estudantes universitários; Por último, "A Joaninha e os impostos – Uma história de educação fiscal para adolescentes", da autoria de Ana Maria Rodrigues, sendo este direcionado a estudantes do ensino secundário.

Portal "*Taxedu*"

O Mais Recente projeto piloto da União Europeia é o portal "*TAXEDU*", cujo objetivo é formar jovens cidadãos conscientes da matéria tributária e fiscal e ensinar como o tema afeta a vida de todos. O projeto foi conduzido pelo Parlamento Europeu e pela Comissão Europeia, com a participação das autoridades tributárias nacionais.

Este projeto consiste em material didático, como um plataforma *e-learning*, onde o público-alvo está diferenciado em várias categorias e onde é possível encontrar informação geral mas também informação detalhada para os mais curiosos. Este portal, tem também disponível material destinado a professores para que estes possam utilizar junto dos seus alunos e fazer deste projeto algo bem-sucedido.

Por fim, foi criado um jogo intitulado "*Taxlândia*" onde as crianças, adolescentes e jovens-adultos se podem aperceber que, é através dos impostos cobrados pelo Estado que podem haver melhorias na cidade/país onde vivem e que por vezes, um aumento dos impostos significa o aumento da receita fiscal e consequentemente um aumento na qualidade dos serviços públicos disponibilizados pelo Estado.

Oceânia

Na Austrália, a Administração Tributária criou a *Client Education and Communication Unit* (CECU). É uma unidade criada especificamente para desenvolver programas de educação fiscal. Nesse âmbito, foi projetado um programa com informações básicas sobre o sistema fiscal, bem como a função social do imposto para jovens dos 14 aos 18 anos.

No caso da Nova Zelândia, a Administração Fiscal e o Ministério da Juventude são responsáveis pelo programa de educação fiscal do país, cujo objetivo é preparar adolescentes e jovens, desde os 13 aos 25 anos, para a vida adulta. O programa consiste na transmissão de informação fiscal útil para o cumprimento das obrigações fiscais.

Ásia

O Japão tem como principal objetivo informar os futuros contribuintes do sistema fiscal e dos impostos. Este ainda fornece informação sobre o orçamento público, défice fiscal e ainda é colocada uma questão sobre como o sistema fiscal deverá ser estruturado de forma a cumprir os objetivos.

Por outro lado, Bangladesh teve uma atitude "*avant-garde*" e implementou o Dia Nacional do Imposto sobre o Rendimento que se celebra dia 15 de setembro no qual concentram-se postos de atendimento para esclarecimento de dúvidas fiscais. Esta medida foi instituía pelo *The National Board of Revenue* (NBR) e pelos Ministérios da Informação e das Finanças de forma a ajudar as pessoas coletivas e singulares visto que os contribuintes devem preencher as suas declarações fiscais até dia 30 de setembro.

Desde 2006, o Ministério das Finanças do Líbano oferece, aos sujeitos passivos de IVA, um calendário anual com as obrigações fiscais inerentes ao imposto, intitulado "Time for Taxes". Em cada página, existe uma nota "*Did you know?*", na qual contém informação das obrigações fiscais, direitos e sanções.

Em 2011, o *Inland Revenue Board of Malaysian* (IRBM), o *Malaysian Tax Academy* e o Ministério da Educação da Malásia, teve a iniciativa de realizar anualmente um campo de férias, intitulado "*Kem Cerdik Cukai*" com o objetivo de ensinar aos alunos do ensino secundário a importância social do imposto, através de várias atividades.

Além disso, a IRBM em parceria com a Kidzania, criaram o "*Junior Tax Officer*", no qual alunos, com idades compreendidas entre os 6 e os 14 anos, simulam que são administradores fiscais e decidem onde irão aplicar o dinheiro público. Em simultâneo, as crianças são instruídas através de vídeos explicativos das funções do IRBM e de como a receita fiscal é distribuída. No fim de cada sessão, o participante recebe um salário em forma de Kidzos, tendo de retirar parte deste para o pagamento dos impostos.

África

Desde 2010, a Angola tem vindo a desenvolver os seus programas de educação fiscal, tais como palestras, *workshops*, visitas em escolas e feiras, jogos interativos, campanhas informativas através dos meios de comunicação do social, entre outros. No entanto, o vídeo informativo, direcionado a um público mais jovem, intitulado "*Justinho e a Mala fantástica*", destacou-se pois faz uma breve exposição da história dos impostos, bem como explica de forma simples e clara a função social do imposto.

O *Office Burandais des Recettes* (OBR) de Burundi realiza campanhas em centros comerciais, feiras e lojas, de forma a incentivar os comerciantes informais a obterem o seu número de identificação fiscal. Estas campanhas foram realizadas por grupos de estudantes, entre novembro de 2011 e agosto de 2012, baseando-se essencialmente em sessões de esclarecimento, onde o cidadão passaria a compreender a importância social do imposto.

Em 2000, o Ministério da Educação, Economia e Finanças, e o *General Directorate of Tax* (DGI) de Marrocos efetuaram algumas apresentações de forma a educar as crianças e jovens sobre a importância dos impostos, da cidadania fiscal e das obrigações fiscais. Em 2005, juntamente com a Universidade de Rabat, foram treinados administradores da DGI, de modo a lecionar cursos sobre os impostos para estudantes universitários. E, em 2011, foram feitas campanhas publicitárias na televisão e rádio com o intuito de aumentar o cumprimento fiscal dos cidadãos.

A Autoridade Tributária de Moçambique criou a campanha "*Together We Make Mozambique*" que integra a criação de relatórios sobre os impostos e a sua importância, debates e entrevistas, tanto na televisão como na rádio, artigos impressos, distribuição de panfletos, folhetos, boletins, t-shirts, cd's e caravanas de educação fiscal de modo a informar toda a população.

Na Nigéria, o *Federal Inland Revenue Services* (FIRS) teve uma atitude semelhante à da Autoridade Tributária de Moçambique no sentido de ter criado uma série televisiva, denominada "Binding Duty" que tem como objetivo informar a população em geral através de entretenimento que transmite mensagens sobre o cumprimento e cidadania fiscal.

A *Rwanda Revenue Authority* (RRA) implementou um dia comemorativo, "*Taxpayer's Day*", no qual o presidente da Ruanda premeia os melhores contribuintes, aqueles que pagam corretamente e atempadamente os seus impostos. Durante a semana que antecede esse dia, existem diversas atividades para promover a cidadania fiscal, bem como são esclarecidas eventuais dúvidas. Os funcionários da RRA visitam escolas de modo a estimular a consciência cívica do cidadão, bem como o aumentar o seu conhecimento fiscal. Este programa é conhecido por "*Tax friends clubs*".

Em Cabo Verde existe implementado um programa denominado por Programa Nacional de Cidadania Fiscal (PNCF). O PNCF visa proporcionar aos cabo-verdianos conhecimentos necessários à interpretação das vertentes financeiras da arrecadação e dos gastos públicos, e estimular o cidadão a compreender o seu dever de contribuir solidariamente em benefício da sociedade. Pretende-se, igualmente, consciencializar os cidadãos da importância da sua participação no acompanhamento da aplicação dos recursos arrecadados, com justiça, transparência, honestidade e eficiência, minimizando o conflito entre o contribuinte e o Estado arrecadador e administrador dos recursos coletados.

Uma das estratégias referentes à Educação Formal é a oferta de disciplina específica com o tema "Interdisciplinaridade e a construção de cidadania" em todos os cursos de licenciatura. Assim, tornou-se obrigatória desde 2013/2014 a abordagem horizontalizada e verticalizada de tópicos específicos da cidadania fiscal e da cultura tributária na disciplina de "Educação para a Cidadania" e de maneira interdisciplinar nos demais temas dessa disciplina.

O PNCF é muito recente, pelo que, naturalmente, a respetiva implementação não está muito avançada, estando essencialmente em causa ações cuja adequada implementação carece de um certo tempo.

3. Conclusão

É de realçar a extrema necessidade da implementação de programas de educação fiscal e da importância da participação do maior número de organismos competentes em matéria fiscal. Como foi possível verificar, a Autoridade Tributária mostra-se como o organismo de grande responsabilidade na criação e execução dos programas dos vários países referidos. Este atua de forma autónoma ou, como se verificou em alguns casos, em parceria com outros organismos e instituições.

Em regra, os programas educacionais são criados tendo em conta a especificidade e o contexto em que cada país se encontra inserido e as suas necessidades. Estes programas procuram a eficiência e o sucesso na obtenção de cidadãos mais conscientes do papel dos impostos no quotidiano. Esta consciência origina uma cultura fiscal, essencial para o contribuinte exercer o seu papel como cidadão.

De acordo com o que foi referido anteriormente, à exceção da América do Norte e do Reino Unido, implementadores de programas mais estruturados e enraizados no sistema educativo, devido ao facto de terem começado a desenvolver os programas desde muito cedo, em alguns países o grau de desenvolvimento dos programas de educação fiscal não está diretamente relacionado com o grau de desenvolvimento do país.

Em suma, devemos olhar para os programas de educação fiscal como um investimento a longo prazo. Apesar de a maioria dos programas serem direcionados às crianças, aos adolescentes e aos jovens adultos, não podemos desvalorizar a importância deste tipo de programas direcionados aos adultos e à geração mais idosa. Deste modo, pretende-se abranger todos os cidadãos, presentes e futuros contribuintes, transmitindo a informação fiscal necessária para o cumprimento fiscal das suas obrigações, bem como a sua importância.

Educação e Cidadania Fiscal – Um exercício de consciência e participação – O Caso de Angola

ALICE NEVES*

Actualmente a maioria das sociedades clamam por mais transparência das acções dos seus governos, por isso torna-se importante por parte destes, políticas de participação activa dos seus cidadãos, no sentido de redução ou mitigação de distorções sociais, criando sociedades mais justas, igualitárias e democráticas, onde o exercício da cidadania é extremamente fundamental.

A cidadania fiscal por seu lado, apela ao cumprimento das obrigações tributárias, visando deste modo o cumprimento da obrigação tributária, consciencializando os cidadãos de que o Estado, a fim de que realize a sua principal função, necessita de obter recursos financeiros, maioritariamente, proveniente dos tributos, o que constitui para o cidadão o dever de participar na aplicação, arrecadação e fiscalização dos dinheiros públicos, no fundo, o dever moral e fundamental de cidadania.

Nas últimas décadas, a adopção de Programas de Educação e Cidadania Fiscal é uma crescente preocupação por parte das Administrações Tributárias (AT) principalmente em África e na América Latina, o que comparativamente não se observam em algumas AT administrativamente mais evoluídas (e.g. Holanda, Finlândia), onde são constatadas experiências

* Ex. Administradora da Administração Geral Tributária de Angola. Analista e Formadora em Fiscalidade. Luanda.

muito reduzidas em termos de projectos ou iniciativas de educação fiscal, apesar de serem reconhecidas a sua relevância.

Mais do que se pautarem de políticas de coercibilidade (sistema e justiça tributária), recomendam as estratégias modernas e inovadoras, adopção permanente dos retros mencionados programas, pois estes sugerem uma maior influência positiva na relação que existe entre Estado (AT) e os contribuintes, alterando ideias conotativas do sistema tributário, o comportamento dos contribuintes e, consequentemente, na decisão de pagar ou não pagar impostos, ou seja a cultura de cumprimento das obrigações.

O debate constante nos vários fóruns entre AT, a nível regional e internacional, referem os programas nacionais de educação fiscal como um instrumento válido e permanente para redução de corrupção, desigualdade, ampliação da participação na gestão democrática do Estado, relevando a estreita ligação que deve existir entre a moral fiscal (grau de conhecimento do cumprimento das obrigações fiscais) e a percepção sobre a qualidade das despesas públicas.

Ao olharmos para a composição das acções que integram os projectos ou programas de cidadania e educação fiscal, a nível das mais diversas AT, estas são invariavelmente idênticas, sendo adaptáveis conforme o grau de maturidade de cultura tributária do publico-alvo, e do seu contexto sócio-cultural.

Em 2015, a OCDE lançou a publicação de um interessante estudo de experiencia comparada de 28 Administrações Tributárias – *Edifier une culture fiscale du civisme et de citoyenneté – Un document de reference global de l'education des contribuables* (Edificação de uma cultura fiscal de civismo e de cidadania) – Um documento de referência global de educação dos contribuintes, representando assim um grande contributo e inspiração de técnicas inovadoras para a construção de uma cultura de civismo fiscal, principalmente atendendo os tempos de crise.

Tais exemplos ou referências vão desde a:

i) sensibilização de contribuintes, criação de medidas de facilitação quanto ao pagamento do imposto, sobretudo nas zonas rurais, e institucionalização de canais efectivos de diálogo directo dos contribuintes;

ii) redução do sector informal, com iniciativas que auxiliam os pequenos comerciantes na obtenção do número de identificação fiscal, alargando a base tributária pelo incremento no cadastro de contribuintes;

iii) sensibilização na primeira idade (crianças e adolescentes), como parte da construção da cidadania fiscal, sendo estes representantes do amanhã de qualquer sociedade

Desde 2015, que Angola experimenta tal estratégia, aquando da adopção da Campanha de Sensibilização de Impostos (CSPI), constituída por 3 vertentes: acções na mídia; criação de brigadas de natureza educativa para a sensibilização de pagamento de impostos; e ainda as brigadas móveis.

No que concerne a sensibilização aos mais novos, ou a educação fiscal na primeira idade, a iniciativa de Angola, tem como referencia a utilização de uma metodologia pedagógica, que por intermédio de um pequeno filme, demonstra a funcionalidade da arrecadação do tributo em bens úteis à sociedade e acima de tudo ensinam as crianças e aos adolescentes como serem bons cidadãos.

O programa com o tema *"Justinho e a mala fantástica – O que fazem os impostos no nosso pais?"*, é uma parceria do Ministério das Finanças e o Ministério da Educação, que chegou a impactar directamente no ano de 2016 a sensibilização em cerca de 190 Escolas publicas e privadas, num número de 92.932 crianças e adolescentes. (Relatório Final CSPI 2015 – 2016/AGT).

Claramente se observa que as acções da Administração Tributária de Angola, têm como objectivo principal introduzir o conceito de cidadania no seio da sociedade, na sua relação com os contribuintes, de modo que a cultura de pagamento de imposto faça parte do dia-a-dia do cidadão, por intermédio de manifestação de um conjunto de valores, que devem ser continuamente trabalhados, pretendendo um alcance abrangente a todos os segmentos, transformando o conceito de imposto, de forma gradual, a um conceito de associações positivas.

Com a implementação da reforma tributária na realidade angolana, demarcou-se uma etapa diferente no domínio da fiscalidade, a transição de um Estado Patrimonial para um Estado Fiscal, a qual se pretende a condução a um cenário de estabilidade económica e social do país, por intermédio dos impostos, reduzindo em grande medida a dependência das receitas petrolíferas.

No decurso deste mesmo processo, tal como acontece em outras latitudes, denotam-se algumas questões de resistência e clima de desconfiança por parte da sociedade, dos próprios contribuintes, no que concerne a eficiência e transparência da gestão dos bens do Estado, aquando do cumprimento das obrigações fiscais, uma vez quanto mais acessível é o serviço publico de qualidade, maior é a vontade do contribuinte em pagar impostos, elevando assim o nível de moral fiscal no seio da sociedade, reduzindo assim actos de fraude e evasão fiscal, bem como praticas de corrupção.

No caso de Angola, os programas e acções levadas a cabo, têm um carácter permanente como resultado de estratégico de médio e longo prazo, integradas no programa da CSPI, pensada no contexto local, onde é necessário elevar a percepção do fisco a vários segmentos, como instrumento de estímulo da cidadania activa e participação nas políticas publicas de governação.

O êxito da execução de tais políticas requer uma boa harmonização de vários parceiros a nível nacional e internacional, não somente as parcerias com os vários departamentos ministeriais (Educação, Cultura, etc.), mas sobretudo a contribuição provenientes de entidades privilegiadas que possuem um relacionamento muito próximo com a matéria de fiscalidade (associações civis, Ordem dos Contabilistas, etc.)

A título de exemplo, a nível internacional, Angola é participante no projecto investigação (nota de rodapé a descrição do projecto e sua coordenação) sobre Educação e Cidadania fiscal na Lusofonia, que tem como principal objectivo a troca de experiências e concepção de programas adaptáveis a cada contexto dos países da referida comunidade.

Um dos instrumentos de materialização da interacção da rede de investigadores, passa pela realização de Conferências Internacionais, onde são apresentados vários trabalhos de investigação de diversas realidades, enriquecidas de contribuições de académicos, analistas e sobretudo de operadores económicos locais.

Pensando em políticas e programas de longo prazo, o projecto desenvolveu também uma vertente de literacia fiscal com publicação de um livro para crianças, "*Joaninha e os Impostos*", estando o seu original a ser disseminado em versões adaptáveis a realidade dos países da comunidade, como é o caso concreto do Brasil, Moçambique e Angola.

A versão angolana do livro "*Joana e os Impostos*" vem com a sua publicação, incentivar não somente a Administração Tributaria local em medidas de construção de comportamentos de civismo e responsabilidade fiscal, por meio de projectos específicos a cada uma das faixas etárias, com maior enfoque as crianças e adolescentes por representarem o futuro da sociedade, mas tambem a toda massa critica local a prestarem o seu contributo em iniciativas relacionadas a literacia fiscal, uma vez que a educação fiscal não somente promove o aumento da arrecadação de receitas, mas sobretudo fortalece o compromisso de todos para o bem comum, a percepção do pagamento de impostos, realçando a função económica e social do imposto e em si, e sua correlação com necessidade de financiamento da despesa publica, condição *sine qua non* para estabilidade económica e financeira de uma sociedade.

Educação e Cidadania Fiscal: Linhas Orientadoras. O Programa de Educação Fiscal do Brasil

IRYNA ZADOROZHNAIA*

LURDES MARIA FERREIRA GONÇALVES*

PAULO MANUEL PEREIRA FERNANDES*

1. Introdução

Benjamin Franklin escreveu que «nada neste mundo pode ser tido com certo, excepto a morte e os impostos». A frase deixa transparecer uma característica dos impostos que a generalidade da doutrina fiscalista não inclui entre os seus elementos definidores, mas que nem por isso deixa de ser reveladora da natureza desse tributo: a sua inevitabilidade. Se todos nós somos, no devido tempo, chamados a pagar impostos, dispondo o Estado de parte substancial dos nossos rendimentos, que doutro modo serviriam para satisfazer as nossas necessidades pessoais, então, que melhor razão podemos encontrar, para dedicarmos algum do nosso tempo a tentar compreender que impostos nos são exigidos, o motivo que leva o Estado a impor-nos essa obrigação e, fundamentalmente, de que modo o nosso esforço pessoal e o de cada cidadão, pode ser compensado através da prestação adequada de serviços públicos. É na resposta a estas questões, que devem centrar-se as iniciativas de Educação e Cidadania Fiscal, de forma a incutir no cidadão a consciência de que «os impostos são o que pagamos por uma sociedade civilizada», Oliver Wendell Holmes, Jr. (Associate Justice

* Alunos do Mestrado em Fiscalidade do ISCAL.

of the Supreme Court of the United States from 1902 to 1932). Mas, para que o esforço de pagar impostos, seja encarado pelo cidadão como parte integrante de um dever de cidadania, tem de ser criada uma cultura de responsabilidade na actividade financeira pública do estado, associada à ideia de *boa governança*[1], imprescindível ao sucesso de qualquer programa de educação e cidadania fiscal. É que o dever de pagar impostos implica como contrapartida, o direito dos cidadãos a exigir uma boa gestão dos recursos financeiros públicos. Desta forma, um programa de educação fiscal deve contemplar medidas destinadas a incentivar o cumprimento das obrigações fiscais, assim como iniciativas que visem promover e incentivar a boa gestão dos dinheiros públicos, como por exemplo as destinadas a aumentar a transparência orçamental.

2. O conceito de Educação Fiscal

Nas palavras de PALMA e PITA (2008: 31) a «Educação Fiscal consiste num método de ensino e aprendizagem que tem em vista consciencializar o cidadão sobre a função social do tributo, de como este pode promover a justiça social, incentivando-o a participar na aplicação, arrecadação e fiscalização do dinheiro público (...)» No entender das referidas autoras, tal conceito poderá assumir um sentido restrito e um sentido amplo. Na primeira acepção, reportar-se-ia à:

> (...) abordagem educativa com o intuito de compreender a arrecadação de receitas e os gastos públicos, de modo a que o contribuinte se consciencialize de que o tributo é o preço que pagamos para uma sociedade civilizada, apelando à justiça, transparência, honestidade e eficiência.

Já no sentido amplo, «deverá tratar da compreensão do que é o Estado, das suas funções e financiamento, da estrutura e funcionamento da Administração Pública nos seus diversos níveis.» Em suma, trata-se de levar a cabo um esforço de consciencialização, orientado para as necessidades de financiamento do Estado, que nos sistemas fiscais actuais assentam quase exclusivamente na arrecadação de impostos, constituindo a receita fiscal, um recurso imprescindível à melhoria da qualidade de vida das sociedades.

[1] Quanto à definição do conceito de *boa governança*, ver COSTA, Paulo Nogueira. *Estado, democracia, impostos e cidadania fiscal* in Revista de Finanças Públicas e Direito Fiscal, IDEFF, Ano VII, VOL-I, pp. 66.

Pretende-se ainda, incutir no cidadão a ideia de cidadania participativa, de interesse pela gestão da coisa pública, garantindo ao mesmo tempo a transparência das acções do governo. De modo que, não se trata apenas de criar um meio apto a combater a fraude e evasão fiscais, mas de uma «via para a construção de uma cidadania mais informada, consciente e exigente e assim, para o robustecimento do Estado democrático e republicano», conforme refere COSTA (2008:70). Na realidade, pretende-se mobilizar os cidadãos para um objectivo comum, modificando a sua relação com o Estado, no sentido de torná-la menos controversa e mais participativa. Contudo, esse desígnio dificilmente será alcançado, se os cidadãos tiverem a consciência de que os serviços públicos não funcionam correctamente, ou seja, se houver uma elevada taxa de insatisfação relativamente ao seu funcionamento. A gestão ineficiente da receita pública, constitui uma das principias causas do elevado nível de fraude e evasão fiscal, que por sua fez conduzirá à perda de receita fiscal, gerando-se um círculo vicioso.

3. Metodologias e acções da Política da Cidadania e Educação Fiscal – o Programa Nacional de Educação Fiscal do Brasil

De acordo com PALMA e PITA (2008: 33) «os programas e planos de Cidadania e Educação Fiscal mais não são do que uma estratégia que visa o aumento das receitas fiscais, procurando explicar o porquê do pagamento dos impostos, aprofundando o compromisso a favor do interesse geral e sublinhando a relevância social do imposto e a sua ligação com a despesa pública». Na esteira do que referimos anteriormente, a invocação da Cidadania não pode, no entanto, ter como fim exclusivo a sensibilização dos cidadãos para a necessidade de pagar impostos, mas antes servir um objectivo mais abrangente, que é o de reforçar o comprometimento dos cidadãos com o bem comum, o que passa, necessariamente, por fazer sobressair o valor social dos tributos e a sua conexão com os gastos públicos, mas igualmente por garantir àqueles o direito de acompanhar a sua aplicação, em vista a uma gestão legal, racional e íntegra dos dinheiros públicos. Assim sendo, os programas de educação fiscal devem comtemplar medidas que permitam atingir resultados, em ambas as vertentes referidas.

Do ponto de vista do incentivo ao cumprimento das obrigações tributárias, são configuráveis múltiplas acções, de diversa natureza, com a finalidade a sensibilizar os destinatários para o dever fundamental de cidadania que é pagar os impostos, através da explicação das funções e fins dos tributos, incentivando ao seu pagamento espontâneo, com recurso a medidas, como, por exemplo, a concessão de prémios (no caso da administração fiscal nacional, é de referir o sorteio "fatura da sorte" ou a concessão de benefícios fiscais em sede de IRS). É desejável o contributo de áreas como a fiscalidade, contabilidade e das ciências sociais, como a sociologia, nomeadamente ao nível da concepção de conteúdos programáticos a inserir nos currículos escolares e no delinear da melhor estratégia de contacto com os públicos-alvo. Numa palavra, o sucesso dessas acções passa pela interdisciplinaridade dos intervenientes envolvidos, assim como pela capacidade de transmitir uma mensagem adequada a todos os cidadãos, independentemente do seu nível escolar ou idade, o que só poderá ser alcançado no quadro de uma política pública do Estado. Um dos públicos-alvo preferências deverá ser as crianças e os adolescentes. Com efeito, a generalidade dos programas de educação fiscal, integram acções dirigidas à população mais jovem (como, por exemplo, o sítio da internet Leãozinho, do programa de educação fiscal do Brasil; ver ponto 3.2) com recurso a diversas metodologias, como a inclusão de programas educacionais obrigatórios nos currículos académicos desde a primária, passando pela formação de professores especificamente para o efeito (ex. Brasil e Cabo Verde), até concursos de redacções sobre o pagamento de impostos (ex. Angola, Brasil e Cabo Verde), feitura de livros e realização de teatros (ex. Angola, Brasil, Cabo Verde e Portugal), realização de filmes (ex. Angola, Brasil e Cabo Verde), jogos (ex. Malásia e Portugal), etc[2]. Contudo, e como refere, LOPES e BRITES (2008:18), a finalidade da educação fiscal não deve centrar-se no desenvolvimento de conteúdos académicos, mas sim de conteúdos morais.

Na perspectiva das iniciativas que visam tornar efectivo o direito dos cidadãos a acompanhar a aplicação dos dinheiros públicos e reportando-nos somente ao panorama nacional, são de assinalar as seguintes[3]:

- "Orçamento Cidadão" – para os anos de 2014, 2015 e 2018;
- "Contas Públicas para o Cidadão";

[2] Para uma visão geral dos programas e acções de política de cidadania e educação fiscal, ver PALMA, Clotilde Celorico e Pita, Mónica. *Para uma Política de Educação e Cidadania Fiscal – Os Casos do Brasil, de Espanha e de Portugal,* in Revista de Finanças Públicas e Direito Fiscal, IDEFF, Ano VIII, Nº 2, pp. 35-47.

[3] Para maiores desenvolvimentos, ver estudo de MARQUES, Ana Cristina Lino, *As Finanças Públicas e a Cidadania e a Educação Fiscal,* in Revista de Finanças Públicas e Direito Fiscal, IDEFF, Ano VIII, Nº 2, pp. 56 e segs.

- Ferramentas gráficas no sítio da Direção Geral do Orçamento ("Conhecer o Orçamento do Estado", "Conhecer a execução orçamental através de novas ferramentas" e "Conhecer a Conta Geral do Estado");
- Portal da Transparência Municipal;
- Orçamento Participativo de algumas Câmaras Municipais.

Em resumo, estamos a falar de instrumentos que inserem-se nas melhores práticas de transparência fiscal, com o duplo objectivo de responsabilizar os governantes e envolver os cidadãos no processo político. Através da divulgação dos pontos principais do Orçamento de Estado (fases do processo orçamental, cenários macroeconómicos para o ano de execução orçamental, objectivos para o défice orçamental e para a dívida pública, previsão das receitas e despesas públicas, medidas principais de política orçamental) e dos principias resultados da execução orçamental, permite-se que os cidadãos percebam como o governo e os órgãos locais se propõem cobrar impostos e como estes serão utilizados na satisfação das despesas públicas, assim como se as metas orçamentais propostas, foram alcançadas. No caso do último dos instrumentos elencados, garante-se mesmo a participação dos cidadãos na decisão sobre a alocação de recursos às políticas públicas municipais.

3.1. O Programa Nacional de Educação Fiscal do Brasil – PNEF Brasil

Não são de agora, as iniciativas destinadas a fomentar uma maior aproximação entre o Estado e o contribuinte no Brasil. Aliás, as iniciativas do governo brasileiro nesta área serviram de referência a alguns programas de educação fiscal de estados europeus. Para exemplificar, foi criado no Estado de São Paulo em 1964 o programa "Talão da Fortuna", cuja finalidade era incentivar os cidadãos a solicitarem o documento fiscal no momento da compra e a denunciarem infrações fiscais de que tivessem conhecimento, medida que acabou por ser implementada em Portugal. Já na União, as primeiras iniciativas em matéria de educação fiscal do cidadão contribuinte remontam a 1969, quando foi criado o programa "Operação Bandeirante", cujo alvo era o ensino sobre a função socioeconômica dos tributos e sua presença nas obras e políticas públicas. Presentemente, está em funcionamento no Brasil o PNEF – Programa Nacional de Educação Fiscal, assim nomeado em 1999. Historicamente, o PNEF é o resultado de um conjunto de iniciativas. Em Maio de 1996, o Conselho Nacional de Política Fazendária – CONFAZ, reunido em Fortaleza, apelou à importância de um programa de consciência tributária para despertar a prática da cidadania. Em Setembro desse mesmo ano, a implantação de um programa nacional permanente de consciencialização tributária fez parte do Convénio de Cooperação Técnica entre União, Estados e os Distritos Federais. Em Julho de 1999, tendo em vista a abrangência do programa, que não deveria restringir-se apenas aos tributos, mas abordar também as questões da consignação dos recursos públicos arrecadados e a sua gestão, o CONFAZ, reunido na Paraíba, aprovou a alteração da denominação para: Programa Nacional de Educação Fiscal – PNEF. Em 31 de dezembro de 2002, publicada a Portaria nº 413 que define as competências dos órgãos responsáveis pela implementação do Programa Nacional de Educação Fiscal. Em março de 2009, é publicada a Portaria nº 41, que cria as comissões temáticas: Planeamento Estratégico, Referencial Teórico e Metodológico, Sensibilização e Marketing, Avaliação e Implantação nas Escolas e Ensino a Distância. Estas têm como objetivo criar as condições para o desenvolvimento das acções previstas no Planeamento Estratégico 2008-2011.

O PNEF centra-se no exercício da cidadania e tem como objetivo a participação do cidadão no funcionamento e aperfeiçoamento dos instrumentos de controlo social e fiscal do Estado. Em complemento, tem igualmente por objectivo trabalhar temas como a função social dos tributos (enquanto instrumento de redução das desigualdades sociais), a qualidade dos gastos públicos, o orçamento público, o combate à sonegação, ao contrabando, ao descaminho e à pirataria, a participação e o controle social.

Desta forma, o cidadão deve ser levado a compreender que a sua participação activa e solidária é importante para toda a sociedade. Para operacionalizar as atividades do PNEF, foi instituído em 2002 o Grupo de Trabalho de Educação – GEF, do qual participam os seguintes órgãos[4]:

- Ministério da Educação;
- Ministério da Fazenda, representado pela Secretaria da Receita Federal do Brasil – RFB;
- Secretaria do Tesouro Nacional – STN;
- Escola de Administração Fazendária – ESAF;
- Secretarias Estaduais de Educação e Fazenda.

[4] Informação disponibilizada na página do portal http://educacaofiscal.gov.br/sobre-o-programa.

Além desses, outros órgãos aderiram voluntariamente ao programa e representam parceiros importantes na implementação das actividades de competência do GEF. São eles:

- Ministério do Planejamento;
- Orçamento e Gestão através da Secretaria de Orçamento Federal - SOF;
- Controladoria - Geral da União - CGU, por intermédio da Diretoria de Combate à Corrupção e Ações Estratégicas;
- Procuradoria-Geral da Fazenda Nacional - PGFN.

O programa abrange todos os níveis do sistema de ensino e diversos segmentos da sociedade, pretendendo despertar e desenvolver o máximo possível a moral fiscal dos cidadãos e, principalmente, a consciência de que ele representa o motor principal para o aperfeiçoamento da sociedade brasileira. Nesse sentido, estão contemplados os seguintes públicos:

- Estudantes do ensino fundamental;
- Estudantes do ensino médio;
- Servidores públicos;
- Estudantes do Ensino Superior e Comunidade universitária;
- Sociedade em geral.

Nos estados, o programa é implementado através do GEFE - Grupo de Educação Fiscal dos Estados -, composto pelos seguintes órgãos:

- Secretaria da Fazenda;
- Secretaria de Educação;
- demais órgãos envolvidos no desenvolvimento do PNEF no município.

O PNEF brasileiro almeja ser reconhecido como programa de excelência pelo Estado, Sociedade e pela Comunidade internacional na promoção da cidadania fiscal, assentando nos seguintes valores: Cidadania, Comprometimento, Efectividade, Ética, Justiça e Solidariedade.

3.2. O site "Leãozinho". Uma iniciativa do PNEF do Brasil

O sítio ou página da internet "Leãozinho" (ver Anexo), é uma medida do PNEF do Brasil, destinado a um público-alvo dos 7 aos 14 anos. Os objectivos da acção são os seguintes:

- Esclarecer às crianças e jovens sobre a função socioeconómica dos tributos e do controle social dos gastos públicos.
- Criar condições para uma relação harmoniosa entre o Estado e o cidadão.
- Desenvolver valores e atitudes voltados para o exercício pleno da cidadania.
- Oferecer material de pesquisa aos educandos, pais e educadores.

O portal utiliza a metáfora da "cidade"[5], onde os utilizadores acedem a diversas ligações (biblioteca, escola, vila esperança, parque, correio, cineteatro, casa dos poderes, receita fiscal e educação fiscal) interagindo com todos os elementos, funcionando a "escola" como agregadora das informações do site. Conteúdo da página está estruturado em quatro focos temáticos:

- a comunidade,
- a cadeia produtiva,
- o contribuinte e
- a retribuição

O percurso de aprendizagem é facilitado pelo recurso à técnica da banda desenhada, em que as personagens centrais são um menino chamado Mateus e o Leãozinho, a mascote do programa. Cada um das ligações contém conteúdos desenvolvidos com um determinado objectivo. Na escola[6], os utilizadores têm oportunidade de ampliar os seus conhecimentos sobre cidadania, são utilizadas personagens de banda desenhada animadas que fazem perguntas como: O que é a Responsabilidade Social? Como são feitas as coisas? Quem paga a conta? Sabe que todos nós pagamos impostos? Onde está o meu dinheiro? Abordam-se, de uma forma simples e didática, temas como o funcionamento do pagamento dos impostos, regras de planeamento, participação e noções simples de orçamento. Existem histórias destinadas às crianças, como por exemplo a "Dona Formiga, Compadre Tatu e o Imposto de Renda" e o "Almanaque da Turma do Leãozinho", variados filmes e ainda músicas apropriadas ao tema. No parque[7], o objectivo é aprender brincando, através de jogos e passatempos, como a corrida

[5] Ver ligação ao sítio da internet: www.leaozinho.receita.fazenda.gov.br/.

[6] Ver ligação ao sítio da internet: www.leaozinho.receita.fazenda.gov.br/ escola/default.htm.

[7] Ver ligação ao sítio da internet: www.leaozinho.receita.fazenda.gov.br/ parquinho/default.htm.

do imposto renda, o jogo da forca, palavras cruzadas etc. No cineteatro[8], podem ver-se os filmes Que piii de imposto, a História dos Tributos ou o Mundo Mágico da Cidadania, bem com ouvir-se músicas como Os Piratas, de Luís Pereira Tavares ou A cidade Ideal, de Chico Buarque. Na casa dos poderes[9], o objectivo passa por transmitir noções básicas sobre os poderes Legislativo, Executivo e Judiciário, pilares na construção da democracia no Brasil. A vila esperança[10] é habitada por personagens animadas, que são um exemplo de cidadania, como a Beto, um exemplo a reciclar e dar utilizações ao lixo. A receita fiscal[11] conduz-nos através da história da Secretaria da Receita Federal do Brasil, desde as antigas provedorias, às juntas da real fazenda, até aos actuais departamentos que integram esse órgão da administração pública. A **educação fiscal**[12], dá-nos a conhecer alguns programas de educação fiscal implementados nos estados, como o programa de educação fiscal para o estado de minas gerais. Finalmente, o **correio**[13] permite aos utilizadores, crianças e educadores, enviar mensagens à administração fiscal brasileira.

4. Conclusões

Concluída esta breve excursão pelo tema da Educação Fiscal, é agora o momento de retirar algumas breves conclusões. O esforço de pagar impostos, deve ser encarado pelo cidadão como parte integrante de um dever de cidadania, mas para que isso aconteça, deve ser criada uma cultura de responsabilidade na actividade financeira pública do estado, associada à ideia de *boa governança*. A consciencialização dos cidadãos, para a necessidade de financiamento do Estado, através da arrecadação de impostos, necessários à melhoria da qualidade de vida, é a melhor forma de incutir naqueles a ideia de cidadania participativa, de interesse pela gestão da coisa pública, garantindo ao mesmo tempo a transparência das acções do governo. A invocação da Cidadania não pode, no entanto, ter como fim exclusivo a sensibilização dos cidadãos para a necessidade de pagar impostos, mas antes servir um objectivo mais abrangente, que é o de reforçar o

[8] Ver ligação ao sítio da internet: www.leaozinho.receita.fazenda.gov.br/ cineteatro/default.htm.

[9] Ver ligação ao sítio da internet: www.leaozinho.receita.fazenda.gov.br/ casadostres/default.htm.

[10] Ver ligação ao sítio da internet: www.leaozinho.receita.fazenda.gov.br/ casas/default.htm.

[11] Ver ligação ao sítio da internet: www.leaozinho.receita.fazenda.gov.br/ srf/default.htm.

[12] Ver ligação ao sítio da internet: www.leaozinho.receita.fazenda.gov.br/ pnef/default.htm.

[13] Ver ligação ao sítio da internet: www.leaozinho.receita.fazenda.gov.br/ correio/default.htm.

comprometimento dos cidadãos com o bem comum. O envolvimento dos cidadãos será assim o meio de transformar a relação entre o Estado e o cidadão, tornando-a menos controversa. Tal objectivo passa pela promoção de múltiplas acções, de diversa natureza, que pretendem sensibilizar os cidadãos para o dever moral e fundamental de cidadania, que é pagar os impostos, através da explicação das funções e fins dos tributos, incentivando ao seu pagamento espontâneo, com recurso a medidas, como, por exemplo, a concessão de prémios. A par dessas medidas, devem igualmente ser desenvolvidas iniciativas destinadas a garantir aos contribuintes o direito de acompanhar a aplicação dos impostos, assegurando desse modo a gestão legal, racional e íntegra dos dinheiros públicos. O PNEF do Brasil tem servido de modelo inspirador a numerosos países. O programa abrange todos os níveis do sistema de ensino e diversos segmentos da sociedade, pretendendo despertar e desenvolver o máximo possível a moral fiscal dos cidadãos e, principalmente, a consciência de que ele representa o motor principal para o aperfeiçoamento da sociedade brasileira. À semelhança da maioria dos programas de Educação Fiscal, o PNEF integra acções dirigidas à população mais jovem, como o portal o "Leãozinho". O portal utiliza a metáfora da "cidade", onde os utilizadores acedem a diversas ligações (biblioteca, escola, vila esperança, parque, correio, cineteatro, casa dos poderes, receita fiscal e educação fiscal) interagindo com todos os elementos, funcionando a "escola" como agregadora das informações disponibilizadas na página electrónica.

Bibliografia

COSTA, Paulo Nogueira. *Estado, democracia, impostos e cidadania fiscal* in Revista de Finanças Públicas e Direito Fiscal, IDEFF, Ano VIII, VOL-II, pp. 63-72.

LOPES, Cidália e Rui Brites, *O conhecimento fiscal, as perceções fiscais e a educação fiscal em Portugal*, in Revista de Finanças Públicas e Direito Fiscal, IDEFF, Ano VIII, Nº 4, pp. 13-29.

MARQUES, Ana Cristina Lino, *As Finanças Públicas e a Cidadania e a Educação Fiscal*, in Revista de Finanças Públicas e Direito Fiscal, IDEFF, Ano VIII, Nº 2, pp. 49-62.

PALMA, Clotilde Celorico e Pita, Mónica. *Para uma Política de Educação e Cidadania Fiscal – Os Casos do Brasil, de Espanha e de Portugal*, in Revista de Finanças Públicas e Direito Fiscal, IDEFF, Ano VIII, Nº 2, pp. 29-48.

Fiscalidade e Manifestações Populares de 2013 no Brasil: um Imbricamento para a Educação Fiscal como Premissa da Cidadania Fiscal Ativa

Tamires Santos Nunes*

I. Introdução

Dentro do contemporâneo Estado Democrático de Direito, consolidado em seu viés de Estado de Bem-Estar Social, a fiscalidade afasta-se da arcaica visão meramente expropriatória, para integrar-se aos direitos e deveres fundamentais e às competências do Estado, sob primado garantista contra arbítrios na sua aplicação e na prossecução de uma justiça fiscal material, ao lado do financiamento do Estado e coordenação da economia. Contudo, essa conjectura ainda não permeou a percepção do povo brasileiro.

O levante popular ocorrido em 2013 no Brasil é, no presente estudo, apontado como fenômeno social que expõe a relação do contribuinte brasileiro com a fiscalidade, ao passo em que traduz a construção do povo como agente político coletivo. Analisa-se criticamente esse panorama, ao construir um quadro com três principais razões a explicar tal estado de coisas patológico: (i) a frustração do brasileiro ao não encontrar prestação jurisdicional célere e qualificada, em razão da ausência de política judiciária a instituir órgãos especializados em matéria tributária; (ii) a extinção da punibilidade do crime de sonegação fiscal, sem obstáculo temporal, após

* Mestranda em Ciências Jurídico Económicas, especialidade em Direito Fiscal, na Faculdade de Direito da Universidade de Lisboa. Licenciada em Direito pela Universidade do Estado do Rio de Janeiro. Advogada.

pagamento de débitos deliberadamente inadimplidos, fazendo da ação penal verdadeira execução fiscal forçada; (iii) o descrédito para com as finanças públicas, frente a abundantes casos de corrupção.

Enfim, justificamos a aposta na educação fiscal como essencial nesse momento de retomada da dimensão social e valorativa da comunidade política, na direção da cidadania ativa.

Se um dia o *Chief of Justice* John Marshall, da Corte dos EUA, no célebre caso McCulloch v. Maryland de 1819, asseverou que "*the power of taxing it by the States may be exercised so as to destroy it is too obvious to be denied.*"[1], decerto que essa assertiva não deve ocupar mais espaço na inteligência da contemporânea organização social.

II. A Sociedade, o Estado e os Tributos – breve trajetória da fiscalidade e suas sequelas no Brasil

O percurso da regulamentação tributária não se confunde com o da tributação em si. Na medida em que aquela participa da história da civilização, esta encontra espécimes desde a sedentarizarção do Homem. Contudo, o estudo de sua trajetória revela as mutações que seu conteúdo valorativo apresentou para uma sociedade *in voga*, para o fisco, bem como para a relação entre eles.

É sabido que até os Estados absolutistas o tributo ainda não ingressava plenamente na esfera da publicidade, sendo apropriado de forma privada, confundindo o *imperium* e o *dominium*.[2] Nesta toada, tão somente com a Revolução Francesa houve a gênese do Estado Fiscal, com a substituição do absolutismo politico e da economia mercantil pela estrutura político-econômica liberal. Surge então uma nova natureza de receita pública, separando *ius eminens* e poder tributário, de modo a fortalecer a burocracia fiscal.[3]

No Brasil Colônia, toda a estrutura tributária aplicada era lusitana, com conjunto de regras não sistematizadas operacionalizadas por cobrança forçada com propósito único de enriquecer a Metrópole. No séc. XVIII surge a primeira expressão de capacidade contributiva em solo nacional, de forma

[1] Disponível em <https://supreme.justia.com/cases/federal/us/17/316/case.html>. Acesso em: 23/01/2018.

[2] Denominado por Ricardo Lobo Torres de "Estado Patrimonial" *in* TORRES, Ricardo Lobo. *Curso de Direito Financeiro e Tributário*. 18ª ed. Rio de Janeiro: Renovar, 2011, p. 07.

[3] TORRES, Ricardo Lobo. *Curso de...* cit., p. 08.

que os senhores de terras pagavam quantias fixas à Coroa. Em 1807, o Rei Don Joao VI autorizou a instalação de indústrias e construção de portos, gerando diálogo com o comércio intercontinental e possibilitando novas formas de arrecadação[4]. Contudo, as finalidades do fisco ainda se limitavam aos gastos dos monarcas e à proliferação da fé católica. Nessa altura, a população do Brasil Colônia já se mostrava revoltosa às cobranças abusivas. No entanto, somente com a Independência do Brasil, em 1822 e já sob a luz do liberalismo, que se viam características mais sólidas de Estado Fiscal, sendo que o centralismo politico e descentralização administrativa do Império, hodiernamente ainda refletem na estruturação politica e econômica do Brasil.[5]

A tributação na República é marcada pela inclusão de suas normas no topo da pirâmide positivista, na ocasião da Constituição de 1891 que adotou o federalismo. Com a Constituição de 1965 inaugura o sistema tributário em si[6], constitucionalizando as relações tributárias em todo seu regramento básico e redefinindo a estrutura da tributação a partir da eleição do conteúdo econômico como elemento distintivo do fato gerador[7]. Culminamos no sistema tributário contemporâneo, radicado na Constituição da República Federativa do Brasil (CRFB) de 1988, enquanto diploma dotado de supremacia formal e material, potencializada pela normatividade de seus princípios e regras a constituir um Estado Constitucional de Direito.[8]

A CRFB fora objeto de, em seus 29 anos de vigência até esta data, 99 emendas[9], sendo mais de uma vintena delas a cuidar da tributação e do

[4] Ver: Amed, F.J.; Negreiros, Plinio J.L.de Campos. *História dos tributos no Brasil.* São Paulo: Sinafresp, 2000. E Balthazar, *Ubaldo César. História do Tributo no Brasil. Florianópolis: Fundação Boiteux, 2005.*

[5] Cfr. Martins, Ives Gandra da Silva; Bastos, Celso Ribeiro. *Portugal e a Centralização do Poder. Comentários à Constituição do Brasil.* São Paulo: Saraiva, 1998, p. 56.

[6] Nesse ponto, esclarece Ricardo Lobo Torres que o "há sempre um pluralismo de sistemas [...] e os sistemas tributários no Brasil radicam quase que por inteiro na Constituição." (Torres, Ricardo Lobo. *Curso de...* cit., p. 359.)

[7] Martins, Ives Gandra da Silva (*et. al.*), *O Direito Tributário no Brasil...* cit., p. 38.

[8] Indicamos como leitura complementar a lição do Professor e Exmo. Ministro da Corte Constitucional Luís Roberto Barroso acerca da construção do Estado Constitucional, conjectura onde valores, fins públicos e comportamentos contemplados na Constituição passam a condicionar a validade e o sentido de todas as normas do direito infraconstitucional. (Barroso, Luís Roberto. *Neoconstitucionalismo e constitucionalização do Direito. O triunfo tardio do Direito Constitucional no Brasil.* Teresina: Jus Navigandi. Ano 10, nº 851, 2005)

[9] Disponível em: <http://www.planalto.gov.br/ccivil_03/constituicao/Emendas/Emc/quadro_emc.htm>

orçamento[10]. Ora, considerando seu caráter rígido, haja vista necessária observância de pressupostos e formalidades previamente estabelecidas no texto básico para revisões pelo poder constituinte derivado[11], podemos concluir estarmos diante de verdadeiras tentativas de reforma fiscal não racionalizadas, o que revela certo despreparo do Estado brasileiro para com a temática.

Decerto que a prosperidade do Estado Fiscal depende de um fluxo entre o Estado, a sociedade e a conjectura tributária e financeira, ou seja, o governo deve ter uma política fiscal bem definida, que, além de produzir um ordenamento coeso, viabilize uma perspectiva minimamente inteligível aos operadores do direito, sejam da Administração ou assessores dos contribuintes, e aos cidadãos em geral (que, em muito, precisam lidar com obrigações fiscais formais), alcançando tanto quanto possível a segurança jurídica e elevando a qualidade do debate da questão fiscal[12]. Nessa toada, para a realização dos objetivos do bem comum deve-se permear a consciência social em prol dos deveres fundamentais, categoria de certo modo preterida após experiências políticas ditatoriais. Isto porque, muito embora tenha sido pensado sob o enfoque obrigacional, a partir de uma lídima relação impositiva, como ato de império, esquecem-se os contribuintes que o pagamento dos tributos advém de uma relação *erga omnes*, de âmbito muito maior perante toda a coletividade.

A definição clássica de Estado considera o conjunto de três elementos indissociáveis: povo, território e governo soberano. À esses elementos, Dalmo Dallari acrescenta a busca do bem comum do povo como unidade que surge do desejo de realização de fins particulares.[13] Contudo, diante da crescente problemática da desigualdade social, foi preciso buscar novos fundamentos para a tributação. Isso porque, a busca por serviços públicos no Brasil é inversamente proporcional à condição econômica do sujeito, de forma que os mais ricos são, em tese pelo principio da capacidade contri-

[10] Ver, por todos: ABRAHAM, Marcus. *As emendas constitucionais tributárias e os vinte anos da Constituição Federal de 1988.* São Paulo: Quartier Latin, 2009.

[11] Vide artigo 60 da CRFB/88.

[12] Cfr. TAVOLARO, Agostinho. "Análise e perspectivas do Sistema Tributário Brasileiro" In MARTINS, Ives Gandra da Silva (coord.). et. al. *O Direito Tributário no Brasil: Reflexão sobre o sistema tributário realizada por juristas e economistas.* 2ª ed, São Paulo: Quartier Latin, 2010, p. 38.

[13] DALLARI, Dalmo de Abreu. *Elementos de teoria geral do Estado.* 20ª ed. São Paulo: Saraiva, 1998.

butiva, os principais patrocinadores do Estado, mas os que menos necessitam das ações estatais custeadas pela receita tributária. Ou seja, já não é possível um sistema de tributos baseado em critérios sinalagmáticos, como os trazidos da Teoria do Benefício. As explicações positivistas, a seu turno, repousavam em ideias economicistas como a Teoria do Sacrifício. Com a virada kantiana procura-se ancorar a capacidade contributiva nas ideias de solidariedade e justiça fiscal. Trata-se de "um valor moral jurisdicializável que fundamenta a capacidade contributiva e que sinaliza para a necessidade da correlação entre direitos e deveres fiscais."[14] Ora, inclusive a CRFB/88 estabelece como objetivo do país a construção de uma sociedade justa e solidária (art. 3º, I). Nas palavras do professor Ricardo Lobo Torres "a solidariedade se aproxima da justiça por criar um vínculo de apoio mútuo entre os que participam dos grupos beneficiários da redistribuição dos bens sociais."[15]

Pelo supra exposto, em que pese herança negativa da trajetória da fiscalidade para a ótica do contribuinte brasileiro, é preciso caminhar no sentido da transformação do núcleo de valor agregado ao instituto, em consonância com o moderno Estado Constitucional de Direito e de Bem-Estar Social.

III. A Percepção do Contribuinte Brasileiro sobre a Questão FISCAL: um Panorama Patológico

A partir de um sentimento latente de subordinação ao governo pelo tributo, que em nada reverte aos governados conforme o contrato social assegurou, ao cidadão brasileiro a resistência se apresenta como alternativa: pelo debate dos pontos controversos no Judiciário ou pela sonegação. Fabio Leopoldo de Oliveira explica a resistência de aceitação da tributação no seio popular pelo fato de que, enquanto demais transgressões têm um embasamento moral que é facilmente captado pela consciência individual, as insubordinações tributárias não oferecem sentimento de repugnância devido a alguns fatores, dentre os quais destacamos: a falta de conscientização coletiva do aspecto envolvido; e o fato de que o enfoque do Direito penal comum é inteiramente diverso daquele que é dado pelo direito penal

[14] Cfr. TORRES, Ricardo Lobo. "Ética e Justiça Tributária". In SCHOUERI, Luís Eduardo; ZILVETI, Fernando Aurélio(org.) *Estudos em homenagem a Brandao Machado*. São Paulo: Dialética. 1998. p.186.

[15] TORRES, Ricardo Lobo. *Tratado de Direito Constitucional Financeiro e Tributário – Valores e princípios constitucionais tributários*. Rio de Janeiro: Renovar, 2003, p. 183.

tributário, isto pois vê no homem a unidade econômica que deixa de contribuir para os cofres públicos, ao passo que regularmente veria na pena função reformada de desvios.[16] Somamos, ainda, abundantes casos de corrupção na Administração Pública.

III.1. Ausência de um braço da justiça especializado em matéria tributária

A necessidade de uma política da Administração Judiciária voltada à especialização do judiciário em matéria tributária reside na conveniência da prestação jurisdicional para com a especificidade da questão, que dialoga com ciências contábeis e econômicas, e ânsia por decisões que acompanhem o ritmo do mercado empresarial e financeiro. Os problemas enfrentados nos mecanismos de controle da atividade estatal no campo tributário aumentam os custos do empresariado e o risco de novos investimentos no Brasil, acabando por comprometer a competitividade do país no cenário internacional.

No processo administrativo já encontramos um cenário problemático, uma vez que a primeira instância é composta exclusivamente por auditores fiscais, os quais, na apreciação das impugnações, têm o dever de seguir as orientações da Administração Fiscal expressas em seus atos normativos. Já na segunda instância, ainda que de composição paritária, sendo órgão composto por um número par de membros o voto do presidente da câmara, obrigatoriamente um representante da Fazenda, vale por dois. Decerto que não configura a melhor estruturação de um órgão julgador imparcial.

Hodiernamente, já há uma embrionária especialização no Poder Judiciário, na medida em que são criadas varas especializadas dentro dos tribunais, com competência para a apreciação das questões fiscais[17]. Todavia, essa destinação após o ingresso do julgador nos quadros da magistratura não se afigura solução acertada, pois a especialização deve ocorrer no momento da seleção do juiz melhor qualificado.

[16] Cfr. OLIVEIRA, Fabio Leopoldo de. *Curso expositivo de direito tributário*. São Paulo: Resenha Tributaria, 1976, p. 393.

[17] O STF entende que a especialização de vara por resolução do Judiciário não constitui ofensa ao princípio do juiz natural e à reserva de lei, já que, quando o Poder Judiciário expede atos normativos não o faz no exercício da função legislativa, mas no desenvolvimento de função normativa. (v. STF, Primeira Turma. HC 85.060, Rel. Min. Eros Grau, julgamento 23/09/08).

A problemática se estende até a Suprema Corte, que atualmente não possui sequer um ministro tributarista em sua composição. Portanto, tem-se a gravidade de inclusive o Supremo Tribunal Federal (STF) deixar a desejar no trato da matéria, a exemplo do julgamento da Ação Direta de Inconstitucionalidade nº 2.588, sobre a tributação dos lucros das coligadas controladas no exterior, com nítida confusão de conceitos tributários.

Esse estado de coisas, em paralelo à crise enfrentada pelas instituições estatais no séc. XXI, certamente contribui para que os contribuintes creiam na falência do sistema tributário nacional, e se submetam às investidas de autoridades fiscais corruptas. Sem dúvidas a especialização é a tônica do mundo contemporâneo, vez que se ganha celeridade e qualidade no tratar do tema. Não a toa meios alternativos de resolução de litígios, como a arbitragem, têm ganhado força em muitos ordenamentos.

Conclui-se, portanto, pela necessária criação de uma Justiça Tributária especializada nos moldes já levados à Justiça do Trabalho no Brasil, inclusive e especialmente com admissão específica em concurso público de magistrados qualificados para o tema, como medida de eficiência da prestação jurisdicional estatal.

III.2. A Extinção da Punibilidade no Crime de Sonegação Fiscal

Na esfera tributária, desde a fase de fiscalização o sujeito passivo conta com a fundamentação dos atos administrativos, decisórios ou não, sob pena de serem nulos e virem a obstaculizar o devido processo legal e a ampla defesa, insculpidos no art. 5º da CRFB/88. Em via reversa, também não haveria de ficar o Estado desamparado quando reveladas digressões para com as obrigações fiscais, que imponíveis o são porque já passaram por um atencioso processo de observância das regras e princípios limitadores ao poder de tributar.

Ainda assim, tímida se apresentou a positivação da repressão penal à sonegação, que só passou a ser crime no Brasil na década de 60, com previsão de pena de detenção. O amadurecimento do combate à evasão fiscal ocorreu com a edição da Lei nº 8.137, de 27 de dezembro de 1990, ao prever penas também de reclusão. À parte disso há o instituto da extinção da punibilidade também para crimes fiscais[18], de forma que, adimplindo

[18] Cumpre relembrar que o instituto jurídico da extinção da punibilidade está disciplinado no art. 107 do Código Penal Brasileiro, com rol exemplificativo, de forma a permitir previsão em legislação especial, *in casu*.

com a obrigação tributária principal outrora maculada, fica o réu exonerado de cumprir a sanção penal prevista, ainda que condenado pela constatação da prática delituosa.

Valemo-nos da autoridade do penalista Luiz Regis Padro com a seguinte lição: "Com a realização do injusto penal culpável, o direito de punir estatal abstrato torna-se concreto, surgindo a categoria da punibilidade, (...). Tratam-se, pois, de causas que extinguem a possibilidade jurídica de imposição ou execução da sanção penal correspondente, sendo certo que motivadas por certas contingências ou por motivos vários de conveniência ou oportunidade política."[19]

Com efeito, já havia previsão legislativa desde 1964 limitando o pagamento do tributo suprimido a momento anterior ao início do procedimento administrativo para sua cobrança. Paulatinamente este marco temporal foi se alargando, seguindo uma sopa legislativa de revogações expressas e tácitas do instituto para alguns tributos e não para outros.[20] Ocorre que, com a promulgação da Lei nº 10.684/2003, a aplicação da extinção da punibilidade nos crimes de sonegação deixou de ter um momento processual, logo, o pagamento pode ser realizado pelo sonegador delinquente quando lhe for mais conveniente.[21]

Contudo, tal tese inibidora da pretensão punitiva encontra resistência na própria Corte Constitucional: em diversas ocasiões o tribunal decidiu em sentido contrário, como no julgamento do RE nº 36.831-6/DF, de 18/04/1994, oportunidade na qual se argumentou que a denúncia espontânea não opera a extinção da punibilidade quando a infração decorre de ação ou omissão deliberada do agente. Nada obstante, foi proposta Ação Direta de Inconstitucionalidade junto ao STF, recebida sob o nº 3002-

[19] PRADO, Luiz Regis. *Curso de Direito Penal Brasileiro*, v. 1, São Paulo: Revista dos Tribunais, 2007. p. 733.

[20] Ver evolução legislativa mais detalhada em: ANDRADE FILHO, Edmar oliveira. *Direito Penal Tributário: crimes contra a ordem tributaria e contra a previdência social*. 6ª ed. São Paulo: Atlas, 2009, p. 20; e CORRÊA, Antônio. *Dos Crimes Contra a Ordem Tributária: comentários à lei n. 8.137, de 27-12-1990*. São Paulo: Saraiva, 1994.

[21] Encontramos reflexos na jurisprudência, pelo que destacamos aresto do STF a seguir: "O pagamento do tributo, a qualquer tempo, ainda que após o recebimento da denúncia, extingue a punibilidade do crime tributário." (BRASIL. STF. HC 81929/RJ. Rel. Min. Cezar Peluso. Julgamento: 16/12/2003). Alcançou, ainda, o disparate de considerar o reconhecimento do instituto em voga inclusive posteriormente ao trânsito em julgado da ação penal (v. BRASIL. STF, Primeira Turma. HC 116.828, rel. min. Dias Toffoli, julgamento em 13/08/2013).

7/2003, cujo objeto era justamente questionar a constitucionalidade do instituto trazido na Lei nº 10.684/2003. Em decisão de 16/10/2009, o relator Ministro Cezar Peluso teve por declarar a superveniente perda do seu objeto em virtude da edição da Lei nº 11.941/2009, que a revogou. Ocorre que não houve mudança na redação, permanecendo a benesse da extinção da punibilidade mediante pagamento integral do débito sem nenhum obstáculo temporal.

As idas e voltas acima relatadas demonstram o despreparo com que o tema tem sido tratado pelo legislador brasileiro. Com efeito, a fundamentação desse instituto pode ser analisada sob dois enfoques: o politico-fiscal e o jurídico-penal. No primeiro, tem-se uma finalidade extrapenal da autodenuncia, baseada em critérios essencialmente fiscais, como estímulo para que o contribuinte retorne à honestidade fiscal. No segundo, fundamenta-se no âmbito da teoria penal da desistência voluntária e da reparação do dano, logo, exigir-se-ia ao autor a retificação voluntária e o cumprimento de seus deveres fiscais antes da consumação do tipo penal, interrompendo o *iter criminis*[22]. Considerando que os crimes em epígrafe consumam-se com a liquidação definitiva do crédito tributário, tornando a obrigação exigível[23], configura a decisão definitiva do processo administrativo fiscal verdadeira justa causa[24] para a propositura da ação penal. Logo, deveria o delinquente realizar o pagamento do tributo suprimido antes do

[22] Cfr. PRADO, Luiz regis. *Direito Penal Econômico...*, 3ª ed. São Paulo: revista dos Tribunais, 2009. p. 283.

[23] Consoante Súmula Vinculante nº 24 do STF, e também **voto do Ministro Cezar Peluso**, *in verbis*: "De modo que, sendo tributo elemento normativo do tipo penal, este só se configura quando da existência de tributo devido, ou, noutras palavras, a existência de obrigação jurídico-tributária exigível. No ordenamento jurídico brasileiro, a definição desse elemento normativo do tipo não depende de juízo penal, porque, dispõe o Código Tributário, é competência privativa da autoridade administrativa defini-lo." (BRASIL. STF, Tribunal Pleno. HC 81.611, Relator Ministro Sepúlveda Pertence, julgamento em 10/12/2003).

[24] A justa causa constitui condição da ação penal e consubstancia-se no lastro probatório mínimo indicativo da autoria e da materialidade da infração penal (artigo 41 do Código de Processo Penal), sob pena de restar a denúncia rejeitada de plano (art. 395, III, do mesmo diploma legal). Nesse sentido: "(...) falta justa causa para a ação penal (...) enquanto não haja decisão definitiva do processo administrativo de lançamento, quer se considere o lançamento definitivo uma condição objetiva de punibilidade ou um elemento normativo de tipo." (BRASIL. STF, Tribunal Pleno. HC 81.611, Relator Ministro Sepúlveda Pertence, julgamento em 10/12/2003).

oferecimento da denúncia, sob pena de não lograr a desistência voluntária e não fazer jus a condicionante pessoal da consequência jurídica do delito.

Ainda, quando a infração penal for atingida pelo instituto em voga antes do trânsito em julgado da condenação, não gera reincidência e nem mesmo maus antecedentes. Isto é, é como se a ação penal sequer existisse, não havendo nenhum elemento que de fato venha a coibir sonegadores em potencial, esvaziando o viés educativo e transformador do direito penal.

A *ratio* da norma em estudo nos parece tão somente forçar os inadimplentes a pagarem os débitos, premiando-os com a extinção da punibilidade. Ocorre que, ao fazê-lo, prioriza a reparação do dano com a regeneração dos cofres públicos enquanto fim imediato, ignorando os fins mediatos constantes na norma penal. Decerto que a proteção aos bens jurídicos como missão do direito penal e da função da pena, somada à prevenção geral positiva[25], assumem um efeito motivador, mediante a tomada de consciência dos valores éticos essenciais para a convivência em comunidade, como pretendiam os finalistas. A tutela se encontra justificada pela natureza supra individual do bem jurídico perseguido,[26] não se tratando de mera tutela ao erário, mas objetivando proteger a politica socioeconômica do Estado, operacionalizada pela receita pública. Em suma, o bem jurídico tutelado não se vincula e limita ao interesse da Administração Tributária.

Conclui-se, por todo o exposto, que a aplicação do instituto da extinção da punibilidade pelo pagamento integral do débito em crimes de sonegação fiscal deveria possuir obstáculo temporal no oferecimento da denúncia[27]. Reparação posterior poderia ser enquadrada como atenuante na dosagem da pena. Lograria, dessa forma, aliado ao investimento no aper-

[25] O que representa, pois, o abandono de uma consideração meramente empírica da prevenção direta, sendo substituída a ideia da intimidação pela ideia da estabilização da confiança dos cidadãos no ordenamento jurídico. (c.f.r. LIVIANU, Roberto. *Corrupção e Direito Penal: um diagnóstico da corrupção no Brasil.* São Paulo: Quartier Latin, 2006, p. 95).

[26] Tal assertiva é corroborada pela proteção constitucional conferida à ordem tributaria em eu art. 170. Assim também a jurisprudência a seguir: "Ação penal que não se confunde com execução fiscal. (...) Natureza distributiva do bem jurídico tutelado. Medida que não se limita a salvaguarda do erário, mas visa a garantir ao Estado o cumprimento das prestações publicas que são devidas para a sua sustentabilidade." (BRASIL. TRF da 4ª Região. Apelação Criminal, rel. Des. Moacyr de Moraes Lima Filho, julgamento 06/03/2012).

[27] Nesse sentido também Hugo de Brito Machado in *Extinção do crédito e extinção da punibilidade nos crimes contra a ordem tributaria – parte I.* 03/11/2006/. Disponível em: <http://qiscombr.winconnection.net/hugomachado/default.asp>, acesso em 23/01/2018.

feiçoamento da fiscalização, verdadeira trama a intimidar atos deliberados de evasão fiscal.

III.3. A corrupção na Administração Pública

Casos de corrupção são vistos em maior ou menor grau em todos os Estados. Desde 2014, contudo, a famigerada Operação Lava Jato colocou o Brasil em outro patamar, com repercussão mundial dos desvios públicos, lavagem de dinheiro e gestão fraudulenta envolvendo todos os segmentos da Administração Pública diret e indireta. Ou seja, certo é que este cenário patológico reside no senso comum, enraizado também na história e estrutura estatal brasileiras.[28]

Para fins de conceituação, Roberto Livianu esclarece que corrupção vem a ser toda e qualquer vantagem obtida pelos agentes públicos no exercício de suas funções que cause prejuízo aos bens, serviços e interesses do Estado[29]. Isto é, torna-se o que é publico em privado, a partir de abuso de prerrogativas. Nada obstante toque valores de toda comunidade, os custos econômicos desta prática são suportados pelos cidadãos, motivo pelo qual gera instabilidade pela erosão do sistema político, deterioração dos poderes e crise institucional, a partir do descrédito disseminado e enfraquecimento da democracia representativa. A repressão tutela, sobretudo, a moralidade administrativa[30], para além dos bens públicos.

De todo modo, as causas da corrupção são complexas, enquanto disfunções institucionais que prosperam onde as medidas econômicas são inadequadas e a responsabilidade das instituições fraca, como indica o Banco Mundial. Outrossim, se apresenta como problema de ordem global ao comprometer o desempenho econômico pelo desestímulo ao investimento de capital estrangeiro, pois o governo precisará alocar recursos no combate

[28] Como elucida Maria Feria Romero, "a historia da corrupção é ampla, complexa e ininterrupta. Se têm noticias de atuações corruptas desde todos os tempos, em todas as culturas e com distintos regimes políticos. Isso permite afirmar que se trata de um fenômeno ligado à natureza do homem e de maneira especial ao homem com poder" in *Aplicabilidad de las Normas Éticas em la Administración Pública Gallega*, Santiago de Compostela: Xunta de Galicia, 1999, p.33 apud ROCHA, Sergio André (coord.). *Processo Administrativo Tributário: Estudos em Homenagem ao Professor Aurélio Pitanga Seixas Filho*. São Paulo: Quartier Latin, 2007, p. 23).

[29] Cfr. LIVIANU, Roberto. *Corrupção e Direito Penal: um diagnóstico da corrupção no Brasil*. São Paulo: Quartier Latin, 2006, p. 31.

[30] Princípio este insculpido na CRFB, em seu art. 37, como norteador da Administração direta e indireta.

à tal pratica, o que poderia ser melhor aproveitado em outros setores com retorno à população e fortalecimento da máquina estatal.[31]

Decerto que tal mazela se apresenta mais frequente nos países em que não há uma confiança irrestrita no Estado, o que não ocorre nos países com grande desenvolvimento de uma cultura participativa. Defendemos, portanto, que a consideração predominante sobre a corrupção deve ser institucional e não propriamente moral[32]. Isto é, transgressões não acontecem porque valores não estão presentes, mas porque as condições objetivas propiciam a oportunidade e se transformam em força motriz para o nascimento de condições subjetivas. Seu combate, portanto, deve repousar em dirimir as oportunidades, como introduzir em toda a Administração a máxima da transparência e da responsabilização dos funcionários públicos.[33]

O Brasil caminha no sentido da mudança, com medidas coercitivas para seu combate, como as sanções para atos ímprobos na Lei 8.429/1992 conjugada ao Código Penal, e também as Leis de Responsabilidade Fiscal (Lei 101/2000), da Ficha Limpa (Lei 135/2010) e da Transparência (Lei 131/2009). No mais, o Ministério Público Federal, protagonista do processo investigativo sob égide da independência institucional, criou, desde 2014, Núcleos de Combate à Corrupção em cada procuradoria regional do país, com objetivo de otimizar e fortalecer sua atuação pela especificação do objeto como prioridade.

A responsabilidade política é de igual importância, e como medida de controle prévio aponta-se a transparência do financiamento das campa-

[31] *"Helping Countries Combat Corruption: The Role of the World Bank."*. Disponível em: <http://www1.worldbank.org/publicsector/anticorrupt/corruptn/cor02.htm >. Acesso em 20/12/2017.

[32] Muito embora o Prof. Dr. Paulo Otero tenha apontado direções para a positivação constitucional da moral como limitadora do poder político (in *Ética Constitucional* ...,obra coletiva,v. I, Coimbra, 2011. pp. 581 *et seq.*), somada à contribuição complementar de Jorge Miranda, que abrangeria, também, cidadãos em geral como destinatários de tais normas (in *Constituição e Cidadania 2003-2015*, Coimbra: Almedina, 2016, pp. 123-126).

[33] O Prof. Dr. Sergio André Rocha dedicou-se ao estudo da corrupção no bojo do segmento específico das autoridades de fiscalização dos distintos entes tributantes brasileiros, listando razões jurídicas de sua proliferação, além de construir oito medidas que poderiam ser adotadas com vistas a conter o avanço da situação. Ver: ROCHA, Sérgio André. "Ética da Administração Fazendária e o Processo Administrativo Fiscal". in ROCHA, S. A. (coord.) *Processo Administrativo Tributário: Estudos em Homenagem ao Professor Aurélio Pitanga Seixas Filho.* São Paulo: Quartier Latin, 2007

nhas eleitorais[34], vez que o almejo à consecução de favores faz com que as doações acabem por ser pulverizadas a diversos candidatos, perdendo a identidade política e condicionando a gestão às alianças prévias.

IV. Consequências: resistência à tributação e manifestações populares de 2013 no Brasil

O *status quo* desenhado no capítulo anterior alimenta uma ideia de separação absoluta do espaço de atuação social do governamental. Certo é que a inflamada relação do povo com a fiscalidade ainda mantém latente um espírito de resistência, que é capaz de mobilizar manifestações e até revoluções do cenário político-econômico, com exemplos por toda a história da civilização, muito em razão da absorção dos pilares do Estado Fiscal ser recente frente à décadas de experiência com um Estado Patrimonial.

Na história recente do Brasil, em maio de 2013 mais de onze cidades anunciaram novo aumento no valor das tarifas dos transportes públicos. Estudos apontavam que o brasileiro precisava trabalhar em média 12 minutos para conseguir custear uma única tarifa, ao passo que em Paris e Buenos Aires, por exemplo, o tempo necessário não alcançava 7 minutos.[35] Em reação, manifestações com milhares de participantes ocuparam as ruas de diversas cidades do país, chamando a atenção dos meios de comunicação e dos demais setores da comunidade ainda não mobilizados[36], fazendo com que a Câmara dos Deputados aprovasse a redução para zero das alíquotas das contribuições sociais que incidem sobre o transporte coletivo, de modo a baratear o custo do serviço, além de mais de 104 cidades recuarem no aumento das tarifas.

A pluralidade de pautas vista nas manifestações em muito se deveu à concomitância da realização da Copa das Confederações da FIFA no país. Isto porque, ao contrário do que se esperava, a paixão pelo futebol

[34] Permeando essa questão, a Resolução TSE 22.250, de 29/06/2006, sob a luz da lei nº 11.300/06, regulamentou a arrecadação e a aplicação de recursos nas campanhas eleitorais, dispondo também sobre a prestação de contas.

[35] Jornal O Globo. Infográfico. Disponível em: <http://g1.globo.com/brasil/protestos-2013/infografico/platb>. Acesso em: 03/01/2018.

[36] A repercussão midiática internacional das jornadas de 2013 foi intensa. Um ano depois ainda se encontravam reflexos: a revista científica americana Anthropological Quarterly, publicou um capítulo, denominado *"Protest in Brazil"*, com seis artigos, na edição summer 2014, v. 87, n. 3.

não prevaleceu e os altos investimentos para a satisfação da competição foram confrontados com a baixa qualidade e oferta insuficiente dos serviços públicos dedicados à população. Inaugurou-se, neste ponto, a ponte entre as insatisfações latentes na maioria da população e a questão fiscal.

Enquadramos o fenômeno em uma nova classe de movimentos sociais, não mais como processo revolucionário de ordem emancipatória influenciada pelo pensamento marxista, mas sim de formação de instrumentos alternativos de participação popular que radicalizem a perspectiva de uma democracia substancial para resgatar o sentido do político. Isto porque, a legitimidade parece ligar-se tão somente à coerência formal da democracia representativa e a monopolização de tais mecanismos por parte das instituições de Direito provoca um distanciamento da ação política formal das tensões reais da sociedade civil, além de intimar o homem-médio.

O professor Dr. Antônio Carlos Wolkmer sustenta que os novos movimentos sociais representam um "paradigma alternativo de cultura política na medida em que rompem com antigas formas de organização e representação da sociedade (classes sociais, partidos e sindicatos)." Para este autor, apresentam-se ainda como "novos sujeitos coletivos de juridicidade, eis que são portadores de uma nova cidadania, apta a lutar e fazer valer direitos já conquistados."[37]

Com os movimentos sociais o sujeito de direito abstrato e individual cede lugar a um sujeito social e coletivo responsável pelo exercício da cidadania ativa, que é expressa na formulação de novos espaços públicos de controle e gestão do poder institucionalizado, em contrabalança a tecnocracia das estratégias políticas, através da definição das necessidades públicas pela comunidade. [38]

V. A necessária aposta em educação fiscal como meio de se alcançar a cidadania fiscal ativa

Em 1789 o Brasil viveu a experiência da inconfidência mineira – uma tentativa de insurreição com fomento nas altas taxas implementadas sobre a extração do ouro, instrumentalizada pela incidência do quinto e, em

[37] WOLKMER, Antônio Carlos. "Movimentos sociais: nova fonte de juridicidade". In *Revista Direito em Debate*, Rio Grande do Sul: Unijuí, n. 7, jan./jun. 1996, p. 49.

[38] Cfr. SOARES, Fabiana de Menezes. *Direito administrativo de participação*. Belo Horizonte: Del Rey, 1997. p. 135.

sua inobservância, pela prática da "derrama". Após mais de 220 anos, os brasileiros ainda enxergam o poder público assim como os revoltosos de Minas enxergavam a metrópole, como apropriadores e, assim sendo, não raro optam pela resistência, através do acionamento massivo do judiciário, de planejamento tributário, ou praticando a sonegação fiscal.

Os números da sonegação no país são impressionantes: estima-se que, em um único mês, o Brasil deixa de arrecadar, em média, mais de 40 bilhões de reais por causa da sonegação, o que corresponde ao PIB de estados federados como Amapá, Roraima, Acre, Tocantins, Rondônia, Sergipe e Alagoas . Tal estado de coisas atravanca a evolução e modernização do país em termos gerenciais. Reverter esse panorama não é tarefa fácil, muito menos passível de ser executada apenas pelo Estado. A sociedade precisa assumir conduta proativa, definindo seu papel na solução do problema. Advogamos que o estímulo à cidadania fiscal deve sim partir do Estado (ainda que nele não se esgote), através de ações educativas que desenvolvam uma consciência fiscal acerca da função social do tributo, e também da relevância da participação popular na arrecadação, aplicação e fiscalização das verbas públicas.Com a tensa relação da resistência à tributação por um lado, com o empoderamento do povo por espaço participativo por outro lado, concluímos como necessária a preocupação em ofertar educação fiscal de qualidade e inclusiva a fim de direcionar essa nova postura à práticas cidadãs também no âmbito fiscal.

Decerto que a universalização do acesso à educação, enquanto direito fundamental de segunda geração[39], gera um benefício social que extrapola o ganho socioeconômico potencial da pessoa que se educa.[40] Isto é, muito embora a educação não seja genuinamente um bem público pela clássica matriz de Richard Musgrave, a possibilidade de exclusão não é desejada em razão de externalidades positivas na satisfação de necessidades essenciais, coletivas e privadas.[41]

[39] Na clássica categorização de Paulo Bonavides, os direitos fundamentais de segunda geração são os sociais e coletivos. Na CRFB estão inseridos nos incisos do art. 6º(In *Curso de Direito Constitucional,* São Paulo: Malheiros, 2001).

[40] Cfr. Maia, Marcelo Claudio Fausto. *Educação fiscal com justiça fiscal: um simbiótico imbricamento.* Disponível em: <www.quantocustaobrasil.com.br/artigos>. Acesso em 05/01/2018.

[41] Seria a educação bem de mérito na sua concepção de bem semi-público (c.f.r. Ribeiro, J.J. Teixeira. *Sobre os Bens Meritórios.* Separata do Boletim de Ciências Económicas, 1996. *Apud*

Este quadro se faz contemplado na inteligência do art. 214 da CRFB/88. Em obediência ao preceito constitucional, a Lei de Diretrizes de Bases da Educação Nacional (Lei 9.394/1996), regula que a educação básica tem por finalidade desenvolver plenamente o educando, assegurando-lhe a formação comum indispensável para o exercício da cidadania. Cidadania esta que constituiu um dos fundamentos do Brasil (art 1º, II, da CRFB/88). Isto implica dizer que o processo educativo deve ser instrumento a cumprir essencialmente uma função social.

O conceito de cidadania de Thomas Marshall é elucidativo no presente estudo ao ser construído a partir de suas naturezas evolutivas, onde primeiro são conquistados os direitos civis (direitos fundamentais à vida, à liberdade e à igualdade perante a lei), seguidos dos direitos políticos (que conferem legitimidade à organização polítia da sociedade), a culminar no estágio final pela conquista dos direitos sociais[42]. Ressalva o autor que pode haver direitos civis sem direitos políticos (e.g.: estrangeiros residentes), mas o contrário não é viável pois a supressão da liberdade aos direitos políticos os torna meramente formais, sem conteúdo valorativo. Direitos sociais, por sua vez, podem, em tese, existir sem direitos civis e políticos (e.g.: em Estados Absolutistas), mas tendem a ser prestados de forma incoerente e arbitrária. Ou seja, conclui, a partir da análise empírica do contexto inglês – cabe ressalvar – que a plena construção da cidadania deve seguir gradativamente as três dimensões, sendo a única exceção a educação, pois se trata de direito social que qualifica a prestação dos direitos civis e políticos, permitindo uma atuação plena. Ou seja, é pré-requisito à expansão das demais naturezas da cidadania.

Cidadania é tomada aqui como a qualidade daquele que é sujeito de direitos e deveres em decorrência do vinculo que detém com uma determinada sociedade, juridicamente organizada. Assim o sendo, cidadão não pode ser apenas aquele que possui pleno exercício de direitos políticos, avançando ao conceito de "cidadania ativa" de Dalmo Dallari, enquanto categoria especial de cidadãos que exercem atribuições que o próprio Estado reconhece como suas, na formação de sua vontade e no exercício

Lavouras, Maria Matilde; e Almeida, Teresa. "Bens públicos globais: a problemática da sua definição e financiamento". Boletim de Ciências Económicas, v. LII, 2009, pp. 157-158).

[42] Marshall, T. H. *"Citizenship and Social Class"* in Marshall, T. H. e Bottomore, Tom. *"Citizenship and Social Class"*. Chicago: Pluto Classic (reimpr.), 1996, p. 26 e ss.

de soberania.[43] Contudo, seu efetivo exercício depende indissociavelmente da ampliação à informação de fácil acesso[44].

O sentimento de pertença à uma determinada comunidade política é em geral vinculada à ideia de nacionalidade, mas vai além ao ser potencializado e instrumentalizado pela possibilidade de contribuir para a vida pública dessa comunidade[45].

Em verdade, a sociedade civil tem tido no voto um dos únicos momentos espacial e temporal de relação com a Administração Pública, pelo que transfere a responsabilidade. De fato, existem órgãos instituídos de controle dos gastos públicos, como é o caso dos Tribunais de Contas e do Ministério Público, contudo o controle por eles exercido é insuficiente e limitado, sendo essencial que a sociedade participe do controle e também da elaboração das políticas próximas aos seus anseios.

Para além da ótica da despesa pública, a cidadania ativa também se fortalece na receita. Ou seja, é por intermédio tão somente da transparência e da educação fiscal que a sociedade se torna ciente e sensibilizada da função socioeconômica do tributo, se revelando eficiente medida motivacional a evitar a sonegação fiscal. Se não, certamente contribuirá para a qualidade do debate, promovendo evolução inteligente do sistema.[46]

Nessa toada, fora encaminhado Projeto de Lei sob o nº 5948/09 ao Congresso Nacional, em que se pretende instituir a Semana Nacional da Justiça Fiscal e o Dia Nacional da Justiça Fiscal, enquanto tentativa de expansão da conscientização. A Escola de Administração Fazendária, órgão inte-

[43] Cfr. Dallari, Dalmo de Abreu. *Elementos da Teoria Geral do Estado*. 31 ed. São Paulo: saraiva. 2012. pp. 104-105.

[44] O direito à informação encontra respaldo constitucional nos incisos XIV (sentido lato) e XXXIII (garantia do administrado direcionada à Administração), ambos do art. 5º da CRFB/88.

[45] São os elementos constitutivos da cidadania in Nabais, José Casalta. "Solidariedade Social, Cidadania e Dieito Fiscal." In Estudos Jurídicos e Económicos em Homenagem ao Prof. Doutor António de Sousa Franco, volume II, Coimbra Editora, p. 627 e ss.

[46] O magistrado e professor, Dr. Marcus Abraham, assevera que "[...] o Direito Financeiro constituiu uma ferramenta de mudança social. Isto ocorre porque esta ciência trata, além de tudo, da redistribuição de riquezas, do equilíbrio financeiro entre os entes federativos, da participação direta e indireta da coletividade na elaboração do orçamento, do controle da arrecadação e dos gastos públicos e do compromisso dos seus princípios com o bem estar da comunidade a que se aplicam. Enfim, versa sobre tudo o mais que se faz necessário para que a justiça fiscal se traduza em justiça social." (Abraham, Marcus. "Cidadania Fiscal e Direito Financeiro" In *Revista Justiça & Cidadania*, edição nº 155, julho de 2013. p. 32.)

grante do Ministério da Fazenda, criou o Programa Nacional de Educação Fiscal, cuja missão é compartilhar conhecimentos e interagir com a sociedade sobre a origem, aplicação e controle dos recursos públicos. Ocorre que pouca ou nenhuma visibilidade se confere na prática aos programas em epígrafe.

O art. 150, §5º da CRFB/88 preceitua que os consumidores sejam esclarecidos acerca dos impostos que incidam sobre mercadorias e serviços. É possível afirmar que a instituição de impostos deve ser acompanhada de informações à população não apenas sobre a existência do imposto em si, mas também sobre para que ele serve e qual a importância de seu recolhimento à finalidade última do Estado: o bem comum.

Muito embora Clotilde Celorico Palma e Mônica Pita, em artigo de 2015[47] inserido no âmbito de investigação "Educação e Cidadania Fiscal", organizada em parceria entre o CIDEEFF e o ISCAL, tenham concluído que as ações de Educação Fiscal do Brasil são das mais desenvolvidas no mundo , a verdade é que pouca ou nenhuma relevância se verifica na prática de construção de uma consciência fiscal no país. Ou seja, revela que tal preocupação é relevante para todos os Estados, e que não há experiências significativas para nos debruçarmos a nível de estudo comparado.

Cuida-se de acompanhar a evolução da função administrativa, agora também regida pelos princípios da boa administração, eficiência e transparência, e com a mudança de modelo de Estado, que passa a operar com elementos estatais e não estatais, em caráter mais participativo e consensual. Diogo Leite Campos entende esse movimento como passagem do Estado Democrático para um "Estado-dos-cidadãos, gerado, estruturado e comparticipado por estes". Ou seja, não se trata de os indivíduos suportarem o Estado, mas sim o serem, enquanto atores da vida política agora reivindicada. Portanto, estamos configurando-nos "numa sociedade livre e assumida, anterior e superior ao Estado, que aparece sobretudo como um instrumento da sociedade civil." [48]

Conclui-se que a solidariedade orgânica, alcançada com a educação fiscal, pressupõe uma postura ética no comportamento pessoal frente à coleti-

[47] PALMA, Clotilde Celorico; PITA, Mônica. *Para uma Política de Educação e Cidadania Fiscal – Os casos do Brasil, de Espanha e de Portugal.* In Revista de Finanças Públicas e Direito Fiscal. Ano VIII, n. 2, 2015. Lisboa: Edições Almedina. pp. 31-48.

[48] CAMPOS, Diogo Leite. "A indisponibilidade dos créditos tributários e a arbitragem". In *Revista de Finanças Públicas e Direito Fiscal.* Ano II, nº 1, primavera 2009, pp. 66-67.

vidade. Mas é preciso dar um passo além, rumo à cidadania ativa, vez que se percebe um imbricamento lógico entre esta e o fortalecimento da sociedade democrática, especialmente no comportamento entre Estado e cidadão, os quais deixam de ser vistos como oponentes e se transformam em partícipes no processo de definição, implementação e avalição da ação pública.

VI. Conclusão

Considerando que nas ciências sociais não existem causas determinantes, isto é, relação direta entre ação-reação, o presente trabalho não se propõe a sanar de todo as patologias do ordenamento fiscal brasileiro, mas tão somente condicionar determinadas ações passíveis de serem tomadas pelo Estado à prováveis reações dos cidadãos-contribuintes, considerando as influências cognitivas que operam na tomada de decisão do individuo em coletividade.

Partimos, portanto, dos fatores motivadores a interferir na percepção do contribuinte brasileiro, ausente, frisamos, de qualquer natureza determinística. Entendemos tratarem-se de fatores exógenos, pois sociais, institucionais e históricos. Nessa toada, recortamos três situações causais que consideramos elementares a, possivelmente, reverter a patologia posta, e que devem ser implementadas em conjunto, ao passo que retroalimentam entre si um ciclo virtuoso. Logo, excluímos todas as demais na delimitação do nosso objeto de estudo, muito embora devessem também ser solucionadas (e.g. excessiva e complexa tributação do consumo no ordenamento brasileiro, guerra fiscal entre os entes federados, et al.).

Posto isso, sem intenção determinística, atinge-se elementos motivacionais da manifestação de vontade humana no que tange à obrigações tributárias: (1) a educação fiscal, justificada pela tomada de consciência fiscal da função do Estado, da função socioeconômica do tributo e da necessidade de haver controle social dos gastos políticos, com virtude tanto na perspectiva da receita quanto da despesa; (2) o receio da incidência de sanções, administrativas ou penais, aqui radicada na necessária alteração da legislação especial a prever obstáculo temporal no oferecimento da denúncia para benesse pessoal de extinção da punibilidade pelo pagamento integral do débito em crimes de sonegação fiscal; (3) a expectativa de se auferir benefícios pessoais diretos e indiretos pelo cumprimento da obrigação, alcançada com controle sério de práticas corruptas, além da formulação da agenda institucional em proximidade da coletividade.

Induzimos, portanto, uma intervenção direta na contemporaneidade, com medidas passíveis de serem implementadas de pronto no ordenamento jurídico brasileiro e nas ações da Administração. Objetivamos com o trabalho atingir uma prevenção primária, enquanto capaz de neutralizar a raiz do problema antes que se manifeste, justificada na aposta de Educação Fiscal. Também uma prevenção secundária, envolvendo política criminal com efeito dissuasivo, esta por sua vez radicada no projeto de melhoria e investimento da fiscalização associado à simplificação e informatização das obrigações fiscais acessórias, além de proposta de mudança legislativa da aplicação do instituto da extinção da punibilidade nos crimes de sonegação fiscal.

Sanados os pontos chaves da sistemática do país, concluímos um terreno livre para a aposta em educação fiscal de qualidade e inclusiva a engendrar verdadeiro círculo virtuoso longe de práticas sonegadoras e corruptas, além de elevar o debate fiscal nas esferas administrativa e judicial, contribuindo para o aperfeiçoamento e fortalecimento do ordenamento e do próprio Estado.

Isto posto, o presente trabalho sugere a legitimidade como questão aberta, para além do campo formalmente construído, vez que pressupõe a consideração de uma moralidade estatal publicamente construída, necessária para manter os níveis de aceitação das instituições jurídico-políticas. Pretendeu-se demonstrar que a legitimidade transcende os postulados legais, depositando sua virtude na elaboração de consensos por meio da atuação de agentes sociais na construção de seus próprios rumos, dentre os quais, destacamos os novos movimentos sociais. Com virtude de empoderar o povo, germina capacidade de mobilização, participação e conscientização política, atributos estes da cidadania ativa.

Paralelamente, as estudamos como sujeito coletivo de juridicidade, portador de capacidades cidadãs ativas a resgatar a legitimidade do Estado Democrático e Social de Direito. Para tanto, a Administração Pública precisa expor amplamente, em linguagem de fácil compreensão, sua política fiscal e seus dados gerenciais, somando transparência com oferta de educação fiscal inclusiva e contínua, a gerar verdadeiro ciclo virtuoso de aproximação da sociedade e do Estado, onde a cultura de controle e participação sociais é estágio final de uma sociedade livre da sonegação e corrupção.

Referências bibliográficas

ABRAHAM, Marcus. *As emendas constitucionais tributárias e os vinte anos da Constituição Federal de 1988*. São Paulo: Quartier Latin, 2009.

_______. "Cidadania Fiscal e Direito Financeiro" In *Revista Justiça & Cidadania*, edição nº 155, julho de 2013.

AMED, F.J.; NEGREIROS, Plinio J.L.de Campos. *História dos tributos no Brasil*. São Paulo: Sinafresp, 2000.

ANDRADE FILHO, Edmar Oliveira. *Direito Penal Tributário: crimes contra a ordem tributária e contra a previdência social*. 6ª ed. São Paulo: Atlas, 2009.

BALTHAZAR, Ubaldo César. *História do Tributo no Brasil*. Florianópolis: Fundação Boiteux, 2005.

BARROSO, Luís Roberto. *Neoconstitucionalismo e Constitucionalização do Direito: o triunfo tardio do Direito Constitucional no Brasil*. Teresina: Jus Navigandi, ano 10, nº 851, 2005.

BONAVIDES, Paulo. *Curso de Direito Constitucional*. 11ª ed., São Paulo: Malheiros, 2001.

CAMPOS, Diogo Leite. "A indisponibilidade dos créditos tributários e a arbitragem." In *Revista de Finanças Públicas e Direito Fiscal*. Ano II, nº 1, primavera 2009.

CAVALCANTE, Denise Lucena; CAMURÇA, Eulália. "Cidadania Fiscal: o direito à informação da carga tributária no Brasil." In *Revista Tributária e de Finanças Públicas*. Ano 20, vol. 104, Maio-jun de 2012.

CORRÊA, Antônio. *Dos Crimes Contra a Ordem Tributária: comentários à lei n. 8.137, de 27-12-1990*. São Paulo: Saraiva, 1994.

DALLARI, Dalmo de Abreu. *Elementos de Teoria Geral do Estado*. 20ª ed. São Paulo: Saraiva, 1998.

GIOIA, Fúlvia Helena de. "Tributação, Direitos Fundamentais e Cidadania: algumas reflexões sobre a dupla face da tributação em busca da justiça fiscal." In *Revista Brasileira de Direito Tributário e Finanças Públicas – Caderno de Direito Comparado*. v. 1 (mar/abr 2007). Porto Alegre: Magister, 2007.

LEAL, Rogerio Gesta. "O controle jurisdicional das politicas públicas no Brasil: possibilidades materiais" In SARLET, Ingo (org.) *Jurisdição Constitucional e Direitos Fundamentais*. Porto Alegre: Livraria do Advogado, 2004.

LIVIANU, Roberto. *Corrupção e Direito Penal: um diagnóstico da corrupção no Brasil*. São Paulo: Quartier Latin, 2006.

LOBO TORRES, Ricardo. *Tratado de Direito Constitucional Financeiro e Tributário – Valores e princípios constitucionais tributários*. Rio de Janeiro: Renovar, 2003.

_______. *Curso de Direito Financeiro e Tributário*. 18ª ed. Rio de Janeiro: Renovar, 2011.

_______. "Ética e Justiça Tributária." In ZILVETI, Fernando Aurélio (org.) *Estudos em homenagem a Brandão Machado*. São Paulo: Dialética. 1998.

_______. "A Constitucionalização do Direito Financeiro" In SARMENTO, Daniel (coord.) *A Constitucionalização do Direito*. Rio de Janeiro: Lumem Juris, 2007.

MACHADO, Hugo de Brito. *Extinção do crédito e extinção da punibilidade nos crimes contra a ordem tributária* – parte I. Estudos Doutrinários, 03/11/2006/. Disponível em: <http://qiscombr.winconnection.net/hugomachado/default.asp>. Acesso em 02/02/2018.

MAIA, Marcelo Claudio Fausto. *Educação fiscal com Justiça Fiscal: um simbiótico imbricamento*. Quanto custa o Brasil. Artigos. Disponível em: <www.quantocustaobrasil.com.br/artigos>. Acesso em: 02/02/2018.

MARSHALL, T. H. *"Citizenship and Social Class"* in MARSHALL, T. H. e BOTTOMORE, Tom. *"Citizenship and Social Class"*. Chicago: Pluto Classic (reimpr.), 1996.

MARTINS, Ives Gandra da Silva; BASTOS, Celso Ribeiro. *Portugal e a Centralização do Poder. Comentários à Constituição do Brasil.* São Paulo: Saraiva, 1998.

MARTINS, Ives Gandra da Silva; CASTRO, Paulo Rabello de; MARTINS, Rogério Vida Gandra da Silva. *O Direito Tributário no Brasil: Reflexão sobre o sistema tributário realizada por juristas e economistas.* 2ª ed, São Paulo: Quartier Latin, 2010.

MAZZA, Alexandre. *Manual de Direito Administrativo.* 3ª ed. São Paulo: Saraiva, 2013.

MAZZOCCHI, Gustavo; CAMPOS, Hélio Silvio Ourem. "Política e Sonegação no Brasil – atraso social" In *Revista da ESMAPE,* Recife, v. 12, nº 25, Tomo I, jan/jun 2007.

MIRANDA, Jorge. *Constituição e Cidadania 2003-2015,* Coimbra: Almedina, 2016.

MOREIRA, Eduardo Ribeiro. *Neoconsitucionalismo: a invasão da Constituição.* São Paulo: Método, 2008.

MOTA, Sergio Ricardo Ferreira. "Justiça especializada em matéria tributária na região sul do Brasil" In *Revista CEJ,* Brasília, ano XIV, n. 50, jul-set 2010.

NABAIS, José Casalta. "Solidariedade Social, Cidadania e Dieito Fiscal." In Estudos Jurídicos e Económicos em Homenagem ao Prof. Doutor António de Sousa Franco, volume II, Coimbra Editora.

NUCCI, Guilherme de Souza. *Manual de Direito Penal: Parte Geral.* 6ª ed. São Paulo: Editora Revista dos Tribunais, 2009.

OLIVEIRA, Fabio Leopoldo de. *Curso Expositivo de Direito Tributário.* São Paulo: ed. Resenha Tributaria. 1976.

OTERO, Paulo. "Ética Constitucional: contributo para uma limitação do poder político", in OTERO, Paulo; ARAÚJO, Fernando; GAMA, João Taborda da (orgs.). *Estudos em memória do prof. Doutor J. L. Saldanha Sanches,* v. I, Coimbra Editora, 2011.

PALMA, Clotilde Celorico; PITA, Mônica. *Para uma Política de Educação e Cidadania Fiscal – Os casos do Brasil, de Espanha e de Portugal.* In Revista de Finanças Públicas e Direito Fiscal. Ano VIII, n. 2, 2015. Lisboa: Edições Almedina

PONTES, Marcella. *Análise sobre a reincidência no direito penal: aspectos práticos e teóricos.* 27/11/2013. Penso Direito. Disponível em: <http://pensodireito.com.br/>. Acesso em 02/02/2018.

PRADO, Luiz Regis. *Curso de Direito Penal Brasileiro, vol. 1: parte geral, arts. 1º a 120.* 7ª ed. São Paulo: Revista dos Tribunais, 2007.

_______. *Direito Penal Econômico: ordem econômica, relações de consumo, sistema financeiro, ordem tributaria, sistema previdenciário, lavagem de capitais, crime organizado.* 3ª ed. São Paulo: revista dos Tribunais, 2009.

ROCHA, Sérgio André. "Ética da Administração Fazendária e o Processo Administrativo Fiscal" In ROCHA, S. A. (coord.) *Processo Administrativo Tributário: Estudos em Homenagem ao Professor Aurélio Pitanga Seixas Filho.* São Paulo: Quartier Latin, 2007.

_______. *O Estado custa caro.* Folha de S. Paulo, Opinião, São Paulo, 07/04/2014.

_______. *Por uma Justiça Tributária Especializada.* Valor Econômico, Rio de Janeiro, p. E2 – E2, 14/11/2006.

SEVEGNANI, Joacir. *A Resistência aos Tributos no Brasil: o Estado e a sociedade em conflito.* Tese inédita de mestrado. Universidade do Vale do Itajaí – Univale. Itajaí, 2006

SOARES, Fabiana de Menezes. *Direito Administrativo de Participação*. Belo Horizonte: Del Rey, 1997.

TEIXEIRA, Paulo Ivan de Oliveira. *Breves comentários sobre a ação penal dos crimes contra a ordem tributária*. Disponível em: <http://www.idecrim.com.br/index.php/direito/21-tributario>. Acesso em 02/02/2018.

TORRES, Heleno Taveira. *Tributo precisa respeitar valores constitucionais*. Revista Consultor Jurídico, 25/03/2013. Disponível em <www.conjur.com.br>. Acesso em 02/02/2018.

VALADÃO, Marcos Aurélio Pereira. "Crimes de Sonegação Fiscal: Um enfoque Criminológico e Econômico" In OTERO, Paulo; ARAÚJO, Fernando; GAMA, João Taborda da (orgs.). *Estudos em memório do prof. Doutor J. L. Saldanha Sanches*. vol. V. Coimbra Editora. 2011.

WOLKMER, Antônio Carlos. "Movimentos Sociais: nova fonte de juridicidade" In *Revista Direito em Debate*, Ijuí: Ed. Unijuí, nº 7, p. 49, jan./jun. 1996.

A Cidadania e a Educação Fiscal em Cabo Verde

Celestina da Cruz Soares*

Resumo
No presente artigo evidencia-se a importância da Educação Fiscal para o exercício da Cidadania Fiscal em Cabo Verde. Retrata-se, entre vários temas, os males da sociedade atual, como a evasão e a fraude fiscais, bem como os objetivos do Programa Nacional de Cidadania Fiscal (PNCF) e sua importância na sociedade cabo-verdiana.

Palavras-chave: Educação Fiscal, Cidadania Fiscal, PNCF

1. Educação Fiscal como vetor da Cidadania Fiscal

A Cidadania Fiscal se consubstancia no dever de o cidadão contribuinte cumprir com as suas obrigações tributárias, mas também, no exercício, pelo cidadão, do direito de ser adequadamente informado sobre a origem e aplicação dos recursos públicos, fiscalizando a transformação dos tributos pagos em obras e serviços de qualidade. Para tanto, necessário se torna: sensibilizar a população para a função socio-económica do tributo; incentivar o acompanhamento pela sociedade da aplicação dos recursos públicos; criar condições para uma relação harmoniosa entre o Estado e o cidadão[1].

A Educação Fiscal não é simplesmente uma estratégia para arrecadar mais dinheiro, nem está centrada exclusivamente em explicar o porquê

* Mestre em Fiscalidade pelo ISCEE. Gestora de Controle de Crédito na ENAPOR, S.A.

[1] Disponível em: http://www.transparencia.mg.gov.br/cidadania-fiscal/sobre-a-cidadania-fiscal

os tributos devem ser pagos. A Educação Fiscal tem como objetivo principal, promover o efetivo exercício da cidadania, ou seja, educar para uma cidadania ativa, visando a constante melhoria da relação participativa e consciente entre o Estado e o cidadão e a defesa permanente das garantias constitucionais, como forma de despertar consciências para a participação solidária e cidadã, em face da responsabilidade fiscal, do desenvolvimento social e de uma gestão pública eficiente e eficaz. A construção da cultura tributária e a formação para o exercício da cidadania fiscal se faz por meio da educação fiscal.

A educação para a cidadania fiscal pretende fazer de cada pessoa um agente de transformação. Isso exige uma reflexão que possibilite compreender as raízes históricas da situação de miséria e exclusão em que vive boa parte da população mundial, em geral, e da população cabo-verdiana, em particular[2].

2. Os tributos como fontes de rendimento do Estado de Cabo Verde

Cabo Verde, sendo um pequeno país arquipelágico, desprovido de recursos naturais, o Estado financia as despesas públicas recorrendo a quatro principais formas de financiamento:

- Os empréstimos concessionais originários de organismos internacionais, principalmente do Fundo Monetário Internacional (FMI), da União Europeia (UE), do Banco Mundial (BM), da Organização das Nações Unidas (ONU) e do Banco Africano de Desenvolvimento (BAD). Estes empréstimos, destinados principalmente para a infraestruturação do país, têm engrossado a dívida pública, considerada uma das mais altas do mundo. Atualmente a dívida pública do país é de 126% do PIB[3];
- A emissão de moedas, embora não é uma prática comum em Cabo Verde, porque economicamente causa a inflação, quando há excesso de moeda em circulação;

[2] Segundo os resultados definitivos do III Inquérito às Despesas e Receitas Familiares de 2015, feito pelo Instituto Nacional de Estatística de Cabo Verde (INE), 35% da população total cabo-verdiana é pobre e 10,6% muito pobre. Informação disponível em: https://www.dn.pt/lusa/interior/cabo-verde-quer-tornar-divida-publica-sustentavel-em-cinco-anos-8482895.html

[3] Informação disponível em: https://www.dn.pt/lusa/interior/cabo-verde-quer-tornar-divida-publica-sustentavel-em-cinco-anos-8482895.html

- As doações dos parceiros internacionais, desde a independência do país em 1975, mas estas doações têm vindo a diminuir, com a graduação de Cabo Verde a País de Desenvolvimento Médio (PDM) pela ONU em 2007 e, por fim;
- Os tributos que representam a maior fatia, principalmente o IVA, pois, enquanto os impostos diretos (por exemplo, o IRPS e o IRPC) facilmente são sentidos, os impostos indiretos (por exemplo o IVA), em virtude da anestesia fiscal que revelam, são menos sentidos pelos cidadãos contribuintes.

É através da tributação que o Estado consegue oferecer os serviços públicos, ou seja, os tributos pagos pela sociedade são retornados a todos em forma de obras e serviços, por meio de políticas públicas tais como: educação, segurança pública, saúde, saneamento básico, meio ambiente, infraestruturas (estradas, barragens, portos, aeroportos), iluminação pública, etc.

3. O dever fundamental de pagar impostos como corolário do dever da solidariedade social

O dever fundamental de pagar impostos é uma contrapartida antecedente e necessária à manutenção do próprio Estado, pois sem as receitas dos impostos, caso fossem estes pagos ao livre arbítrio dos cidadãos, os próprios direitos fundamentais não existiriam além do papel. Podemos perceber, então, que o dever fundamental de pagar impostos é o modo de se efetivar os direitos previstos na Carta Constitucional, sejam tais direitos de cunho prestacionais ou não, certo é que todos possuem um custo a ser arcado, não importando se maior ou menor a depender da geração de cada direito. O pagamento de impostos é atribuído a todos os sujeitos que possuam capacidade contributiva para arcar com esse dever, possibilitando a realização dos deveres do Estado em benefício de todos.

Se por razões históricas os deveres fundamentais, entre os quais o dever fundamental de pagar impostos, não foram objeto de maior destaque, ao se operar a mudança desse contexto para outro onde a solidariedade e responsabilidade comunitária ganharam força, percebeu-se a necessidade de se reconhecê-los categoria jurídica constitucional própria.

O Estado ao tributar manifestações de riqueza daqueles indivíduos que ostentam capacidade contributiva, para depois redistribuí-la através de serviços públicos àqueles que se tão somente de si dependessem, não conseguiriam viver dignamente, não está agindo apenas baseado no seu poder soberano, mas está fundado em valores maiores. Por isso, quando o pagamento dos impostos não é assumido como um dever, é todo o ambiente social que se degrada e quem sofre são os mais carenciados da sociedade.

Portanto, a solidariedade social entre os cidadãos deve fazer com que a carga tributária recaia sobre os mais ricos, aliviando-se a incidência sobre os mais pobres e dela dispensando os que estão abaixo do nível mínimo de sobrevivência.

Os impostos enquanto instrumentos de solidariedade social podem ser resgatados tomando-se como exemplo, o acréscimo de 0,5% no valor do IVA, visando a obtenção de recursos para colaborar com a população da Ilha do Fogo afetada pela erupção do Vulcão em 2015.

4. A ética e a moralidade fiscal

Vivemos atualmente perante uma crise de valores morais e éticos, onde reina o total descrédito nas instituições, principalmente no tocante à coisa pública. Esta descrença talvez seja o resultado de um longo período de injustiça social e da falta de consciência do indivíduo.

O desafio maior dos nossos dias é forjar uma cidadania universal na qual todos os seres humanos se sintam e se saibam cidadãos, ou seja, precisamos aceitar a impossibilidade de um universalismo moral absoluto, que imponha valores detalhados para todos os povos e comunidades e, simultaneamente, não aceitar o relativismo e o ceticismo éticos, que acarretam um vale-tudo ético, bem presente nas atuais sociedades liberais.

Ter conduta ética é se colocar na perspetiva do outro. É agir com a firme e desinteressada intenção de suavizar a aflição dos que sofrem. É ter sabedoria e humildade para entender que o homem só se realiza enquanto ser humano pelo olhar do outro, que o molda e o define.

Mas, infelizmente, na atualidade, ainda enfrentamos dois grandes problemas: de um lado a fuga aos impostos (mundialmente temos notícias como as do "Panamá Papers", do "Paradise Papers", "Swissleaks", a "Operação Lava Jato", etc.) e do outro lado, a má aplicação, o desvio e o roubo do dinheiro público, associados a uma vivência ética e moral desvirtuada.

Neste sentido, a educação fiscal, enquanto proposta educativa, tem papel importante no desenvolvimento dessa moralidade fiscal. Pode representar um novo caminho de resolução dessa crise, na medida em que contextualiza o conhecimento sistematizado com a realidade na qual a comunidade escolar e não só, está inserida, em busca do bem-estar de todos. Assim, busca-se trabalhar nos programas educacionais os aspetos morais da fiscalidade.

Em suma, o tema de educação fiscal está estritamente ligado à necessidade de fazer compreender ao cidadão a estrutura e o funcionamento da Administração Fiscal e que deve ser sempre pautada pelos princípios éticos.

5. Evasão e fraude fiscais, os males sociais da sociedade contemporânea

Os cidadãos contribuintes a coberto do princípio da autonomia privada, consagrado no artigo 91º, nº4 e nº5 da Constituição da República de Cabo Verde (CRCV) têm direito à livre iniciativa económica, seja ela pública, privada ou em forma de cooperativa e à proteção da propriedade privada. No entanto, enquanto membros de uma sociedade democrática, para além de direitos têm obrigações, tais como a obrigação de contribuir para o orçamento do Estado na medida da sua capacidade contributiva, em obediência ao princípio constitucional da igualdade, e têm deveres de cidadania para com os restantes cidadãos.

Portanto, quando um contribuinte tem comportamentos de evasão ou elisão fiscal ilegítima, está a transferir o imposto que seria devido por si para os restantes cidadãos contribuintes. Mais ainda, menos receitas fiscais traduzem-se numa limitação do orçamento do Estado, o que conduz ao enfraquecimento da sua capacidade para oferecer serviços públicos de qualidade, e à necessidade de endividar o país perante terceiros, comprometendo o futuro das gerações vindouras. O planeamento fiscal ilícito do qual decorre a diminuição da receita fiscal, não constitui apenas uma afronta ao Estado, constitui antes de mais um atentado a toda a sociedade.

Em Cabo Verde, o legislador nacional introduziu no ordenamento jurídico uma série de instrumentos para evitar a utilização abusiva do planeamento fiscal. Existe as cláusulas especiais previstas no Código do Imposto sobre o Rendimento das Pessoas Coletivas (CIRPC) e na Portaria nº75/2015, para além da cláusula geral prevista no artigo 31º do Código Geral Tributário (CGT), e o Centro Internacional de Negócios de Cabo Verde (CIN), aprovado pelo Decreto-Legislativo nº 1/2011, de 31 de janeiro. Mas, infelizmente, não existe uma legislação própria sobre o planeamento fiscal abusivo ou agressivo como acontece em Portugal, por exemplo, não obstante as constantes comunicações da União Europeia e da OCDE recomendando aos países membros e não membros sobre a adoção de normas que obrigam os contribuintes a comunicar à Administração Tributária esquemas ou atuações consideradas agressivas, no ponto de vista do planeamento fiscal.

Sendo um país aberto ao mundo, atraindo cada vez mais investimentos diretos estrangeiros, a legislação sobre o assunto é extremamente importante, principalmente, nesta presente conjuntura onde vincula notícias, a nível nacional e internacional, sobre a eventualidade do país ser um paraíso fiscal:

[C]abo Verde é um dos países no centro de uma investigação realizada por repórteres de dezenas de países africanos que alegadamente estão a colaborar com o Consórcio Internacional de Jornalistas de Investigação (CIJI). Estes jornalistas pretendem revelar, através do West Africa Leaks, esquemas de planeamento fiscal que passam por vários países da África Ocidental, alguns ligados a políticos, diplomatas e empresários.[4]

A principal consequência da evasão e fraude fiscais é a não concretização do princípio da igualdade (artigo 24º da CRCV) e justiça fiscal. O facto de a carga fiscal ser deslocada dos que não pagam para aqueles que pagam em virtude da fraude e evasão fiscais, explica-se tendo em consideração que a evasão e fraude fiscais não diminuem o montante total de receitas de que o Estado necessita e então, para o obter, sobrecarrega-se os contribuintes cumpridores, compensando o que não é possível obter dos não cumpridores, entrando-se num círculo vicioso em autêntica espiral já que quanto mais as taxas forem elevadas, mais elas são fomentadoras de evasão e fraude.

Além disso, da evasão e fraude fiscais resultam outras consequências: o nível de informalidade de uma economia contribui de forma grave para a sua falta de competitividade. De facto, a concorrência é falseada, a atividade económica é artificialmente orientada e os capitais tornam escassos. Constitui uma inadmissível perturbação de funcionamento do mercado enquanto fator de concorrência desleal entre as empresas.

O nível de fraude e evasão fiscais existente no país é elevado, derivado pela fraca capacidade da Administração Tributária em cobrar, fiscalizar e inspecionar, também o facto de a sociedade cabo-verdiana, em geral,

[4] Informação disponível em: https://mindelinsite.cv/paraisos-fiscais-cabo-verde-no-centro-investigacoes-west-africa-leaks/

padecer de uma baixa cidadania fiscal e da existência de uma economia informal bastante expressiva no país (representa 20% do Produto Interno Bruto cabo-verdiano)[5]. Esta informalidade da economia cabo-verdiana tem maior expressividade nas ilhas de Santiago e São Vicente, isto é, em termos de unidade de produção informal, 82% está em Santiago Sul e São Vicente, sendo que 35% está na Cidade da Praia[6].

A evasão fiscal é um problema grave, e o que mais preocupa nos dias de hoje é que, para uma boa parte da população, o problema não é enfrentado com a seriedade que merece. A prática é tão comum que chega a ser encarada como padrão normal de comportamento, seja porque a sociedade perdeu a confiança nos administradores da "coisa pública", seja porque não entende os impactos negativos que a supressão da receita fiscal traz ao funcionamento do Estado.

Reverter esse panorama não é tarefa fácil, muito menos passível de ser executada apenas pelo Estado. A sociedade precisa assumir conduta pro-ativa, definindo seu papel na solução do problema.

O exercício da cidadania fiscal, é uma arma poderosa no combate à evasão fiscal. Claro que o estímulo à cidadania fiscal deve partir do Estado, através de ações educativas que proporcionem a consciencialização da sociedade sobre a importância dos tributos e como cada indivíduo pode colaborar para que tais tributos sejam efetivamente arrecadados.

Uma das prioridades do Governo cabo-verdiano é combater a informalidade da economia e a fraude e evasão fiscais (o Estado perde 6,7 milhões de contos em IVA e IRPS que não são entregues pelas empresas).[7] Portanto, há que trabalhar na sensibilização dos agentes económicos, principalmente os que estão no sector informal, como pequenos comerciantes, peixeiras, cabeleireiras, mecânicos, canalizadores, entre outros. Em relação às empresas não cumpridoras (as que cobram o IVA aos seus clientes e não o entregam ao Estado e as empresas que não enviem o IRPS retido no salário dos seus trabalhadores), o Fisco tem de tomar medidas rigorosas, por exemplo, cobrança dos impostos através da cobrança coerciva.

[5] Informação disponível em http://www.governo.cv/index.php/rss/7955-economista-do-fmi-desafia-academicos-cabo-verdianos-a-estudarem-informalidade-da-economia-nacional

[6] Informação disponível em https://mindelinsite.cv/governo-adapta-proposta-regionalizacao-representatividade-dos-eleitos-regionais-passa-pelo-numero-populacional/

[7] Informação disponível em: https://expressodasilhas.cv/economia/2018/05/28/fisco-avanca-para-a-cobranca-coerciva-de-iva-e-irps/58286

6. Educação Fiscal, o meio eficaz para minimizar a relação conflituosa entre o Fisco e os contribuintes

A história parece demonstrar o fato de que, desde os primórdios, a relação entre o Fisco e o cidadão contribuinte nunca foi pacífica, quando o assunto diz respeito à cobrança de impostos. A literatura está repleta de passagens dando conta da antipatia recíproca das pessoas físicas e jurídicas com o Poder, quando o assunto diz respeito ao pagamento dos tributos.

Os exageros tributários, a reversão inadequada dos recursos na implementação de bens, serviços e programas sociais, bem assim os atrasos na devolução dos impostos, de uma parte, e o cultural exercício da evasão fiscal, para maximização do interesse ou até para garantir a sobrevivência, da outra parte, é que sustentam essa polifonia de vozes adversas ao imposto, quando ainda não se atingiu a plenitude dos ideais da cidadania.

Tais conflitos centram-se, principalmente, na dualidade evasão fiscal e aplicação incorreta ou indevida do erário público. Significa dizer que, nas duas situações, quando os impostos e as taxas não são recolhidos aos cofres públicos, por causa da evasão e fraude fiscais, ou quando arrecadados e mal aplicados, provocam grandes prejuízos económicos e sociais para a sociedade. Nestes casos os tributos, ao invés de promoverem a justiça social, acentuam as injustiças.

Em Cabo Verde algumas incompreensões e crispações têm marcado as relações entre os contribuintes e a Administração Fiscal. Um breve recuo no tempo, talvez, mostre que a resistência dos contribuintes em pagar impostos poderá ser melhor compreendida num contexto socio-histórico e cultural mais amplo.

Por um lado, a maioria dos contribuintes cabo-verdianos têm uma aversão natural em pagar os seus impostos, derivado principalmente a razões históricas e culturais[8], por isso, uma percentagem significativa dos con-

[8] Por mais de cinco séculos Cabo Verde foi uma colónia de Portugal. Durante o período colonial pagar impostos era obrigação dos súbditos e a maioria dos impostos aqui recolhidos eram enviados para a metrópole, com pequeno retorno ao contribuinte cabo-verdiano e não se revertia em investimentos públicos, como a saúde, as infraestruturas e a educação para a então colónia. Desta forma, o imposto era uma imposição unilateral e as pessoas que o pagavam não recebiam benefícios para suas comunidades, ou seja, o retorno era insuficiente para as necessidades básicas da população. Essa situação gerava conflitos entre a metrópole e a colónia, isto é, entre o rei e os moradores nas ilhas, inclusive aqueles de nacionalidade portuguesa que desempenhavam cargos na Administração Fiscal. Estes, uma vez que residiam nas ilhas à semelhança dos naturais não beneficiavam dos bens públicos que tais tributos

tribuintes fuja aos seus impostos, através de esquemas fraudulentas muito bem arquitetadas.

Por outro lado, os contribuintes cabo-verdianos manifestam o seu desagrado quando pagam, por exemplo, taxa de manutenção rodoviária e imposto de circulação e muitas estradas do país estão esburacadas, sem condições para circular. Também não estão satisfeitos quando pagam taxa de iluminação pública e existem ruas onde não há um único posto de luz, pondo em causa a segurança e a integridade física dos mesmos; não estão satisfeitos quando pagam impostos e existem, em todas as ilhas, escolas sem condições mínimas para as crianças assistirem as aulas. Para além disso, quando o dinheiro dos impostos é empregue em obras sem viabilidade económica e que não contribuem em nada para o bem-estar da população, com a intenção apenas de garantir os votos nas eleições, os contribuintes têm que manifestar o seu descontentamento, ou quando as obras são mal-executadas, como foi o caso da barragem da Banca Furada na ilha de São Nicolau.

Em suma, em todas as regiões do país, há problemas de infraestruturas e de oferta de serviços públicos, tais como: serviços de esgoto, fornecimento de água, recolha do lixo, limpeza urbana, manutenção de estradas, habitação social, saúde, educação, transporte urbano, etc., que geram insatisfação com a qualidade de vida da sociedade e por isso a sociedade exige dos governantes, sejam do Governo ou das Câmaras Municipais, que os recursos arrecadados atendam suas necessidades.

Portanto, a Administração Tributária para explicar às pessoas o que são impostos, para que servem os impostos, tem que as explicar nesta ótica de reciprocidade, ou seja, os cidadãos contribuintes pagam impostos e devem pagar, porque pagar imposto é um ato de cidadania, mas o Estado tem a obrigação de fornecer serviços de qualidade para a população. Infelizmente, muitas vezes, não há um *feedback* satisfatório por parte do Estado e isso origina um clima de crispação entre ele e os contribuintes. Ou seja, tem que existir uma relação equilibrada entre a Administração Tributária cabo-verdiana que exige o pagamento dos impostos e aquilo que os contribuintes vejam em consequência daquilo que pagam. Daí a necessidade,

geravam. Portanto, passaram a se identificar mais com os interesses da sociedade onde viviam destacando-se da longínqua metrópole. Informação disponível no Caderno 1: Educação Fiscal e a Construção da Cidadania – Programa Nacional de Cidadania Fiscal em Cabo Verde, pág7 a obrigatoriedade permanente de o Governo/Câmara Municipal demonstrar ao cidadão como arrecadar, quanto arrecadar, porquê arrecadar, onde aplicar, quando aplicar, quem beneficiar e de que forma, isto é, a prestação de contas enquanto corolário da cidadania fiscal.

7. O Programa Nacional de Educação Fiscal em Cabo Verde

À semelhança o que se passa em outras parte do mundo, o Estado de Cabo Verde, no cumprimento de um dos objetivos estipulados no artigo 7º da CRCV, "*a promoção do bem-estar e a qualidade de vida do povo cabo-verdiano, designadamente dos mais carenciados e a diminuição das desigualdades de natureza económica, social, cultural e política que impedem a real igualdade de oportunidades entre os cidadãos*", criou o Programa Nacional de Construção de Cidadania Fiscal, abreviadamente designado por PNCF, através da Resolução nº 11/2015 de 20 de Fevereiro[9]. Portanto, na CRCV está estabelecida os princípios que norteiam o PNCF, no Decreto-Lei nº37/2013, de 24 de setembro, e na Resolução nº11/2015, de 20 de fevereiro, a sua materialização.

Para a implementação deste programa foi criado um grupo de trabalho denominado Grupo Nacional de Trabalho de Construção da Cidadania Fiscal (GCF), constituído por um representante do Ministério das Finanças e do Planeamento, em parceria com outros órgãos públicos, nomeadamente, representantes do Ministério da Justiça, do Ministério da Educação e Desporto, do Ministério da Cultura, do Ministério do Ensino Superior, Ciência e Inovação e Repartição de Finanças concelhias. Enquadrado no Projeto "Reforma da Gestão Tributária", o Programa foi financiado pelo Investment Climat Facility for África (ICF), o Banco Africano de Desenvolvimento (BAD) e o Governo de Cabo Verde.

O PNCF é um programa baseado na experiência internacional, em particular o exemplo do Brasil, mas que contempla a cultura geral da nação cabo-verdiana enquanto ponto de partida para a construção de uma cultura tributária alicerçada pela consciência cívica e para aprimoramento da consciência fiscal.

Tendo o propósito de abranger toda a sociedade cabo-verdiana, o PNCF pretende utilizar a educação formal, a não formal e a informal, estruturado nos seguintes módulos de intervenção: Ensino Básico Integrado; Ensino

[9] Este programa encontra-se no Boletim Oficial Nº13, I Série de 20 de fevereiro de 2015, 509-512.

Secundário; Ensino Profissionalizante; Ensino Superior; Servidores Públicos Municipais e Estatais e a Comunidade em geral.

7.1. Objetivos do PNCF

Este programa consubstancia uma política pública educacional que tem por finalidade promover e institucionalizar a educação fiscal para o pleno exercício da cidadania por meio da formação de professores e servidores públicos em todo o país como disseminadores de educação fiscal. O objetivo geral do programa é proporcionar ao cidadão cabo-verdiano conhecimentos básicos que o permitam exercer a sua cidadania de forma participativa, com ética e responsabilidade, sempre ciente do seu dever de contribuir para com o orçamento público por meio de pagamento dos tributos e do seu direito e dever de acompanhar a aplicação dos recursos públicos.

Os objetivos específicos do PNCF resumem-se nos seguintes[10]:

- Transformação do Programa numa política pública;
- Compreender a dinâmica das relações entre a atividade financeira do Estado, a responsabilidade do cidadão contribuinte e o compromisso com o desenvolvimento social;
- Sensibilizar o cidadão para a função socioeconómica do tributo, desenvolvendo a consciência crítica para o exercício do controle social;
- Ampliar a participação popular na gestão democrática do Estado, incentivando o acompanhamento da aplicação dos recursos públicos;
- Criar condições para uma relação harmoniosa entre o Estado e o cidadão, fortalecendo permanentemente o Estado de Direito Democrático;
- Redução da evasão fiscal e aumento do pagamento espontâneo dos impostos;
- Contribuir para fortalecer os mecanismos de transformação social por meio da educação, promovendo a reflexão sobre as práticas sociais;
- Contribuir para aperfeiçoar a ética na Administração Pública e na sociedade, combatendo a corrupção e melhorando o perfil do cidadão público;

[10] Informação disponível no Caderno 1: Educação Fiscal e a Construção da Cidadania – Programa Nacional de Cidadania Fiscal em Cabo Verde, pág. 10

- Aumentar a eficiência, a eficácia, a responsabilidade fiscal e a transparência do Estado;
- Estimular o cidadão a apropriar-se dos instrumentos da cidadania fiscal para participar na elaboração de políticas públicas capazes de promover a sustentabilidade do Estado e a redução das desigualdades sociais.

7.2. A metodologia e a vertente comunicação[11]

A construção de conhecimento sobre a cidadania fiscal impõe a sensibilização e a capacitação de professores, trabalhadores da Função Pública e membros da comunidade em geral para atuarem como multiplicadores dos princípios da cidadania fiscal, bem como a construção de valores sobre a importância dos impostos e a sua correta aplicação.

A metodologia do PNCF tem como estratégias pedagógicas a aplicação por meio da educação formal, educação não formal e da educação informal.

A educação formal é desenvolvida nas escolas, com conteúdos previamente determinados e que ocorre de maneira sistematizada nos sistemas público e privado de ensino característicos do ensino básico, secundário, profissionalizante e superior.

A educação não formal é aquela que possui dimensões tais como: a aprendizagem política dos direitos dos indivíduos enquanto cidadãos; a capacitação dos indivíduos para o trabalho, por meio da aprendizagem de habilidades e/ou desenvolvimento de potencialidades; a aprendizagem e exercício de práticas que capacitam os indivíduos a se organizarem com objetivos comunitários, voltadas para a solução de problemas coletivos quotidianos; a aprendizagem de conteúdos que possibilitem aos indivíduos fazerem uma leitura do mundo do ponto de vista de compreensão do que se passa ao seu redor.

Na educação informal os indivíduos aprendem durante todo o processo de socialização (na família, no bairro, com os amigos etc.), carregada de valores e cultura própria, sentimento de pertença. Carateriza-se por não ser intencional ou organizada, mas casual e empírica, exercida a partir das vivências, de modo espontânea. Não possui um cronograma ou uma intenção definida.

[11] Idem, pág. 11

Por isso, através desses sistemas de educação, o PNCF pretende-se: abordagem dos conteúdos em aula e realização de trabalhos escolares sobre o tema; realização de concursos de redação, de poesias, de músicas e teatro; realização de cursos, seminários e congressos; campanhas nos meios de comunicação social; participação da equipa do programa em eventos internacionais visando o intercâmbio de experiências e boas práticas.

A vertente comunicação tem como prioridades: definição dos objetivos; elaboração do plano de comunicação; definição das mensagens; conceção e produção dos suportes audiovisuais; planeamento dos meios; conceção de kits de comunicação por grupos de intervenção (cartazes, fotografias, manuais, calendários, *t-shirts*, etc.); controlo e avaliação e relatório final.

7.3. Resultados esperados

Não obstante o PNCF surgir um pouco tardio em Cabo Verde, a iniciativa é excelente e em 2015, ano da sua implementação, apareceu os primeiros resultados, sobretudo no atendimento aos contribuintes e aos cidadãos. Com o objetivo de alargar a disseminação dos princípios e valores do programa, despertando no cidadão a consciência cívica e fiscal para o exercício da cidadania ativa, em prol do desenvolvimento do país, o PNCF, com a colaboração da WANSATI, deslocou-se a doze municípios do país: Ribeira Grande de Santo Antão, Porto Novo, São Vicente, Sal, Boa Vista, Praia, Tarrafal, Santa Catarina, Ribeira Grande de Santiago, Maio, São Filipe e Mosteiros.

O PNCF perspetivou alcançar, em 12 meses, ou seja, no seu 1º ano de implementação, os seguintes objetivos:

- Construção de um programa sólido com representações do Governo, da sociedade civil e da comunidade em geral em torno da construção de uma cultura tributária;
- Sensibilização e capacitação de professores e trabalhadores da Função Pública, artistas e membros comunitários para atuarem como multiplicadores dos princípios da cidadania fiscal, bem como a construção de valores e conhecimentos sobre a importância social e económica do imposto e sua correta aplicação, por meio de educação formal, não formal e informal;
- Transformação do PNCF em política pública que fomente a constante construção e reconstrução da cidadania fiscal cabo-verdiana de forma contínua;

- Consciencialização sobre os impostos pagos por todos e de sua importância social e económica, por meio de eventos, campanhas, palestras, palestras-show, espetáculos educativos, concursos, entre outros, com o auxílio de pessoas capacitadas;
- Capacitação de professores para inclusão da cidadania fiscal como tema transversal nos planos curriculares nacionais de todas as disciplinas, especialmente na disciplina "Educação para a Cidadania", ministrada no 7º ao 12º ano;
- Sensibilização e capacitação dos professores universitários para a formação de profissionais superiores conscientes e conhecedores dos princípios básicos da cidadania fiscal, comprometidos com seus deveres enquanto contribuintes;
- Ampliação das noções de cidadania fiscal na Função Pública por meio de cursos e eventos oferecidos aos funcionários.

7.4. Resultados não alcançados

Não obstante o esforço, ainda não foi possível alcançar os seguintes resultados, passados 3 anos após o seu arranque:

- A capacitação dos professores não foi implementada nos cursos de formação das Ciências de Educação, como tema transversal, nem foi ainda introduzida a disciplina de "Fundamentos, Metodologias e Estratégias para a Construção da Cidadania Fiscal";
- Na educação não formal, ainda não foram realizados os concursos de poesia; ampliação das noções de cidadania fiscal na Função Pública por meio de cursos e eventos oferecidos aos funcionários;
- Não existe instalação para a Sede do PNCF;
- Não têm sido feitas reuniões entre as autoridades responsáveis do ensino universitário, profissionalizante, secundário e básico, para a dinamização do processo de inclusão das temáticas da cidadania fiscal, como tema transversal e como conteúdos e disciplinas específicas;
- Os órgãos parceiros não se têm reunido e dado *feedback* ao Concelho Consultivo;
- O GCF não está instituído oficialmente e carece de regulamentação;
- Falta legislação para regulamentar o funcionamento do PNCF;
- Não há ainda coordenadores do programa e apenas existem três subcoordenadores.

8. A promoção da Educação para a Cidadania Fiscal nas escolas cabo-verdianas

A formação do ser humano começa na família. Ali, tem início um processo de humanização e libertação, é um caminho que busca fazer da criança um ser civilizado, e bem cedo a escola participa desse processo. Com o conhecimento adquirido na escola, o aluno se prepara para a vida e passa a ter o poder de se transformar e de modificar o mundo onde vive.

No artigo 78º da CRCV (Direito à educação), que se trata, especificamente, da educação encontramos destaque para o ensino da Cidadania Fiscal. Portanto, Cabo Verde dispõe de uma Constituição avançada que trata dos direitos e dos deveres do cidadão no tocante ao exercício da democracia participativa. Ressalta-se, também, o Decreto-Legislativo nº 2/2010, de 7 de maio, que define as Bases do Sistema Educativo, enunciando os princípios fundamentais da organização e funcionamento do sistema educativo, abrangendo o ensino público, o ensino particular e o cooperativo. O artigo 10° do referido diploma destaca os objetivos da política educativa, e o artigo 11º, destaca o papel da escola cabo-verdiana, oferecendo elementos para o ensino da cidadania fiscal. Em consonância com o artigo 78º da CRCV, o Decreto-Legislativo nº 2/2010, que define as bases legais para a educação em seu artigo 5º, nº4.

O PNCF, na primeira fase da sua implementação, priorizou atividades dirigidas às Escolas do Ensino Básico e Ensino Secundário, às Universidades e aos funcionários dos setores público e privado das ilhas de Santiago, São Vicente e Santo Antão. Já na segunda fase, o programa estender-se-ia as atividades de sensibilização às demais ilhas e abranger as comunidades dos outros municípios, despertando no cidadão a consciência crítica e o exercício da cidadania ativa, em prol do desenvolvimento sustentável e da redução das desigualdades sociais.

Este programa está a decorrer nas escolas do ensino básico, secundário e superior, porque o objetivo é a construção da cidadania fiscal desde a tenra idade. Ou seja, a sensibilização para o exercício da cidadania fiscal deve ser uma prioridade desde criança, para que, quando chegar a adulto, o cidadão contribuinte saiba que tem o dever fundamental de contribuir e não defraudar o Estado.

Ao se trabalhar educação fiscal nas escolas, os educadores devem focar nos seguintes valores: garantia dos direitos do cidadão pelo Estado; comprometimento com a construção da cidadania fiscal; efetividade; ética e moral; justiça social; solidariedade; transparência; responsabilidade fiscal e responsabilidade social.

8.5. Atividades realizadas nas escolas do país, no âmbito do PNCF

O PNCF trabalha em parceria com as Instituições de Ensino, para disseminar a educação fiscal, visando a formação de cidadãos conscientes do seu dever de pagar os tributos, em benefício de todos, bem como da importância de acompanhamento da aplicação dos recursos públicos. Desde a sua implementação foram realizadas várias atividades nas escolas secundárias e universidades do país. Das atividades realizadas, destacam-se as seguintes[12]:

- A Universidade de Cabo Verde (Uni-CV) acolheu o "1º Seminário Universitário de Educação Fiscal de Cabo Verde" em março de 2015;
- Em 2016, a equipa do PNCF ministrou uma palestra "Obrigações fiscais das pequenas empresas em Cabo Verde" no Liceu Pedro Gomes na Cidade da Praia. A referida palestra foi dirigida aos alunos do 11º ano de escolaridade, que frequentavam o Ensino Técnico – Qualificação profissional AGE (Gestão de Pequenas Empresas). Para além dos alunos, também participaram professores e a Diretora do liceu;
- Os alunos do Ensino Secundário da escola Dr. José Augusto Pinto, em S. Vicente, participaram numa palestra sobre a temática "Cidadania Fiscal", realizada no mês de maio de 2016;
- A Chefe de Repartição de Finanças de Ribeira Grande, na ilha de Santo Antão, proferiu uma palestra sobre o tema "Tributos" dirigido aos alunos de 12º ano, na disciplina "Empreendedorismo", da Escola Secundária Suzete Delgado.
- Participação dos alunos de algumas escolas secundárias, a nível nacional, no concurso denominado "1º Concurso Nacional de Redação sobre o Tema "Cidadania Fiscal";
- A equipa do PNCF realizou no Instituto Superior de Ciências Económicas e Empresariais (ISCEE) na cidade da Praia, em junho de 2016, uma palestra sobre a importância do exercício da Cidadania Fiscal, dedicada aos estudantes do 3ª ano do curso de Contabilidade e do 2º ano do curso de Marketing;

[12] Informação disponível em: www.facebook.com/programanacionalcidadaniafiscalcaboverde

- A equipa do PNCF participou no "I Congresso Internacional Cidadania e Educação Fiscal na Lusofonia" no mês de dezembro de 2016, no auditório do BAD. A organização do evento esteve a cargo do ISCEE, no âmbito da comemoração do seu 25º aniversário, em parceria com o IDEFF e o ISCAL;
- O ISCEE introduziu a temática "Cidadania Fiscal" no programa do Curso de Mestrado em Fiscalidade em 2016. A ideia inicial surgiu da Professora Clotilde Celorico Palma que trabalhou com o Plano de Educação Cidadania Fiscal Cabo-Verdiano nesta temática.

Não obstante o PNCF abranger todos os níveis de ensino, a realização das atividades tem abrangido apenas alunos e professores dos níveis mais elevados, do 11º ano ao ensino universitário, descurando o nível básico. Portanto, a carência é sentida neste nível de ensino, precisando fazer ações de sensibilização junto dos professores e alunos do 1º ao 8º ano de escolaridade. Para além disso, as atividades e campanhas de sensibilização, tanto nas escolas, como nas comunidades têm diminuído, comparativamente aos dois primeiros anos.

9. Conclusões

A Cidadania Fiscal em Cabo Verde ainda não atingiu a plenitude dos ideais de cidadania, porque o Estado e os contribuintes não exercem os seus deveres convenientemente. Muitos cidadãos contribuintes exigem apenas os seus direitos fundamentais plasmados na Constituição, esquecendo os seus deveres, principalmente o dever de contribuir para o orçamento do Estado, fugindo aos impostos através de várias formas ilegais. O Estado cabo-verdiano também desperdiça, nalguns casos, os recursos arrecadados dos impostos e das ajudas internacionais em obras com pouca viabilidade económica, sem nenhum benefício para a população, para além de, a sua gestão ainda carecer de transparência.

Para que a população tenha melhor educação, melhor saúde, mais segurança, melhores infraestruturas, cidades bem organizadas e limpas, etc., temos que exercer a cidadania fiscal de forma plena, não só pagando os impostos, mas também contribuir para zelar que os recursos sejam bem aplicados e contribuir para aquilo que está aplicado seja gerido de forma eficaz, para não ser danificado, otimizando assim os recursos que são escassos num país como Cabo Verde.

A sensibilização dos professores, alunos, servidores públicos e a população em geral, sobre a cidadania fiscal, tem que ser mais proativa, no sentido de dinamizar o PNCF e levar o programa a todos os cantos do país, não ficar confinado apenas nos maiores centros urbanos, Praia e Mindelo, descurando as regiões periféricas do país.

A Cidadania e a Educação Fiscal – O Caso de Moçambique

Marcos Miguel*

1. Introdução

A educação fiscal está a tornar-se uma actividade estratégica em quase todas administrações tributárias, através da qual procura-se explorar estratégias alternativas e complementares ao sistema sancionatório através de adopção de programas que orientam para o cumprimento voluntário das obrigações fiscais e uma moralização fiscal. OECD (2015)

A promoção da Educação Fiscal e Aduaneira e Popularização dos Impostos foi uma das estratégias inseridas no Plano Estratégico da Autoridade Tributária de Moçambique, inspirado pelo Plano Quinquenal do Governo visando o alargamento da base tributária. GACIM-AT(2015)

O Governo de Moçambique lançou em 2010 a Campanha de Educação Fiscal e Popularização do Imposto, sob o lema "Todos Juntos Fazemos Moçambique" visando entre outros moralizar os cidadãos a aderir ao sistema fiscal e aduaneiro vigente nos pais.

O impacto das campanhas de educação fiscal tem permitido a consolidação do sistema fiscal e o alargamento da base tributária, contudo, há ainda muito caminho por percorrer se pretender inverter a imagem actual da administração fiscal, onde o gap fiscal situa-se acima do 50% da receita potencial, e consequentemente a cultura de pagamento de impostos ainda é bastante exígua.

* MBA in Customs Management.

1.1. Perspectiva histórica da educação fiscal

O sistema fiscal moçambicano da actualidade caracteriza-se por ser claro, moderno, funcional e adequado para a realidade concreta do país. Contudo, importa recordar que nem sempre foi assim percorrendo a periodização do Direito Fiscal de Moçambique que revela 5 etapas de evolução, nomeadamente:

1. (1º Período): da vigência da legislação fiscal colonial por força do comando constitucional de 1975;
2. (2º Período): da vigência da legislação fiscal produzida na primeira reforma fiscal pós-independência, aprovada nos anos 1977/1978 – 1984/1986, que procurou adequar o sistema fiscal nova realidade, tendo sido aprovado neste período o IRN – Imposto de Reconstrução Nacional, Imposto de Circulação e alteração do Código dos Impostos sobre o Rendimento.
3. (3ºPeríodo): da vigência da legislação fiscal produzida na sequência da implementação do PRE – Programa de Reabilitação Económica, lançado em 1987 que visava alterações estruturais e administrativas, alteração do sistema fiscal, introdução da economia do mercado, melhoria da eficiência dos agentes económicos, aumento da produção e equilíbrio financeiro. Estas alterações conduziram a adopção duma constituição moderna de 1990. Desde 1996 o Governo de Moçambique tem vindo a implementar reformas profundas nas áreas aduaneira e fiscal, tendo como horizonte a simplificação e modernização do sistema tributário, alinhando-o às melhores práticas regionais e internacionais e visando garantir o alargamento da base tributária, a melhoria do ambiente de negócio e o aumento sustentável da receita colectada, contribuindo desta forma para a redução do défice orçamental. Este período cobre 1986/1987 – 1997.
4. (4ºPeríodo): Esta época é marcada pela aprovação de impostos modernos através dos Decretos nº 51 e 52/98, de 29 de Setembro, que introduziram o IVA e ICE, pela introdução do cadastro dos agentes económicos do regime do IVA. Neste período são introduzidos os impostos modernos sobre a tributação dos rendimentos, IRPC e IRPS, em 2002, são operacionalizados os tribunais fiscais, aprovados em 2004. Em 1999 inicia-se o registo provisório do Número Único de Identificação Tributária (NUIT) no âmbito

da introdução do IVA, tendo o respectivo Regulamento sido aprovado em 2003.Este período abarca os anos 1998 a 2005.

5. (5º Período): Corresponde ao período da modernização dos serviços da administração, marcado pela criação e implementação da Autoridade Tributária de Moçambique (2006) e lançamento dos projectos de modernização tecnológica, nomeadamente, Janela Única Electrónica (2011) e e-Tributação (2013). A Pauta Aduaneira foi sendo reformada, reduzindo-se a taxa geral máxima de direitos aduaneiros, que passou de 35% em 1996 para 20% em 2007.

A Autoridade Tributária de Moçambique (AT) previu como uma das suas acções estratégicas, no seu Plano Estratégico aprovado para o período 2009 – 2010, a implementação de uma "Campanha de Educação Fiscal e Aduaneira e Popularização de Imposto", à escala nacional, visando o alargamento da base tributária.

A Campanha foi formalmente lançada no dia 12 de Abril de 2010, sob o lema "***Todos Juntos Fazemos Moçambique***", pelo então Primeiro-ministro, Aires Aly, com o objectivo de garantir que todo o cidadão adquira conhecimentos sobre matérias de impostos, com enfoque para o cumprimento das obrigações e direito dos contribuintes, bem como resgatar o hábito de pagar o imposto.

A campanha de Educação Fiscal e Popularização do imposto é coordenada pelo Presidente da Autoridade Tributária, através do Gabinete de Comunicação e Imagem, que por sua vez faz a articulação directa com o sector de Cadastro, as Delegações Provinciais que articulam com os postos administrativos, serviços distritais e os líderes comunitários.

As campanhas de educação fiscal e popularização dos impostos a nível das instituições e organizações da sociedade civil têm por base os memorandos de entendimento ora rubricados sendo de destacar os assinados com os representantes das associações do sector informal, CTA, instituições de ensino e outras entidades.

As actividades de Educação Fiscal e Aduaneira e Popularização dos Impostos surgem pela primeira vez alinhadas e incorporadas no Plano Estratégico da AT 2011 – 2014, como estratégicas para o aumento da arrecadação de receitas de forma sustentável.

A educação fiscal e aduaneira enquanto actividades de prestação de informação fiscal ao contribuinte de forma segmentada existe desde antes da criação da Autoridade Tributária de Moçambique, sendo de destacar os serviços informação sobre IVA prestado no Balcão do IVA, os seminários de divulgação de legislação aduaneira sobre regras de determinação do valor aduaneiro, regime aduaneiros entre outros.

Portanto o surgimento da educação fiscal sobre uma actividade sistemática, específica metódica e incorporada entre os objectivos estratégicos da AT é recente e data do lançamento da campanha em 2010.

1.2. Apresentação do problema

A necessidade de implementação do Projecto de Educação Fiscal e Aduaneira e Popularização dos Impostos em Moçambique nasceu como consequência de vários factores socio culturais, políticos e económicos, que afectaram a capacidade de mobilização de receitas e reduziram a base tributária.

Só para recordar que durante a colonização portuguesa vigoraram nos pais diversos impostos entre eles os impostos de palhota cujo não pagamento implicava a submissão ao trabalho forçado. Assim sendo o imposto foi visto como instrumento da classe opressora.

Com advento da independência nacional a 25 de Junho de 1975, houve a necessidade de adequar o sistema fiscal a nova realidade, tendo introduzido a Reforma Fiscal de 1978, que tinha por objectivo o aumento da receitas fiscais do Estado e a eficácia da administração tributária, com base em impostos viáveis tanto em termos políticos e administrativos gerados sem criar distorções na economia, eliminando a complexidade, inelasticidade das receitas face as variações do PIB, promover a imparcialidade e justiça fiscal. Barca (2011)

Ainda, o agravamento das receitas públicas e a inadaptação das receitas fiscais à economia prejudicou o Estado na aceleração progressiva do PIB. Quer dizer, a redução da distribuição das riquezas pelo Estado por via dos impostos era notável pelas seguintes causas: graves distorções na estrutura económica e comercial, inadequação do sistema tributário que não incidia sobre o mercado paralelo e progressiva deterioração da economia por causa da guerra, situação que prolongou até a assinatura do Acordo Geral de Paz, em 1992.

Em 1987, no âmbito do Programa de Reabilitação Económica, o IRN foi reformulado com vista a adequar o Sistema Tributário à situação económica e financeira em que o país se encontrava, nomeadamente para fazer face aos efeitos conjugados da guerra civil de agressão e das calamidades naturais.

Da reforma de 1987 resultaram como principais inovações aos impostos, a simplificação do processo de cobrança, principalmente nas cidades, com a dedução do imposto pelas entidades empregadoras no caso de empregados e assalariados, a consignação total das receitas do imposto aos Orçamentos Provinciais e Distritais e a remuneração dos intervenientes directos no processo de lançamento e cobrança com parte das receitas arrecadadas.

Dadas as circunstâncias da guerra e a preocupação em minimizar os seus efeitos para melhorar o estado da economia nacional foi lançado em 1987 o Programa de Reabilitação Económica (PRE). Este programa consistia numa série de acções nas áreas de formação dos preços, de taxa de câmbio, alteração da política e legislação fiscal e outras estruturais e administrativas, visando melhorar a eficiência dos agentes económicos, aumentar o abastecimento e a produção e ajudar a restabelecer o equilíbrio financeiro.

A reforma teve como principais objectivos fundamentais:

- Aumentar o nível das receitas fiscais, alargado a base tributária;
- Garantir a arrecadação de receitas para o funcionamento da actividade corrente do Estado e das Instituições; e;
- Reencaminhamento de possíveis excedentes para o financiamento de investimento directo estatal;

A Lei nº 3/87, de 19 de Janeiro, Lei de Bases da Politica Fiscal, deu mais relevo aos objectivos de justiça social e com objectivos tributários não financeiros, designadamente: o de retribuição do rendimento nacional, de orientação dos consumos, de personalização dos impostos e da progressividade da tributação dos rendimentos não provenientes do trabalho, continuando estes a ser tratados de forma diferenciada e privilegiada.[1]

As medidas fiscais visavam contribuir para diminuição do défice do Orçamento corrente e inverter a tendência do crescimento das receitas cobradas em relação ao PIB.

Em jeito de conclusão, extrai-se que a Lei de Bases da Politica Fiscal, contribuiu para o aumento das receitas fiscais e para a reposição de alguns princípios que orientam as leis do mercado. Dado que as posições diver-

[1] A Constituição da República de Moçambique (CRM) de 1990, no seu artigo 51, também consubstancia o principio de justiça social.

gem em função da preferência de um ou outro sistema, não nos cabe aqui tomar posições sobre a perfeição ou não de um sistema.

Este sistema vigorou até 31 de Dezembro de 2002, altura em que começou a funcionar o novo sistema aprovado pela Lei 15/2002 de 26 de Junho, que aprova entre outros o IRPC e IRPS. Embora se tenha o ano de 1998, como o ano da introdução de impostos modernos como o IVA e o ICE.

A adesão de Moçambique às instituições de Bretton Wood em 1984 e o início do programa de ajustamento macroeconómico e estrutural financiado, pelo FMI, pelo Grupo Banco Mundial, bem como a adopção da Constituição da Republica de Moçambique em 1990 que entre outros promovia a economia de mercado, o sector privado e cooperativo iniciava-se assim o processo da liberalização da economia moçambicana, com as implicações derivadas na estrutura da economia actual.

Segundo o *PARPA II – Revisão do Sistema Tributário em Moçambique,* o estudo realizado em 2009 constatou a fraca "cultura fiscal" como um factor que constitui um obstáculo importante à melhoria do cumprimento e que dificulta que se refreie a fraude e a evasão fiscais. A mudança da cultura fiscal exige uma combinação de factores que permitam fortalecer os incentivos para o cumprimento e aumentar os custos da fraude, ao mesmo tempo que melhora o entendimento, por parte do público, das suas obrigações. Nathan (2009)

Perante este cenário de sucessivas reformas fiscais a Autoridade Tributária de Moçambique constatou em 2010, o seguinte:

- Que menos de cerca de 10% da população economicamente activa é que pagava os impostos, número que se considerava muito menor face a uma população de cerca de 20 milhões de habitantes e que faz com que o país continue dependente da ajuda externa devido ao défice orçamental;
- Falta de cultura de pagamento de impostos que constitui um obstáculo para a redução da fraude e evasão fiscal por parte das pessoas singulares;
- Existência de maior potencial tributário no sector informal onde opera mais 90% da população economicamente activa;
- Alargamento da base tributária face a existência em 2010 de cerca de 630.000 contribuintes no sistema tributário (pessoas singulares e colectivas);

- Baixos níveis de literacia por parte da população economicamente activa;
- Altos níveis de fraude fiscal e evasão fiscal.

1.3. Solução recomendada e adoptada

As boas practicas internacionais recomendaram como solução a introdução da educação e dos serviços de apoio aos contribuintes. Face a necessidade de divulgação dos impostos vigentes, os procedimentos de cobrança, calendários fiscais para cumprimento das obrigações fiscais baseado no pressuposto de que apenas uma sociedade informada pode cumprir conscientemente as suas obrigações fiscais.

A campanha de educação fiscal e aduaneira e popularização dos impostos constitui na actualidade um dos pilares da Administração Tributária que concorre para o alcance da sua missão de arrecadação de receitas para os cofres do Estado.

1.4. Objectivos do estudo

Os objectivos desta apresentação são os seguintes:

- Identificar o papel da administração tributária na promoção da cidadania e educação fiscal;
- Identificar os desafios estratégicos da AT que deverão ser mitigados pela educação fiscal;
- Avaliar o impacto das campanhas de educação fiscal e popularização dos impostos no alargamento da base tributária e aumento cumprimento voluntário das obrigações e nos níveis de arrecadação de receitas;

2. Revisão da literatura

Cidadania e cultura de pagamento de impostos

A campanha de Educação Fiscal e Aduaneira lançada em 2010 sob o lema "Todos Juntos Fazemos Moçambique" visava entre outros objectivos a mobilização dos cidadãos a aderir como contribuintes efectivos ao sistema fiscal e aduaneiro em vigor.

A estratégia adoptada pela AT indicia na consciencialização dos cidadãos para o pagamento dos impostos, partindo do pressuposto de que só os cidadãos que conheçam os seus direitos e obrigações de natureza fiscal e aduaneiro poderiam cumprir as obrigações fiscais voluntariamente permitindo assim a captação de receitas fiscais.

Segundo o Primeiro Ministro, Aires Aly, o imposto não deve ser entendido como uma obrigação mas como um exercício da cidadania. A cidadania pressupõe que o cidadão tenha consciência da sua obrigação de pagar impostos, cumprindo com os deveres fiscais advenientes da sua condição de contribuinte e simultaneamente do seu papel no acompanhamento da correcta aplicação dos recursos públicos.

O PM exortou aos cidadãos para que desenvolvam a cultura de exigência de factura ou recibo das transacções de que participam reciprocamente, os agentes económicos que tenha em princípio a emissão de facturas credíveis das operações de compra e venda.

A educação fiscal adoptou uma abordagem para a criação da cidadania, no sentido de que a educação fiscal visa formar para cumprimento dos objectivos da cidadania, que entre outros está o dever de pagar os impostos.

Entre a educação fiscal e a cidadania fiscal existe o fenómeno de moralização da sociedade que é nada mais que um efeito gerado pela consciencialização dos contribuintes para o cumprimento das obrigações fiscais visando criar um efeito moral fiscal. A convicção de obrigatoriedade e práctica reiterada de certa conduta gera um costume e consequentemente uma cultura, neste caso podendo gerar uma cultura fiscal. Este é o efeito pretendido a longo prazo pela educação fiscal.

3. O papel da administração tributária na promoção da cidadania e educação fiscal

A Autoridade Tributária (AT) formulou e adoptou recentemente um Plano Estratégico para a reforma em 2009 e 2010, juntamente com um Plano Táctico para 2009, o qual define os prazos e as responsabilidades inerentes a cada actividade. O Plano Estratégico inclui uma declaração geral da visão, missão e valores para a AT:[2]

- Visão: Introduzir serviços de qualidade na arrecadação de receitas e na promoção e protecção da economia e da sociedade.
- Missão: Arrecadar receitas para o financiamento das actividades do sector público aplicando a legislação fiscal e alfandegária de uma forma efectiva, eficiente e equitativa, facilitando aos contribuintes

[2] Tradução dos autores do presente relatório.

o cumprimento das suas obrigações, assim como a protecção da economia e da sociedade.

- Valores: Confiança e respeito mútuo, justiça, integridade, transparência, cortesia, dedicação e excelência.

O Plano define três objectivos e acções estratégicos:

- Objectivo Estratégico 1: Aumentar a arrecadação de receitas de uma forma sustentável.
- Estratégia 1.1: Ajudar os contribuintes a entender e a cumprir a legislação fiscal. As Acções incluem a promoção da educação fiscal; a prestação de assistência aos contribuintes; a simplificação dos procedimentos para o pagamento de impostos.
- Estratégia 1.2: Fortalecer as medidas com vista a melhorar o cumprimento das obrigações fiscais. As acções incluem a elaboração de legislação que visa combater a evasão fiscal; a simplificação e a melhoria dos processos de inspecção, a investigação e auditoria; a adopção de sistemas mais eficazes para a cobrança e controlo das dívidas fiscais; e o fortalecimento da cooperação regional e internacional.

A Estratégia reconhece as grandes questões com que a AT se confronta para poder melhorar a eficiência, a eficácia e a justiça na administração tributária. Reveste-se de particular importância a necessidade de educação dos contribuintes e a introdução de serviços de apoio aos contribuintes; aplicação da lei e cobrança mais vigorosas.

As actividades da AT no âmbito da Educação Fiscal e Popularização dos Impostos são asseguradas pelo Gabinete de Comunicação e Imagem que inclui as seguintes actividades:

- Criação e exibição de reportagens sobre o imposto e sua importância, debates, entrevistas e spots televisivos, radiofónicos e na imprensa escrita e ainda através da produção e distribuição de panfletos, brochuras e boletins informativos, produção e distribuição de *merchandisers* (camisetes e bonés);
- Produção de discos contendo mensagens sobre impostos, roadshows e caravanas de educação fiscal.
- Celebração de Memorandos de Entendimento com vários sectores de actividade a diversos níveis, com destaque para associações

empresariais quer do sector formal, quer informal, instituições de ensino público e privado, organizações diversas da sociedade civil, órgãos de comunicação social, organizações juvenis, instituições religiosas, Municípios, instituições bancárias, entre outras, nos quais as partes assumem o compromisso de junto trabalharem na divulgação da importância do imposto e do cumprimento das obrigações fiscais para o desenvolvimento sustentável do país.
- Formação de Disseminadores de Educação Fiscal e de Popularização do Imposto, envolvendo os órgãos do poder local ao nível de toda a estrutura administrativa. Ate a presente data, já foram formados cerca de 90.000 disseminadores de matérias fiscais e aduaneiras.
- Prestação de serviços fiscais de cadastro para efeitos de atribuição do NUIT (Número Único de Identificação Tributária) e prestação de serviços de informação ao contribuinte sobre procedimentos de tributação, benefícios fiscais e regime fiscais.
- Premiação de melhores contribuintes em Certificado de Mérito que lhes é entregue no dia do contribuinte (22 de Março);

4. O impacto da educação fiscal na consolidação do sistema fiscal e alargamento da base tributária em Moçambique

O impacto das campanhas de educação fiscal e aduaneira e popularização dos impostos pode ser apreciado positivamente em várias vertentes nomeadamente:

- Através da disseminação dos impostos permitiu melhorar a percepção dos mesmos e a obrigação moral de pagamento;
- Contribuiu para a consolidação do sistema fiscal nacional e autárquico ao abarcar estes impostos nas suas campanhas, o que servia para municiar a administração fiscal autárquica e os seus sujeitos passivos;
- Facilitou a assimilação dos novos regimes fiscais em vigor e as respectivas alterações;
- Melhorou a imagem da administração enquanto reguladora da actividade fiscal assente na legalidade, equidade e justiça tributária;
- Facilitou a percepção da nova abordagem da actuação da administração tributária que deixa de lado a coercibilidade para privilegiar a colaboração conjunta, gerando uma maior aproximação entre o fisco e o cidadão;

- Permitiu a visualizar o discurso da educação através do registo fiscal por meio de atribuição do Cartão de NUIT o que permitiu dar um salto de processo de atribuição de NUITs que iniciou em 1999 até 2006, ano da criação da AT haviam sido registados 388.924 contribuintes para cerca de 5.056.241 NUITs, dos quais 4.959.237 são pessoas singulares e 97.004 são pessoas colectivas, registadas até Setembro de 2017, o que significa um aumento de 13 vezes o número registado até 2006.
- Permitiu a capacitação dos jornalistas, professores, líderes comunitários, estudantes, associações juvenis, disseminadores em matéria de impostos;
- Assinatura de mais de 130 Memorandos de Entendimento com várias instituições, nomeadamente, associações económicas, instituições de ensino, organizações socias, culturais e desportivas, municípios órgãos de comunicação social, confissões religiosas, instituições bancárias, entre outros;
- Contribuiu directa ou indirectamente para aumento dos níveis de arrecadação dos impostos. Aliado a criação da Autoridade Tributaria, o Governo de Moçambique assumiu o compromisso de incrementar o nível de cobrança de receitas anuais em pelo menos 0,5pp do PIB, para garantir a sustentabilidade das contas públicas e aumentar gradualmente a cobertura da despesa pública através de recursos internos.

5. Lições aprendidas

A realização das campanhas de educação fiscal e popularização dos impostos permitiram conhecer a real imagem da condição social dos contribuintes nas suas diversas dimensões, e estimular melhorias na prestação de serviços, e duma forma concreta permitiram compreender:

- As dificuldades de abranger todas as esferas da sociedade visto por Moçambique ser um país vasto e com uma grande diversidade linguística, o que recomendou a tradução de certa legislação em línguas nacionais mais faladas em cada região;
- Dificuldades de atingir as zonas mais recônditas dada as condições de acessibilidade, o que levou nos potenciar técnicos locais como activitas/disseminadores de educação fiscal;

- Moçambique apresentar um nível baixo de literacia o que conduz a adoptar medidas de política fiscal que tomam em conta estas limitações;
- Alguma resistência na mudança de atitudes por falta de cultura de pagamento do impostos e desconhecimento da real importância desta para o desenvolvimento do pais, o que levou nos eleger individualidades carismáticas (músicos, artistas, padres, lideres tradicionais, etc) para falarem do imposto e declararem cumprir as suas obrigações fiscais.
- Capacitar deficientes surdos e mudos de modo a permiti-lhes que também possam dar o seu contributo na campanha;
- Traduzir os manuais de educação fiscal em Braille;
- Produção de manuais em banda desenhada;
- Inserção de matérias fiscais em todos os meios de comunicação social, incluindo as rádios comunitárias, instalação de um estúdio radiofónico e televisivo para a produção de materiais publicitários, reportagens;
- Inserção de matérias fiscais e aduaneiras nos manuais escolares, nas escolas primárias e secundarias;
- Introduzir a Rifa Fiscal para premiar as facturas e talões de venda os sujeitos passivos que solicitaram a sua emissão para efeitos de liquidação do IVA visando gerar a cultura de emissão de factura;
- Organizar jornadas científicas para colher melhores propostas de reforma fiscal e aduaneira;
- Introduzir a comemoração do dia nacional do contribuinte.

6. Bibliografia

1. Barca, Aurelio (2011). Reforma Fiscal em Moçambique: 1978 -2000
2. Gabinete de Comunicação e Imagem. Boletim Tributário. Edição 93. Maio de 2015. Editorial. P1
3. **GACIM – Gabinete de Comunicação E Imagem. (2015).** Resultados e Desafios da Campanha de Educação Fiscal e Popularização do Imposto. IX Seminário Nacional sobre Execução da Política Fiscal e Aduaneira. Maputo Abril de 2015.
4. **Nathan Consultores (2009). PARPA II – Revisão do Sistema Tributário em Moçambique.** USAID SPEED .Vol.1
5. OECD (2015) – Building Tax Culture, Compliance and Citizenship. A Global Source Book on Tax payer Education. OECD Publishing. Paris
6. **Lima, Ivan Cordeiro – Educação Fiscal para Cidadania.** São Paulo. FAZESP ISBN XXX-XXXX-XX disponível em http://www.fazesp.sp.gov.mz.br/

Para uma Política de Educação e Cidadania Fiscal – Os casos da Guiné-Bissau, Senegal, Moçambique e de Burundi

Denilaide Miguel Correia da Cunha*

1. Introdução

A recente entrevista a semanário Jeune Afrique (JA), de 13 junho de 2018 do Presidente da República do Ruanda, Dr. Paulo Kagame, dizia que os líderes e os povos de África devem compreender que o tempo do **" Baby Sitting"**, o tempo em que alguém cuidava nós, acabou![1]

"Nós nunca cresceremos enquanto pensamos que temos uma necessidade eterna de baby-sitters Europeus, Americanos, Asiáticos ou outros".

"Quanto menos o mundo se preocupa connosco, mais somos capazes de nos preocupar com nós mesmos – precisamos entender que o tempo de babá acabou", disse Kagame, o atual presidente da União Africana (AU).

Para materializarmos o intento e a vontade deste líder, que na minha opinião é um dos maiores pensadores de África no Sec. XXI, os países africanos, sobretudo os da CPLP, por terem onde inspirar (Portugal), devem preocupar-se e levarem mais à serio questões relacionadas com Cidadania e Educação Fiscal.

* Doutorando em Ciência Política e Relações Internacionais. Mestre em Fiscalidade pelo ISCAL. Pós Graduado em Governance And Strategic Intelligence. Licenciado em Finanças e Contabilidade.

[1] https://www.novafrica.co.ao/destaques/kagame-a-africa-nao

A população da Guiné-Bissau é maioritariamente jovem e o grosso da população tem fraca instrução (cerca de 55% de iliteracia, Fonte: CIA World Factbook, 2015[2]) o que dificulta a introdução do conceito de imposto na vertente de contribuinte e consequentemente a sua materialização.

África é o continente com a mão de obra mais jovem. Aproveitando estes dados estatísticos, seria de todo interessante os países encararem este desfio e tirarem proveito desta virtude da mão de obra jovem, numa lógica de investimentos sérios na educação, e na formação sobre a cidadania em geral, mas com grande destaque na formação de Educação Fiscal de forma a tornar a sociedade mais civilizada e deixar intrínseca a lógica de pagamento de impostos na gerações atuais e vindouras.

A Educação Fiscal consiste num método de ensino e aprendizagem que tem em vista consciencializar o cidadão sobre a função social do tributo, de como este pode promover a justiça social.

É importante gerir os impostos com a maior transparência, pois a perceção por parte dos contribuintes, das mais valias geradas pela arrecadação dos seus impostos é fundamental para o estabelecimento de uma relação jurídica positiva que gere confiança entre o cidadão e o Estado. Este deve ser o principal papel da Educação Fiscal, transformar a relação Estado/Cidadão, por forma a que cada um perceba o seu papel, através deste contrato de direitos e obrigações, porque tudo aquilo que fizermos hoje condicionará o nosso futuro e o das gerações vindouras.

A relação controversa e o ceticismo da população Bissau-Guineense em matéria de pagamento dos impostos, é percetível. Pois, sentem-se a ausência do Estado em quase tudo aquilo que é a sua função basilar, saúde, educação condigna, segurança e a elevada degradação das infraestrutura. O dever e a obrigação de ambas as partes, no que diz respeito a contribuição e a racionalização dos impostos pagos, ainda que ínfimo, não se fez sentir. A verdade é que toda esta situação do não Estado leva a construção de uma ideia errada do sistema fiscal, acabando assim por influenciar o comportamento de não pagamento aos impostos.

O presente trabalho tem como grande propósito sensibilizar, consciencializar o cidadão e os governantes sobre a importância de introdução nos conteúdos programáticos de planos escolares, o conceito de educação fiscal, a função social dos impostos desde o ensino elementar e em todas

[2] Cerca de 55% de iliteracia, Fonte: CIA World Factbook, 2015.

as áreas do processo de formação. É, neste contexto, que se enquadram a cidadania e a educação fiscal para um povo com elevado numero de analfabetos e baixa literacia financeira e fiscal.

2. A importância e o objetivo geral de educação fiscal para o estabelecimento de uma boa relação entre autoridade tributária e o cidadão comum

Como escreveu Freitas do Amaral (2007), "cidadania não é só fonte de privilégios: também é fundamento de obrigações cívicas. Todo o cidadão está sujeito aos chamados «deveres de cidadania» – nomeadamente, o dever de acatar a Constituição e as leis do país, o dever de participar na defesa da Pátria, o dever de votar, o dever de pagar impostos."[3], estas palavras refletem o princípio da consciência cívica, conteúdo fundamental, para que se entenda de forma clara a relação entre direitos e deveres.

Arrecadar os tributos através de impostos, taxas e contribuições é fundamental para o Estado obter recursos financeiros que lhe permitam realizar a sua principal função que é o de assegurar o bem comum, pois como escreve Nabais (1998) "o imposto não pode ser encarado, nem como um mero poder para o Estado, nem simplesmente como um mero sacrifício para os cidadãos, mas antes como o contributo indispensável a uma vida em comum e próspera de todos os membros da comunidade organizada em Estado."[4]

No âmbito da conferência de homenagem à Professora Ana Rodrigues, realizada na Faculdade de Economia da Universidade de Coimbra, em 28 de Abril do presente ano, subordinada ao Tema "A cidadania e a educação fiscal na Lusofonia", Clotilde Palma[5], definiu Educação Fiscal, "como um método de ensino e aprendizagem que tem em vista consciencializar o cidadão sobre a função social do tributo, de como este pode promover a justiça social, incentivando-o a participar na aplicação, arrecadação e fisca-

[3] AMARAL, Diogo Freitas do – "Cidadania e Cidadanias", in Cidadania – Uma visão para Portugal. Lisboa: Gradiva, 2007.

[4] Nabais (1998) "O imposto não pode ser encarado, nem como um mero poder para o Estado, nem simplesmente como um mero sacrifício para os cidadãos, mas antes como o contributo indispensável a uma vida em comum e próspera de todos os membros da comunidade organizada em Estado."

[5] Palma Clotilde "A cidadania e a educação fiscal na Lusofonia", Conferência de homenagem à professora Ana Maria Rodrigues.

lização do dinheiro público, podendo esta ser entendida em dois sentidos, um estrito e outro amplo". Num sentido estrito, Clotilde Palma, reporta-se à abordagem educativa "com o intuito de compreender a arrecadação de receitas e os gastos públicos, de modo a que o contribuinte se conscien-cialize de que o tributo é o preço que pagamos para uma sociedade civilizada, apelando à justiça, transparência, honestidade e eficiência." Num sentido amplo, "deverá tratar da compreensão do que é o Estado, das suas funções e financiamentos, da estrutura e funcionamento da Administração Pública nos seus diversos níveis."

A perceção por parte dos contribuintes, das mais-valias geradas pela arrecadação dos seus impostos é fundamental para o estabelecimento de uma relação jurídica positiva que gere confiança entre o cidadão e o Estado. Este deve ser o principal papel da Educação Fiscal, transformar a relação Estado/Cidadão, para que cada um perceba o seu papel, através deste contrato de direitos e obrigações, porque tudo aquilo que fizermos hoje condicionará o nosso futuro e o das gerações vindouras.

3. Metodologias, ações e resultados da política da cidadania e educação fiscal – uma experiência comparada

No âmbito africano existem diversos projetos levados a cabo, vamos desenvolver três casos: Moçambique, Burundi e o Senegal, o primeiro, pelo seu enquadramento no espaço da Lusofonia, o segundo, pela localização e especificidades do país e o terceiro pela sua importância no contexto da CEDEAO.

3.1. O caso Moçambique – metodologia, ações e resultados

Segundo o "*Building Tax Culture, Compliance and Citizenship: A Global Source Book on Taxpayer", 2015* [6]a Autoridade Tributária moçambicana, estabeleceu no seu Plano estratégico 2009-2010 um conjunto de ações, das quais uma consistiu em realizar a campanha nacional de educação fiscal, essa campanha evoluiu e foi incorporada no plano estratégico para 2011-2014. A campanha foi lançada em abril de 2010 sobre o lema "Todos Juntos Fazemos Moçambique", sendo o objetivo garantir a familiarização de todos os cidadãos com as questões fiscais, por forma a compreenderem os seus

[6] "Building Tax Culture, Compliance and Citizenship: A Global Source Book on Taxpayer", 2015

direitos e obrigações. Esta campanha foi especialmente direcionada para o setor informal, incentivando as micro e pequenas empresas a registarem-se, beneficiando assim do imposto simplificado para os pequenos contribuintes (ISPC), introduzido em 2009. O setor informal representa uma percentagem muito significativa da economia Moçambicana.

Os principais meios envolvidos na campanha foram:

- Elaboração e publicação de relatórios sobre impostos e a sua importância.
- Debates e entrevistas na televisão e na rádio.
- Diversos artigos na imprensa escrita.
- Distribuição de folhetos, brochuras e boletins informativos.
- Distribuição de t-shirts e bonés.
- CDS com mensagens fiscais.
- Caravanas de educação fiscal.

Entre 2010-2012, estima-se o custo desta campanha em aproximadamente 5.423.000 USD de acordo com a AT de Moçambique.[7]

A campanha foi particularmente bem sucedida, com base nos registos anuais de contribuintes, constata-se que entre 1999-2009 registaram-se 958.523 contribuintes, tendo esse número mais que duplicado em apenas três anos 2010-2012, tendo o registo atingido 2.054.857 contribuintes, segundo a autoridade tributária de Moçambique.

Ao longo da campanha a equipa da AT deparou-se com uma série de dificuldades e desafios principais que aqui enumeramos:

- Dificuldade de envolvimento de muitas pessoas, face ao baixo nível de alfabetização.
- Diversidade linguística e dimensão do país.
- Áreas remotas e praticamente inacessíveis para serem alcançadas.
- Resistência à mudança.
- Dificuldade por parte dos cidadãos quanto à visualização do impacto que teria para eles e para o país se mais pessoas pagassem impostos.

[7] OECD/The International and Ibero-American Foundation for Administration and Public Policies (FIIAPP) (2015), Building Tax Culture, Compliance and Citizenship: A Global Source Book on Taxpayer Education, OECD Publishing, Paris.

A importância da escola como veículo privilegiado para a cidadania e a educação fiscal, também merece a maior atenção por parte das autoridades moçambicanas, assim citando o jornal País, em Novembro de 2016 "A Autoridade Tributária de Moçambique (AT) tem na sua carteira fiscal cerca de quatro milhões e quinhentos mil contribuintes, o que corresponde a quase 30% da população economicamente ativa e cerca de 17% do total da população. Para aumentar este número considerado baixo, a AT assinou, um memorando de entendimento com o Ministério da Educação e Desenvolvimento Humano (MINEDH) para a introdução de conteúdos de educação fiscal aduaneira nos currículos do ensino primário e secundário. A introdução destes conteúdos no Sistema Nacional de Educação será concretizado a partir do próximo ano. Para o efeito, o MINEDH vai fazer uma reforma curricular para poder introduzir conteúdos relacionados com a educação financeira, segundo avançou o Ministro Jorge Ferrão. A presidente da AT, Amélia Nakhare, acredita que este memorando vai ajudar no alcance dos desafios da instituição no que concerne ao alargamento da base de contribuintes. O memorando prevê igualmente a realização de campanhas tributárias nas escolas nacionais e atribuição do número único de identificação tributária (NUIT) aos estudantes.

3.2. O caso Senegal – metodologia, ações e resultados

Novamente com base no " Building Tax Culture, Compliance and Citizenship: A Global Source Book on Taxpayer", 2015[8]*, vamos agora analisar o modelo de cidadania e educação fiscal do Senegal.*

A Direção Geral de Impostos e Domínios do Senegal (DGID) não possui uma unidade de educação dedicada ao contribuinte, as suas diversas atividades de educação são levadas a cabo pelo Gabinete Central de Comunicações e Relações Públicas, em colaboração com outros departamentos, apoiadas por funcionários locais da DGID, de acordo com as necessidades. A campanha de educação fiscal destinou-se tanto a pessoas coletivas, como a pessoas singulares, foram também realizadas várias iniciativas com especial atenção para o setor informal e a população jovem.

[8] OECD/The International and Ibero-American Foundation for Administration and Public Policies (FIIAPP) (2015), Building Tax Culture, Compliance and Citizenship: A Global Source Book on Taxpayer Education, OECD Publishing, Paris.

As estratégias seguidas para conseguir atingir os objetivos foram as seguintes:

- Organização de jornadas de informação nacionais e regionais através de seminários e workshops.
- Participação em diversos eventos, sendo um bom exemplo a Feira Internacional de Dakar.
- Criação de um curso de mestrado em tributação em colaboração com a Universidade Cheikh Anta Diop de Dakar.
- Utilização dos diversos meios de comunicação, com especial destaque para o período de apresentação, que decorreu durante três semanas.
- Informações divulgadas ao público através de site da internet, que contém um simulador de impostos, muito utilizado.

As delegações locais da DGID, desenvolveram diversas atividades de educação fiscal, de que foi exemplo a cidade de Fatick, onde foi levado a cabo em conjunto com uma escola comunitária um projeto para aumentar a consciencialização e promover a cidadania fiscal. Este projeto consistiu na ideia de "levar os impostos à escola" ocorreu em 9 de dezembro de 2012, aquando do 50º aniversário da escola secundária local.

Funcionários da administração local, professores e alunos organizaram uma marcha que decorreu ao longo de seis quilómetros das ruas de Fatick, os manifestantes usaram t-shirts com as seguintes mensagens "pagar imposto ajuda a construir escolas...pagar imposto ajuda a construir hospitais...pagar imposto ajuda a construir o meu país."

Em 2008 a DGID lançou no âmbito da cidadania e a educação fiscal, as Jornadas Nacionais de Informação, que têm decorrido anualmente durante aproximadamente três dias entre os meses de maio e junho, este evento decorre de forma descentralizada, sendo organizado pelas delegações regionais. Sendo a economia do Senegal constituída por um grande setor informal e por este conter um número muito significativo de pessoas que podem não ter frequentado a escola e não estarem registados nos arquivos da administração tributária, esta iniciativa visa alargar a base tributária facilitando o cumprimento das obrigações fiscais. Ainda que o setor informal ocupe um papel muito importante relativamente ao alvo desta iniciativa, a verdade é que o seu horizonte alarga-se a todos os setores da sociedade.

As principais atividades levadas a cabo durante estes três dias são:

- Conferências Públicas.
- Stands de informação e unidades fiscais móveis, com a presença dos funcionários fiscais.
- Diversas iniciativas nos media em francês e idiomas locais.
- Reuniões entre representantes de contribuintes locais e as respetivas administrações tributárias.

Em 2013, na sequência das sextas jornadas, tendo em linha de conta o lançamento de um novo código tributário, a principal missão do comité organizador foi a de assegurar, a maior disseminação e participação possível.

Ainda que não exista uma avaliação externa formal, os principais impactos desta iniciativa foram obtidos a partir da opinião transmitida pelos visitantes nos postos de informação e por telefonemas.

Os principais impactos notados são:

- Aumento da conscientização fiscal.
- Perceção mais saudável de que os cidadãos são tratados de forma mais justa e transparente pela administração fiscal.
- Nos últimos anos os contribuintes procuram obter mais informação fiscal.
- Maior cumprimento relativo às obrigações fiscais, nos últimos cinco anos o cumprimento das obrigações fiscais melhorou.

A principal lição apreendida com esta iniciativa anual relativa aos Dias de Informação Nacional no Senegal, é a de que esta fornece uma plataforma para que a discussão pública fiscal ocorra de forma positiva, o foco é a questão da fiscalidade e o seu papel na sociedade.

3.3. O caso Burundi – metodologia, ações e resultados

Voltando de novo ao "*Building Tax Culture, Compliance and Citizenship: A Global Source Book on Taxpayer", 2015*[9], vamos agora analisar o projeto levado

[9] OECD/The International and Ibero-American Foundation for Administration and Public Policies (FIIAPP) (2015), Building Tax Culture, Compliance and Citizenship: A Global Source Book on Taxpayer Education, OECD Publishing, Paris.

a cabo no Burundi. A grande prioridade para o país foi a de aumentar o número de contribuintes e respetiva base tributária, com especial atenção para o setor informal onde operam as micro e pequenas empresas. A Autoridade Tributária do Burundi (OBR, Office Burundais des Recettes), sabia que tinha um desafio extraordinário, face a cidadãos céticos e confusos relativamente às matérias fiscais. A tarefa da educação fiscal cabe ao departamento de educação do contribuinte da OBR, que trabalha em conjunto com o departamento de Media da direção de Comunicação. O departamento de educação do contribuinte, oferece um conjunto de programas e iniciativas que são especialmente direcionados para o setor informal e os jovens.

Sendo as principais tarefas:

- Publicar informações no site da OBR.
- Publicar informações na imprensa local e internacional.
- Produção de conteúdos para rádio e televisão.
- Organização de seminários e Workshops.
- Realização de campanhas de sensibilização em Centros Comerciais.

De acordo com a Autoridade Tributária do Burundi os objetivos da campanha de educação fiscal, foram:

- Explicar como e porquê os impostos devem ser pagos.
- Informar o público em geral, e os contribuintes em particular, sobre o conteúdo de projetos inovadores para acelerar os procedimentos da declaração e pagamento de impostos e taxas.
- Educar os contribuintes sobre a nova legislação fiscal e outras medidas administrativas, por forma a garantir que eles entendam as suas obrigações fiscais.
- Sensibilizar os contribuintes para o combate à fraude, evasão e corrupção.
- Capacitar os cidadãos, para que estes se envolvam nas discussões sobre o uso das receitas fiscais.
- Aumentar a literacia fiscal e financeira dos cidadãos.

Entre novembro de 2011 e agosto de 2012, o OBR lançou uma campanha para incentivar o registo fiscal do setor informal, através desse registo os comerciantes obtinham um número de identificação (TIN), entrando assim para o sistema. Foram realizadas sessões de esclarecimento com os administradores locais e representantes dos comerciantes, que foram incumbidos de passar a informação à população, este fator revelou-se particularmente importante, pois a mensagem foi muito mais bem recebida pela população do que se ao invés tivesse sido transmitida pela própria OBR. O exercício de registo foi também anunciado através de comunicados de imprensa e em rádios nacionais e locais, todos materiais de comunicação foram desenvolvidos em francês e kirundi. Após estas campanhas de sensibilização, seguiu-se uma segunda fase que tiveram como alvo os cidadãos em geral, no sentido de estes se registarem como contribuintes. Nesta segunda fase foram recrutadas para as brigadas de registo doze estudantes da Universidade do Burundi. Todos aqueles que se registaram foram convidados a visitar os escritórios da administração fiscal, recebendo aí o seu TIN.

Os principais impactos e resultados destas campanhas foram:

- 7.000 novos contribuintes foram registados durante o período da campanha, reduzindo assim a dimensão do setor informal.
- Aumento da alfabetização fiscal.
- Perceções mais positivas, pois a população reconheceu que a administração tributária fez um esforço genuíno para os alcançar.
- Nos últimos cinco anos houve um aumento muito significativo nas receitas fiscais.

Entre outras a principal lição apreendida com este caso foi:

- Envolver atores que estão mais próximos das pessoas, relativamente à autoridade fiscal, revelou-se uma estratégia mais eficaz para a sensibilização e convencimento da população.

4. Conceito geral e recomendações de educação fiscal para Guiné-Bissau

Com base na análise económica do ultimo relatório nº 17/381 do FMI de dezembro de 2017, sobre a Guiné-Bissau,[10] podem constatar-se os seguintes indicadores em matéria de receitas fiscais:

[10] Relatório nº 17/381 do FMI de dezembro de 2017, sobre a Guiné-Bissau

1. O rácio das receitas fiscais/PIB aumentou 4,2% em 2002 para um pico de 10,2% em 2005, descendo em 2016 para 9,2%, por força das receitas extraordinárias de 2015.
2. Em 2016 o rácio receitas fiscais/PIB continuou abaixo das médias de outros países da União Económica e Monetária Oeste Africana (UEMOA) e estados frágeis em 6,7% e 4,2%, respetivamente.

Analisando, com base no mesmo relatório, a situação relativa a cada imposto, pode verificar-se o seguinte:

1. **IRPS** – Para o período de 2012-2015, este Imposto sobre o Rendimento das Pessoas Singulares representou 0,6% do PIB na Guiné-Bissau, comparativamente a 1,6% e 2,4%, na média dos países da UEMOA e estados frágeis, respetivamente.
2. **IRC** – O Imposto sobre o Rendimento das Pessoas Coletivas, representou 1,4% do PIB, comparativamente a 1,8 % e 2,6 %, relativamente à média dos países da UEMOA e estados frágeis.
3. Impostos do Comércio Internacional – Apesar de incluírem receitas substanciais de impostos relativos à exportação de caju, representam apenas 2,2 % do PIB. Comparativamente aos 3,8% e 3,5%, relativos à média dos Países da UEMOA e estados frágeis.
4. **IEC** – As receitas relativas ao Imposto Especial de Consumo, também não fogem à regra, sendo também inferiores à média dos países da UEMOA e estados frágeis, em aproximadamente 0,8 % e 0,5% do PIB, respetivamente.

Segundo o CIA WORLD FACTBOOK, atualizado a Julho de 2017 e consultado em Maio de 2018, a população estimada da Guiné-Bissau em Julho de 2017 seria de 1.792.338 habitantes. De acordo com a mesma fonte a estrutura etária da população Guineense era a seguinte:

- **0-14 anos** – 39,03% (homens -349.256/mulheres – 350.327).
- **15-24 anos** – 20,18% (homens – 179.389/mulheres – 182.242).
- **25-54 anos** – 32,77% (homens – 292.736/mulheres – 294.526).
- **55-64 anos** – 4,57% (homens – 32.156/mulheres – 49.761).
- **+ de 65 anos** – 3,46% (homens – 22.574/mulheres – 39.371).

A idade média situava-se nos 20,1 anos, sendo nos homens de 19,7 anos e nas mulheres de 20,6 anos. A Guiné-Bissau ocupava a 30ª posição no ranking mundial da taxa de nascimentos, com cerca de 32,5 nascimentos anuais por cada 1.000 habitantes. Face a estes dados o papel da escola e das políticas de educação assumem um peso fundamental para construir o futuro, porque um país sem futuro será sempre um País adiado sem esperança.

Socorrendo-me de Malala Yousafsai, durante uma conversa com o Banco Mundial **"A melhor maneira de lutar contra o terrorismo, é com canetas, livros, professores e escolas."** Em minha opinião, este será sempre o caminho, porque as consciências, "constroem-se" ensinando.

Em 13 de Janeiro de 2015 o Ex-ministro da Economia e Finanças da Guiné-Bissau Geraldo Martins, deu uma entrevista ao Blog Rispito, que em parte aqui reproduzo , "...Há várias medidas que vamos implementar, nomeadamente a cidadania fiscal, porque na Guiné-Bissau ainda não existe uma cultura de pagamento de impostos... Daí que essa cidadania fiscal é importante pois cria cultura e entendimento no seio dos cidadãos de que afinal é importante e necessário pagar os impostos porque se não pagarmos, nunca existirão meios para financiar as infraestruturas, saúde, educação, etc."

É pois por tudo isto que é fundamental construir um projeto de cidadania para a educação Fiscal na Guiné-Bissau.

O facto de mais de 60% da população ter menos de vinte e cinco anos, terá de atribuir ao ensino um peso preponderante enquanto veículo estratégico para a "revolução" de mentalidades.

É fundamental elaborar conteúdos de educação fiscal que enfatizem a função socioeconómica do tributo com o objetivo de despertar a consciência de todos para a aplicação dos recursos públicos que devem visar o bem estar comum.

A escola é um veículo de construção que ajuda à formação e compreensão da realidade, ela transmite ideias e valores, é pois por esta razão que deve ser munida de conteúdos que foquem a educação fiscal.

Como dizia o nosso saudoso líder e fundador das nacionalidades da Guiné-Bissau e de Cabo-verde, Amílcar Cabral **"as crianças são as flores da nossa luta e a razão principal do nosso combate"**.

Citando de novo Clotilde Palma, 2018, "...As crianças são fundamentais para transmitirem valores de cidadania e educação fiscal, sendo reconhecido o seu relevante papel como agentes...As crianças representam um investimento não só no presente como igualmente no futuro."

Cada país tem as suas especificidades sociais, económicas e culturais, que devem ser tidas em linha de conta quando se pretendem estruturar programas, objetivos e mensagens.

No espaço da Lusofonia, existem um conjunto de experiências particularmente interessantes e relevantes na área da cidadania e da educação fiscal que podem ser o ponto de partida para a Guiné-Bissau.[11]

Depois de analisados de forma pormenorizada, três experiências de países africanos, relevantes, por muitas especificidades comuns, damos nota de um projeto relevante que foi levado a cabo no âmbito Lusofonia e que pode servir como fonte para a abordagem da cidadania e da educação fiscal na Guiné-Bissau, pela sua tradição e experiência neste tipo de ações, o Brasil, deve ser analisado como um modelo que tem servido de fonte inspiradora para diversos países, PNEF – Programa Nacional de Educação Fiscal do Brasil. Consultado o documento base da 2ª edição de 2015,[12] citamos os fundamentos:

A Educação Fiscal tem como fundamentos:

- Na educação, o exercício de uma prática educativa, na perspetiva de formar um cidadão consciente, reflexivo e mobilizador, contribuindo para a transformação social;
- Na cidadania, incentiva o cidadão à participação individual e coletiva na definição de políticas públicas e na elaboração de leis para sua execução;
- Na ética, fortalece conduta responsável e solidária, que valorize o bem comum;
- Na política, compartilha conhecimentos sobre gestão pública eficiente, eficaz e transparente quanto à captação, à alocação e à aplicação dos recursos públicos, com responsabilidade fiscal, e ênfase no conceito de bem público como património da sociedade;
- No controle social, dissemina conhecimento e instrumentos para que o cidadão possa atuar no combate ao desperdício e a corrupção;
- Na relação Estado-Sociedade, desenvolve uma relação de confiança entre a administração pública e o cidadão, oferecendo-lhe um aten-

[11] Palma Clotilde "A cidadania e a educação fiscal na Lusofonia", Conferência de homenagem à professora Ana Maria Rodrigues

[12] PNEF – Programa Nacional de Educação Fiscal do Brasil. Consultado o documento base da 2ª edição de 2015,

dimento respeitoso e conclusivo, com ênfase na transparência das atividades;

- Na relação Administração – Contribuinte, estimula o cumprimento voluntário das obrigações tributárias e o combate à sonegação fiscal, ao contrabando, ao descaminho e à pirataria, reforçando, sempre, a necessidade de prestação de serviços públicos de qualidade;
- Na condução do PNEF, realiza práticas democráticas em permanente integração com todos os segmentos sociais, de modo a contribuir para que o Estado cumpra seu papel constitucional de reduzir as desigualdades sociais e ser instrumento de fortalecimento permanente do Estado de Direito Democrático"

O PNEF valoriza claramente o papel da escola e das crianças, por forma tornar o assunto interessante para elas, existem diversos tipos de conteúdos de âmbito nacional e estadual.

A título de exemplo sugerimos duas histórias:

- Dona Formiga, Compadre Tatu e o Imposto de Renda.
- Almanaque da turma do Leãozinho.

O curso à distância DEF (Disseminadores em Educação Fiscal) é um dos principais produtos do PNEF, pois permite que os conteúdos de educação fiscal cheguem a todo o país de maneira uniforme e com um custo baixo. O curso ocorre de forma ininterrupta desde 2004 em todo o semestre letivo.

No dia 7 de maio de 2018, decorreu a cerimónia de assinatura do termo de constituição da "Associação de Educação à distância dos Países de Língua Oficial Portuguesa", com o patrocínio da Comunidade dos Países de Língua Portuguesa (CPLP), integra a Universidade Aberta (Portugal), Universidade Agostinho Neto (Angola), Universidade de São Paulo (Brasil), Universidade de Cabo Verde, Universidade Eduardo Mondlane (Moçambique), Universidade de São Tomé e Príncipe e Universidade Nacional de Timor-Lorosae. Segundo o Reitor da Universidade Aberta de Lisboa, Paulo Dias, "O grande objetivo da associação é promover a língua portuguesa como língua de conhecimento, inovação e de valor na sociedade digital, através da educação à distância, que é um fator de inclusão social e é, cada vez mais, um meio para ultrapassar as barreiras ao acesso ao ensino."

Este pode ser um veículo muito interessante para a temática em apreço, urge que a Guiné-Bissau crie as condições necessárias para integrar esta associação no âmbito da CPLP, aproveitando a experiência do curso à distância DEF no Brasil, muitos outros se podem seguir.

Segundo Silke Weber,

> "A universidade (...) tornou-se num projeto de desenvolvimento económico e social mediante o cumprimento de sua função social por meio do ensino, da pesquisa e da extensão. É, assim, apresentada como instituição que se encontra articulada à construção de um projeto de país soberano e com menor desigualdade social. A ela é atribuída a tarefa de promover de forma concomitante a produção de conhecimento, tecnologias, cultura e arte; a disseminação e transferência do conhecimento e tecnologias; o desenvolvimento educacional, social e ambiental sustentável." (Weber, 2009, p. 131-132).

É fundamental que o Estado Guineense compreenda o papel da Universidade enquanto "braço" de apoio para um projeto coerente de desenvolvimento económico e social.

Termino com um excerto de Letria, 2000 publicado no livro "A Cidadania explicada aos jovens... e aos Outros":

> "...Agora desculpa, mas vou ter que interromper a nossa conversa porque vou comprar os jornais do fim de semana para saber como vai o país e o mundo. – Não me digas que isso também é uma forma de Cidadania? – Claro que digo. Ter acesso à informação, conhecer a realidade em que se vive e ter opinião sobre essa realidade é um dos passos mais importantes para que a Cidadania exista e se fortaleça."

5. Notas finais

Ao nível cultural, o legado português e a sua excessiva carga de impostos na época colonial incutiu no povo um "terror psicológico" que o afasta da perceção de que a fiscalidade tem de ser a base para o dever e cumprimento da cidadania e melhores condições sociais.

O entendimento sobre a ausência da cultura de pagamento de impostos é unânime. A titulo de exemplo, em 2015, Geraldo Martins, o então Ministro da Economia e Finanças na sua entrevista ao Blog Rispito[13], reco-

[13] http://www.rispito.com/2015/01/rispito.html – Entrevista do Drº Geraldo Martins

nheceu a imperiosa e a urgente necessidade de introdução do conceito da cidadania fiscal pois, não existe a cultura de pagamento dos impostos.

Já em 2016, Denilaide Miguel da Cunha, nas conclusões da sua tese do Mestrado, cujo o tema **"UM IMPOSTO SOBRE VALOR ACRESCENTADO PARA A GUINÉ-BISSAU"**[14], sugeriu reformas estrutural no sistema fiscal guineense, e que se vier a ser feito, que seja em simultâneo com um programa escolar anual sobre o conceito da literacia financeira e da cidadania e fiscal.

Um dos modelos a seguir passa necessariamente pelos exemplos dos livros da autoria de Clotilde Palma **"A Joaninha e os impostos – uma história de educação fiscal para crianças"**, com situações relatadas do dia-a-dia, linguagem simples, será um primeiro passo e têm um objetivo pedagógico e como público-alvo crianças, adolescentes e jovens-adultos, bom caminho para os conceitos básicos da cidadania e educação fiscal.

Sendo um país altamente dependente da Ajuda Externa Internacional, mais do que financiamentos "avulso", como forma de minimizar esta dependência financeira, seria fundamental que as diversas entidades doadoras criassem estruturas de financiamento lógicas, de modo a que o conceito seja introduzido no sistema nacional de educação por forma a dotar a Guiné-Bissau de mecanismos de autossuficiência económica e financeira.

Um simples exemplo: Os doadores financiam cursos de especialização para técnicos tributários. Após o curso, esses técnicos regressam capacitados para intervirem. Ao chegarem à sua secção fiscal não existem computadores, nem sistema em rede, nem software. Para que serviu o investimento nesta formação, sem levar em linha de conta, todo o processo de capacitação?

Não existe verdadeiramente Estado sem Cidadania, é fundamental que todos os políticos africanos o entendam!

Um Estado sem receita Fiscal não é na sua plenitude um Estado de Direito!

Não existe Estado com moral de sensibilização se existir a perceção por parte dos cidadãos, que ele é o principal incumpridor!

[14] Cunha, Denilaide Miguel Correia da. Um imposto sobre o valor acrescentado para a Guiné-Bissau. Diss. 2016.

6. Bibliografia

OECD/The International and Ibero-American Foundation for Administration and Public Policies (FIIAPP) (2015), Building Tax Culture, Compliance and Citizenship: A Global Source Book on Taxpayer Education, OECD Publishing, Paris.

http://dx.doi.org/10.1787/9789264205154-en

Amaral, Diogo Freitas do – "Cidadania e Cidadanias", in Cidadania – Uma visão para Portugal. Lisboa: Gradiva, 2007.

Nabais, José Casalta – O dever fundamental de pagar impostos. Coimbra: Edições Almedina, SA, 1998.

http://www.rispito.com/2015/01/rispito.html – Entrevista do Drº Geraldo Martins.

https://www.novafrica.co.ao/destaques/kagame-a-africa-nao-precisa-de-babas/

OECD, Organisation for Economic Co-operation and Development. Building Tax Culture, Compliance and Citizenship: A Global Source Book on Taxpayer Education. Paris: OECD, 2013

FMI, Relatório nº 17/381- Dezembro 2017 – "Guiné-Bissau-Documento sobre temas selecionados."

BRASIL. Ministério da Educação. Secretaria de Educação Básica. Diretrizes curriculares nacionais para a educação infantil / Secretaria de Educação Básica. – Brasília : MEC, SEB, 2010.

Weber, Silke. 2009. Marcas da Reforma Universitária de 1968 e Novos Desafios para a Universidade Brasileira. Estudos de Sociologia, Revista de Programa de Pós-graduação em Sociologia da UFPE, Recife, v. 15, n. 2, p. 121-136.

Letria, José. A Cidadania explicada aos jovens... e aos Outros, il. André Letria, Lisboa, Terramar, 2000. Consultado em Junho 2018 – http://www.instituto-camoes.pt/images/stories/tecnicas_comunicacao_em_portugues/Cidadania/Cidadania%20-%20Por%20falar%20em%20cidadania.pdf

Palma, Clotilde. A cidadania e a educação Fiscal na lusofonia. Conferência de homenagem à professora Ana Maria Rodrigues «contabilidade, fiscalidade e direito contabilístico: reflexões e inquietudes» Faculdade de economia da universidade de Coimbra 28 de abril de 2018

Cunha, Denilaide Miguel Correia da. Um imposto sobre o valor acrescentado para a Guiné-Bissau. Diss. 2016.

Cidadania Fiscal Contributos da Experiência Russa

Mariana Carp*
Natalia Zagumennykh*

1. Introdução

Em 1789, Benjamin Franklin escreveu, em carta a Jean-Baptiste Leroy, que «nada neste mundo pode ser tido com certo, exceto a morte e os impostos». A frase revela uma característica dos impostos – a sua inevitabilidade. Não parece haver medida mais adequada do que compreender melhor o que pagamos, o motivo que nos leva a fazê-lo e, principalmente, como intervir para que esse esforço pessoal de cada cidadão lhe seja devolvido enquanto prestação adequada de serviços públicos.

A generalidade dos países procura atualmente ir envolvendo os seus cidadãos numa cultura de cumprimento das regras fiscais, tendo por base uma correlação entre direitos e responsabilidades. O objetivo da Educação Fiscal, num sentido lato, é o de possibilitar e estimular o crescente poder do cidadão quanto ao controlo democrático do Estado. A Educação Fiscal é também, num sentido mais estrito, um processo de formação para a cidadania, focado no entendimento da função social dos tributos, a preparação para o controlo social; um sistema tributário que seja capaz de tributar segundo a capacidade económica de cada cidadão; um processo orçamental que garanta a efetiva participação popular. Dessa forma, assegura-se

* Alunas do Curso de Mestrado em Fiscalidade do ISCAL.

que os tributos arrecadados sejam efetivamente aplicados de acordo com as prioridades da população.

É neste contexto que a Educação Fiscal se insere num amplo projeto do Estado e do Governo, com o objetivo de propiciar o bem-estar social, consequência da consciência cidadã e da construção crítica de conhecimentos específicos sobre os direitos e deveres do cidadão, em busca da efetivação do princípio constitucional da dignidade humana. Dessa forma, assegura-se que os tributos arrecadados sejam efetivamente aplicados de acordo com as prioridades da população. E por isso a participação dos cidadãos no processo deve ser apoiada pelo Estado, na forma de informação e esclarecimento.

Ora, em virtude da globalização, é hoje inegável que a Educação Fiscal consubstancia um desafio importante para, praticamente, todos os Estados atualmente existentes. O que, se por um lado nos coloca perante a necessidade de coordenação internacional das políticas a adotar, tendo em vista a garantia da eficiência e eficácia das mesmas, por outro lado essa mesma globalização permite-nos olhar para a experiência dos demais Estados e dela retirar lições e ideias que, transpostas e adaptadas às realidades nacionais, podem ser importantes instrumentos para uma maior divulgação e implementação dos temas relacionados com a Educação Fiscal dos cidadãos.

Assim, atentas as distâncias não só geográficas mas também culturais entre Portugal e a Rússia, parece-nos útil fazer uma breve análise da experiência russa ao nível da Educação Fiscal dos seus cidadãos. Trata-se, de facto, de uma realidade pouco conhecida da grande maioria dos portugueses. No entanto, dada a extensão territorial da Rússia, bem como a sua evolução política e social verificada nas últimas décadas, tentaremos retirar da experiência russa algumas conclusões que, tanto a nível prático como num plano mais teórico, esperamos que possam ser de alguma utilidade para o desenvolvimento da Educação Fiscal em Portugal.

2. A Cidadania Fiscal na Rússia

A Federação Russa, ou simplesmente Rússia, ocupa a maior área territorial do mundo [17.075.400 km^2], distribuída entre a Europa e a Ásia, abrigando uma população de 144 milhões de habitantes. Com a declaração da independência em 1990, concretizada em 1991, e a transição para uma economia de mercado, a Rússia tem seguido um caminho de paulatina abertura e transparência a nível fiscal e orçamental, num esforço de aproximação àquilo que, a nível internacional, são consideradas as melhores práticas de gestão pública. Assim, logo em 1992 ocorreu a adesão do país ao Fundo Monetário Internacional [«FMI»], entidade a quem recorreu, em 1998, para fazer face à gravíssima crise económica que marcou a primeira década da sua existência posterior ao desaparecimento da URSS. Em 1999, foi aprovada a primeira parte do Código Fiscal, que consagrou as traves mestras do sistema fiscal ainda hoje vigente, tendo sido aprovada em 2001 a segunda parte desse mesmo Código, definindo então, entre outros aspetos, um regime fiscal que se pretendeu ser bastante atrativo em termos de taxas aplicáveis à tributação. Sendo considerada uma das maiores economias a nível mundial, a Rússia fez parte do chamado «G7» logo no momento da sua criação, o mesmo acontecendo quando, em 2001, foi feita a primeira referência à expressão BRIC como o acrónimo para o grupo constituído pelos novos gigantes económicos que então surgiam: Brasil, Rússia, Índia e China [e aos quais se juntou, em 2010, a África do Sul, passando a ser feita referência ao acrónimo BRICS]. No decurso da crise financeira mundial cujos efeitos se fizeram sentir na Rússia em 2009 [e que o país conseguiu ultrapassar em 2014], deu-se também a adesão à Organização Mundial do Comércio [«OMC»] em 2012. Mais recentemente, é de realçar a ratificação, em 2017, do Tratado Multilateral para Implementação das Medidas constantes do Relatório BEPS da OCDE.

No entanto, os casos de corrupção têm-se sucedido, constituindo um sério desafio com o qual as autoridades russas se têm vindo a confrontar, na medida em que, só em 2016, provocaram o desvio de 78 mil milhões de rublos [US$ 1,3 mil milhões] do orçamento federal da Rússia. Segundo o jornal *Kommersant*, o vice-procurador-geral da Rússia, Aleksandr Buksman, disse que, ao longo dos últimos 10 anos, o combate à corrupção sofreu «mudanças revolucionárias» no âmbito legislativo. Buksman disse, porém, que o «analfabetismo jurídico dos cidadãos» impediu a eficácia das medidas. De acordo com o mais recente Índice de Perceção de Corrupção da Transparência Internacional, a Rússia ocupa a 131ª posição no mundo, ao lado de países como o Irão, o Cazaquistão, o Nepal e a Ucrânia. Neste âmbito, o desafio colocado às autoridades russas é, podemos dizer, diretamente proporcional ao grau de evasão fiscal que as mesmas autoridades já puderam apurar.

Considerando que, a partir de 1991, toda uma nova estrutura de Estado teve de ser criada de raiz, mostra-se extremamente interessante conhecer os mecanismos, utilizados pelas autoridades fiscais de um País tão distante e distinto do nosso, para aumentar o grau de transparência e de cidadania fiscal numa sociedade em constante e enorme transformação. Na Rússia têm-se procurado maneiras de aumentar o conhecimento do público a respeito da legislação tributária, do governo e do processo orçamental. Foi necessário democratizar as informações sobre finanças públicas, propiciando o acompanhamento e o controlo público. Na relação Administração Tributária-Contribuinte, foi privilegiado e incentivado o cumprimento voluntário das obrigações tributárias.

2.1. O Orçamento Cidadão e o Orçamento Participativo

Na Rússia existem 89 regiões e mais de 11 mil localidades. E, por isso, três níveis de governo têm poderes orçamentais: federal, regional e local. Atualmente, toda a receita do IVA e de impostos indiretos sobre matérias-primas minerais e 70 a 80% de impostos sobre a extração de minerais vão para o orçamento federal. O imposto de rendimento sobre as pessoas singulares é todo dirigido para orçamentos regionais e locais.

Com vista, por um lado à responsabilização dos governantes e, por outro, ao envolvimento dos cidadãos no processo político, as autoridades russas têm vindo a produzir o chamado Orçamento Cidadão, que consiste, basicamente numa apresentação não-técnica da Proposta Orçamental do Executivo ou do Orçamento Aprovado.

Neste Orçamento Cidadão, podemos encontrar informação acessível e objetiva sobre o processo do Orçamento do Estado e respetivas componentes; os cenários que o governo antecipa para a evolução da economia, os quais condicionam as escolhas orçamentais; os objetivos para o défice orçamental e a dívida pública, bem como um conjunto de outros indicadores-chave; as receitas e despesas previstas no ano e ainda uma síntese das principais medidas da política orçamental do lado da receita e despesa.

Para além do Orçamento Cidadão, existem ainda outras iniciativas tomadas pelos órgãos administrativos a nível estadual ou local. De entre estas, é para nós de especial interesse o protocolo celebrado, em 2017, entre a República de Sacalina e a portuguesa Câmara Municipal de Cascais, através do qual a edilidade portuguesa partilhou o seu modelo de Orçamento Participativo, com vista a melhorar e aperfeiçoar o sistema de Orçamento Participativo até então adotado por aquela República situada no Extremo Oriente russo.

2.2. O Governo Aberto

A expressão «Governo Aberto» [*open government*] refere-se a projetos e ações que visam a promoção da transparência, a luta contra a corrupção, o aumento da participação social e o desenvolvimento de novas tecnologias, de modo a tornar os governos e as administrações públicas mais abertos, efetivos e responsáveis. A transparência é também uma ferramenta que permite aos cidadãos de uma democracia o controlo dos seus órgãos de governo, reduzindo ou pelo menos ajudando a dissuadir fenómenos como a corrupção, o suborno e outras prevaricações. O Governo Aberto também é o direito que os cidadãos têm de ter acesso a todos os documentos e procedimentos do governo, para a promoção de maior transparência governamental.

A Rússia não integra a Parceria para o Governo Aberto [*Open Government Partnership*], mas tem adotado medidas de Governo Aberto desde o ano de 2014.

2.3. Administração Tributária

O Ministério dos Tributos foi criado em 1999. A primeira fase representou o maior passo no sentido de tornar claras as obrigações e direitos dos contribuintes e da autoridade tributária e por isso, o sistema fiscal na Rússia passou por uma ampla reforma no ano de 2001, reforma essa que, em linhas gerais, veio aliviar a carga fiscal imposta sobre os indivíduos e as empresas e simplificar os pagamentos ao seguro nacional. A reforma fiscal do início deste século teve ainda o objetivo de prestar, de forma estruturada e ativa, mais informações aos cidadãos sobre a gestão dos recursos públicos que são recolhidos junto desses mesmos cidadãos sob a forma de tributos.

No entanto, já a partir de 1998, ano em que a Rússia pediu a intervenção financeira do FMI, que vinham sendo introduzidas profundas alterações a nível do funcionamento dos organismos até então responsáveis pela cobrança de tributos, com alterações nos sistemas informáticos que possibilitaram a concretização do preenchimento automático das declarações referentes a determinados tipos de contribuintes e o desenvolvimento de ações de controlo relacionadas com as atividades de economia partilhada.

A administração tributária russa tem também atuado de acordo com os novos paradigmas das administrações fiscais, numa lógica do dever de cidadania e do apoio ao contribuinte no cumprimento voluntário. Nessa lógica, têm sido promovidas ações de controlo do *software* certificado utilizado pelos contribuintes/operadores económicos, dada continuidade ao projeto e-Balcão, apostando no desenvolvimento de novas ferramentas de exploração e tratamento dos dados disponíveis e dotando os serviços com novos equipamentos.

Agora, para cumprir a sua missão, o Ministério dos Tributos possui um conjunto de atribuições, ao nível da gestão dos impostos e demais tributos sobre a sua administração, ao nível da inspeção tributária, do licenciamento de mercadorias, da justiça tributária e da negociação técnica e execução de acordo internacionais de natureza tributária que se referem ao exercício da ação inspetiva. As atribuições deste Ministério incluem ainda as iniciativas relacionadas com a promoção da correta aplicação da legislação tributária, das decisões administrativas e judiciais com ela relacionadas, pela iniciativa de proceder à proposta de medidas de carater normativo, técnico e organizacional, pelo desenvolvimento e gestão de infraestruturas, equipamentos e tecnologias da informação indispensáveis à persecução das suas atribuições bem como prestação de serviços de apoio e esclarecimento de qualidade. Numa lógica de apoio ao cumprimento voluntário das obrigações fiscais, a administração fiscal russa continua, em 2018, a recorrer às novas tecnologias da informação e comunicação, nomeadamente ao envio de mensagens de correio eletrónico, à disponibilização de informação no portal das finanças [calendário fiscal, *FAQ* e orientações administrativas], assim como a recorrer à ferramenta do e-Balcão. Em 2018, através da sua função inspetiva tributária, o Ministério dos Tributos atua numa perspetiva complementar à das estratégias de indução ao cumprimento voluntário, procurando corrigir situações de incumprimento recorrente e não evitadas por estas estratégias, exercendo um efeito pedagógico sobre os contribuintes que incentive a regularização voluntária das omissões verificadas e aumente a perceção do risco e dos custos associados ao não cumprimento.

2.4. Educação fiscal

Como refere Maria Luisa Delgado [2013, p.223],

> [a] educação fiscal visa transmitir ideias, valores e atitudes favoráveis à responsabilidade fiscal e contrários às condutas que a defraudem. Por isso, a sua finalidade não é tanto a transmissão de conteúdos académicos, sendo mais a transmissão de conteúdos morais. Desse modo, a educação fiscal deve ser tratada em ambiente de sala de aula enquanto um tema de cidadania.

Seguindo essa mesma lógica, as autoridades russas têm posto em prática alguns programas de Educação Fiscal, destacando-se, de entre eles, o programa de Educação Fiscal nas Escolas, com atividades dirigidas aos vários estratos etários compreendidos entre o ensino básico e o universitário, passando pelo ensino não universitário de natureza profissionalizante.

Assim, a nível da escolaridade básica, são desenvolvidos jogos para computador através dos quais as noções inerentes à cidadania fiscal são transmitidas como se de uma «cidade bonita» se tratassem. É também ministrada uma «lição de ano novo sobre taxas», a qual tem uma natureza mais lúdica, recorrendo, por exemplo, a figuras conhecidas e estimadas do público infantil como o Pai Natal. Para um escalão etário um pouco mais avançado, a nível equivalente ao do ensino secundário português, são organizadas iniciativas como a do «Clube dos Contribuintes Competentes», através das quais funcionários da administração fiscal russa, especialmente preparados para o efeito, se deslocam aos estabelecimentos de ensino para dar aulas sobre os direitos e deveres de cidadania fiscal com que estes alunos se irão confrontar ao longo da sua vida.

Em complemento da educação fiscal que é transmitida pelas escolas, é também interessante realçar a existência de iniciativas, promovidas por outros organismos públicos, destinados a educar os seus cidadãos, inclusivamente antes de entrarem para a vida ativa, relativamente aos direitos de cidadania fiscal que lhes são atribuídos e, bem assim, às obrigações fiscais que sobre os mesmos recaem. Assim, vemos que o Município de Moscovo organiza sessões e cursos denominados «Impostos pelos Sábados», mas também que a própria administração fiscal promove, em 2018 entre os dias 2 e 6 de abril, a «Semana de Imposto de Todo o País».

Contudo, para que a mensagem dos vários programas e iniciativas de educação fiscal chegue corretamente e seja devidamente assimilada pelos respetivos destinatários, as autoridades russas têm também feito uma grande aposta na formação dos professores, aumentando a sua qualificação a nível de cidadania fiscal. É também relevante, neste âmbito, a utilização e o aproveitamento dos meios audiovisuais para, através da internet, fazer chegar aos cidadãos por toda a Rússia um conjunto bastante extenso de informações relacionadas com o Orçamento e os Impostos, mas também com aspetos mais práticos da relação Administração Fiscal – Contribuinte que vão do preenchimento e o prazo de entrega das declarações fiscais até aos formalismos necessários para constituição de uma empresa.

3. Reflexões finais

Para concluir, importa desde logo sublinhar que o objeto da relação jurídica tributária compreende os direitos e os deveres que recaem sobre as partes da mesma. O lançamento de impostos deve vir acompanhado de informações à população não apenas sobre a existência do imposto em si, mas também sobre para que ele serve e qual a importância do recolhimento desse imposto à finalidade última do Estado, que é o bem comum. Por outras palavras, o Estado deve estimular a cidadania fiscal para que os contribuintes, diretos ou indiretos, cumpram o dever fundamental de pagar o imposto não apenas por obrigação, mas por se sentirem atores essenciais ao desenvolvimento do Estado.

3.1. Um estado fiscal em criação

Contudo, à semelhança do que se verificou nos restantes países do chamado «Bloco de Leste», a Rússia deixou de ter um Estado Fiscal no final dos anos 40 do século passado. Ora, a sua recriação, ocorrida a partir de 1989, introduziu poderosas alterações nas instituições, na configuração dos órgãos de governo e até nos papéis culturais até então existentes. Assim, a plena compreensão da evolução russa na criação e administração do seu atual Estado Fiscal exige uma profunda análise de natureza multidisciplinar, que não nos é possível fazer no âmbito do presente estudo [mais que não seja por razões de espaço disponível]. Contudo, não deixa de ser apaixonante, para os interessados nestas temáticas, analisar como, a partir da última década do século XX, foi criado de raiz um novo Estado Fiscal, partindo de um ponto de partida em que tudo estava por fazer para uma situação em que, com as devidas adaptações às inúmeras realidades locais, já ninguém questiona a existência de um Estado Fiscal que tenta, de um modo geral, funcionar e gerir de acordo com diretrizes que em pouco diferem das que são observadas nos restantes países que hoje compõem o chamado «G20». De facto, à data da independência não existiam sequer os mecanismos necessários para a atribuição de um número de contribuinte aos seus cidadãos, o que nos permite facilmente concluir que, especialmente a partir de 1999, a Rússia alcançou consideráveis progressos em matéria de transparência fiscal: a estrutura legal do orçamento, do sistema tributário e a de relações intergovernamentais foram reformadas; as premissas macroeconómicas são bem embasadas e abertas à crítica; a elaboração do orçamento é sofisticada, transparente no processo e com disponibilidade de informações; dados confiáveis têm estado crescentemente disponíveis tempestivamente para a maioria dos níveis de governo e dos cidadãos; a política tributária foi modernizada; as importantes melhorias que foram implementadas e que incluem a redução das chamadas «zonas cinzentas» nos limites entre o governo geral, as empresas estatais e o setor privado, a diminuição das atividades quase-fiscais e o reforço do processo de formulação e execução orçamental.

Não obstante o que acima se referiu, é também verdade que, na Rússia, a sonegação fiscal é um problema grave, e o que mais preocupa nos dias de hoje é que, por boa parte da população, a questão não é enfrentada com a seriedade que mereceria. Especialmente na Rússia, a prática é tão comum que chega a ser encarada como padrão normal de comportamento. Temos falhas que ainda persistem e que podem comprometer a consecução do objetivo de contribuir para o exercício de uma cidadania ativa. Esta situação demonstra-nos que, apesar dos esforços desenvolvidos, a consciência cívico-fiscal é ainda muito incipiente na Rússia. Assim, sabendo-se que essa consciência não é algo de natural, mas é antes uma construção, um resultado da educação nesse sentido, podemos então afirmar que, no caso russo, a Educação para a Cidadania Fiscal deve ter uma importância nada despicienda.

3.2. Democracia e cidadania fiscal – custo ou benefício?

Por outro lado, a experiência russa mostra-nos também que a cidadania fiscal é uma contrapartida, no sentido de que é um reflexo, da própria democracia. Quanto maior for o envolvimento dos cidadãos na gestão do bem público e dos destinos de uma nação, maior será a sua intervenção a nível da cidadania fiscal e a necessidade de os governos prestarem contas à sociedade.

Ora, apesar de todos os avanços feitos no sentido de tornar mais transparente a atividade das entidades públicas e no sentido aumentar o nível geral de Educação Fiscal, a Rússia é ainda, como se referiu, um país em que a evasão fiscal é bastante tolerada pela população. E uma das razões pelas quais podemos justificar essa característica cultural russa é, precisamente, o facto de o nível geral de tributação ser bastante baixo [13%], sobretudo quando comparado com os níveis de tributação atualmente praticados na Europa. Nessa medida, cruzados os fatores «pouca cidadania fiscal» / «elevada sonegação fiscal» / «baixa tributação», podemos então chegar à conclusão de que existe uma correlação entre eles, sendo a baixa tributação efetiva dos seus rendimentos a contrapartida recebida pelos cidadãos pelo seu afastamento do governo da *polis*.

Para melhor compreensão da realidade russa, há que ter em conta, porém, o facto de este país ter tido uma organização política não democrática durante a maior parte do século XX, na qual os níveis de participação cívica e de moral tributária eram praticamente inexistentes [fora do que lhes era imposto pelo Estado]. Ora, como se compreenderá, não é pelo facto de a Rússia ter passado, após a declaração de independência, para um regime político democrático que a relação entre o Estado e os cidadãos se altera por si só, sendo necessárias profundas e continuadas campanhas de sensibilização e de educação cívica e fiscal para que seja possível aumentar, na consciência dos cidadãos, o interesse na defesa dos seus direitos e deveres tributários.

Embora a realidade atual russa possa parecer estranha aos olhos dos europeus, habituados que estão, desde há décadas [para não dizer séculos], ao *no taxation without representation*, ao espírito reivindicativo do Maio de 68 e das revoluções democráticas do final do século XX, é certo que este sistema, baseado em baixa tributação e correspondente baixa participação dos cidadãos, existe noutros locais do mundo [como, por exemplo, nos Emirados Árabes Unidos] e é, certamente, uma opção legítima dos cidadãos desses Estados, que, individualmente analisada, deve ser democraticamente respeitada pelos cidadãos dos demais Estados do mundo.

3.3. Moral e cidadania fiscal. A importância do exemplo do estado

Como referem Sá e Martins [2013, p. 255], «a motivação para o cumprimento fiscal é muito influenciada pela perceção que os contribuintes têm acerca do comportamento dos outros e pela rigidez das normas sociais vigentes nos meios onde se encontram inseridos». Assim sendo, quanto maior for a perceção, pelos contribuintes, da existência de corrupção, de benefícios sociais assimétricos ou de cargas fiscais iníquas, mais baixo tenderá a ser o seu nível de «moral tributária», entendida como a vontade ou obrigação sentida pelos indivíduos para pagar impostos e assim contribuir para a sociedade.

Do mesmo modo, e simetricamente, podemos também inferir que um comportamento objetivo, transparente e eficiente por parte das várias instituições do Estado leva a que os contribuintes tenham uma maior perceção de pertença a uma comunidade organizada, aumentando por conseguinte o seu interesse na observância, também pelas diversas instituições públicas, dos seus direitos e deveres de cidadania.

De acordo com Martinez-Vazquez e Torgler [2006, *apud* Sá e Martins, 2013, p. 256], a experiência russa tem vindo a comprovar a existência de uma correlação entre os níveis de moral tributária e a perceção da existência de corrupção. Assim, nos primeiros anos de transição de uma economia centralizada para uma economia de mercado foi possível explicar os baixos níveis de moral tributária e de consciência cívica a nível de cumprimento das obrigações fiscais por parte dos contribuintes pelo fraco desempenho económico das diversas instituições do setor público e pelos elevados níveis de corrupção registados ou, pelo menos percebidos, por parte dos contribuintes em geral. Decorrido o período de transição e implementadas as necessárias reformas, destinadas a dotar o país de instrumentos de gestão e organização públicas indispensáveis para melhorar o próprio funcionamento do Estado [de entre os quais se destaca a legislação fiscal e orçamental aprovada a partir do início do século XXI], foi possível verificar um aumento da confiança no Estado e, também, uma melhoria no nível da moral tributária.

Podemos então retirar da experiência russa que, efetivamente, o exemplo dado pelas instituições públicas no sentido de garantir maior transparência e objetividade nos atos praticados e decisões tomadas tem reflexos diretos na melhoria da moral tributária dos cidadãos, impelindo-os a cumprir as suas obrigações perante a sociedade, designadamente a cumprir voluntaria e corretamente os seus deveres tributários, mas também a exercer os seus direitos de cidadania, exigindo uma maior e melhor atuação por parte do Estado.

3.4. Globalização e cidadania fiscal. Parar o vento com as mãos?

Por fim, da análise da situação russa relativamente à questão da cidadania fiscal, surge-nos a questão de saber, ao nível da relação Estado-contribuintes, quais os efeitos ou as consequências do fenómeno da globalização numa sociedade que, durante décadas, viveu numa realidade muito própria e virada sobre si própria, com pouca influência daquela que é usualmente designada por «cultura ocidental».

Como se referiu já, apesar de todos os avanços já registados nesta área, a sociedade russa regista ainda níveis de cidadania fiscal bastante incipientes, quando comparados com a maioria das sociedades europeias ou norte-americanas.

Ora, segundo John L. Campbell [2005, *apud* Soares, D. e Marques, R., 2013, p. 150], «contrariamente às expetativas, não existem provas de harmonização ou convergência fiscal a nível mundial, ao longo das últimas décadas», quer a nível da estrutura fiscal, quer mesmo das taxas praticadas, não tendo sido possível comprovar, até ao momento, os receios inicialmente manifestados de uma «*race to the bottom*», ou seja, de uma situação em que os elevados níveis de competição internacional conduziriam a uma redução contínua da carga fiscal sobre os rendimentos e os investimentos, de forma a atrair novos investimentos e a manter os já realizados.

Isto significa, então, que apesar de tudo não há grandes evidências de que a globalização tenha dado origem a uniformizações de tendências ou que possa ter desfeito as idiossincrasias de cada povo ou de cada Estado.

De facto, verificamos que, apesar de uma maior abertura ao exterior, com introdução de instrumentos democráticos, com a criação de um verdadeiro Estado Fiscal organizado e legalmente regulado [no qual são adotadas fórmulas e mecanismos importados de países em que, apesar de tudo, a cidadania fiscal é mais visível, como aconteceu através do Protocolo, acima referido, celebrado entre uma câmara municipal portuguesa e uma das repúblicas russas], e da circunstância nada despicienda de ter optado por um sistema fiscal com taxas de tributação substancialmente mais baixas do que as aplicadas pelos seus principais concorrentes económicos, a Rússia manteve e mantém ainda níveis de cidadania fiscal bastante baixos, mantendo a sua sociedade uma tolerância perante os fenómenos de corrupção e de evasão fiscal que não seriam de prever dada a enorme vaga de informação inerente à existência de novas tecnologias e, bem assim, dada a maior interligação social e económica que são inerentes ao próprio fenómeno da globalização.

A análise do caso russo leva-nos então a concluir que o fenómeno da globalização não pode, também no que à cidadania fiscal diz respeito, ser considerado nem confundido com uma mera harmonização ou igualização das sociedades, a nível mundial. De facto, apesar de, na Rússia, podermos identificar a existência de inúmeras formas de educação fiscal, dirigidas a todos os estratos sociais, económicos e etários, é também evidente a inércia que ainda é sentida quando se pretende mobilizar a sociedade no sentido de uma maior e melhor participação cívica no que aos tributos diz respeito.

4. Referências Bibliográficas

Delgado, M. L. (2013). La Educación Fiscal Como Instrumento de Lucha Contra el Fraude y la Evasión Fiscal. In A. C. Santos, & C. Lopes, *Fiscalidade – Outros Olhares* (p. 217 a 242). Porto: Vida Económica.

International Budget. (s.d.). Obtido de https://www.internationalbudget.org/wp-content/uploads/Guide-to-Transparency-in-Government-Budget-Reports-How-Civil-

Sá, C., & Martins, A. (2013). A Moralidade Fiscal e as Obrigações Tributárias. In A. C. Santos, & C. Lopes, *Fiscalidade – Outros Olhares* (p. 245 a 266). Porto: Vida Económica.

Soares, D., & Marques, R. (2013). A Sociologia Fiscal: Um Esquisso Histórico. In A. C. Santos, & C. Lopes, *Fiscalidade – Outros Olhares* (p. 115 a 162). Porto: Vida Económica.

ÍNDICE